[3판]

교육과정 담론

CURRICULUM DISCOURSE

| 박천환 · 박채형 · 노철현 |

학지사

| 3판 머리말 |

　이 책을 읽은 독자 중에는 다소간 불만이 섞인 목소리로 이 책의 문체가 다
채롭다는 의견을 보이는 사람들이 있었다. 그래서 이 책을 다시 개정할 때에
문체를 한 가지로 통일하려는 생각이 없지 않았다. 그러나 저자 중에 문체를
그대로 유지하는 것이 독자에게 나름의 생각을 갖도록 만든다는 점에서 나쁘
지 않다는 주장이 있었다. 더욱이 이 책의 주제를 거의 그대로 유지하는 가운
데 "교육과정 연구: 이론과 실제의 대립"이라는 제목으로 자신의 목소리를
내겠다는 포부를 보이기도 했다. 그래서 이 책의 문체는 지금과 같이 다양한
형태를 유지하기로 결정했다.

　그럼에도 불구하고 이 책을 개정할 필요성은 있었다. 2판의 제11장은
"2009 및 2015 개정 교육과정"으로 되어 있다. 그런데 그곳에 제시된 2015 개
정 교육과정의 내용은 전체적인 내용을 보여 준다기보다는, 방향을 개략적
으로 소개하는 수준에만 머물러 있다. 2판은 2015년 2월에 개정되었지만,
2015 개정 교육과정은 2015년 12월에 고시되었기 때문이다. 그래서 이번 3판
개정을 통해서 2015 개정 교육과정의 전체적인 모습과 더불어 현장 교사들의
목소리에 근거하여 그것이 어떻게 수정되어야 하는가를 보여 주려고 하였다.
이 책의 제12장으로 추가된 "2015 개정 교육과정과 교사의 시각"에는 이러한
내용이 새롭게 담겨져 있다.

　이 책을 새롭게 개정하게 된 또 다른 이유로는 제3장에 수록한 "경험 교육
과정의 등장"에 대한 수정을 들 수 있다. 몇몇 우정 어린 독자들은 이 장에 대
한 수정 사항을 보내 왔으며, 그것에 따라 가독성을 높이는 방식으로 제3장을

수정하였다. 그리고 그동안 확인된 몇몇 오탈자를 바로잡는 수준에서 3판을
내게 되었다.

어려운 형편 속에서도 이 책의 개정을 기꺼이 허락해 주신 학지사 김진환
사장님과 관계자 여러분, 그리고 이 책에 대한 애정 어린 관심을 보여 준 독자
에게 이 지면을 빌려 감사의 말씀을 전한다.

2017년 2월
한새벌에서 박천환

| 1판 머리말 |

'교육과정'이라는 학문영역에서 취급하는 질문을 가장 단순한 형태로 말하면, 그것은 '학교에서는 무엇을 가르쳐야 하는가' 하는 것이다. 사실상, 이 질문은 교육의 장면에서 제기되는 가장 원초적인 질문이요, 수업의 장면에서 교사가 가장 먼저 부딪히는 질문이다. 왜냐하면 교육에는 교사와 학생과 교육내용이라는 세 가지 필수적인 요소가 요구되는데, 그중에서도 교육내용은 교사와 학생을 매개하는 요소이기 때문이다. 그런데 교육이라는 장면이 열리는 순간 교사와 학생, 즉 배우는 사람과 그들을 가르치는 사람은 이미 결정되어 있으며, 또 다른 필수요소인 교육내용은 그들에 의해서 결정되어야 하는 요소다. 그래서 그들에게 제일 먼저 제기되는 질문은 교육내용에 관한 질문인 것이다.

그런데 우리의 교육현실을 보면, 기이하게도 이 질문이 제기되는 경우는 찾아보기 어렵다. 도리어 이런 질문을 제기하는 것 자체가 기이한 현상으로 여겨지는 것이 우리의 현실이다. 그렇다고 해서 교사들이 이러한 질문을 제기하는 것은 과연 의미 없는 일이라고 말해야 하는가?

이 질문은 '학교에서는 무엇을 가르쳐야 하는가' 하는 앞의 질문과 긴밀하게 관련되어 있다. 이 질문은 성격상 두 가지 방식으로 대답될 수 있다. 학교에서 가르쳐야 할 '무엇'을 구체적으로 열거하는 것이 한 가지 방식의 대답이라면, 다른 한 가지는 그 '무엇'의 성격을 논의하는 방식으로 대답하는 것이다. 전자는 학교에서 다루어야 할 구체적인 내용과 방법을 처방해 주는 실제적인 활동을 요구하고 있다. 여기에 비하여 후자는 교육내용의 성격을 확인하는 이론적 활동을 요청하고 있다.

교육내용에 관한 질문을 실제적인 방식으로 대답하는 경우에, 교사가 해야 할 일은 무엇이며, 그 일은 교사에게 어떤 의미가 있는가? 이 질문에 대한 대답은 이론의 여지가 없이 분명하다. '학교에서는 무엇을 가르쳐야 하는가' 하는 질문이 교사들에게 어떤 의미가 있는가를 먼저 생각해 보자. 적어도 그들에게 교과서라는 것이 손에 쥐어져 있는 한, 그 질문은 애당초 성립조차 하지 않을 정도로 의미가 없다. 어떤 교사도 수업에서 다루어야 할 교육내용이 어떤 것인가 하는 질문을 제기하지 않는다. 왜냐하면 교과서에는 당장 다루어야 할 내용이 이미 열거되어 있으며, 교사용 지도서에는 그 내용을 어떤 방식으로 다루어야 하는지에 관하여 비교적 구체적인 형태로 제시되어 있기 때문이다. 교사들은 지난 시간에 이어서 그다음의 내용을 교사용 지도서의 처방에 따라 가르치기만 하면 되는 것이다. 만약 그들에게 고민이라는 것이 있다면, 그것은 가르치는 동안에 어떤 양념을 첨가하여 학생들이 먹기에 편한 것으로 만드는가 하는 것과 같은 수업의 기법에 관한 것뿐이다.

그런데 '학교에서는 무엇을 가르쳐야 하는가' 라는 질문을 후자의 방식, 즉 교육내용의 성격을 따지는 방식으로 대답하려고 할 경우에는 그 사정이 사뭇 달라진다. 즉, 교사에게 교육내용에 관한 실제적인 답을 구하는 일은 거의 필요 없는 일이었음에 반하여, 교육내용에 관한 이론적인 논의는 어떤 교사도 결코 회피할 수 없는 일이다. 교사들에게 교육내용의 성격에 관한 이론적인 논의가 어째서 필수적인 행위인가는 교육과정의 이론적인 논의가 어떤 성격의 것인가를 밝힘으로써 자연스럽게 대답될 수 있다.

교육내용의 성격에 관한 이론적인 논의는 이미 주어져 있는 교육내용의 의미와 가치가 무엇인지를 중심으로 이루어진다. 교육내용의 의미를 논의한다는 것은 가르칠 내용이 무엇인가를 논의하는 것이다. 언뜻 생각해 보면, 교육내용이 무엇인가 하는 것은 일단 교육내용이 주어지고 나면 해결되는 것처럼 보인다. 그러나 교육내용이 주어지는 것은, 논의의 끝이 아니라 시작이라고 보아야 한다. 즉, 교육내용이 무엇인가를 따져 보는 것은, 교육내용을 구체적으로 열거하는 것이 아니라, 주어진 교육내용을 대상으로 하여 그 의미를 따져 보는 일이다. 구체적으로 말하면, 이론적인 논의에 의하여 드러나는 교육내용은 교과서에 표상되어 있는 그것이 아니라, 오히려 표상되어 있는 내용의 이면에 의하여 규정될 수 있다. 교육내용의 의미에 관한 이런 논의는 교육내용에 관한 인식론적인 논의, 보다 정확하게 말하여 교육인식론적인 논의로 지칭되고 있다.

　　교육내용의 성격에 관한 논의에는 또 다른 한 가지 방식의 논의가 있을 수 있다. 그것은 다름 아닌 교육내용의 가치에 관한 논의다. 교육내용의 의미에 관한 논의를 교육내용의 인식론적인 논의라고 할 수 있다면, 교육내용의 가치에 관한 논의는 교육내용에 관한 윤리적인 논의라고 할 수 있다. 결론적으로 말하면, 교사들에게는 교육내용에 관한 이 교육인식론적인 논의가 윤리적인 논의와 더불어 필수적인 것이라 말할 수 있다. 교육과정에 관한 담론은 궁극적으로 이 논의를 지향하고 있다고 말해도 틀리지 않다. 이 책의 묵시적인 지향점 또한 여기를 향하고 있다. 독자들은 이러한 필자의 입장을 감안하여 이 책을 읽어 주면서 이 책의 논의를 한층 더 발전시켜 주기를 바란다.

　　끝으로 이 책의 출판을 기꺼이 허락해 주신 학지사의 김진환 사장님과 관계자 여러분, 그리고 이 책의 교정과 색인 작업을 맡아 준 안효일 박사에게 감사의 말씀을 전한다.

2013년 봄

대표 저자 박천환

|차 례|

제1부 **교육과정이론**

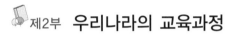

제2부 우리나라의 교육과정

제1부

교육과정이론

교육과정 개관

1. 교육과정의 개념

교육과정이라는 용어는 '敎育課程'과 '敎育過程'이라는 두 가지 상이한 한자어로 표기되고 있다. 이들 두 가지 한자어는 다르지 않은 것으로 여기는 경향이 있지만, 양자가 동일한 대상을 가리킨다고 생각하는 것은 옳지 못하다. 후자는 '교육(敎育)'과 '과정(過程)'이라는 두 개의 단어가 결합되어 만들어진 일상적인 용어이며, 그것이 가리키는 대상은 이들 단어가 담고 있는 의미를 벗어나지 않는다. 즉, 교과를 매개로 한 교사와 학생의 상호작용이 시간의 흐름 속에서 진행되어 나가는 장면을 가리킨다.

그러나 전자의 경우에는 사정이 다르다. 그것은 원래 영어의 '커리큘럼 (curriculum)'을 우리말로 번역한 한 개의 단어인 동시에 교육학에서 사용되는 전문적인 용어다. 그러므로 '교육(敎育)'과 '과정(課程)'이라는 단어가 담고 있는 의미를 나누어 분석하는 것은 교육과정이라는 용어가 무엇을 가리키는 가를 파악하는 데에 도움이 되지 않는다. 오히려 교육과정이라는 용어가 가리키는 대상을 파악하는 데에 일차적으로 필요한 것은 커리큘럼이라는 영어 단어의 어원적 의미를 분석하는 일이다.

커리큘럼이라는 영어의 명사는 우리말의 '달리다'로 번역되는 라틴어 동사인 '쿠레레(currere)'에 어원을 두고 있다. 커리큘럼은 이 점에서 일단 '달리는 활동' 혹은 '달려가야 할 경로'라는 의미를 담고 있다고 말해야 한다. 그렇기는 해도 쿠레레라는 라틴어 동사에서 이어받은 그러한 어원적 의미가 그대로 커리큘럼이라는 용어의 의미로 고정된 것은 아니다. 커리큘럼의 의미는 그 용어가 탄생된 맥락 혹은 그것이 탄생할 당시에 부여받은 초점에 의하여 한정되었다. 즉, 중세의 대학에서는 학생들이 배워야 할 교육내용에 초점을 두고 그 단어를 탄생시켰으며, 커리큘럼이라는 신생어는 그러한 초점에 의하여 '학생들이 배워야 할 교육내용의 항목을 일정한 순서에 따라 열거해 놓은 것'을 가리키는 데에 사용되기 시작했다(김수천, 2004: 3). 그러므로 커리큘럼이라는 단어는 '교수요목(教授要目)'으로 번역되는 편이 타당하다(Wiles & Bondi, 1993: 9). 그렇기는 해도 커리큘럼의 번역어로는 일반적으로 '교육과정'이라는 용어가 사용되고 있다.

우리나라의 경우에는 교육과정이 교육 당국에 의하여 고시의 형태로 공포되고 있다. 가령, 2009 개정 교육과정은 교육과학기술부 고시 제2009-41호로 공포되어 『초·중등학교 교육과정』이라는 책자에 담겨 있다. 교육과학기술부가 2009년에 발행한 이 책자는 2009 개정 교육과정을 전반적으로 안내하는 데에 초점을 두고 있는 '총론'에 국한되어 있다. 물론, 교육과학기술부는 2012년에 학생들이 배워야 할 내용의 항목을 학년에 따라 순차적으로 나열하는 '각론'을 발표하였으며, 2009 개정 교육과정의 대부분은 바로 이 각론에 할애되어 있다.

현재 교육과정이라는 용어는 각론에 나열되어 있는 이러한 교육내용과 더불어 총론에 들어 있는 그러한 전반적인 설명 혹은 이들 총론과 각론으로 이루어진 책자를 지칭하는 데에 두루 사용되고 있다. 그렇기는 해도 교육과정이라는 단어가 커리큘럼의 번역어라는 점을 감안하면, 그것은 각론에 체계화되어 있는 교육내용을 가리키는 용어라고 말해야 한다. 그러므로 교육 당국의 책자 혹은 그 속에 들어 있는 교육내용은 흔히 교육과정이라고 불리고 있지만, 그것은 '지시대상으로서의 교육과정'이라고 부르는 것이 정확하다.

교육과정이라는 단어는 원래 그러한 체계화된 교육내용을 지시하기 위하여 고안된 전문적인 용어이지만, 오직 그러한 명사적 용법에 한정되어 사용되는 것은 아니다. 사실상, 지시대상으로서의 교육과정은 다시 그것을 가르치고 배울 수 있는 형태로 번역해 놓은 교과와 더불어 탐구의 대상이 되기도 한다.[1)]

교육과정이라는 용어는 바로 그 지시대상으로서의 교육과정 혹은 교과를 대상으로 하여 탐구하는 교육학의 한 가지 분야를 일컫는 데에도 사용된다. 요컨대, 교육과정이라는 용어는 앞서 지적한 명사적 용법과 더불어 '학문적 탐구분야로서의 교육과정'이라는 동사적 용법으로 사용되기도 한다.

교육과정이라는 용어에 동사적 의미를 부여한 학문적 탐구는 19세기 후반 혹은 20세기 초반에 시작된 것으로 생각되고 있다(Schubert, 1986: 70). 교육과정이 학문적 탐구분야로 정립되기 시작한 시점을 이 시기로 잡는 데에는 그럴 만한 이유가 있다. 교육내용 혹은 교과 그 자체가 전문적인 탐구의 대상으로 부각되기 시작한 시점은 다름 아닌 19세기 후반 혹은 20세기 초반이라는 것이 바로 그 이유다(김수천, 2004: 7; 박천환, 2005: 2-3; 이홍우 외, 2003: 6-7).

실지로, 20세기 초반을 전후로 하여 교육내용 혹은 교과를 전문적으로 탐구하는 일군의 학자들이 등장하기 시작했으며, '교육과정'이라는 단어가 제목의 한 부분으로 포함된 책이나 논문이 등장하기 시작한 시점 또한 바로 그 시기다. 이들의 학문적 성과는 시간이 지남에 따라 점차 축적되어 나갔으며, 그것에 비례하여 교육내용 혹은 교과를 학문적으로 탐구한다는 것이 그것에 대하여 어떤 종류의 발언을 하는 것인가는 점점 더 뚜렷한 형태를 띠게 되었던 모양이다. 교육과정은 그러한 과정에서 이루어진 묵시적 합의에 의하여

---

1) '교과'라는 것은 지시대상으로서의 교육과정을 가르치고 배울 수 있는 형태로 번역하여 영역별로 나누어 놓은 그것의 최종적인 산물을 가리킨다. 그리고 '교과서'는 그러한 최종적인 산물이 가시적인 형태로 담겨 있는 책자를 가리킨다.

교육학의 한 가지 학문적 탐구분야로 정립된 것으로 알려져 있다.

　　교육과정은 이러한 과정을 거쳐서 교육학의 한 가지 탐구분야로 정립된 이후 크게 세 가지 사조를 탄생시켰다. 다음에서는 우선 이들 세 가지 전통적인 교육과정 사조를 살펴보도록 하겠다.

2. 교육과정의 사조

　　교육과정이라는 용어는, 앞서 지적한 바와 같이, 두 가지 용법을 가지고 있다. 학교에서 가르치려는 내용으로서의 교육과정이 한 가지라면, 다른 한 가지는 그 대상을 탐구하는 학문영역으로서의 교육과정을 말한다. 다시 말하면, 전자가 '교육과정 문서는 어떤 내용으로 이루어져 있는가' 라는 질문에 대답하는 용법이라면, 후자의 용법은 '그런 교육내용을 어떤 방식으로 탐구할 것인가' 하는 질문과 관련되어 있다. 사실상 이들 두 가지 질문은 별개의 것이 아니라 깊이 관련되어 있다. 단지, 전자가 주로 학교교육을 수행하는 교사들이 관심을 가지고 있는 질문이라면, 후자는 교육과정을 학문적으로 연구하는 소위 교육과정 학자들이 관심을 가지고 있는 질문이다. 여기에서는 후자의 관점이 아니라, 전자의 관점에서 전통적으로 학교에서 다루어 온 교육과정의 실체를 파악하게 될 것이다.

(1) 교과중심 교육과정

　　교육과정이라는 용어가 20세기에 들어와서 본격적으로 사용되기 시작했지만, 교육과정은 학교교육이 시작된 이래로 언제나 있어 왔다고 보아야 한다. 고대에도 교육이 이루어지고 있었던 이상, 그때에도 어떤 형태로든지 교육내용이 있었다고 보아야 하기 때문이다. 이와 같은 생각을 뒷받침하는 기록은 쉽게 찾아볼 수 있다. 예컨대, 서양의 경우에 플라톤의 『국가론』에서는 철학자-군주를 교육하기 위한 교육내용으로 음악, 체육, 대수, 기하, 천문학, 철학 등을 제시하고 있으며, 중세의 대표적인 교과목인 7자유학과(seven liberal arts)가 학교에서 가르쳐졌다는 기록은 교육학 서적의 곳곳에서 발견할 수 있는 사실이다.

교과가 곧 교육과정이라는 생각은 그 이후에도 상당히 오랜 기간 동안 지속되어 왔으며, 그것은 오늘날에도 여전히 상식적인 생각으로 통용되고 있다. 교육 당국에서 개발하여 고시하는 교육과정은 이 점을 단적으로 보여 주고 있다. 예컨대, 교육과학기술부 고시 제2007-79호로 발표된 '2007년 개정 교육과정'의 경우에, 전반부에는 그것의 전반적인 특징을 소개하는 총론이 자리 잡고 있지만, 그 이하의 대부분은 학생들이 배워야 할 내용의 항목을 학교급별로 각 학년과 교과목별로 나열하는 데에 할애되어 있다.

'교과중심 교육과정'은 교육과정의 의미를 이와 같이 교수요목, 즉 교육의 과정에서 이수해야 하는 교과목으로 정의하려는 교육과정 사조를 가리킨다. 교과중심 교육과정은 세부적으로 다양한 모습을 띠고 있다. 학교에서 학생들이 공부하는 내용은 그 사회의 성인들이 이미 공부했던 과목과 다른 것일 수 없으며, 그러한 관점은 비교적 오랜 시간 동안 학교교육에 관한 통념으로 작용하여 왔을 뿐만 아니라 20세기 이후에 나타난 대안적인 교육과정 사조인 경험중심 교육과정이 성행하던 시기에조차도 여전히 견지되었던 전통적인 관점에 해당한다.[2]

교과중심 교육과정이 전통적인 관점으로 자리할 수 있었던 것은 그것이 공부나 교육에 관한 우리의 상식적인 견해에 정확하게 부합되기 때문이라고 말해도 과언이 아닐 것이다. 그 상식적인 생각은 다름 아닌 바로 공부가 마음을 닦는 일, 즉 정신적 능력을 키우는 일, 교육학의 용어로 마음 또는 교과의 형

---

[2] 허친스의 견해로 대표되는 항존주의와 베스토의 입장으로 대표되는 본질주의에 깔려 있는 관점은 교과중심 교육과정과 맥을 같이한다. 그들은 미국에서 진보주의 교육이 성행하던 시기에 그것과 밀접하게 관련된 경험중심 교육과정에 반대하는 입장에서 전통적인 교과를 교육내용으로 삼아야 한다고 주장하였다.

식을 도야하는 것이라는 생각이다. 교육은 젊은이로 하여금 정신적인 능력을
갈고 닦게 하며, 그 결과로 가지게 된 도야된 마음으로 말미암아 젊은이들이
세상을 슬기롭게 살아가게 될 것이라는 생각은 의심의 여지가 없는 상식적인
생각이다. 이와 같은 생각은 비단 서양에 국한된 것이 아니다. 동양의 경우에
선비들은 사서삼경을 비롯한 그것의 주석서를 성리학의 교과로 삼아 마음을
갈고 닦았다.

　그런데 교육과 교육내용에 관한 이러한 지극히 상식적인 생각은 20세기로
접어들면서 산업화와 과학화가 가속화되고 교육에 관한 학문영역이 발전하
게 되면서 더 이상 견지될 수 없는 지경에 이르게 된다. 물론, 이와 같은 상황
은 학교에서 공부해야 할 내용으로 당연시되어 오던 종전의 교과에 대한 회
의에서 비롯된 것이다. 그리고 그 회의는 한편으로 형식도야라는 교육의 목
적이 부정되면서 시작되었고, 다른 한편으로는 교육내용과 불가분의 관계를
맺고 있는 교육의 과정에 대한 과학적인 탐구가 시도되면서 가속화되었다.
즉, 오랫동안 당연시되어 오던 교과목들이 어째서 회의의 대상이 되었는가
하는 것, 그리고 형식도야라는 교육목적이 정당화되지 못한 이유와 그 결과
로 야기된 문제가 과연 어떤 것인지를 숙고해 보아야 한다. 20세기로 접어들
면서 인류의 삶에 어떤 변화가 일어났으며, 그것이 교육에 어떤 영향을 주었
는지도 고려하면서 교육과정에 관한 관점의 변화를 살펴보아야 할 것이다.

(2) 경험중심 교육과정

　20세기로 접어들면서 교육내용인 교과목에 대한 회의에는 여러 가지 생각
이 배경으로 작용하고 있다. 특히, 교육은 마음을 갈고 닦는 일이고, 갈고 닦
은 마음은 삶에 유용할 것이라는 애매하고 막연한 형식도야이론의 설명으로
는 만족할 수 없다는 생각이 그러한 회의의 중요한 근거가 되었다. 사람들이
이런 회의를 가지게 되기까지에는 형식도야이론과 관련한 교육학의 연구가
상당한 영향을 미쳤다는 것은 부정할 수는 없지만, 여기에는 보다 더 근본적

인 이유가 작용하고 있다. 사람들이 교육에 거는 기대가 종래와는 전혀 달라졌다는 것이 바로 그 이유다. 단도직입적으로 말하면, 사람들은 교육을 통해서 마음을 도야시킨 건전한 교양인보다는 생활의 기술을 고루 갖춘 유능한 생활인을 보다 더 절실하게 요구하게 되었다. 이러한 상황에서 보면, 종래의 교과목에 회의를 가지게 되는 것은 당연한 일이었다. 거기에 형식도야이론이 이론으로서의 기반을 잃게 되는 일련의 실험들은 교과에 대한 회의를 더욱 가중시켰다.

물론, 이상의 논의는 경험중심 교육과정을 설명한다기보다는 오히려 그것에 대한 질문을 야기한다고 보아야 한다. 즉, 앞의 논의는 교양인보다 생활인을 요구하게 된 배경이 무엇이며, 유능한 생활인은 교양인과 어떤 점에서 다른가 하는 질문을 제기한다. 독자들은 공부를 하는 동안에 이 질문을 염두에 둘 필요가 있다.

어쨌든 교육내용과 형식도야이론에 관한 이러한 회의의 결과로 나타나게 된 교육과정이 '경험중심 교육과정'이다. 말하자면, 경험중심 교육과정은 기본적으로 생활의 경험을 교육내용으로 삼아야 한다는 입장을 견지하고 있다. 그런데 경험중심 교육과정은 생활경험 교육과정으로 불리기도 하고 생활중심 교육과정이라고 불리기도 한다. 그러므로 경험중심 교육과정이 어떤 것인가 하는 것은 두 개의 상이한 이름이 강조하고 있는 바를 설명하는 과정에서 해명될 것으로 보인다.

우선, 생활중심 교육과정이라는 이름은 일상적인 생활에서 겪는 것이 교육의 주된 내용이 되어야 한다는 점을 부각시키고 있다. 기존의 교과목을 교육의 주된 내용으로 삼아야 한다는 종래의 주장과 비교하면, 일상적인 생활을 그 내용으로 삼아야 한다는 주장은 참으로 혁신적인 것임에 틀림이 없다. 그것이 어떤 점에서 혁신적인 것인가 하는 것과 그 혁신적인 주장으로 말미암아 교육의 현실이 어떻게 바뀌게 되겠는가 하는 것은 공부를 하는 동안에 생각해 보아야 할 문제다.

생활중심 교육과정이 교육내용에 강조를 두고 붙여진 이름이라면, 생활경험 교육과정은 교육내용보다는 교육방법에 강조를 두고 붙여진 이름이다. 즉, 생활경험 교육과정은, 교육에서 가르치고 배우는 교과의 내용보다는, 그 것을 배우는 학습자와 그 학습자의 학습경험이 더 중요하다는 생각을 강조하 기 위해서 붙여진 이름이다. 바꾸어 말하면, 그것은 교육의 무게중심이 교육 내용에 있다기보다는 교육방법에 있다는 것을 강조하는 뜻에서 붙여진 것이 다. 이와 관련해서 생각해 보아야 할 점은 교육방법을 강조한다는 것이 무엇 을 의미하며, 어째서 그 시점에 이르러서야 교육방법에 관한 고려가 이루어 졌는가 하는 것이다. 교과중심 교육과정의 시대라고 할 수 있는 20세기 이전 에는 교육방법에 관한 고려가 없었던 것인가? 그리고 교육의 무게중심을 교 육방법에 둔다는 것은 무엇을 의미하는가?

경험중심 교육과정이 생활중심 혹은 생활경험 교육과정으로 불리게 된 이 유가 교육내용에서는 생활이 강조되고 교육방법에서는 학생들의 학습경험 이 강조된 까닭이라고 설명한 바 있다. 교과보다 생활이 교육내용으로 강조 된 데에는 그 나름의 이유가 있을 것이다. 모르긴 해도 20세기에 접어들면서 달라진 삶의 여건이 그 이유일 것으로 생각된다. 즉, 본격적인 시민사회의 성 립과 과학 및 테크놀로지의 발달로 인한 산업사회로의 진입이 그 주된 이유 로 보인다. 특히, 그것이 유럽보다는 미국사회에서 보다 강조되어 '진보주 의' 교육사조로 맹위를 떨친 것은 결코 우연이 아니다. 그것은 이러한 이유들 이 반영된 필연적인 결과로 나타난 것으로 생각된다. 이런 문제에 관한 질문 과 해명 또한 교육과정을 공부하는 동안에 해결되어야 할 것으로 보인다.

(3) 학문중심 교육과정

미국을 중심으로 맹위를 떨친 경험중심 교육과정은 1950년대에 이르러 정 점을 이루게 된다. 그러나 정점은 곧 추락을 의미하는 법, 미국교육은 소련의 인공위성 스푸트니크 호로 말미암아 일대 전환기를 맞이하게 된다. 소련의 인공위성이 미국교육에 충격을 준 것은 부정할 수 없는 사실이며, 이 사실로 말미암아 미국의 교육은 대대적인 개혁을 단행하게 된 것으로 알려져 있다. 그러나 사실을 두고 말하면, 새로운 교육사조는 스푸트니크 호의 발사 이전부터 시작되어 왔다고 보아야 한다. 이렇게 말할 수 있는 근거는 인류에게 지식, 즉 학문적 지식이 어떤 것인가를 생각해 봄으로써 마련될 수 있다.

우리에게 지식은 어떤 의미가 있는가? 고대로부터 오늘날에 이르기까지 우리는 어떤 목적으로 지식을 탐구해 왔는가? 그것은 단지 생활의 문제를 해결하기 위한 것이었는가? 이런 질문은 경험중심 교육과정이 지향하는 교육과 그런 교육이 초래하게 될 결말이 어떠한 것인지를 짐작할 수 있게 만든다. 경험중심 교육과정을 바탕으로 마련된 학교교육의 교육내용은 어떤 것인가? 우리는 쉽게 그것을 짐작할 수 있을 것이다. 예컨대, 오늘날 우리가 배우고 있는 수학의 내용 중에서 어떤 것들이 거기에 적합한 내용이 될 수 있는가? 모르긴 해도 인류의 찬란한 문화적 업적이라고 할 수 있는 학문적 지식의 대부분은 학교교육에서 제외될 수밖에 없었을 것이다. 그리고 교육내용으로 채택되는 것들은, 아마도 오늘날 우리의 눈으로 보기에는 '저런 것도 학교에서 배워야 하는 것들인가' 하는 의구심이 생길 정도로 유치한 지식일 것이다. 1950년대에 절정을 이룬 진보주의 교육에서 채택한 교육내용은 이 점을 단적으로 확인시켜 준다.

'학문중심 교육과정'은 이러한 여건 속에서 스푸트니크 호의 발사를 계기로 나타난 것이다. 미국의 경우에는 상당한 기간 동안 경험중심 교육과정이 지배해 왔다. 그 결과로 1950년을 전후로 하여 교육은 학생들에게 무엇인가 중요한 내용을 가르치는 데 실패하고 있다는 우려가 팽배하게 되었다. 그러던 와중에 소련의 인공위성 발사는 미국 사회의 거의 모든 영역에 충격을 주었고, 그 여파로 미국교육은 대대적인 반성의 기회를 가지게 되었다. 그들의 반성은 교육내용과 교육방법에 이르게 되어 종래의 교육내용과 교육방법에 대한 대안으로 '지식의 구조'라는 유명한 개념이 대두되었다.

브루너가 『교육의 과정』에서 대안적인 교육내용으로 제시한 지식의 구조는 각 학문의 핵심적인 아이디어를 교육내용으로 삼아야 한다는 주장을 제기하기 위해서 만들어진 개념이다. 과학의 구조를 교육내용으로 삼아야 한다는 말은 과학이라는 학문이 지니고 있는 핵심적인 아이디어를 교육내용으로 삼아야 한다는 뜻을 나타낸다. 물론, 교육내용으로서의 지식의 구조가 의미하는 바가 이렇게 간단한 것은 아니다. 그것은 교육내용과 교육방법뿐만 아니라 그것을 그런 방법으로 가르쳐야 하는 이유까지 포함하는 전체적인 교육관을 나타내는 말임에는 틀림이 없다(이홍우, 1992: 73). 그리하여 학문을 교육내용으로 삼아야 한다는 브루너의 주장은 미국의 교육이 제대로 된 교육내용을 학생들에게 가르치지 못하고 있다는 우려와 반성의 결과라고 볼 수 있다.

한편, 피터즈와 허스트는 지식의 형식이라는 이름으로 학문적 지식을 교육내용으로 삼아야 한다고 주장하였다. 그들은, 학생들이 제대로 된 교육내용을 배우지 못하고 있다는 브루너의 문제의식과는 달리, 교육을 하는 이유, 즉 교육의 목적에 문제의식을 집중시키고 있다. 지식의 형식을 교육내용으로 삼아야 하는 이유는 교육에 내재되어 있는 가치, 즉 지식의 형식을 내면화함으로써 얻을 수 있는 가치에 있다는 것을 강조하기 위한 것이라고 말할 수 있다.

학문중심 교육과정을 공부하는 동안에 독자들은 이러한 브루너와 피터즈 및 허스트의 문제의식에 관심을 가져야 한다. 즉, 브루너는 지식의 구조를 가르치는 것 외에는 교육내용을 제대로 가르치는 방법이 없다고 생각하였다. 지식의 구조를 가르친다는 것은 무엇을 어떻게 가르친다는 것인지에 관하여 특히 관심을 기울여야 할 것이다. 그리고 피터즈와 허스트의 문제의식은 교육의 특정한 점을 우려하여 생기게 된 것이며, 지식의 형식은 그 문제의식을 어떻게 해소할 수 있는가 하는 고민의 결과로 탄생되었다. 물론, 이상의 문제는 교육과정을 공부하는 동안 내내 곁에 두고 생각해 보아야 할 것이다.

제2장

교육과정의 역사

  교육과정은 교육내용 혹은 교과를 전문적으로 탐구하는 교육학의 한 가지 탐구분야다. 교육과정의 이러한 학문적 성격은 당장 그것을 겨냥한 한 가지 근본적인 질문을 떠올리게 만든다. 아닌 게 아니라, 교육내용 혹은 교과를 학문적으로 탐구한다는 것이 어떤 성격의 일인가는 종잡을 수 없을 정도로 모호하다. 가령, 곱셈의 원리를 드러내는 일 혹은 그것을 가르치는 방법을 탐색하는 일은 명백히 그것을 학문적으로 탐구하는 일의 한 가지 사례에 간주될 수 있다. 그러나 이들 탐구는 순수수학 혹은 수학교육학 분야에서 이루어져야 할 활동이지 교육과정 분야에서 수행되어야 할 과제로 보기는 어렵다. 그러므로 학문적 탐구분야로서의 교육과정은 역설적이게도 '교육내용 혹은 교과를 학문적으로 탐구한다는 것은 정확하게 무슨 뜻인가' 하는 질문을 불러일으킨다고 보아야 한다.

  언뜻 생각하면, 교육과정의 학문적 성격에 관한 이 질문은 그것이 가리키는 학문적 탐구가 수행되기 이전에 먼저 대답되어야 할 것으로 보일지 모르지만, 이것은 그런 성격의 질문이 아니다. 초기 교육과정학자들은 이 질문을 명시적인 형태로 제기한 적이 없으며, 그들이 여기에 대한 직접적인 대답에 근거하여 교육과정에 관한 탐구를 수행하는 장면 또한 찾아보기 어렵다. 그럼에도 불구하고 이 질문이 중요성을 띤다면, 그것은 그들의 업적을 비롯하여 그 이후에 이루어진 교육과정 분야의 학문적 성과를 사후적으로 조망해 볼 수 있는 지표가 된다는 데에서 찾을 수 있다. 교육과정이라는 학문이 어떤 성격의 탐구분야인가는 그 질문을 지표로 하여 그동안의 학문적 업적을 조망하는 과정에서 자연스럽게 드러나게 될 것이다.

1. 교육과정의 학문적 태동

교육과정의 학문적 태동을 이끈 초기 교육과정학자들의 노력은 이 분야의 학문적 선구자로 지목되는 보비트의 '과학적 교육과정 운동'에 전형적으로 예시되어 있다. 여기에서는 먼저 보비트의 그 운동이 어떤 성격의 시도인가를 개괄적으로 고찰한 이후에, 그것이 교육과정의 분야에서 차지하는 위치를 비판적으로 검토한다.

(1) 교육과정의 태동

보비트의 과학적 교육과정 운동은 경영학의 아버지로 불리는 테일러의 『과학적 경영의 원리』라는 책으로부터 이론적 자양분을 얻었다(김경자, 2000: 119; 박승배, 2007: 28-29). 경영학 최고의 고전으로 손꼽히는 이 책은 생산의 효율성을 높이는 데에 활용될 과학적 원리를 제시하기 위하여 저술되었다. 테일러는 그 원리를 모색하는 방안으로 '시간과 동작 연구'를 수행하였다. 시간과 동작 연구는 산업혁명 이후부터 관행처럼 내려오던 주먹구구식 경영이 지속될 경우에 생산성의 향상을 기대할 수 없다는 문제의식에서 시작되었다. 테일러의 그러한 문제의식은 그 연구의 최종적인 결론이 어떤 것인가를 시사하고 있다. 단도직입적으로 말하면, 생산의 효율성을 도모하기 위해서는 먼저 만들어야 하는 상품의 양과 질을 분명하게 정해 놓고, 그 상품을 만드는 데에 투입되는 작업의 형태와 소요되는 시간을 체계적으로 확인하고 관리하지 않으면 안 된다는 것이 그 연구의 최종적인 결론이다.

보비트는 테일러의 이러한 과학적 경영의 원리를 그대로 교육의 원리로 받아들인다. 보비트의 눈에는 학교에서 학생들을 가르치는 과정이 공장에서 제품을 만드는 과정과 다르지 않게 보였던 모양이다. 교육목표는 생산품에 해당하고, 교사와 학생은 각각 근로자와 원자재에 대응되며, 교장은 공장장으로 간주될 수 있다는 것이 그의 생각이었다(Bobbitt, 1918: 76-79). 소위 '공장으로서의 학교'라는 개념은 이러한 발상에서 등장하였다.

공장으로서의 학교가 겨냥해야 할 궁극적 목적이 어떤 것인가는 보비트에게 전혀 고민의 대상이 되지 않았다. '미래 생활의 준비' 또는 그것을 의인화한 '유능한 생활인의 육성'이 교육의 보편적인 관심사로 간주되는 경향은 르네상스 이후부터 열도를 더하면서 줄기차게 이어져 내려오고 있었다. 그리고 그것을 교육의 궁극적 목적으로 삼아야 한다는 주장은 이미 폭넓은 공감대를 형성하고 있었다. 그는 그것을 아무런 주저 없이 교육의 궁극적 목적으로 받아들이면서, 그 목적을 달성하기 위하여 동원해야 할 수단으로서의 교육내용 혹은 교과를 결정하는 데에 노력을 경주하게 된다(Bobbitt, 1918: 283; Bobbitt, 1924: 7).

보비트의 그러한 노력이 어떤 방향으로 전개되었는가는 '과학적'이라는 수식어를 통해서 어렵지 않게 짐작할 수 있다. '과학적 교육과정 운동'이라는 표어에서 '과학적'이라는 수식어는 물리학이나 생물학과 같은 자연과학에서 활용되는 방법을 가리키는 용어가 아니다. 그의 이론체제 내에서 그것은 '사변적'이라는 형용사와 대비되는 용어로 읽힌다. 즉, 후자가 '탁상공론'이나 '어림짐작'이라는 의미를 담고 있다면, 전자는 '객관적'이라든가 '합리적'이라는 뜻으로 사용되었다. 그러므로 보비트의 노력은 합리적이고 객관적인 근거 또는 다수의 사람들이 공유하는 건전한 상식에 의하여 그 가치가 입증되거나 납득될 수 있는 것을 교과로 구성하는 방향으로 나아갈 수밖에 없었다(이홍우 외, 2003: 14).

  교과에 관한 보비트의 이러한 시도에는 당시까지 이어져 내려오던 전통적 교과에 대한 그의 문제의식이 반영되어 있다. 전통적 교과는 그가 염두에 두고 있는 과학적 방식으로 구성되지 않았으며, 그러한 교과로는 미래 생활의 준비라는 교육의 궁극적 목적을 온전하게 실현할 수 없다는 비판이 바로 그 문제의식이다(박천환, 2005: 4). 그의 이러한 비판이 과연 타당한가 하는 것은 별도의 지면을 빌려 고찰해 보아야 하겠지만, 한 가지 분명한 사실은 그러한 비판이 그로 하여금 대안적 교과를 마련하도록 이끌었다는 것이다.

  보비트는 그러한 대안적 교과를 마련하기 위하여 '과학적'이라는 수식어에 걸맞게 우선 일상의 생활에서 어른들이 당면하는 사태와 그 사태를 헤쳐 나가기 위하여 그들이 수행하는 활동을 광범위하게 조사하고 분석하게 된다. 교육의 수혜자가 학생이라는 점을 고려하면, 그가 이와 같이 어른들의 생활을 조사와 분석의 대상으로 삼는 것은 얼른 납득되기 어려울지 모른다. 그런데 교육이 겨냥하는 학생들의 생활은, 그들이 당면하는 현재의 생활이 아니라, 장차 직면할 미래의 생활이다. 그러므로 학생들의 생활은 원칙상 조사하는 것 자체가 불가능하다. 누구든지 이러한 형편에서는 그것과 가장 유사한 생활을 조사할 수밖에 없다. 그는 이러한 이유에서 어른들이 당면하는 사태와 그들이 수행하는 활동을 조사의 대상으로 삼았다.

  어른들의 생활을 대상으로 한 보비트의 조사는 언어활동, 건강활동, 시민활동, 보편적 사회활동, 여가활동 및 취미활동, 정신관리활동, 종교활동, 부모활동, 봉사활동 및 기타 활동, 직업활동 등 열 가지 영역의 경험을 찾아내는 데에로 이어졌다. 그는 이들 열 가지 경험의 영역 중에서 마지막 직업활동을 제외한 아홉 가지 영역을 그대로 교육목표의 범주로 받아들이면서, 그 각각의 범주에 세부적인 교육목표를 설정해 넣는다. 그가 이 아홉 가지 범주에 설정해 놓은 세부적인 교육목표는 무려 160개에 달한다(Bobbitt, 1924: 11-29). '미래 생활의 준비' 또는 '유능한 생활인의 육성'이라는 교육의 궁극적 목적은 아홉 가지 범주의 교육목표로 구분되고, 그것은 다시 160개의 세부적인 교육목표로 상세화된 셈이다.

어른들의 생활에 대한 조사와 분석의 결과는 또한 이들 교육목표를 달성하기 위하여 투입될 교과를 구성하는 데에도 활용된다. '기본교과'에 포함되어 있는 영어, 사회, 문학, 과학, 수학, 체육, 보건, 음악, 미술 등과 '보충교과'에 들어 있는 외국어, 고급수학, 영문학사, 기능예술, 타자, 연극, 웅변술 등은 그 결과에 근거하여 마련된 대안적 교과에 해당한다(Bobbitt, 1924: 69-70). 물론, 이들 대안적 교과는 그것이 어른들의 생활에 바탕을 두고 있는 만큼 실용적인 성격을 띨 수밖에 없다. 그리하여 보비트의 과학적 교육과정 운동은 이들 실용적 교과를 수단으로 하여 미래 생활의 준비 또는 유능한 생활인의 육성이라는 교육의 보편적 관심사를 실현하려는 시도로 파악될 수 있다(Bobbitt, 1918: 42).

(2) 교육과정의 탐구 방향

동서양을 막론하고 전통적 교과는, 일상의 생활에서 당면하는 문제를 해결하는 데 직결되는 실용적 지식이 아니라, 한가한 사람들의 정신적 유희에나 소용될 것처럼 보이는 장식적 지식으로 이루어져 있었다. 더욱이, 대다수의 사람들은 그것을 배우는 것이 얼마나 힘들고 지루하며 고통스러운 일인가를 실제로 겪었으며, 그들의 그러한 경험은 장차 그것을 배울 학생들에 대한 동정과 연민으로 이어졌다. '교과중심 교육과정'이 자아내는 부정적인 분위기는 전통적 교과에 대한 이러한 부정적인 정서에서 비롯된 것이라고 말해도 크게 틀리지 않는다.

보비트를 비롯하여 초기 교육과정학자들은 당시까지 전해져 내려오던 그러한 전통적 교과에 대한 대안적 교과를 마련하는 일을 지상의 과제로 삼았다. 그들이 이 과제를 수행하는 동안에 딛고 있는 방법적 토대는 다름 아닌 '과학'이라는 용어로 요약되는 건전한 상식이었다. 그들의 노력은 이러한 토대 위에서 일상의 경험과 직접적으로 관련되는 실용적 교과를 마련하는 데에 집중되었다. '경험중심 교육과정'이라는 것은 이러한 일상의 경험에 거점을 두고 교과를 처방하는 방식으로 이들 양자의 관련을 확립하는 데에 관심을 두고 있는 사조를 가리킨다. 교육과정이라는 학문은 그러한 경험중심 교육과정의 관심사를 추구했던 초기 교육과정학자들의 노력에 의하여 교육학의 한 가지 탐구분야로 정립되었다.

초기 교육과정학자들의 이러한 성과에는 그것에 의하여 묵시적으로 합의된 교육과정의 학문적 성격이 반영되어 있다. 교육내용 혹은 교과를 학문적으로 탐구한다는 것은 기존의 교과에 대한 대안적 교과를 마련하는 일로 파악될 수 있다는 것이 그 합의의 요지다. 그들의 성과가 예시하는 이러한 방향의 탐구는 오늘날 '교육과정 개발'이라는 용어로 통용되고 있지만, 그것은 교육내용 혹은 교과를 대상으로 하여 모종의 변경을 가하는 데에 관심을 두고 있다는 점에서 '교육과정의 실제적 접근'이라고 부르는 것이 훨씬 더 적절하다.[1]

초기 교육과정학자들이 취했던 실제적 접근은 확실히 그 이후부터 오늘날까지 학문적 탐구분야로서의 교육과정이 나아가야 할 한 가지 방향을 제시해 주고 있다. 그러나 그렇다고 해서 그것이 학문적 탐구분야로서의 교육과정에 주어진 유일한 방향이라고 생각한다든지, 교육과정이 수행해야 할 탐구가 오직 그 방향으로 나아가야 한다고 생각하는 것은 옳지 못하다. 교육과정의 학문적 역사를 한눈에 보는 일이 가능한 우리의 입장에서 할 수 있는 말이겠지만, 초기 교육과정학자들이 취했던 실제적 접근은 교육과정이 나아갈 수 있는 한 가지 특이한 탐구 방향에 지나지 않는다. 교육과정의 후세대는 한편으

---

1) '실제'라는 우리말은 영어 단어 'practice'의 번역어에 해당한다. 그리고 그것은 희랍어 'praxis'에 어원을 두고 있으며, 그것은 다시 '하는 행위'를 뜻하는 동사인 'prattein'(to manage)에서 파생되었다. 교육과정의 '실제적 접근'이라는 것은, 실제라는 단어가 담고 있는 이러한 의미에 시사되어 있는 바와 같이, 교육내용 혹은 교과를 변경하는 데에 관심을 두고 있는 접근이라고 말할 수 있다. 이것과 병렬을 이루는 교육과정의 '이론적 접근'이라는 것은 어원상 교육내용 혹은 교과를 특정한 측면에서 이해하고 설명하는 데에 관심을 두고 있는 접근을 가리킨다. 우리말로 '이론'이라고 번역되는 영어 단어 'theory'는 희랍어 'theoria'에 어원을 두고 있으며, 그것은 다시 '보는 행위'를 뜻하는 'theorein'(to look at)에서 파생되었다.

로 그러한 실제적 접근을 한층 더 심화시키면서, 다른 한편으로 그것과 병렬을 이루는 '이론적 접근' 을 찾아내어 발전시키는 방향으로 뻗어 나갔다. 이하에서는 교육과정에 관한 이들 두 가지 접근의 학문적 계보를 공시적 관점에서 순차적으로 고찰한다. 교육과정에 관한 학문적 탐구가 궁극적으로 어떤 성격을 띠어야 하는가는 그 과정에서 자연스럽게 확인될 것이다.

2. 교육과정의 실제적 접근

교육과정을 학문적 탐구분야로 탄생시킨 실제적 접근은 성격상 두 세대로 구분될 수 있다. 보비트의 입장을 특정한 측면에서 계승한 타일러 및 그의 동료들이 실제적 접근의 제1세대에 속한다면, 제2세대는 그들의 입장을 비판하는 슈왑과 워커를 거쳐서 아이즈너로 이어진다. 본 절에서는 타일러의 고전모형에 초점을 두고 이들 두 세대의 탐구가 어떻게 연결되고 구분되는가를 검토한다.

(1) 실제적 접근의 제1세대

보비트를 비롯하여 초기 교육과정학자들이 취했던 실제적 접근은 장식적 교과에 대한 대안으로서의 실용적 교과를 마련하려는 의도에서 시작되었다. 교육과정에 관한 실제적 접근의 이러한 시도는 그 이후 약 50년 동안 지속되었다. 타일러는 그러한 실제적 접근이 일대 전환기를 맞이하도록 이끈 장본인으로 알려져 있다. 즉, 그는 보비트에서 시작되어 당시까지 이어져 내려오던 교육과정에 관한 방대한 업적을 '원리의 측면' 에서 계승하여 '종합적 교육과정 모형' 으로 지칭되는 고전적인 모형을 구축하였다(김경자, 2000: 119; 박승배, 2007: 38; 박천환, 2005: 5).

타일러의 종합적 교육과정 모형은 『교육과정과 수업의 기본 원리』라는 제

목으로 출판된 130쪽가량의 책에 소개되어 있다. 그리고 이 책에 소개된 교육
과정 모형이 교육목표의 설정 및 진술, 학습경험의 선정, 학습경험의 조직, 평
가라는 네 가지 요소로 이루어져 있다는 사실은 교육과정 분야에서 일종의
상식으로 통용되고 있다. 그의 교육과정 모형을 둘러싼 이러한 상식은 수업
에 애착을 가지고 있는 독자들로 하여금 그의 책을 통해서 이들 네 가지 요소
의 구체적 '사례'를 접할 수 있을 것이라는 기대를 품게 만들지도 모른다. 그
러나 그의 책은 애당초 독자들의 그러한 기대에 부응하기 위하여 저술된 것
이 아니다. 그의 책이 담고 있는 설명의 초점은, 그 사례가 어떤 것이든지 간
에, 그것을 만들기 위하여 따라야 할 '원리' 또는 '지침'을 제시하는 데에 맞
추어져 있다.[2]

타일러의 책에 담긴 이러한 설명에는 교육과정이 추구해야 할 학문적 탐
구에 관한 그의 시각이 반영되어 있다. 즉, 교육과정을 학문적으로 탐구한다
는 것은 앞서 지적한 네 가지 요소가 가리키는 활동이 각각 어떤 것인가를 정
확하게 파악하고, 그 활동을 원만하게 수행하는 데에 필요한 여러 가지 원리
또는 지침을 제시하는 일 이외에 다른 것일 수 없다는 것이 그의 생각이었던
모양이다. 그의 교육과정 모형에는 이러한 방식으로 그것에 관한 종전의 입
장이 망라되어 있는 동시에, 후세대에 의하여 탐구되어야 할 교육과정 분야
의 주제가 적극적으로든 소극적으로든 거의 모두 취급되어 있다. 그의 모형
은 이 점에서 '종합적 교육과정 모형'이라는 명칭을 부여받는 데에 손색이
없다.

블룸과 메이거는 타일러의 교육과정 모형에 취급되어 있는 그러한 주제 중
에서 특히 '교육목표를 진술하는 원리'를 상이한 측면에서 정교한 형태로 발
전시키는 데에 기여한 학자로 알려져 있다(김경자, 2000: 154; 박상철, 2006: 114).
교육목표의 진술에 관한 타일러의 원리는 학습자가 나타내야 할 구체적인

---

2) 예컨대, 타일러는 학습자에 관한 사실, 사회에 관한 사실, 교과 전문가의 견해, 철학적 관점, 학습
  심리학적 관점이라는 다섯 가지 원천에 근거하여 교육목표를 설정하도록 촉구하고 있다(Tyler,
  1949: 5-43).

'행동'이 '내용'과 결합된 형태로 진술하라는 지침으로 요약될 수 있다(Tyler, 1949: 47). 그는 이와 같이 내용과 행동으로 이루어진 이차원적 교육목표 진술의 원리를 내세우고 있지만, 교육목표에 관한 그의 관심은 역시 그가 일곱 가지 행동형으로 분류했던 행동의 차원에 주어져 있었다(Tyler, 1949: 44-45).

블룸이 그의 동료들과 함께 분류하려고 했던 것은, 내용의 차원이 아니라, 타일러에 의하여 일곱 가지 항목으로 분류되었던 바로 그 행동의 차원이다 (Bloom et al., 1956: 12). 그들의 시도는 행동의 차원을 '지적 영역'과 '정의적 영역'으로 분류하는 데에서 시작하여, 이들 두 가지 영역에 속하는 행동을 다시 분류학적으로 체계화하여 설명을 붙이는 것으로 마무리되었다. 『교육목표 분류학』이라는 동일한 제목에 '지적 영역'과 '정의적 영역'이라는 상이한 부제가 붙어 있는 두 권의 책은 그러한 시도의 최종적인 성과에 해당한다.[3]

그런데 블룸과 그의 동료들에 의하여 시도된 그러한 분류는, 그들이 스스로 시인하고 있는 바와 같이, 지적 영역과 정의적 영역을 비롯하여 그 속에 포함되어 있는 세부적인 항목의 경계가 선명하지 못하다는 한계를 안고 있다 (Bloom et al., 1956: 68, 93-94, 144-145). 그들의 분류가 안고 있는 이러한 한계는 평가의 단계에서 가장 심각하게 부각된다. 즉, 그들의 분류는 그러한 한계로 말미암아 교육목표의 달성 여부를 확인하기 위해서 수집해야 할 증거를 분명하게 지시하지 못할 수 있으며, 그런 만큼 평가의 단계에서는 혼란이 일어날 수 있다. 메이거의 관심사는 평가의 단계에서 일어날 수 있는 그러한 혼란을 미연에 방지하는 방안을 제시하는 데에 있었다. '교육목표의 행동적 진술'이라는 유명한 개념은 『수업목표 진술의 원리』라는 그의 책에 제시된 바로 그 방안으로 받아들일 수 있다(Mager, 1962: 13).

메이거가 이와 같이 평가를 염두에 두고 교육목표 진술의 원리를 제시하고 있다는 것은 그 자신이나 블룸이 발전시키려고 했던 타일러의 입장 속에 이

---

3) 하로우는 그들의 이러한 시도를 심동적 영역에 적용하여 『교육목표 분류학: 심동적 영역』(1972) 이라는 책을 출판하였다.

들 양자가 관련을 맺어야 한다는 생각이 배경 무늬로 깔려 있다는 사실을 넌지시 보여 주고 있다. 타일러가 교육목표를 이루는 두 차원 중에서 유독 행동의 차원에 관심을 보였던 근본적인 이유는 바로 그 배경 무늬에서 찾을 수 있다. 그리하여 실제적 접근의 제1세대가 추구했던 교육과정의 학문적 탐구는 교육목표와 평가의 긴밀한 관련을 바탕에 깔고 교육내용 혹은 교과—그들의 용어로 '학습경험'—를 선정하고 조직하는 원리 또는 지침을 제시하는 일로 압축될 수 있다.

　참고로, 위긴스와 맥타이는 1998년에 '미국 장학 및 교육과정 개발학회(ASCD)'의 지원을 받아 타일러의 모형을 변형시켜 '백워드 교육과정 설계'를 개발하였다. 우리말로 '역방향 설계' 또는 '후방위 설계'로 번역되는 백워드 교육과정 설계는 흔히 교육목표의 설정, 평가계획의 수립, 교육과정 및 수업 계획의 수립으로 통용되는 세 요소로 이루어져 있다. 그들은 이들 세 가지 요소를 각각 '기대하는 결과의 확인', '수용 가능한 증거의 결정', '학습경험 및 수업의 계획'이라는 용어로 기술하고 있다(Wiggins & McTighe, 2005: 37-38).

　백워드 교육과정 설계가 나타내는 이러한 일련의 단계는 교육과정 설계에 관한 상식적인 생각과는 확연한 차이를 나타낸다. 평가라는 것은 실제로 수업이 이루어진 이후에 그 결과를 확인하기 위하여 수행되는 활동으로 여겨지고 있으며, 이 점에서 기존의 교육과정 설계에서는 평가계획이 교육과정 및 수업 계획에 뒤따르는 단계로 간주된다. 백워드 교육과정 설계는 이러한 기존의 생각을 뒤엎고 있다. 즉, 기존의 교육과정 설계가 둘째 단계인 '수용 가능한 증거의 결정'을 셋째 단계인 '학습경험 및 수업의 계획' 이후에 위치시키는 것에 비하면, 백워드 교육과정 설계에서는 이들 두 가지 단계의 위치가 뒤바뀌어 있다. '백워드'라는 용어는 교육과정 설계에 관한 이와 같은 역발상에서 붙여진 것이라고 말할 수 있다.

(2) 실제적 접근의 제2세대

앞서 확인한 바와 같이, 실제적 접근의 제1세대는 교육과정을 개발하는 원리 또는 지침을 제시하면서 그것에 근거하여 교육과정을 개발하도록 촉구하고 있다. 실제적 접근의 제2세대는 이러한 제1세대의 주장에 대하여 완강하게 저항한다. 특히, 슈왑은 이들 제2세대의 출현을 알리는 「실제적인 것: 교육과정의 언어」라는 논문에서 제1세대의 입장에 대한 신랄한 비판과 더불어 그것에 대한 대안적 입장을 강력하게 피력하고 있다. 즉, 종전까지 교육과정 분야에서 절대적 지위를 누려 온 '이론'이라는 것은 학자들의 현학적 취향에서 만들어진 미사여구에 지나지 않으며, 교육과정이 그 본래의 위상을 회복하기 위해서는 그러한 이론적 도취에서 벗어나 '실제적 고려'라는 그것의 고유한 언어를 되찾지 않으면 안 된다는 것이다(Schwab, 1969: 277-278).

슈왑의 이 비판에 등장하는 '이론'이라는 것은, 사물이나 현상을 바라보는 방법 혹은 관점을 가리키는 것이 아니라, 타일러의 교육과정 모형에 등장하는 원리 또는 지침의 다른 이름에 지나지 않는다. 사실상, 실제적 접근의 제1세대가 추구하는 지침은 결코 교육과정 개발에 그대로 적용될 정도로 구체적인 형태를 띨 수 없으며, 실제로 교육과정 개발이 사전에 주어지는 그러한 지침에 따라 수행되어 온 것도 아니다. 그는 권위에 억눌려 쉽게 발설하기 어려웠던 이러한 사실을 허심탄회하게 지적할 수 있는 지적 정직성을 소유하고 있었던 모양이다. "교육과정은 제1세대가 제시하는 그러한 지침보다 훨씬 더 직접적이면서도 타당한 '실제적 고려'에 의존하여 개발된다"는 슈왑의 주장은 이러한 맥락에서 출현하였다.

슈왑의 이러한 대안적 입장은 워커에 의하여 '자연주의 모형'으로 구체화되었다. 워커의 모형에 붙은 이 명칭은 교육과정이 개발되는 과정을 고스란히 보여 준다는 뜻에서 붙여졌다고 스스로 밝히고 있다. 그는 있는 그대로의 그 과정을 '강령(platform)', '숙의(deliberation)', '설계(design)'라는 세 가지 요소를 활용하여 단계적으로 설명하고 있다(Walker, 1971: 169).

그러나 그렇다고 해서 교육과정을 개발하는 일이 따로 떨어져서 일어나는 세 가지 별도의 단계를 거쳐서 이루어진다고 생각하는 것은 그의 생각과 거리가 멀다. 그가 내세우는 숙의는 교육과정을 설계하는 데에 개입되는 의사결정 행위 혹은 그 행위를 이루는 일체의 생각과 말과 행동을 가리킨다. 그리고 강령은 숙의에 참여하는 사람들이 부지불식간에 활용하는 능력이나 자질 이외에 다른 것일 수 없다. 그러므로 교육과정을 설계하는 일은 강령에 근거하여 이루어지는 숙의의 과정으로 요약될 수 있다. 워커의 이러한 모형에 근거하여 말하면, 타일러의 모형에 대한 슈왑의 비판은 타일러가 교육과정을 설계하는 데에 엄연히 개입되는 강령과 숙의를 그 과정에서 부당하게 도외시했다는 뜻으로 해석될 수 있다.

슈왑과 워커가 타일러를 전면적으로 비판하는 데에 초점을 두고 있다면, 아이즈너는 타일러와 그 후계자들의 견해에 대한 대안적 입장을 내세우고 있다. 아이즈너가 내세우는 대안적 입장 중에서 우리에게 잘 알려져 있는 것은 교육목표 진술에 관한 그의 주장이다. 즉, 타일러나 메이거는 대안적 해석을 허용하지 않는 행동적 교육목표 진술을 고집하고 있지만, 그는 '문제해결식 교육목표 진술'과 '표현적 교육목표 진술'이라는 유연한 진술방식을 내세우면서 상황에 따라 상이한 진술방식을 선택해야 한다고 주장하고 있다(Eisner, 1979: 100-103).

그는 교육목표를 진술하는 데에 활용될 이러한 대안적 방식과 더불어 '영 교육과정(null curriculum)'이라는 새로운 개념을 등장시켰다(Eisner, 1979: 83-92). 사실상, 타일러의 관심사는 명시적인 형태의 교육과정을 공식적으로 개발하는 데에 있었다. 그런데 그가 관심을 두고 있는 그러한 공식적 교육과정에 집착할 경우에, 가르칠 가치가 있는 것임에도 교육과정에는 빠져 있는 교육내용 혹은 교육과정에 포함되어 있음에도 학생들에게 획득되지 않는 교육내용이 나타날 수 있다. 영 교육과정은 이와 같이 가르치고 배울 가치가 있음에도 배제되는 교육내용에 대한 관심을 촉구하기 위하여 마련된 개념이다.[4]

교육과정에 관한 실제적 접근의 제1세대가 대체로 거시적 수준의 지침에 초점을 맞추고 있다면, 제2세대의 초점은 이와 같이 교육과정 개발이나 운영이 이루어지는 현장에 맞추어져 있다. 그들의 이러한 초점은 종전까지 각광을 받던 교육과정 개발과 운영에 관한 '거시적 접근'을 '미시적 접근'으로 전환시킴으로써 교육과정 탐구의 무한한 가능성을 열어 놓고 있다. 스킬벡을 중심으로 전개되고 있는 '학교중심 교육과정 개발' 또는 '교육과정 지역화'는 이 방면의 탐구를 전형적으로 예시한다.

3. 교육과정의 이론적 접근

교육과정에 관한 학문적 탐구는 장차 운영될 교육과정을 개발하는 일과 병렬적으로 그러한 실제적 작업 그 자체 혹은 그것의 최종적인 산물을 이해하고 설명하는 일을 또 다른 한 가지 관심사로 추구해 왔다. 교육과정의 이론적 접근은 그러한 이론적 이해 혹은 설명을 탐구의 방향으로 삼고 있다. 브루너와 피터즈 및 허스트에 의하여 부각되기 시작한 이 새로운 접근은 최근에 들어 각광을 받고 있는 파이너의 등장에 힘입어 새롭게 조명되고 있다. 이하에서는 이들 두 세대의 학자들이 취했던 이론적 접근을 앞서 검토한 실제적 접근과 관련지어 고찰한다.

(1) 이론적 접근의 제1세대

앞에서 고찰한 바와 같이, 타일러와 그의 견해를 발전시킨 블룸과 메이거는 교육목표의 두 가지 차원 중에서 내용의 차원을 외면하면서 행동의 차원

---

4) 참고로, '잠재적 교육과정'은 교육과정에 명시되어 있지 않음에도 학교의 물리적 조건, 제도 및 행정조직, 그리고 사회 및 심리적 상황 등으로 말미암아 학습자가 획득하게 되는 우연적인 경험을 가리킨다(김종서, 1987: 91).

에 관심을 기울였다. 그들의 관심 밖으로 밀려나 있던 내용의 차원이 주목을
받기 시작한 것은 이론적 접근의 제1세대에 해당하는 브루너와 피터즈 및 허
스트가 교육과정의 학문적 무대에 등장한 이후의 일이다. 특히, 브루너는 교
과의 성격과 그것에서 파생되는 근본적인 질문에 초점을 맞추고 학문적 탐구
를 수행했다. 즉, '교과라는 것은 어떤 성격의 것인가', 그리고 '교과를 잘 가
르친다는 것은 무슨 뜻인가' 하는 질문은 그가 수행한 탐구의 핵심을 이루고
있다. 교육과정에 관한 그의 탐구가 교과의 '인식론적 측면'이라는 용어로
지칭되는 이유가 바로 여기에 있다.

  『교육의 과정』이라는 그의 대표적인 저서에 표방되어 있는 이 측면의 탐구
는 '지식의 구조' '나선형 교육과정' '탐구학습'이라는 세 가지 개념의 관련
으로 압축될 수 있다. 브루너의 이론체제 내에서 지식의 구조는 중간언어와
대비를 이루는 개념이다. 즉, 중간언어가 학자들이 탐구해 놓은 지적 결과물
또는 피상적인 수준의 교과를 가리킨다면, 지식의 구조는 학습자로 하여금
학자와 동일한 일을 하도록 하면서 교과를 가르칠 경우에 또는 중간언어가
문자 그대로 그것의 이면에 위치하는 무엇인가를 실어 나르는 매개체로서의
역할을 가장 충실하게 수행할 경우에 그들이 최종적으로 획득하게 되는 진정
한 교과 또는 교과의 참모습을 가리킨다(Bruner, 1960: 59-60). 교과에 관한 브루
너의 이러한 중층적 시각은, 이하에서 논의될 바와 같이, 그것이 교과의 선정
과 조직이라는 교육과정의 전통적인 주제를 새롭게 조명하는 데에 단서를 제
공한다는 점에서 중요성을 띤다.

  교과의 선정이라는 주제는 현대로 오면서 학문의 발전에 의하여 폭발적으
로 팽창하는 지식의 양과 결부되어 점점 더 중요하게 취급되고 있다. 사실상,
교과를 학문적 탐구의 결과물로 주어지는 지식에 국한시킬 경우에, 특정한
기준을 바로 그 지식에 적용하여 교과로 선정하는 일은 교육과정의 한 가지
핵심적인 과제로 부각될 수밖에 없다. 그런데 브루너는 이들 학문의 결과로
주어지는 지식을 중간언어로 규정하면서 교과의 참모습을 지식의 구조에서
찾고 있다. 지식의 구조를 교과의 요체로 파악하는 이러한 새로운 시각은 무

엇을 교과로 선정할 것인가에 집중되어 있던 종전의 노력을 특정한 기준에 따라 선정되는 교과가 과연 어떤 성격의 것인가를 고민하는 데에로 돌려놓고 있다(이홍우, 2006b: 50-51).

　브루너의 중층적 시각은 또한 교과의 조직에 관한 종전의 시도를 되돌아보는 데에 이론적 장치로 활용될 수 있다. 교과의 조직에 관한 종전의 시도는 주로 계속성과 계열성으로 대표되는 타일러의 원리에 근거하여 수행된 것으로 알려져 있다. 그에 의하여 널리 알려진 이들 원리는 동일한 교육내용이 학년 수준의 진전에 따라 점점 더 심화되고 확대되면서 연속적으로 다루어져야 한다는 말로 요약된다. 그는 이 원리에서 '동일한 교육내용'이라는 단어에 '조직요인'이라는 별칭을 붙여 줄 정도로 그것을 강조하고 있다(Tyler, 1949: 87).

　그런데 후세대들은 대체로 각 학년에 배당되는 교육내용이, 조직요인과 어떤 '관련'을 맺고 있는가 하는 관점이 아니라, 이웃하는 학년에 배당된 교육내용과 어떤 '차이'를 나타내는가 하는 관점에서 그 원리를 실천에 옮기려고 하였다. 그들이 이와 같이 차이의 관점에서 교과를 조직하려고 했다는 것은, 비록 그들이 의식하지는 않았다 하더라도, 교과의 표면을 이루는 사실이나 정보를 교과의 유일한 형태로 간주하는 것이나 다름이 없다. 교육의 이상이 브루너의 용어로 그러한 중간언어를 모조리 전달하는 일로 파악되는 사태는 그들의 시도에 깔려 있는 그러한 피상적인 관점에서 비롯되는 필연적인 결과라고 말할 수 있다.

　교육이 직면하는 이와 같은 불행한 사태를 극복하기 위해서는 그들이 취했던 차이의 관점과 더불어 그들의 시도에 배제되어 있는 관련의 관점을 정당하게 존중하지 않으면 안 된다. 브루너가 내세우는 지식의 구조는 교과의 조직에서 존중되어야 할 바로 그 관련의 관점을 부각시키는 개념으로 해석될 수 있으며, 나선형 교육과정은 이들 두 가지 관점의 미묘한 균형 속에서 교과를 조직하는 방법상의 원리로 파악될 수 있다(이홍우, 2006b: 79). 그리고 브루너에 의하여 제안된 탐구학습이라는 것은 그러한 조직의 요체에 해당하는 지식의 구조를 전달하기 위하여 도입된 방법상의 원리로 파악되어야 한다(이홍우 외, 2003: 261).

브루너의 관심사가 교과의 인식론적 성격을 드러내는 데에 있었다면, 피터즈와 허스트는 교과라는 것이 과연 어떤 점에서 가치가 있는가를 드러내는 데에 관심을 두고 있었다. 『윤리학과 교육』이라는 피터즈의 책과 「자유교육과 지식의 성격」이라는 허스트의 논문에 들어 있는 그들의 입장은 이 점에서 교과의 '윤리학적 측면'을 취급하는 것으로 파악되고 있다.

그들의 시선을 이러한 윤리학적 측면으로 이끌어 간 발단은 보비트로 대표되는 초기 교육과정학자들이 전통적 교과를 대하는 태도에서 찾을 수 있다. 전통적 교과는, '전통'이라는 단어가 시사하는 바와 같이, 어느 한 개인이 창안해 낸 것이 아니다. 그것은 누가 어떤 생각에서 가르치기 시작했는지도 모르는 가운데 오랜 역사를 통하여 면면히 이어져 내려오고 있는 그런 것이다. 만일, 전통적 교과를 창안한 사람 혹은 그것에 무엇인가를 추가한 사람이 있다면, 그는 틀림없이 자신이 향유하고 있는 것 중에서 가장 진실되고 훌륭하며 아름답고 성스러운 것을 그 속에 포함시키려고 했을 것이다. 전통적 교과를 가르치는 데 헌신해 온 사람들 또한 후세대에게 물려줄 수 있는 가장 위대한 것이 그 속에 들어 있다고 생각하면서, 그것을 전수하는 일이야말로 그들을 훌륭한 인간으로 육성하는 근본적인 방편이 된다고 믿었을 것이다.

훌륭한 인간을 육성하기 위해서 교과를 창안하고 보완해야 한다는 발상을 비롯하여 그것을 통해서 훌륭한 인간을 육성할 수 있다는 믿음이 그토록 오랜 시간 동안에 유지되어 왔다는 사실은 그 자체로 경탄의 대상이 될 수 있다. 만일, 선조들의 그러한 발상과 믿음에 대하여 경탄을 자아내는 후세대가 있다면, 그는 필경 '훌륭한 인간은 과연 어떤 인간을 가리키는가', 그리고 '전통적 교과의 어떤 요소 혹은 어떤 측면이 인간을 훌륭하게 만드는가'를 광범위하고 집요하게 추적해 들어가는 데에 노력을 경주했을 것이다.

그러나 전통적 교과에 대한 초기 교육과정학자들의 입장은 이러한 태도와 극단적으로 대조되는 것이었다. 그들은 불신과 의혹의 시선으로 전통적 교과를 바라보는 데에서 한걸음 더 나아가 유용성을 잣대로 전통적 교과를 재단하려고 하였다. 전통적 교과가 실용적 교과에 점차 자리를 내주는 사태는 그들의 그러한 재단에서 비롯된 극단적인 현상이라고 말할 수 있다. 피터즈와 허스트는 전통적 교과가 받고 있던 그러한 부당한 대우를 바로잡기 위하여 그것을 '지식의 형식'이라는 개념으로 규정하면서, '선험적 정당화 논의'라는 특이한 방식을 도입하여 그것의 가치를 드러내려고 시도한 학자로 알려져 있다. '학문중심 교육과정'은 이론적 접근의 제1세대에 속하는 이 학자들의 노력에 의하여 교육과정의 한 가지 사조로 확립되었다.

(2) 이론적 접근의 제2세대

교과를 이론적으로 이해하려고 했던 이들 제1세대의 노력은 영을 선구자로 하는 제2세대에서도 그대로 이어졌다. 물론, 교육과정에 관한 이론적 접근이 이와 같이 두 세대로 구분된다는 것은 이들 양자가 교과를 이해하고 설명하는 방식에서 모종의 차이를 나타낸다는 뜻으로 이해할 수 있다. 언뜻 생각하면, 이들 두 세대가 드러내는 그러한 방식의 차이는 그들이 딛고 있는 학문적 배경에 원천을 두고 있는 것처럼 보일지 모른다. 예컨대, 제1세대가 취했던 방식에 철학이 배경으로 깔려 있다면, 제2세대의 배경에는 사회학이 자리 잡고 있다는 것이다. 그러나 그들은 그러한 학문적 배경의 차이가 아니라, 교과의 존재방식에 관한 입장의 차이에 의하여 두 세대로 구분된다. 즉, 제1세대가 교과를 객관적인 형태로 '주어지는' 것으로 간주하는 것과는 달리, 제2세대는 그것을 개발자의 주관적 의도에 의하여 '만들어지는' 것으로 파악하였다. 특히, 영은 교과가 객관적이고 절대적인 지위를 가진 것으로 주어지는 것이 아니라, 사회계층 간의 관계에 의하여 만들어지는 것으로 간주하면서 교과를 결정하는 사회적 관계를 다양한 관점에서 분석하였다(Young, 1971: 50-76).

파이너는 그의 동료들과 함께 영의 이러한 시각을 확장시켜 교육과정 담론의 새 지평을 열었다. 그들이 연 그 새로운 지평은 『교육과정의 이해』라는 책에 집약되어 있다. 그들은 그 책의 서론에서 "교육과정 개발의 시대는 지나갔다"라고 선언하면서 교육과정에 대한 관심이 '개발에서 이해로' 전환되어야 한다고 주장한다(Pinar et al., 1995: 5). 1,000쪽이 넘는 방대한 분량의 본문은 교육과정의 학문적 역사 속에 등장하는 그러한 이론적 이해의 사례를 맥락별로 망라하는 데 할애된다. 즉, 그들은 본문에서 '예일 보고서'가 제출된 1828년부터 시작되어 당시까지 이루어지고 있던 교육과정에 관한 이론적 담론을 역사적 맥락, 정치적 맥락, 인종적 맥락, 심미적 맥락, 신학적 맥락 등 무려 열한 가지 맥락으로 정리하고 있다.

교육과정에 관한 이론적 담론이 이루어진 이들 다양한 맥락은, 교육과정이나 교과가 개발되는 사전적인 맥락이라기보다는, 그것이 적용되는 과정을 이해하고 설명하는 데 활용된 사후적인 맥락을 가리킨다. 그러므로 파이너와 그의 동료들이 제시하는 이론적 담론은 당시의 사람들이 교육과정이나 교과에 부여했던 의미 혹은 실지로 그것이 운영되던 과정에 관한 객관적인 기술로 읽는 것은 옳지 못하다. 그것은, 어느 편인가 하면, 교육과정이나 교과가 그것을 접하는 학습자에게 어떤 방식으로 영향을 미칠 수 있는가를 다양한 맥락에서 설명해 놓은 이론적 이해의 산물로 받아들여야 한다. 교육과정에 관한 이론적 접근의 제2세대가 시도했던 이들 다양한 형태의 이해 혹은 설명은 교육과정을 새로운 시각에서 바라보도록 권유하고 있다는 점에서 오늘날 '교육과정의 재개념화 운동'으로 지칭되고 있다.

4. 본격적인 담론에 앞서

교육과정에 관한 학문적 탐구는 전통적으로 두 가지 상이한 방향에서 접근되고 있다. 장차 적용될 교육과정을 '개발'하는 데에 관심을 두고 있는 실제적 접근이 한 가지 방향이라면, 다른 한 가지 방향은 이미 개발된 교육과정을 '이해'하고 '설명'하는 데에 관심을 두고 있는 이론적 접근이다. 교육과정에 관한 학문적 탐구가 이와 같이 전향적(前向的) 관심과 후향적(後向的) 관심이라는 두 가지 상이한 방향의 관심을 추구하고 있다는 사실에 집착하면, 이들 양자 사이에는 접점이 전혀 없는 것처럼 보일지 모른다. 그러나 이하에서 드러나는 바와 같이, 이들 두 가지 접근의 방향에서 비롯되는 이러한 통념은 피상적인 수준을 벗어나지 못하고 있다.

앞서 확인한 바와 같이, 교육과정에 관한 실제적 접근을 취했던 제1세대와 제2세대는 교육과정을 개발하는 방식에서 극단적인 입장의 차이를 나타낸다. 즉, 실제적 접근의 제2세대는, 원리 혹은 지침에 근거하여 교육과정을 개발해야 한다고 주장하는 제1세대와는 달리, 참여자들의 의사결정에 의하여 교육과정이 개발된다고 주장한다. 실제적 접근의 제2세대가 내세우는 이러한 주장은 교육과정이 실제로 개발되는 과정에 부합한다는 점에서 폭넓은 공감대를 형성하고 있지만, 그것은 그러한 의사결정에 요구되는 전문적인 능력—그들의 용어로 '강령'—을 확인하고 신장하는 일을 교육과정의 한 가지 근본적인 과제로 안겨 주고 있다.

교육과정의 영역에 부과된 이 과제를 해결하는 방안은 교육과정을 개발하는 일의 성격에 이미 시사되어 있다. 교육과정을 개발하는 일은, 그것이 어떤 교과를 대상으로 삼든지 간에, 그것을 통해서 도달하게 될 최종적인 경지를 염두에 두고 이루어질 수밖에 없다. 도식적으로 말하면, 실제적 접근이 추구하는 그 일은 교육이 겨냥하는 목적을 달성하는 데에 동원될 교육내용을 선정하고 조직하는 활동으로 파악될 수 있다. 교육과정의 개발에 요구되는 전문적인 능력은 이 점에서 교육내용과 교육목적 사이의 관련에 관한 이해를 근간으로 삼을 수밖에 없다.

교육과정에 관한 의사결정의 근간을 이루는 그 이해는 성격상 이론적 접근이 추구하는 대상과 다르지 않다. 차라리 교육과정에 관한 이론적 접근이 제1세대에서 제2세대로 발전되어 오는 동안에 구축된 다양한 맥락의 담론은 나름의 입장에서 교육내용과 교육목적 사이의 관련에 관한 이해를 예시한다고 말해도 좋다. 그러므로 교육과정에 관한 이론적 접근은 실제적 접근의 사전 조건이요, 실제적 접근은 묵시적으로 이론적 접근 위에서 수행된다고 말할 수 있다. 그러므로 교육과정에 관한 탐구가 온전한 것이 되기 위해서는 이론적 접근과 실제적 접근을 동시에 존중하지 않으면 안 된다. 이하에서는 이러한 맥락에서 이들 두 가지 접근을 대표하는 기본적인 담론을 심도 있게 전개하고자 한다.

제3장

경험 교육과정의 등장[1]

1. 경험 교육과정의 성격

교육과정의 본질이 무엇인가에 관해서는 두 가지 상반된 견해가 존재한다. 한편의 견해에 의하면, 교육과정은 학습자가 공부하고 익히고 암기하게 된 다양한 교과, 기술, 그리고 사실들의 전체로 간주된다. 또 한편의 견해에 의하면, 교육과정은 학교가 학습자에게 제공하는 일체의 경험으로 간주된다. 전자에서 교육과정은 교과에서 시작해서 경험으로 종결되는 데에 비하여, 후자에서는 경험에서 시작해서 교과로 종결된다. 그러므로 여기에서는 전자를 '교과 교육과정'으로, 그리고 후자를 '경험 교육과정'으로 부르겠다.

교과 교육과정의 구성은 비교적 단순한 과정을 거친다. 학문적 전통, 학계에서 명망 있는 지위에 오른 인사들의 생각, 그리고 여타의 영역에서 통용되

---

[1] 미국 교육사절단은 1952년 10월부터 1955년 6월까지 세 차례에 걸쳐서 우리나라를 방문하여 교육을 개선하는 데에 필요한 여러 가지 측면의 조언을 제공하였다. 이들 교육사절단 중에서 교육과정의 측면에서 조언을 제공한 것은 1954년 9월부터 1955년 6월까지 활동한 제3차 미국 교육사절단이다. 그리고 그들의 조언은 "한국 학교를 위한 교육과정 편람"(Curriculum Handbook for the Schools of Korea)이라는 제목의 보고서에 집약되어 있다. 이 장은 이 보고서의 일부를 번역한 것이다.

는 교육실제가 교과 교육과정의 통상적인 원천이 된다. 이러한 원천은 기억되어야 할 주제, 기술, 그리고 항목들의 목록을 제시해준다. 이 목록은 이미 교과 영역별로 조직되어 있다. 그것은 특정 학년에 맞게 이미 배당되어 있다. 대분수를 3학년 때, 그리고 논증기하학을 6학년 때 가르치는 것은 그것이 오랫동안 해당 학년에서 가르쳐져왔기 때문이다. 아동은 특수한 도덕적 격률을 그 의미를 모른 채 암기하며, 성인들은 안락의자에 앉아 그것이 모든 연령의 아동에게 훌륭한 교육이 된다고 결정해 왔다. 고전어는 그것을 공부하는 사람들의 마음을 단련시킨다는 항간의 믿음으로 말미암아 그 유용성과는 무관하게 가르쳐진다.

교과 교육과정을 구성하는 가장 손쉬우면서도 통상적인 방법 중 하나는 학문적 명성이 자자한 다른 학교체제의 교육과정을 본뜨는 것이다. 이렇게 다른 데서 빌려온 교육과정은, 특정한 학교체제에 활용할 목적으로 그 체제에 맞게 구성된 교과 교육과정보다 낫다고는 볼 수 없지만, 그에 준하는 훌륭한 교육과정이 될 수 있다. 전통에 기초한 교육과정을 바랄 경우에는 전통에 가장 물든 학교가 바로 그 교육과정을 획득할 수 있는 확실한 통로가 된다.

경험 교육과정을 구성하는 것은 이보다 훨씬 어려운 일이다. 그 일을 시도하는 사람은 학문적 전통 그 이상의 것을 고려하지 않으면 안 된다. 그들은 사람들이 지닌 필요를 조사하지 않으면 안 된다. 그들은 학생들이 어떤 태도, 흥미, 그리고 능력을 지녔는지를 결정해야 한다. 그들은 아동이 각자가 처한 특수한 환경에서 가장 효과적으로 학습하는 방법이 무엇인지를 찾아내지 않으면 안 된다. 이와 같은 연구를 수행한 이후에 비로소 경험 교육과정 구성자들은 해당 지역 사회나 도 또는 국가가 가진 교육적 필요를 최대한 충족시킬 수 있는 활동을 조직하고 방법을 선택할 수 있다.

그러므로 교과 교육과정과 경험 교육과정의 본질적 차이는 명약관화하다고 말할 수 있다. 전자에 입각해 있는 학교에서는 학생들로 하여금 당대 유행하는 일련의 교과를 공부하도록 함으로써 그들의 마음을 훈련시키고자 하는데에 비하여, 후자에 입각해 있는 학교는 학생이 자기 자신과 타인에게 최대한 이바지할 수 있는 인간으로 발달하도록 환경을 제공한다.

2. 경험 교육과정의 원리

본서의 저자들은, 물론, 여러 학교체제 하의 아동들이 교과 교육과정에서 때로 많은 것을 배운다는 점은 수긍하지만, 경험 교육과정이 전반적으로 탁월한 교육적 도구라고 믿는다. 이에 따라 본 저자들의 노력은 한국의 학교가 한국인들이 지닌 목적, 필요, 태도, 능력, 그리고 국가의 이념을 충족시킬 수 있는 경험 교육과정을 어떻게 구성할 수 있는지 그 방법을 제안하는 쪽으로 경주될 것이다.

경험 교육과정은 다음과 같은 원리에 토대를 두고 있다. (1) 학습자의 본성의 원리, (2) 사회적 유용성의 원리, (3) 기능적 내용의 원리, (4) 발생적 방법의 원리, (5) 협동적 노력의 원리.

(1) 학습자의 본성의 원리

경험 교육과정을 구성할 때에는 무엇보다 먼저 그 교육과정이 이바지하는 대상으로서의 학생에 관한 지식에 의거하지 않으면 안 된다. 이 지식은 토론이나 논쟁 또는 명상으로 획득될 수 없다. 그것은 관찰과 측정, 그리고 실험으로 획득되어야 한다. 이러한 유형의 과학적 탐구는 여전히 걸음마 단계에 있다. 불과 얼마 전인 1900년도에 이르기까지 아동 발달에 관해서는 영국, 불란서, 독일, 그리고 미국에 몇몇 선구적 연구자들이 있었을 뿐이다. 그러나 1900년 이후 비교적 짧은 기간 동안 방대한 양의 자료가 이 분야에서 수집되었고, 다양한 탐구기법이 고안되어 시험을 거쳤다. 오늘날 교육과정 구성자들은 이러한 사실과 도구들의 보고를 재량껏 활용할 수 있다.

교육자는 언제나 자신이 속한 사회, 문화, 그리고 국가를 위하여 아동의 성장과 발달에 관한 사실을 수집하고 해석하지 않으면 안 된다. 개인차에 관한 심리학적 사실이 아동 각자가 지닌 특이성을 보여주는 것과 마찬가지로, 인류학적·사회학적 연구는 마을마다, 각 도마다, 그리고 나라마다 서로 인접한 곳과는 다른 나름의 차이를 지닌다는 점을 보여준다.

이 첫째 원리가 교육과정을 구성하는 데에 도움이 되려면 한 나라의 교육자나 각 지방의 교육자는 모두 너나 할 것 없이 해당 지역의 아동과 젊은이들이 ① 신체적 성장, ② 정신적 능력, ③ 정서, ④ 도덕적 개념, ⑤ 사회적 행동의 측면에서 나타내 보이는 성숙의 진전과정을 연구하지 않으면 안 된다.

앞과 같은 연구, 그리고 그와 관련된 분야의 연구는 교수, 특히 대학원 수준에서의 교수를 준비하는 데에 있어서 필수불가결하다. 아동의 성장과 발달, 지능의 측정, 성격과 인격특성의 목록, 가정과 학급과 지역공동체에서의 사회적 적응에 관한 미국과 유럽에서의 광범위한 연구 보고는 한국의 교육학 연구자들에게 널리 소개될 필요가 있다.

한국의 교육자들에게 훨씬 더 중요한 것은 앞과 같은 분야에서 자체의 독자적인 연구를 수행하는 것이다. 한국의 아동은 다른 나라의 아동이 그렇듯이 나름의 특이성을 지니고 있으며, 그런 만큼 한국 아동에게 교육과정은 다른 아동의 경우와 마찬가지로 당연히 그 특이성에 맞게 구성되어야 한다.

(2) 사회적 유용성의 원리

교과 교육과정이 표방하는 이론은 애당초 마음의 능력이라는 것이 근육과 마찬가지로 도야적 훈련에 의하여 단련될 수 있다는 신념에 토대를 두고 있다. 그러므로 아동이 무엇을 공부하는가는 그것이 아동에게 어려움을 가져다주는 한 하등 문제가 되지 않는다. 짐작컨대, 이 이론에 의하면, 심지어 힘들고 재미없는 교과를 공부하는 것이 더 낫다. 이런 식으로 하여 교과 교육과정을 주장하는 이론가들에 의하면, 아동의 도덕성은 그의 정신조직과 마찬가지로 단련될 수 있다.

오십여 년 동안 이루어진 심리학적 연구는 이 이론이 지닌 오류를 증명해주었다. 훈련의 전이가 광범하게, 그리고 실지 사태에서 자동적으로 이루어진다는 소박한 신념은 더 이상 과학계에서는 통용되지 않는다. 현대 이론에 의하면, 전이는 오직 특정한 조건이 들어맞을 때 한에서 일어난다. 전이는 결코 자동적으로 일어나는 것이 아니다. 전이는 교육자가 전이되기를 바라는 내용이 무엇인지를 상세하게 알고 그것을 보장하는 방법을 이해하고 있을 때 비로소 일어난다. 이것이 경험 교육과정의 기본 관념이다.

이 관념에 의거할 때 교사가 학습의 전이를 보장하는 주된 방법은 다음의 네 가지이다. 첫째로, 교사는 아동에게 전이라는 것이 일어나는 것임과 동시에 바람직한 것임을 일깨워준다. 기하학의 경우를 예로 들면, 교사는 아동에게 여러 삼각형 사이의 유사성 관계에 입각하여 어떻게 강을 건너지 않고도 그 너비를 측정하며 산을 오르지 않고도 그 높이를 측정할 수 있는지를 보여준다.

둘째로, 교사는 학생으로 하여금 학습된 낱낱의 주제를 일반화하여 의미 있는 것으로 만들도록 이끈다. 지리학을 배울 때, 가령 전라남도 소재의 학교에 다니는 아동은 해당 지역의 쌀 경작에 관해서 공부한 이후에 별도의 설명이 주어지지 않은 여타의 주제로 넘어간다. 어떤 조건 하에서 쌀 생산이 해당 지역 경제에 중요한 영향을 미치는지를 살펴본 다음, 학생들은 한국의 여타 지역과 아시아, 그리고 미국 캘리포니아 주 등의 벼농사 문화에 관해서 생각해본다. 그들은 쌀 경작이 세계 도처에서 재배되는 밀, 보리, 호밀, 옥수수 등의 경작과 어떤 점에서 다르고 또 어떤 점에서 비슷한지를 발견한다. 그들은 곡물 생산이 더 나은 종자나 비료, 경작지, 그리고 관개에 따라 어느 정도로 증가할 수 있는지를 찾아내려고 애쓴다. 이렇게 하여 쌀 경작과 같은 실제적 문제에 관한 공부는 교과 교육과정을 표방하는 대다수의 이론에 의하면 실용적 주제로 엄격하게 한정되는 것임에 비하여, 학생들에게 지적 측면에서의 전이효과를 가져오는 참된 일반교육, 자유교육, 그리고 인문교육의 한 부분이 된다.

셋째로, 교사는 전이가 일어나기를 바라는 사태, 즉 생활 사태에서 구할 수 있는 자료를 가급적 많이 활용한다. 예컨대, 중학교 과학 수업 시간에 교사는 지렛대의 역학을 실험용 모형을 가지고 설명할 수도 있지만, 될 수 있으면 아이들이 길거리에서, 자신의 삶의 전 영역에서 보아왔던 그런 도구를 가지고 설명한다. 그 전에는 세 사람이 힘을 합쳐도 들어 올릴 수 없었던 논두렁의 바위를 어떻게 한 농부가 긴 막대기로 들어 올리게 되는가? 지게 같은 A자 모양의 틀이 어째서 세상에서 가장 유용한 운반도구 중 하나라고 볼 수 있는가? 학습의 전이를 촉진하는 이런 유형의 도움을 받는 아이들은 경험 교육과정을 체험하고 있는 것이다.

마지막으로, 전이가 바람직한 형태로 이루어지려면 교사는 실천경험을 제공해야 한다. 예컨대, 도덕교육 및 시민교육에서 교사가 알아야 할 것은, 격률과 표어를 기억하고 암송하는 것, 공중의식에 참여하는 것, 그리고 역사적 위인에 관한 사실을 낭독하는 것—물론, 이것이 그 자체로 가치 있다는 것은 의문의 여지가 없다—은 그 자체로 가치 있다는 점에서 의문의 여지가 없지만, 만약 학생이 그러한 격률이나 의식 또는 낭독으로 구현된 행위의 이상에 실질적 내용을 부여하는 어떤 일을 스스로 해본다면 보다 강력한 교육적 효과를 가진다는 것이다. 학생이 자진해서, 자발적으로 학교 운동장에 떨어져 있는 쓰레기를 주워서 휴지통에 넣는다면, 그는 분명 이것을 통해서 '선량한 시민은 사회를 청결하게 한다'는 말을 수천 번 암기하는 것보다 더 많은 것을 배울 것이다.

앞에서 열거한 네 가지 방법에서 전이는 모두 사회적 목적에 따라 안내된다. 이렇게 볼 때, 경험 교육과정이 사회적 유용성의 원리에 입각해 있다는 것은 명약관화하다. 교사는 교육과정이 나아가야 할 방향을 결정하는 데에 있어서 자신을 둘러싼 사람들, 그들의 문화, 그리고 그들이 지닌 사회적 필요를 알지 않으면 안 된다. 그는 사회적 목적 달성을 위한 것으로서의 학습의 전이에 관한 전문가가 되어야 한다.

이 분야는 또한 교육과정 구성자에게 또 하나의 광범한 탐구 영역이 된다.

이 영역은 교사, 장학사, 학생, 학부모, 그리고 지역사회의 인사들이 가장 효과적으로 협동할 수 있는 영역이다.

(3) 기능적 내용의 원리

특정한 행위의 유용성을 결정하는 데에 있어서 교육자는 해당 행위가 지역사회, 지방, 그리고 나라 등지에서 이루어지는 사회생활에 어떤 역할을 수행하는지를 탐구해야 하는 과업에 직면한다. 그는 가령 언어나 산수에서 생기는 가장 일반적인 오류를 탐색한다. 그는 어떤 단어들이 구어나 문어에서 가장 빈번하게 사용되는지를 찾아낸다. 그는 어떤 과학적 사실과 원리가 우리가 하는 일에 가장 자주 적용되는지를 알아낸다. 그는 역사적, 문학적 정보와 감식력 중 어떤 유형의 것이 국가와 세계의 문화 및 사건을 이해하는 데에 가장 필요한지를 결정한다.

이러한 연구는 학교 교육과정의 내용 선정을 위한 토대를 마련하기 위하여 여러 나라에서 수행되어왔다. 그러나 거기서 사용된 탐구기법을 제외하면, 그러한 연구는 한국의 교육과정을 구성하는 데에는 거의 아무런 소용이 없다. 이런 종류의 연구는 한국인을 위하여 한국 교육자들에 의해서 수행될 필요가 있으며, 특히 언어, 산수, 그리고 자연과학과 같은 분야의 경우에는 더욱 그러하다.

그러나 기능적 내용이 오류와 빈도에 관한 연구만으로 완전히 결정될 수 있는 것은 아니다. 그러한 연구는 일용직, 손재주를 요하는 일, 전문직 등 각종 직업에 관한 분석 및 여타 성인 활동에 관한 분석에 의하여 보완되지 않으면 안 된다. 직업교육 및 전문교육, 군사훈련, 그리고 체육과 같은 영역에서 활동분석의 기법은 특히 유용하다.

교육과정의 전 영역에서, 그리고 특히 사회, 도덕, 그리고 음악 등등과 같은 영역에서 무엇을 가르쳐야 하는가에 관한 사회의 여론은 대단히 중요한 의미를 지닌다. 여론은 조심스럽게 취합될 필요가 있다. 안락의자에 앉아 건성으로 본 것으로는 그것을 정확하게 판단할 수 없다. 과학적 연구가 결여되어 있을 때 그것은 오해될 소지가 농후하다. 예컨대, 미국의 많은 교육자들은 자신이 일반 시민보다 교육문제에 관해서 훨씬 더 개방적인 입장을 취한다고 생각한다. 몇몇 관련 사태에 관한 여론을 면밀하게 조사해 보면, 교육자들의 이 생각이 완전히 틀렸다는 것을 알 수 있다. 체계적인 조사 결과에 따르면, 여론은 통상 교육자들 스스로가 그런 것과는 달리 전통의 굴레에서 더 벗어나 있다.

(4) 발생적 방법의 원리

교육과정을 구성하는 데에 있어서 발생적 방법의 원리라는 것은 다른 것이 아니라 교육과정의 목적과 내용에서 도출된 합당한 교육방법을 강구할 필요가 있다는 것을 의미한다. 그리하여 교과 교육과정의 경우에는 대체로 주제법으로 불리는 방법이 요청된다. 예컨대, 고등학교 역사교과에서 다루어지는 주제는 보통 교과서 각 장의 제목으로 표현된다. 이러한 특수한 교육과정 조직에서 도출된 그에 합당한 방법은 교과서 각 장에 제시된 주요 사실을 공부하는 것이며, 질문과 대답을 통해서 또는 형식적 암송 과정을 통해서 학생이 지식을 습득했는지를 검사하는 것이다.

이와 유사하게 경험 교육과정의 경우에도 학습활동은 특수하게 조직될 필요가 있으며, 그런 만큼 여기서 도출된 상이한 교육방법이 요구된다. 경험 교육과정의 기본 요소는 통상 단원으로 불린다. 단원은 다음과 같은 다양한 방식으로 조직될 수 있다.

먼저, 단원은 학생이 답해야 할 문제를 중심으로 조직될 수 있다. 예컨대, 중학교 수학의 경우 '동양의 주판은 어떤 셈을 할 때 서양의 계산기보다 나은가'라는 질문이 그 문제로 예시될 수 있다. 이 단원에서 도출된 수업방법으로는 주판에 관한 광범한 훈련, 서양의 계산기를 사용하는 업무기관의 현장 견학, 그 두 계산 도구가 지닌 상대적 이점에 관한 토론, 그리고 토론 진영이 찾아낸 것을 집약하고 해석한 문헌 보고서 등이 포함될 수 있다.

　이 단원을 공부할 때 사용된 방법은 다시 새로운 단원의 기초가 되는 여러 가지 관련 문제에 관하여 흥미를 유발시킬 것이다. 그리하여 어떤 학생은 토론할 때 서양의 계산용 자에 관해서 언급할 것이고, 현장 견학 시에는 은행원으로부터 서울에서 사용되고 있는 몬로사의 계산기에 관한 말을 들을지 모른다. 새로운 단원은 '세계 도처에서 현재 주로 사용되고 있는 기계식 계산기나 전산기는 무엇인가'라는 문제를 중심으로 조직될 수 있다. 이 중학교가 있는 작은 시골마을에는 학생들이 볼 수 있는 계산용 자의 견본도 없고, 몬로나 머천트사의 계산기, 또는 IBM의 컴퓨터도 없다고 치자. 이 경우 해당 단원을 공부하기 위해서 사용할 수 있는 거의 유일한 방법은 독서와 보고서 작성이겠지만, 계산용 자에 관한 설명을 들은 후에 학급에서는 커다란 나무모형의 계산기를 만들어 시범 연습을 할 수 있을 것이다.

　또한, 단원은 학생이 지닌 흥미를 일반 축으로 하여 조직될 수 있다. 5학년이 된 아이들은 일기예보에 관심을 보이면서 단편적인 질문보다는 일련의 관련된 질문을 제기할 것이다. 일기예보는 어떤 자료에 토대를 두는가? 이 자료를 얻는 데 어떤 도구가 사용되는가? 농부, 선원, 상인, 비행사, 그리고 가정주부들은 일기예보를 어떻게 활용하는가? 이 경우에도 마찬가지로 단원에 합당한 방법은 해당 단원으로부터 직접 도출된다. 학생들은 관련 도구 중 하나를 제작해 봄으로써 시작할 것이다. 짐작컨대, 그들은 좀 더 복잡한 도구, 예컨대 풍력계나 풍속계를 택할지 모른다. 종이로 작은 풍차를 만들게 되면, 학생들은 풍차의 회전속도를 어떻게 재는가 하는 문제에 봉착하게 된다. 학생들은 언뜻 보기와는 달리 보다 어려운 문제에 당면하게 되었다는 것을 깨닫는다. 아마, 그들은 헌 자동차 속도계를 구해서 그것을 보다 큰 풍차에 달아 볼 것이다. 그것은 작동하지 않는다. 이 대목에서 학생들은 연줄을 당겨서 판단하거나 구름의 이동 시간을 재는 것과 같은, 풍속을 측정하는 보다 단순한 방법으로 되돌아갈 것이다. 마지막으로, 학생들은 가루 한 줌을 던져서 그것이 떨어지는 각도를 계산하는 것이 자신의 목적을 달성하기 위한 가장 그럴듯한 방법이라고 생각할지 모른다.

(5) 협동적 노력의 원리

학생, 교사, 장학사, 학부모, 그리고 지역사회의 여러 인사들이 협동적 노력을 기울일 필요가 있다는 점은 앞에서 이미 언급한 바 있다. 학습자의 본성, 사회적 유용성, 기능적 내용이나 발생적 방법을 연구하는 데에는 이 모든 사람들의 협조가 요구된다.

교육과정 구성의 최종 원리로서의 협동적 노력은 학교의 학습활동 프로그램을 세밀하게 계획하고 조직하는 데에 있어서 필수불가결하다. 여러 나라의 교육과정 구성자들의 경험은 그러한 협동적 노력의 가치를 여실하게 보여 준다.

시나 도, 또는 국가에서 볼 수 있는 것과 같은 거시적인 학교체제의 경우에는 협동적 노력을 이끌어낼 기구를 설치할 필요가 있다. 위원회, 협의회, 자문회, 조사전문가, 심리학자, 사회학자, 여타 전문가들, 그리고 지역사회 여론의 대표자들은 매우 다양한 형태의 협동체로 조직될 수 있다. 그 조직 방식은 지역의 여건, 주민들의 관습, 그리고 당대의 행정 유형에 따라 그것에 비추어 결정되지 않으면 안 된다.

일반적으로 교육과정 구성에 합당한 조직을 만드는 데에는 무엇보다도 교사와 학생이 학급에서 그리고 운동장에서 당면하는 문제, 부모와 아이들이 가정에서 당면하는 문제, 그리고 사람들이 일상적으로 당면하는 문제를 고려할 필요가 있다고 말할 수 있다. 그들이 지닌 생각과 필요를 온전하게 대변하기 위해서는 협동적 노력이 요구된다. 학교가 얼마나 효율적으로 그들의 생각과 필요를 인식하고 충족시키는가는 협동적 노력 여하에 달려 있는 것이다.

3. 경험 교육과정과 수학

(1) 수학의 이점

수학은 현실적인 것이다. 수학은 현대인의 삶과 실제적 삶에서 필수불가결하며, 문해 능력이 있는 시민이라면 누구나 이해하지 않으면 안 된다. 그것은 오직 소수의 사람만이 이해할 수 있는 무엇인가 마술적인 것, 신비적인 것, 걷잡을 수 없는 것이 아니다. 물론, 어떤 수학 이론은 상당히 난해하다고 말할 수 있지만, 일상에서 사용되는 대부분의 이론은, 만약 올바르게 가르친다면, 쉽게 이해된다.

수학을 가르치되 오직 마음을 훈련시킬 목적으로만 가르치는 것은 잘못이다. '순수학문'으로서의 수학, 실생활과 유리된 수학은, 한국에서든 그 밖의 어디서든 간에, 결코 필요하지 않다. 그러므로 간단한 수 개념을 공부하기 시작할 때부터 아동은 자신이 학습하는 것과 생활에서 수행하는 것을 부단히 관련짓지 않으면 안 된다.

최근 한국의 한 수학교육의 권위자는 "한국의 아이들은 사과 세 개를 가지고 있는 사람이 한 개를 더 가지게 되면 그는 몇 개의 사과를 가지게 되는가"라는 질문을 이해하는 것보다 '3+1=4'라는 명제를 더 잘 이해하고 있다고 말하였다. 우리는 그 권위자가 내린 결론에 의문을 제기할 것이며, 그리하여 아이들이 참으로 '3+1=4'라는 명제를 더 잘 이해하고 있는 것인지, 아니면 사과라는 사물에 비하여 그러한 추상적 상징을 보다 많이 배웠기 때문에 그들이 사과보다 상징에 좀 더 익숙할 뿐인지에 관해서 조사하게 될 것이다.

만약 이 후자의 해석이 옳다면 아이들이 받은 수학교육은 대단히 형식적이고 추상적인 것이라고 말할 수 있다. 아이들이 한 것은 상징, 그리고 순수 수학에 관한 사고이다. 아이들은 형식적 추상과 자신의 일상적 삶이 어떻게 관련되는지를 아는 것이 아니다. 아이들이 할 수 있어야 하는 것은 '세 개의 사과와 한 개의 사과를 보태면 네 개의 사과가 된다'는 것에 관한 사고이다.

(2) 수학의 소재

어떻게 하면 교사는 자신을 둘러싼 환경 속에서 아동들로 하여금 수학에 주목하고 그것에 관하여 사고하도록 할 수 있는가? 지금 여기, 한국에서 산수 교사들이 이 목적을 달성할 수 있는 방법은 무엇인가?

이 목적을 달성하기 위하여 교사가 무엇보다 먼저 할 수 있는 일은 여러 가지 양 사이의 관계를 발견하고 이해하는 데에 도움이 되는 여러 자료를 아이들이 다루게끔 하는 것이다. 교사는 객관적 자료에서 시작하여 시각적 자료로, 그런 다음 상징적 자료로 점진적으로 나아가도록 아이들을 이끌 수 있다. 유능한 교사는 이러한 자료를 온갖 다양한 방식으로 활용함으로써 아이들에게 수학이 유의미하고 재미있는 것이 되도록 만든다.

한국의 모든 교실에서는 이러한 자료를 활용할 수 있다. 아이들이 손쉽게 다룰 수 있는 크기의 물건은 그들로 하여금 수를 시각화하도록 돕는다. 아이들은 조개껍질과 조약돌을 세어 나간다. 그는 조개껍질 두 개가 한 개보다 많다는 것을 알게 된다. 이 순간 아이들은 수학적 성숙으로 나아가는 여정에서 중대한 전환점을 맞이하게 된다. 이제 그는 두 개와 한 개의 상대적 크기를 서로 비교할 수 있다. 두 개의 조개껍질 무리에 한 개의 조개껍질을 쉽게 더할 수 있게 되고, 그렇게 되면 아이들은 결국 세 개의 조개껍질이 있게 된다는 것을 알게 된다.

이렇게 하여 아이들은 그와 같은 수 개념과 일상적 삶에서 벌어지는 여러 사태를 관련짓는다. 가령, 어떤 아이가 한 지붕 아래 살고 있는 육인 가족의 구성원이라고 생각해 보자. 아이는 조약돌 여섯 개를 바닥에 내려놓고 그 여섯 개의 양과 가족 구성원의 수를 관련지어 생각할 수 있다. 만약 누나가 결혼을 해서 이사를 가게 되면 아이는 조약돌 한 개를 치운다. 만약 엄마가 동생을 낳으면 조약돌 한 개를 보탠다. 만약 그 가족이 한 주에 달걀 여섯 꾸러미를 먹는다고 하면, 아이가 칠일 동안 먹은 달걀은 열 개의 달걀을 여섯 번 더하여 총 육십 개가 된다는 것을 금방 알게 될 것이다. 이런 방식으로 아이는 아주 어릴 때부터 자신이 산술적 사실과 과정에 둘러싸여 있다는 것을 배운다.

아이가 여러 객관적 자료를 다루게 되면 그 다음에 그는 분명 4+1=5라는 명제를 알듯이 3+2=5라는 명제도 알게 될 것이다. 우리는 아이 스스로가 그러한 관찰을 가능한 많이 해 볼 수 있도록 장려하지 않으면 안 된다. 이런 종류의 독립적 발견 하나하나는 교사나 교과서를 통해서 아이에게 전달되어 손쉽게 암기된 열두 가지 그 이상의 많은 교육적 가치를 지닌다.

(3) 수학의 학습

수학 시간에 학생이 해당 활동에 참여하는 것은 학습의 증거이자 척도가 된다. 교사는 아이에게 사과 여섯 개를 건네주며 그것을 똑같이 세 무리로 나누어 책상에 두라고 말한다. 이 작은 과업을 시작할 때 아이는 나눗셈의 형식적 의미에 관하여 거의 알지 못하는 상태에 있다고 볼 수 있지만, 사과 두 개씩을 각 무리에 배당했을 때에는 그 의미에 관하여 보다 많은 것을 알게 될 것이다. 아이는 이렇게 배운 것은 쉽게 잊어버리지 않는다. 특히, 사과 여섯 개를 세 사람 또는 두 사람에게 똑같이 나누어 주는 방법은 무엇인가, 사과 두 개씩을 두 사람 또는 네 사람에게 주려고 할 때 필요한 사과는 몇 개인가, 여섯을 둘로 나누거나 셋에 둘을 곱할 때 우리가 정말로 하고 있는 것은 무엇인가 등과 같은 질문을 교사가 아이에게 함으로써 학습을 강화하는 경우에는 더욱 그렇다고 말할 수 있다.

간단한 분수를 가르치는 경우에도 마찬가지로 객관적 자료와 일상적인 삶의 문제를 도입할 수 있고 또 그렇게 하지 않으면 안 된다. 사물에 관한 인과적 조작을 통해서 아이는 2분의 1은 전체보다 작다는 것, 4분의 1은 2분의 1보다 작다는 것, 그리고 하나의 사과를 같은 크기의 조각으로 많이 쪼개면 쪼갤수록 한 조각의 크기는 점점 작아진다는 것을 금방 배우게 된다. 수학의 기본 개념을 이와 같이 배우면서 아이는 또한 수학을 역동적이고 흥미로운 환경적 요소의 하나로 이해하고 음미하는 능력을 갖추게 된다.

이러한 경험은 해당 교과의 가장 초보 단계에서부터 가장 고등 단계에 이르기까지 수학 교육과정의 얼개를 이루게 된다. 해양 조류의 순환, 달의 위상, 지구의 공전, 계절의 변화, 기후 변동, 그리고 조류, 어류, 포유류의 이동 등과 같은 분야는 아닌 게 아니라 초등학교 학생이나 중등학교 학생 또는 대학의 학생 할 것 없이 모두 주변 환경에 관한 연구에서 그들 나름으로 갖추고 있는 숙련도와 성숙 정도에 따라 수학을 활용할 수 있는 사례에 해당한다. 초등학교 4학년 학생이 강우량을 측정하고 기록하는 것, 중학교 학생이 기온의 변화를 도표로 그리는 것, 그리고 대학생이 태풍을 예측하는 공식을 도출해 내는 것은 모두 기상 관측이라는 동일한 분야에 속하며, 이 분야는 과학뿐만 아니라 수학의 경우에도 해당 교육과정에 상당한 이점을 가져다준다.

학생이 자신에게 주어진 교과를 싫어하거나 두려워할 때 학습의 질이 보장된다고 가정하는 것은 잘못이다. 수학의 경우보다 이런 그릇된 생각이 표면에 두드러지는, 아니 일상적으로 일어나는 경우는 찾아보기 어렵다.

저자는 한국 학교의 많은 아이들이 수학 수업 때 긴장 상태에 있는 것을 목격하였다. 그들 대부분은 칠판에 적힌 것을 죽자 사자 받아 적었으며, 그 정도가 심한 경우에는 물론 받아 적은 것 또한 정확하지 않았다. 이 긴장한 아이들은 어째서 죽자사자 받아 적는가? 그것이 지닌 의미를 알기 위해서, 그 힘을 음미하기 위해서 또는 수학의 미를 향유하기 위해서 그렇게 하는가? 아니다. 그들이 그렇게 하는 것은 기억하기 위해서이다. 아이들은 어째서 기억해야 한다고 생각하는가? 수학을 의미 있게 배우기 위해서인가? 아니다. 시험에 통과하기 위해서이다.

최근에 필자는 절대부등식과 조건부등식을 공부하고 있는 한국의 한 고등학교 수업을 참관한 적이 있다. 그 반 학생들은 두려운 표정을 짓고 있었다. 그들은 근심과 걱정으로 긴장하고 있었다. 여느 때처럼 학생들은 교사가 자신의 공책을 보고 칠판에 묵묵히 적어 놓은 것을 그들의 공책에 필사적으로 받아 적고 있었다.

　필자는 칠판에 적힌 것에 명백한 오류가 있음을 알아챘고, 많은 학생들이 이미 자신의 공책에 그 오류를 받아 적은 것을 보았다. 칠판에 적힌 것을 훑어보면서 그 교사는 자신이 저지른 잘못을 찾아내서 고친다. 곧이어 학생들은 자신의 공책에서 수정해야 할 부분이 어디인지를 혈안이 되어 찾기 시작한다. 어떤 학생들은 그 부분이 어디인지를 찾지 못하며, 그래서 더 긴장하게 된다. 교사는 더 많은 것을 가르쳐주기 위해 서둘러 수학 진도를 나아간다. 왜인가? 그렇게 하면 학생들이 수학을 더 많이 배우게 되는가? 아니다. 그렇게 하면 학생들은 시험에 통과할 수 있다. 이 수업이 학생들에게 일차적으로 가르쳐주는 것은 무엇인가? 교사는 학생들에게 절대부등식과 조건부등식에 관한 강력한 개념을 가르치는가? 아니다. 교사가 학생들에게 가르치는 것은 수학을 증오하는 것, 수학을 두려워하는 것, 그리하여 그들이 수학을 배울 때마다 긴장상태 있도록 하는 것이다. 짐작컨대, 교사 스스로가 좌불안석하는 것은 이 때문일 것이다.

(4) 의미 있는 수학

　수학 교과의 경우에 교육과정 구성 작업에서 핵심이 되는 것은 그것이 학생에게 유의미한 것, 유용한 것, 흥미로운 것이 되도록 하는 것이다. 이 세 가지 특질은 면밀하게 상호 관련되어 있으며 상호 의존적이다. 이 중 어느 하나도 나머지 두 가지와의 관련을 떠나서 별도로 획득될 수 없다. 이 세 가지를 모두 함께 함양할 수 있는 몇 가지 주된 방법을 제시하면 다음과 같다.

　① 수학을 일상생활과 관련시켜라. 가령, 산수의 한 주제를 가르칠 때, 학생이 해당 주제를 완전히 파악할 때까지는 추상적 상징과 개념을 사용하기에 앞서 객관적 자료를 가지고 가르쳐라.
　② 여러 사물을 다루고 조정해 봄으로써 수학을 발견하고 수에 관하여 사

고하기 시작한 이후에야 아이는 차트, 교과서의 삽화, 칠판의 도표 등과 같은 시각적 자료를 배울 준비가 된다.

③ 시각적 자료를 공부하고 그것에 관하여 철두철미 논의함으로써 관련된 수학적 원리를 알게 될 때 아이는 계산을 쉽고 빠르게 하도록 하는 첩경으로서의 상징의 필요성을 느끼는 지점에 이르게 된다. 이 순간 아이는 수학의 언어가 보편적 용도를 가진다는 점을 음미하게 되며, 유럽이나 미국, 또는 아시아의 논리학자, 과학자, 그리고 수리분석가들이 일반적으로 알려진 상징을 사용하여 자신이 수행한 추론의 단계를 기술하는 것은 이 언어에 의해서이다.

④ 수학 공부의 객관적, 시각적, 상징적 단계를 능숙하게 통과한 아이는 3+1=4라는 명제를 알 뿐만 아니라 3+1=4라는 명제가 어째서 그렇게 되는지를 알고 그것을 해당 명제를 필요로 하는 실제적 문제와 자동적으로 관련짓게 될 것이다. 이것이 바로 제1장에서 언급한 학습에서 요구되는 전이를 수학 분야에서 보장하는 과정이다.

⑤ 명민한 교사는 또한 적성, 능력, 그리고 흥미 면에서 학생들이 보이는 개인차를 고려함으로써 수학을 의미 있는 것으로 만든다. 예컨대, 그는 동일한 학습 단계에 있는 아이들을 한데 묶는다. 학습의 계열에 비추어 다음의 논리적 단계를 밟을 준비가 되어 있으면 아이는 곧바로 해당 단계로 나아가야 하지만, 그렇다고 해서 강요되어서는 안 된다. 학생을 한데 묶는 것은 교사로 하여금 학습 준비가 덜된 아이의 경우에는 지나친 강요를 받지 않도록, 그리고 빨리 학습하는 아이의 경우에는 그저 시간을 축내는 일이 없도록, 학습의 진척 정도에 따른 차이를 고려하도록 해 준다.

⑥ 필자는 최근 한 조수가 "한국의 인구는 8억 명"이라고 하는 것 같은 말을 들었다. "몇 명이라고 했죠"라고 묻자, 그는 "8억 명이요" 하고 재차 답하였다. "숫자를 혼동하고 있군요" 하고 필자는 말하였다. "한국의 인구는 1억 명이 채 안 됩니다. 8억 명에는 훨씬 못 미치지요."

그 조수는 굽히지 않았다. 그는 자신이 알고 있는 숫자가 옳다고 생각하였다. 이 예시는 교육받은 한국인들조차도 수 개념을 혼동하고 있다는 사실을 보여준다. 필자의 생각에 의하면, 이러한 혼동은 수학에서의 필요와 실생활의 관념을 서로 관련짓지 못한 데에 직접 기인한다. 사물의 수를 세고 그것을 다룰 줄 알게 될 때 학생은 또한 수 체계의 토대는 십(十)에 있다는 것을 배우지 않으면 안 된다. 그는 객관적, 시각적, 그리고 상징적 단계에 비추어 그 사실을 완벽하게 배우지 않으면 안 되며, 이때 비로소 그는 '8억'과 '8백' 또는 '8십만'을 혼동하지 않게 된다. 그 다음, 적절한 시기가 오면 학생은 십이라는 토대는 산술적 계산에 가장 합당하고 대수에 가장 유용한 반면에, 상수 e는 보통 미적분 계산의 경우에 보다 편리한 토대가 된다는 것, 그리고 e라는 토대는 전자계산기로 수행되는 작업에 훨씬 잘 활용될 수 있다는 것을 배우게 될 것이다.

⑦ 어느 특정한 학년 단계에서 수학의 특정 주제에 관한 모든 것을 가르치려고 노력하는 것은 필요한 일도 권장할 만한 일도 아니다. 순수한 추상적 이론은 그 자체로는 굶주린 자에게 먹을 것을 주지 못하며 집 없는 자에게 집을 주지 못한다. 모르기는 해도, 오늘날 한국에서 순수한 추상적 수학이 가지는 가장 일반적인 용도는 수학 교사를 훈련시키는 데에 있으며, 이 교사들은 다시 어린 학생들에게 자신이 배운 것과 동일한 비실용적인 이론을 가르친다. 한국의 경우와 같이 급박한 물질적 필요를 지닌 국가는 대체로 말하여 수학 그 자체를 위한 수학을 가르칠 여력이 거의 없다.

(5) 수학의 내용 선정

개개인이 지닌 상이한 수학적 필요를 충족시키기 위해서는 교육과정에서 보다 많은 준비를 하지 않으면 안 된다. 기술학교와 직업학교 중에는 이 목적을 달성하기 위한 특별 과정이 개설된 곳이 있지만, 한국의 중학교와 고등학교에서는 수학의 경우 상대적으로 경직된 교육과정을 운영하고 있다.

미적분은 한국의 고등학교에서 선택과목으로 개설되는 경우가 있지만, 사실상 모든 학생들이 국가시험에 통과하기 위하여 이수해야 하는 것으로 되어 있다. 한국뿐만 아니라 그 밖의 많은 나라들, 특히 산업이 발달하지 않은 나라들의 경우에는 고등학교에서 고등수학을 배우는 것이 교육적 탁월성을 나타내는 징표로 간주되는 경향이 있다. 사실은 그 정반대이다. 한국의 경우, 수학적 주제나 또는 여타 주제의 학년별 배치 수준은 학생들이 실지로 지닌 능력과 해당 문화의 필요에 의해서 요구되는 범위를 넘어서고 있다. 한국이나 다른 나라의 고등학생 중 미적분을 이해할 수 있거나 그것을 사용할 가능성이 있는 학생은 거의 없다고 보아야 할 것이다.

수학에서 무엇을 가르쳐야 하는가, 그것을 누구에게 가르쳐야 하는가, 그것을 어디서 가르쳐야 하는가, 그리고 그것을 언제 가르쳐야 하는가를 결정하는 기준은 단순하고 명약관화하다.

① 제안된 주제나 해당 주제의 학년별 배치가 한국의 필요와 한국 아동의 필요에 부합하는가?
② 그것은 아동이나 젊은이들이 특수한 시·공간 속에서 가지게 되는 능력과 욕구에 부합하는가?
③ 그것은 현재의 교사와 설비를 동원하여 실천 가능한 것인가?

(6) 한국에 필요한 수학

① 분명히 말하여 한국은 현대 국가의 시민이 갖추어야 할 보편적 문해능력의 필수불가결한 요소의 하나로서 기초 산수를 필요로 한다.
② 상대적으로 저개발국가에 속하는 한국의 경우에는 공학자가 필요하다. 공학자들은 대수, 삼각법, 평면기하학과 입체기하학, 그리고 미적분의 기초가 되는 분석기하학을 필요로 한다. 미적분을 넘어서서 그들에게

필요한 것은 미분방정식이며, 공학의 몇몇 분야에서는 벡터분석과 벡터에 관한 계산법이 필요할 것이다. 작금의 한국 상황으로는 꼭 필요한 공학자 중 오직 소수의 인원만을 훈련시킬 수 있다. 만약 현재 상당수의 고등학교 학생들이 받고 있는 부적절한, 대단히 무익한 미적분 수업, 이 수업을 하는 데에 쓸데없이 소비되고 있는 비용과 시간과 정력을 줄이고 그것을 공학교육 설비를 개선하는 데에 돌린다면 한국은 그러한 공학자를 좀 더 많이 길러낼 수 있을 것이다.

③ 한국에서는 분명, 토양보전, 산림관리, 과일재배, 원예농업, 관개사업, 비단생산 및 이와 유사한 실용 분야에서 그 일을 준비하는 것과 관련된 비교적 단순한 수학이 요청된다. 이들 분야에 종사하기 위해 준비하는 학생들에게는 각 분야에서 요구되는 수학을 제공하지 않으면 안 되며, 이 경우 현장이나 상점 또는 실험실에 실지로 적용해 보는 실제적 학습에 초점을 두지 않으면 안 된다.

가령, 배나무에 뿌릴 소독제를 혼합하기 위해서는 학생은 재료의 무게를 달고 어떤 것은 용적을 재고 어떤 것은 비율을 계산하고 또 어떤 것은 백분율을 따져보아야 한다. 그런 다음, 그 일에 필수적인 수학 공부를 매듭짓기 위해서 그는 밖으로 나아가 스스로 나무에 소독제를 뿌려보지 않으면 안 된다.

산림관리에 종사할 학생은 일정한 구역을 산림지로 만드는 데 필요한 수목의 근삿값을 어떻게 계산하는지, 침식과 같은 위태로운 사태를 예방하는 데에 필요한 수목량을 계산하기 위해서 수계의 윤곽을 어떻게 산정해야 하는지, 최대치의 수확을 올리려면 수목 중에서 어떤 것을 언제 어떻게 베어내야 하는지를 알 필요가 있다. 이 모든 기술에는 산림관리에 종사할 학생들이 배워야 할 수학적 토대가 들어 있다. 다시, 학생들이 받아야 할 수학적 훈련은 그들이 산언덕으로 올라가 초기계산을 완벽히 수행하고, 자신이 계산한 대로 수목을 심기에 합당한 곳에 수목을 심을 때 완성된다.

산림관리에 관해서 이상에서 언급된 내용은 농업, 상업, 공업, 금융업, 그리고 여타의 많은 다른 직업과 전문 직종에 대해서도 마찬가지로 해당한다. 이들 분야에서 고등기술을 습득한 대부분의 사람들에게는 아인슈타인의 이론이나 푸리에의 급수(級數)*가 하등 필요치 않다.

④ 한국에 최선의 봉사를 하려면 학교에서는, 자국 내의 여러 직업 분야에서 이루어지는 일반적 직업훈련과 마찬가지로, 수학적 훈련이 마련되지 않으면 안 된다. 이렇게 되기 위해서는 교육과정에 유연성을 부여하지 않으면 안 된다. 학생들 각자에게 다른 학생들과 완전히 동일한, 그것도 학생 대다수의 이해 수준을 넘어서는 수학을 강요하는 판에 박힌 수업과정은 한국에서든 다른 어떤 나라에서든 아무런 필요가 없다.

⑤ 한국에 필요한 수학은 시민 각자에게 개인적 적성과 능력이 최상의 상태로, 최적의 시기에, 그 역량에 가장 알맞은 속도로, 그리고 그가 지닌 잠재력과 취업기회에 가장 적합한 분야에서 발달하도록 기회를 주는 그런 수학이다.

⑥ 한국은 더 나은 교과서, 보조교재, 그리고 교사용 지도서를 필요로 한다. 수학 교과서는 지금 교육 당국에 의하여 개정 및 개선 작업이 이루어지고 있지만, 그 이상의 작업이 요청되며, 특히 교사용 지도서 출판의 경우는 더욱 그러하다.

⑦ 마지막으로, 다른 분야와 마찬가지로 수학 분야에서도 한국에는 좀 더 충분하게 훈련된 교사가 필요하다. 사범학교와 사범대학은 예비교사를 위한 교육프로그램을 지속적으로 개선하지 않으면 안 된다. 행정가들은 현직연수, 워크숍, 그리고 적절한 장학을 통해서 교수의 수준을 계속해서 끌어올릴 필요가 있다.

(7) 수학 프로그램의 개선

이 장에서는 한국 학교의 수학 프로그램을 다루고 있다. 한국 학교에서 개설된 다른 모든 교과 영역의 경우와 마찬가지로, 수학 영역에서 다루어지는 것도 개선되리라는 점에 관해서 필자는 추호의 의구심도 가지고 있지 않다. 필자는 그것이 개선되리라는 것을 알고 있다. 문교부에서부터 가장 작은 군의 교육위원회 위원에 이르기까지의 학교 관계자들, 교사, 행정가, 학부모, 학생들, 그리고 한국의 일반 시민들이 이 목적을 달성하기 위해 보여준 협력 의지는 그러한 개선을 보증해준다. 다만, 한 가지 유일한 문제는 그러한 개선을 얼마나 신속하게 이룰 수 있는가 하는 것이다.

이 강인하고 용감하며 끈기 있는 한국인들이 보여준 교육에 대한 열정을 감안할 때, 그러한 개선은 빨리 찾아 올 것이라는 점, 그리고 이 한국인들은 다른 분야에서와 마찬가지로 보다 향상된 수학 교육프로그램을 요구하고 또 그것을 머지않아 갖추게 될 것이라는 점을 필자는 믿어 의심치 않는다. 또한, 필자가 예상컨대, 한국인들이 교육 일선 영역 어디에서든 높은 수준에 오르게 되면 그들은 결코 거기서 쉽게 내려오지 않을 것이다.

제4장

타일러와 그 계승자들

교육과정에 관한 타일러의 견해는 블룸과 메이거에 의하여 계승된 것으로 알려져 있다. 타일러에서 시작되어 블룸을 거쳐 메이거로 이어지는 일련의 주장은 여러 가지 측면에서 파악될 수 있다. 그렇기는 해도 여기에서는 이들의 주장에 공통적으로 들어 있을 뿐만 아니라 학교교육의 한 가지 활동으로 간주되는 평가의 측면에서 그것을 파악하려고 한다.

학력평가가 교과교육의 질을 담보하는 중요한 장치에 해당한다는 것은 일종의 상식으로 널리 통용되고 있다. 그렇기는 해도 학력평가가 오직 그러한 순기능만을 수행한다고 말할 수는 없다. 학력평가 속에 그러한 순기능과 더불어 모종의 역기능이 포함되어 있다는 것은 '입시위주의 교육'이라는 부정적인 용어를 통해서 단적으로 확인할 수 있다. 주위에서 어렵지 않게 들을 수 있는 이 용어가 어떤 현상을 기술하고 있는가는 비교적 분명하다. 학습자로 하여금 학력평가에서 높은 점수를 받도록 이끄는 데에 초점을 두고 시행되는 기형적인 형태의 교과교육이 바로 그 현상에 해당한다.

교과교육의 한 단면을 보여 주는 이러한 오늘날의 현상은 근본적으로 학력평가에 관한 관행에서 비롯되는 것으로 생각된다. 사실상, 현행 교육과정의 총론에는 선다형 평가방법에 과도하게 의존하는 경향에서 벗어나 논술형 방법을 비롯하여 다양한 평가방법을 개발하여 활용하도록 권고되어 있다. 그리고 학교 수준에서의 학력평가는 그러한 총론의 권고에 상당히 부합되는 형태로 실시되고 있다. 그렇기는 해도 학력평가의 결과를 기술하는 최종적인 방법으로 여전히 점수로 대표되는 계량화된 언어가 활용되고 있다는 것은 부정할 수 없다. 학교 수준에서 확인되는 이러한 실정은, 안과의 시력표에 의하여 측정되는 수치가 시력으로 간주되는 것과 마찬가지로, 학력평가의 결과를 기술하는 점수가 곧 학력이라는 통념에 의하여 한층 더 조장되고 있다. 학습자가 학력평가에서 받게 되는 점수를 높이는 것이 학력을 높이는 방안이며, 그것이 곧 교과교육의 질을 보장하는 방법이라는 생각은 이러한 맥락에서 등장한 것이라고 말할 수 있다. 그리하여 학력평가는 교과교육이 학습자가 받는 점수를 높이는 방향으로 진행되도록 부추기게 된다.

학력평가라는 것이 이와 같이 두 가지 상이한 기능을 동시에 포함하고 있다는 사실은 당장 그것의 역기능을 배제시키면서 순기능을 극대화하는 것 이외에 학력평가의 위상을 확립하는 별도의 방안이 있을 수 없다는 생각을 불러일으킬 수 있다. 그런데 이 방안이 학력평가의 위상을 확립하는 근본적인 방안으로 성립하는 데에는 전제가 필요하다. 학력평가가 나타내는 그러한 두 가지 기능은 따로 떨어져서 존재하는 별도의 기능이어야 한다는 것이 바로 그 전제다. 이들 양자가 마치 동전의 양면처럼 서로 분리되어 있지 않을 경우에, 학력평가에서 역기능을 배제시키고 순기능을 극대화한다는 것은 원칙상 불가능하기 때문이다. 그러므로 이들 양자의 관계를 확인하는 일은 학력평가의 위상을 확립하는 데에 요구되는 선결과제라고 말할 수 있다.

여기에서는 학력평가와 관련된 이 과제를 교육과정과 수업에 관한 타일러의 견해와 그것을 이론적 자양분으로 삼고 있는 블룸과 메이거의 견해를 통해서 해결하려고 한다. 이와 같은 시도는 타일러의 견해에서 시작되어 블룸을 거쳐 메이거에 이르는 동안에 등장하는 평가에 관한 두 가지 상반된 견해가 앞서 지적한 학력평가의 두 가지 기능에 대응될 수 있다는 발상에 근거하고 있다. 사실상, 학력평가의 순기능은 평가의 결과가 교육과정과 수업의 질을 개선하는 데에 자료로 활용된다는 타일러의 기본적인 생각을 골자로 삼고 있으며(곽진숙, 2000: 26), 평가가 교육과정과 수업을 규제한다는 블룸과 메이거의 논지는 학력평가의 역기능이 딛고 있는 배경으로 간주될 수 있다(이홍우, 1992: 64-65). 그러므로 이들의 견해가 담고 있는 평가에 관한 상이한 견해를 고찰하는 것은 그것과 대응을 이루는 학력평가의 두 가지 기능의 관계를 확인하는 데에 중요한 단서가 될 수 있다. 학력평가가 정확하게 어떤 성격의 것이며, 그것이 지니는 한계가 무엇인가 하는 것은 그 과정에서 자연스럽게 드러날 것으로 기대된다.

1. 타일러: 교육목표 위주의 견해

타일러의 교육과정이론은 교육과정이라는 제목이 붙어 있는 거의 모든 책에 등장할 정도로 주목의 대상이 되고 있다. 그의 이론이 이와 같이 주목을 받는 것은 그것이 이른바 고전모형이라는 이름에 손색이 없을 정도로 교육과정에 관한 기본적인 생각을 담고 있기 때문이다. 아닌게 아니라, 타일러는 8년 동안 연구에 참여하면서 축적한 경험과 보비트에서 시작되어 당시까지 이어져 내려오던 교육과정에 관한 기본적인 생각을 결합시켜 종합적 교육과정이론을 만들어 낸 인물로 널리 알려져 있다. 타일러의 고전적인 견해가 오늘날까지 교육과정에 관한 사람들의 사고를 적지 않게 지배하고 있는 것은 이 점에서 그다지 이상할 것이 없다.

교육과정에 관한 타일러의 고전적인 견해는 『교육과정과 수업의 기본 원리』라는 제목으로 1949년에 출판된 조그마한 책에 소개되어 있다. 타일러는 그 책의 서문에서 교육과정과 수업의 기본 원리에 포함되어야 한다고 생각한 네 가지 요소를 다음과 같이 질문의 형태로 제시하고 있다(Tyler, 1949: 1-2).

① 학교는 어떤 교육목표를 달성하고자 노력해야 하는가?

② 교육목표를 달성하기 위하여 제공해야 할 교육경험은 어떤 것인가?
③ 교육경험을 효과적으로 조직하는 방법은 무엇인가?
④ 교육목표의 달성 여부를 결정하는 방법은 무엇인가?

타일러가 제시하는 이러한 네 가지 질문은 오늘날 각각 ① 교육목표의 설정, ② 학습경험의 선정, ③ 학습경험의 조직, ④ 평가 등의 용어로 요약되어 통용되고 있다. 교육과정과 수업에 관한 타일러의 견해 속에서 이들 네 가지 요소는 따로 떨어져 있는 요소들의 단순한 나열이 아니라, 서로 유기적으로 관련되어 있다는 점이 강조된다(김승호, 1998: 272). 그러므로 타일러가 염두에 두고 있는 교육과정과 수업의 기본 원리라는 것은 교육목표의 설정에서 시작하여 그것에 기초하여 이루어지는 학습경험의 선정과 조직을 거쳐서 평가에 이르고, 평가의 결과가 다시 교육목표의 설정으로 이어지는 순환과정으로 파악될 수 있다.

타일러의 이러한 견해에는 그 속에 응당 포함되어 있어야 할 수업이라는 절차가 빠져 있다는 비판을 받기도 한다(정범모, 1956: 82). 사실상, 타일러의 견해를 겨냥한 이 비판은 그가 수업과 평가의 선후관계에 관한 상식적인 생각을 간과했다고 주장하는 것이나 다름이 없다. 그러나 평가라는 것이 수업에 뒤이어서 이루어진다는 것은 교육에 조금이라도 관심을 가질 경우에 도저히 간과할 수 없는 사실이다. 그러므로 교육평가 분야에 종사하는 타일러가 그 사실을 간과했다는 주장은 도저히 믿어지지 않으며, 그런 만큼 타일러의 견해에 대한 그러한 비판은 타당한 것으로 받아들이기 어렵다.

이와 같은 반론을 받아들이면, 학습경험의 조직과 평가 사이에 수업의 단계가 들어와야 한다고 생각하기보다는, 학습경험의 조직이라는 세 번째 단계는 수업의 단계로 해석되는 편이 옳을지 모른다. 학습경험의 조직이라는 것을, 이미 선정된 학습경험을 교과의 형태로 체계화하는 일이라기보다는, 학습자의 마음속에 안착시키는 일로 받아들일 경우에, 그러한 해석은 한층 더 타당한 것으로 생각될 수 있다. 어쨌든 타일러는 그러한 네 가지 요소의 순차적인 순환과정으로 교육과정과 수업의 기본 원리를 종합적으로 제시하려고 했다고 생각하는 것이 그의 견해를 접하는 독자의 올바른 태도일 것으로 생각된다.

타일러는 교육과정과 수업의 기본 원리에 포함되는 그러한 요소를 『교육과정과 수업의 기본 원리』의 각 장에 배당하여 자세하게 설명하고 있다. 즉, 교사들이 교육과정의 개발에 참여하는 방식을 간략하게 다루고 있는 마지막 장을 제외하면, 그 책은 네 개의 장에 걸쳐서 각각의 요소로 지칭되는 일이 정확하게 어떤 것인가 하는 것과 더불어 그 일을 원만하게 수행하는 데에 필요한 여러 가지 원리 혹은 지침을 설명하는 데에 할애되고 있다. 타일러는 그중에서도 특히 교육목표의 설정 및 진술과 관련된 사항을 다루는 첫 장에 그 책의 거의 절반을 할당하고 있다는 사실에 주목할 필요가 있다. 타일러의 이러한 조치는 그의 이론체계 내에서 교육목표가 그 어떤 요소보다도 중요시된다는 점을 시사한다. 타일러가 어떤 이유에서 교육목표를 그토록 중요하게 취급하는가는 다음의 인용문에 단도직입적으로 제시되어 있다.

> 교육 프로그램을 계획하고 그것을 계속적으로 개선하는 데에는 어떤 목표를 추구할 것인가에 관한 견해가 반드시 필요하다. 교육목표는 학습자료를 선정하고 교육내용을 결정하는 데에는 물론이고, 수업절차를 결정하고 평가문제를 준비하는 데에 기준이 된다. 사실상, 교육 프로그램의 모든 측면은 근본적으로 교육목표를 달성하는 수단에 해당한다. 그러므로 교육 프로그램을 체계적이고 지속적으로 연구하려면, 우리는 무엇보다도 어떤 교육목표를 추구할 것인가를 확실히 알아야 한다(Tyler, 1949: 3).

앞의 인용문에는 교육과정과 수업의 순환과정에서 교육목표와 이후의 단계에 속하는 요소들 사이의 관련에 관한 타일러의 견해가 명백하게 표방되어 있다. 교육목표는 학습경험을 선정하고 조직하는 데에는 물론이고 평가를 하는 데에 '기준'이 된다는 견해, 그리고 그 이후의 단계는 교육목표를 달성하는 '수단'에 지나지 않는다는 견해가 바로 그것이다.

타일러의 이러한 견해가 어떤 발상에서 비롯되는 것인가는 "교육 프로그램을 체계적이고 지속적으로 연구하려면, 우리는 무엇보다도 어떤 교육목표를 추구할 것인가를 확실히 알아야 한다"는 마지막 문장에 시사되어 있다. 사실상, 모종의 활동을 수행하기 이전에 그것을 통해서 추구하려고 하는 목표가 먼저 결정되어 있어야 한다는 사고방식은 상식에 해당한다. 차라리 우리의 주위에서 목격되는 대부분의 활동에는 그것을 통해서 달성하려고 하는 목표가 사전에 정해져 있으며, 그 활동은 이미 정해져 있는 바로 그 목표를 달성하기 위한 수단으로 시행된다고 말하는 편이 옳을 것이다. 앞의 인용문에 나타난 마지막 문장은 이러한 통념을 교육에 적용한 것에 지나지 않는다. 즉, 교육을 그러한 일상적인 활동의 한 가지 사례로 간주할 경우에, 교육을 통해서 달성하려고 하는 목표를 설정하는 일은 그 어떤 일보다 먼저 이루어져야 할 시급하고도 중요한 일로 취급될 수밖에 없다. 타일러의 이러한 사고방식을 일단 받아들이면, 그가 교육목표를 가장 중요한 요소로 취급한다는 사실은 하등 이상할 것이 없다. 그의 교육과정이론이 '목표모형'이라는 별명을 달고 다니는 이유 또한 여기서 찾을 수 있다(이홍우, 1992: 45).

교육목표에 관한 타일러의 설명은 그것을 설정하는 과학적 원리에 관한 설명과 그것을 진술하는 체계적 원리에 관한 설명으로 구분된다. 교육목표를 설정하는 과학적 원리라는 것은 학습자에 관한 사실, 사회에 관한 사실, 교과 전문가의 견해, 철학, 학습심리 등의 다섯 가지 원천에 근거하여 교육목표를 설정해야 한다는 주장을 가리킨다(Tyler, 1949: 5-43). 가령 교육목표를 설정하기 위해서는 학습자가 현재 소유하고 있는 흥미와 필요는 물론이고 사회에서 살아가는 성인의 활동이나 가치관을 비롯하여 교과 전문가들이 염두에 두고 있는 여러 가지 내용이나 가치 등을 실제로 조사하고 분석해야 한다.

그렇기는 해도 그러한 조사와 분석의 결과로 도출되는 사실이 그대로 교육목표로 설정되는 것은 아니다. 타일러에 의하면, 그러한 사실로부터 교육목표를 만들어 내는 데에는 철학적 해석과 학습심리학적 검증이 반드시 필요하다. 타일러가 예시하고 있는 바와 같이, 사회에서 물질적 번영을 중요한 덕목으로 내세운다고 해서 학교가 그것을 반드시 교육목표로 수용해야 하는 것은 아니다(Tyler, 1949: 35). 과학적 조사와 분석을 통해서 확인되는 사실로부터 어떤 교육목표를 이끌어 내는가 하는 것은 철학적 해석에 달려 있다(Tyler, 1949: 34-35). 철학적 해석에 의하여 일차적으로 걸러진 교육목표는 다시 학습심리학적 관점에 의하여 그것의 적합성과 달성 가능성을 검토받게 되어 있다(Tyler, 1949: 38). 요컨대, 교육목표는 먼저 학습자의 흥미와 필요는 물론이고 사회에서 살아가는 성인의 활동이나 가치관을 비롯하여 교과 전문가들이 염두에 두고 있는 여러 가지 내용이나 가치 등을 조사 및 분석하여 잠정적인 교육목표를 설정한 이후에, 철학과 학습심리에 근거하여 그것의 타당성을 검토하는 과정을 거쳐서 최종적으로 설정된다는 것이 타일러의 견해다.

타일러는 『교육과정과 수업의 기본 원리』 제1장의 다섯 절에 걸쳐서 교육목표의 설정방법을 설명하는 데에 이어서, 교육목표의 진술방식을 마지막 절에 제시함으로써 교육목표에 관한 그의 견해를 마무리 짓는다. 교육목표의 진술방식에 관한 그의 입장은 그가 그릇되다고 생각하는 세 가지 진술방식을 비판적으로 검토하는 데에서 시작된다. 교육목표를 진술하는 세 가지 통념상의 방식에 관한 그의 비판적 입장은 다음과 같이 요약될 수 있다(Tyler, 1949: 44-46).

첫째는 교사가 수업시간에 수행해야 할 활동을 제시하는 것이 교육목표를 진술하는 것이라고 생각하는 경우다. 가령, '진화론에 관한 설명', '귀납적 증명방법의 예시', '낭만주의 시인들에 관한 설명' 등이 그것이다. 그러나 타일러가 보기에 이것은 교육목표를 진술한 것으로 받아들이기 어렵다. 교육목표는, 교사로 하여금 모종의 역할을 수행하도록 하는 데에 있다기보다는, 학습자의 행동에 모종의 변화를 유발하는 데에 있기 때문이다.

둘째는 수업시간에 다루게 될 제목이나 개념 혹은 이론을 제시하는 것으로 교육목표의 진술을 대신하는 경우다. '식민지 시기', '연방정부 수립', '물질은 생산되는 것도 아니요 소멸되는 것도 아니다', '녹색식물은 태양에너지를 화학에너지로 변화시킨다'등의 진술이 여기에 해당한다. 그러나 교육목표 는 학습자가 그것을 배운 결과로 획득하게 될 결과로서의 행동의 변화를 의 미하며, 그 진술은 그러한 행동의 변화를 분명하게 지적하고 있지 못하다는 점에서 교육목표를 진술한 것이라고 말할 수 없다.

셋째는 학습자가 나타내야 할 행동의 변화를 일반적인 수준에서 진술하는 경우다. 그 사례로는 '비판적 사고력의 함양', '정서의 함양', '관심의 대상 의 확대'등의 진술을 들 수 있다. 이와 같은 진술은 그 자체로 구체성이 결여 된 막연한 진술일 뿐만 아니라, 거기에는 그러한 행동을 유발하기 위한 내용 이 언급되어 있지 않다. 그것은 이 점에서 교육목표의 진술로서 충분하지 못 하다.

교육목표를 진술하는 그릇된 방식을 겨냥한 타일러의 이러한 비판적 입장 속에는 그가 염두에 두고 있는 타당한 진술방식이 시사되어 있다. 교사가 수 업에서 나타낼 행위를 비롯하여 오직 수업에서 다루게 될 내용을 나열하거나 일반적인 수준의 막연한 행동으로 교육목표를 진술하는 것이 그릇된 방식이 라면, 그가 염두에 두고 있는 올바른 교육목표의 진술은 학습자가 나타내야 할 구체적인 행동이 내용과 결합된 형태를 취할 수밖에 없다. 아닌 게 아니라, 그는 교육목표가 '내용'과 '행동'을 두 가지 차원으로 하여 진술되어야 한다 고 주장하면서, '현대 소설의 감상능력을 길러 준다'는 진술을 그것의 예시 로 제시하고 있다(Tyler, 1949: 47).

그렇기는 해도 교육목표의 한 가지 차원으로 포함되어 있는 '내용'이라는 것은 앞서 나타난 학습경험과 성격상 다르지 않다(김인, 1993: 14). 그리고 학습 경험의 선정을 비롯한 나머지 단계는 교육목표를 달성하기 위한 수단에 지나 지 않는다. 이와 같은 사실을 감안하면, 타일러의 관심은 그러한 두 가지 차원 중에서 역시 '행동'에 있었다고 말해야 한다. "교육의 진정한 목표는 학습자 의 행동을 변화시키는 데에 있다"(Tyler, 1949: 44)라는 말이나, "교육목표의 진 술은 학습자의 행동의 변화를 유발하기 위한 것이다"(Tyler, 1949: 45)라는 말은 그러한 생각을 뒷받침해 주고 있다.

타일러의 이러한 행동중심적인 입장에서 비롯된 것이겠지만, 그는 행동이라는 차원을 다시 일곱 가지 항목으로 세분화한다. ① 중요한 사실이나 원리에 관한 이해, ② 신뢰할 수 있는 정보원에의 접근성, ③ 자료의 이해력, ④ 원리의 적용력, ⑤ 학습연구 및 결과 보고 능력, ⑥ 광범위하고 원숙한 흥미, ⑦ 사회적 태도 등이 바로 그것이다(Tyler, 1949: 48). 그러므로 타일러가 염두에 두고 있는 교육목표는 궁극적으로 이러한 일곱 가지 항목의 행동을 기르는 데에 있다고 말할 수 있다. 교육이 이러한 일곱 가지 항목의 행동을 기르는 데에 목표를 두고 있다면, 교육목표의 다른 한 가지 차원으로 기술되는 내용이나 학습경험은 필경 바로 그 교육목표를 달성하기 위한 수단으로 간주될 수밖에 없으며, 평가는 그러한 수단을 투입할 경우에 나타나는 교육목표의 달성 정도를 확인하는 활동 이외에 다른 것일 수 없다(Tyler, 1949: 105-106). 결국, 타일러는 행동을 교육목표로 내세우면서, 그것을 달성하기 위한 수단을 강구하여 투입하고, 그 결과를 평가해야 한다는 교육목표 위주의 교육과정이론을 표방하고 있다고 말할 수 있다.

2. 블룸과 메이거: 평가 위주의 견해

타일러의 교육과정이론은, 목표모형이라는 별명이 시사하는 바와 같이, 교육목표를 핵심으로 삼고 있다. 그러므로 교육목표의 달성 정도를 확인하는 활동으로서의 평가는 그것에 비하여 언제나 부차적인 지위에 머물러 있는 것처럼 생각된다. 그런데 교육목표가 학습자의 최종적인 행동으로 진술되어야 한다는 타일러의 견해는 평가가 교육목표에 비하여 부차적인 위치에 머물러 있다는 생각이나, 교육목표가 평가를 규제한다는 생각과는 상반된 방향에서 이들 양자의 관계를 해석할 수 있는 가능성을 열어 놓고 있다. 즉, 교육목표의 진술에 관한 타일러의 견해는 교육목표 중심의 그러한 생각이 피상적인 수준에서 양자의 관계를 파악하는 것에 지나지 않는다는 점을 지적하면서, 평가가 도리어 교육목표를 규제한다는 식의 사고방식이 그의 교육과정이론에 근간으로 자리잡고 있다는 점을 보여 주는 것으로 해석될 수 있다(서미혜, 1986: 22). 교육목표와 평가의 관련에 관한 타일러의 견해를 상이한 측면에서 발전시킨 블룸과 메이거의 견해는 그러한 사실을 여실하게 확인시켜 준다.

블룸이 타일러의 교육과정이론을 이어받은 학자라는 사실은 『교육목표 분류학』이라는 유명한 책을 통해서 확인할 수 있다. 블룸과 그의 동료들은 실제로 그 책의 이론적 배경이라고 해도 손색이 없는 제1부에서 교육목표가 교육과정과 수업을 비롯하여 평가를 규제한다는 타일러의 기본적인 생각을 누차 되풀이하고 있다. 특히, 그들은 "교육목표는 교육과정을 구성하고 학습지도를 진행하는 데에 기준이 되면서, 평가도구를 개발하고 활용하는 방안을 제시해 준다"(Bloom et al., 1956: 27)라고 주장하고 있다. 그들의 이러한 선언적인 발언은 타일러의 기본적인 생각을 접할 기회를 갖지 못한 독자들에게는 그것이 마치 그들의 독특한 생각이라는 착각마저 불러일으킨다.

그들이 이와 같이 타일러의 기본적인 생각을 이어받으면서 품고 있었던 관심사가 무엇인가 하는 것은 『교육목표 분류학』이라는 제목에 이미 시사되어 있다. 즉, 타일러의 기본적인 생각이 교육과정과 수업에서 교육목표의 위치를 부각시키는 데에 있었다면, 그들의 관심사는 바로 그 교육목표를 분류학적으로 체계화함으로써 타일러의 교육과정이론을 발전시키는 데에 있었다고 말할 수 있다. 『교육목표 분류학』에 나타난 다음의 내용은 이 점을 단적으로 확인시켜 준다.

교육목표 분류학은 교육의 과정을 통하여 변화시키려고 하는 학습자의 행동을 분류하기 위하여 고안된 것이다. …특정한 교과 혹은 내용을 분류하는 것은 교육목표 분류학의 원래 의도와는 거리가 멀다. 교육목표 분류학의 목적은 의도된 학습자의 행동, 즉 특정한 단원의 학습에 참여한 결과로 일어나기를 기대하는 개인의 행동을 분류하는 데에 있다(Bloom et al., 1956: 12).

타일러는 교육목표를 내용과 행동이라는 두 가지 차원으로 구분하고, 교육목표의 한 가지 차원인 행동을 다시 일곱 가지 행동형으로 세분화한 바 있다. 앞의 인용문에 나타난 '교과 혹은 내용'과 '행동'이라는 것은 타일러가 교육목표의 두 가지 차원으로 제시하는 바로 그 내용과 행동에 정확하게 대응된다. 그러므로 교육목표 분류학의 원래 목적이 교과의 내용이 아니라, 학습자의 최종적인 행동을 분류하는 데에 있다는 블룸과 그의 동료들의 발언은 그들의 의도가 타일러에 의하여 일곱 가지 행동형으로 구분되었던 바로 그 행동을 분류학적으로 체계화하는 데에 있었다는 뜻으로 읽을 수 있다.

블룸과 그의 동료들은 타일러가 염두에 두고 있었던 교육목표로서의 행동을 크게 지적 영역과 정의적 영역으로 분류하고 있다. 지적 영역에 속하는 목표는 다시 지식(1.00), 이해력(2.00), 적용력(3.00), 분석력(4.00), 종합력(5.00), 평가력(6.00) 등 여섯 가지 영역으로 분류되어 있으며, 정의적 영역에 속하는 목표 또한 감수(1.00), 반응(2.00), 가치화(3.00), 조직화(4.00), 인격화(5.00) 등 다섯 가지 영역으로 분류되어 있다. 그들은 지적 영역과 정의적 영역에 속하는 이러한 하위의 행동을 다시 세분화하고 그 각각에 대한 설명과 더불어 전체적인 설명을 덧붙여서 『교육목표 분류학』이라는 동일한 제목에 '지적 영역'과 '정의적 영역'이라는 상이한 부제를 붙여서 두 권의 책으로 출판하게 된다.

그런데 그들의 교육목표 분류학 속에는, 지적 영역의 첫째 항목인 '지식'이라는 것을 '인지나 재생에 의하여 아이디어나 자료 또는 현상을 기억해 내는 행동'(Bloom et al., 1956: 62)으로 규정하는 것이 과연 타당한가 하는 것 이외에 그 자체를 뿌리째 뒤흔드는 심각한 문제가 도사리고 있다. 교육목표 또는 행동은 지적 영역과 정의적 영역으로 명확하게 구분되는가 하는 문제와 더불어, 그 각각에 속하는 하위의 항목들은 따로 떨어져서 별도로 존재하는 실체인가 하는 것이 바로 그 문제다. 그들 또한 교육목표 분류학 속에 이러한 문제점이 도사리고 있다는 사실을 감지하고 있었던 모양이다. 교육목표 또는 행동을 지적 영역과 정의적 영역으로 구분하는 것은 임의적인 것에 지나지 않는다는 지적(Bloom et al., 1956: 93-94), 그리고 그 각각에 속해 있는 하위 항목

사이에 엄격한 경계가 있는 것은 아니라는 지적(Bloom et al., 1956: 68, 144-145)
은 그 문제에 대한 그들의 자발적인 시인으로 받아들여도 좋다.

그럼에도 불구하고 블룸이 그의 동료들과 함께 교육목표를 그와 같이 분류
한 데에는 그럴 만한 이유가 있다고 보아야 한다. 그 이유가 무엇인가를 확인
하기 위해서는 교육목표 분류학이 뿌리를 두고 있는 타일러의 견해로 거슬러
올라갈 필요가 있다. 앞서 확인한 바와 같이, 타일러는 평가를 교육목표와 직
접적으로 연결시키고 있다. 타일러의 그러한 시도는 교육과정과 수업의 성격
을 분명하게 드러내려는 숭고한 의도에서 비롯된 것이며, 교육목표의 두 가
지 차원 중에서 행동을 강조하는 것은 그것을 실현하는 나름의 방안이라고
말할 수 있다(이홍우, 1992: 69). "평가 전문가나 교사 혹은 교육과정 전문가의
입장에서 보면, 교육목표는 학습자가 특정한 교육 프로그램에 참여한 결과로
획득해야 할 특성을 비교적 상세하게 규정한 것을 뜻한다"(Bloom, 1963: 389).
이 말이 보여 주는 바와 같이, 그들은 타일러의 방안을 한층 더 구체화함으로
써 그의 숭고한 의도를 실현하려고 했던 것으로 짐작된다.

타일러의 그 방안이 평가와 교육목표를 직접적으로 관련짓고 있다면, 블룸
과 그의 동료들의 그러한 노력은 그것을 더욱 확고하게 관련짓는 방향으로
나아갔다. 그런데 평가와 교육목표의 이와 같은 확고한 관련은, 그들이 의도
한 것은 아니라 하더라도, 교육을 그 관련의 강도만큼 평가에 초점을 두는 파
행적인 형태로 이끌어 갈 가능성이 있다. 교육이 직면하게 될 이와 같은 불행
한 사태는 교육목표의 진술방식에 관한 메이거의 견해에 의하여 절정에 이르
게 된다.

교육목표의 진술방식에 관한 메이거의 견해는 『수업목표의 진술』이라는
조그만 책에 제시되어 있다. 그 책에 따르면, "의미 있게 진술된 교육목표라
는 것은 그 목표를 진술한 사람의 의도를 정확하게 전달하는 목표이며, 이 점
에서 가장 잘 진술된 목표는 그것에 대한 대안적인 해석을 최대한으로 배제
하도록 진술된 목표다"(Mager, 1962: 10). 사실상, 교육목표에 관한 타일러의 견
해와 비교하면, 블룸과 그의 동료들에 의하여 고안된 '교육목표 분류학'은

메이거의 그러한 생각을 상당히 충족시키고 있다고 보아야 한다. 차라리 그들이 품고 있었던 원래 의도는 메이거의 그것과 전혀 다르지 않다고 말해야 할지 모른다. 그렇기는 해도 교육목표에 대한 그들의 분류는 그 속에 포함된 세부적인 항목이 정확하게 어떤 것인가를 분명하게 밝히지 못하고 있으며, 그런 만큼 그것은 평가단계에 와서 교육목표의 달성 여부를 확인하기 위한 증거를 분명하게 제시하지 못한다고 말할 수 있다.

메이거의 『수업목표의 진술』이라는 책은 이러한 문제의식의 최종적인 산물이라고 해도 틀리지 않는다. 말하자면, 교육목표라는 것은 추호의 애매성도 용납하지 않는 그런 것이어야 한다는 것이 메이거의 입장이다. "대안적 해석을 배제한다"는 메이거의 말은 이러한 엄밀한 의미로 사용되고 있다. "어떤 사람이 교육목표를 진술하고 난 이후에, 그것을 읽은 다른 사람은 그 교육목표에 도달한 학습자를 가려 낼 수 있어야 하며, 그 교육목표를 진술한 사람은 그 사람의 선별에 동의할 수 있는가"(Mager, 1962: 12)라는 메이거의 질문은 이러한 의미 있는 교육목표를 선별하기 위한 기준으로 제시된 것이라고 말할 수 있다.

교육목표를 진술하는 방식에 관한 메이거의 이러한 주장에는 평가에 관한 생각이 표면상에 나타나 있지 않지만, 그것은 평가 위주의 사고방식을 정면으로 내세우는 것이나 다름이 없다. 사실상, 교육목표 그 자체에 관심을 둘 경우에, 그것에 관한 진술이 대안적인 해석을 허용하는가의 여부는 전혀 문제가 되지 않는다. 그것이 심각한 문제로 되는 것은 교육목표를 평가의 기준으로 삼는 장면이다. 이들 양자를 이와 같이 직접적으로 관련지을 경우에, 교육목표가 대안적인 해석을 허용하는 방식으로 진술된다는 것은 평가의 단계에 와서 어떤 증거를 수집해야 할지가 불분명하다는 것을 뜻하게 된다.

평가의 단계에서 벌어질 수 있는 이러한 혼란을 사전에 방지하기 위해서는 교육목표를 학습자가 최종적으로 나타내야 할 구체적인 행동으로 엄밀하게 진술하지 않으면 안 된다(Mager, 1962: 13). 평가는 이 점에서 학습자가 수업에 참여한 결과로 나타내야 할 증거를 직접적으로 지시하는 방식으로 교육목표를 진술하도록 요구한다고 말할 수 있다. 올바르게 진술된 교육목표에는 학습자가 수업에 참여한 결과로 드러내야 할 바로 그 가시적인 표현으로서의 '도착점 행동' 이외에, 그 행동이 나타나는 상황이나 조건을 가리키는 '상황조건', 그리고 그 행동이 어느 정도로 잘 수행되어야 하는가를 보이는 기준으로서의 '수락기준'이 포함되어 있어야 한다(Mager, 1962: 12). 이른바 '행동적 교육목표 설정'이라는 용어로 지칭되는 메이거의 이 생각은 교육목표를 향한 평가의 요구에서 비롯된 것으로 파악될 수 있다.

언뜻 생각하면, 평가에 초점을 두고 교육목표를 진술해야 한다는 메이거의 입장은 타일러나 블룸의 생각과는 완전히 다른 것처럼 보인다. 메이거의 이러한 입장을 평가가 교육목표를 규제한다는 식으로 고쳐 읽고 보면, 그것은 교육목표가 평가를 규제한다는 그들의 입장과 정반대 방향으로 이들 양자를 연결짓는 것처럼 보이기까지 한다. 그러나 그렇다고 해서 메이거의 그러한 극단적인 입장이 타일러나 블룸의 입장과는 무관한 메이거의 특이한 발상이라고 생각하는 것은 잘못이다. 다음에서 확인하게 될 메이거의 비유적인 말은 이 점을 단적으로 확인시켜 준다.

> 어떤 사람이 500달러짜리 자동차를 팔려고 한다고 가정하자. 그 경우에 자동차는 보여 주지 않고 그냥 '양호한 상태에 있는 자동차'라고만 말한다면, 누가 그 자동차를 사겠는가? 그와 마찬가지로 어떤 학습자에게 1,000달러를 내면 '논리적 사고력'을 길러 주겠다고 하면서 논리적 사고력이 어떤 것인지, 그것이 길러졌는지 아닌지를 재는 방법이 무엇인지를 미리 명시하지 않는다면, 아무도 그것을 배우려고 모여들지 않을 것이다. 그럼에도 불구하고 학생들은 그것을 배워야 한다. 그러므로 교육목표를 명시하지 않은 채 교육을 시행하는 것은 학습자라는 불리한 위치를 악용하여 부당한 이익을 취하는 것이나 다름이 없다(Mager, 1962: 17).

메이거는, 마지막 문장에서 지적하고 있는 바와 같이, 교육목표를 명시적으로 제시하지 않은 채 실시되는 교육을 학습자에 대한 일종의 기만행위로 간주한다. 교육이 이러한 기만에서 벗어나 학습자의 자발적인 참여를 유도하기 위해서는 그것을 실시하기에 앞서 학습자에게 교육이 겨냥하는 목표가 어떤 것인가를 분명하게 보여 주어야 한다는 것이 메이거의 주장이다. 그는 자동차와 고객의 관계로 이러한 자신의 주장을 위장하면서, 교육목표에 들어 있는 행동의 형성 여부를 확인하는 방법이 무엇인지를 명시해야 한다는 말을 덧붙여 슬며시 교육목표를 평가와 연결 짓고 있다. 앞서 지적한 교육목표가 평가에 의하여 규제되어야 한다는 메이거의 견해는 이와 같이 이들 양자를 직접적으로 연결시키는 데에서 비롯된 최종적인 결과라고 말할 수 있다.

　그런데 교육목표와 평가의 그러한 연결은 원래 타일러에 의하여 시도된 것이다. 누차 확인한 바와 같이, 타일러는 교육목표를 내용과 행동의 결합으로 규정한다. 교육목표는 이와 같이 두 가지 차원으로 규정되어야 한다는 것이 그의 주장임에도 불구하고, 그의 관심은 시종일관 교육에 의하여 변화되어야 할 학습자의 행동에 집중되어 있다. 타일러의 관심이 그러한 방향으로 나아갔다는 사실은 교육목표를 그와 같은 방식으로 규정하면서 염두에 두고 있었던 가장 중요한 고려사항이 교육목표의 달성도가 평가되어야 한다는 데에 있었다는 뜻으로 해석될 수 있다. 블룸이 그의 동료들과 함께 구축한 교육목표 분류학은 타일러의 그러한 고려사항을 한층 더 발전시킨 것으로 받아들일 수 있다. 그들은 이 점에서 교육목표가 평가를 염두에 두고 설정되어야 한다는 타일러의 희미한 생각을 한 발자국 더 앞으로 밀고 나갔다고 말할 수 있다. 교육목표의 진술에 관한 메이거의 입장은 그들의 견해에 숨어 있는 교육목표와 평가의 이러한 긴밀한 관련을 표면에 부각시킨 결과에 지나지 않는다. 그리하여 교육목표가 평가를 규제한다는 타일러의 견해는 블룸을 거쳐 메이거에 이르는 동안에 평가가 교육목표를 규제한다는 기이한 결과에 이르게 된다(김 승호, 1998: 273).

3. 학력평가의 한계와 그 극복

교육과정과 수업에 관한 타일러의 견해는 교육에 관한 상식적인 생각을 반영하고 있다. 교육은 사전에 정해져 있는 목표를 달성하기 위한 활동이며, 그런 만큼 교육이 어떤 종류의 활동인가 하는 것은 그것이 달성하고자 하는 목표를 구체화함으로써 규명될 수 있다는 것이 바로 그 생각이다. 교육목표를 분류학적으로 체계화한 블룸의 업적이나 교육목표를 행동적으로 진술해야 한다는 메이거의 권고는 타일러의 견해에 반영되어 있는 이러한 교육목표 위주의 사고방식을 나름의 방식으로 발전시킨 결과로 대두된 것이다.

그런데 교육목표를 위주로 하는 타일러의 교육과정이론은 블룸을 거쳐 메이거로 이어지는 동안에 평가를 위주로 하는 교육과정이론으로 둔갑하게 된다. 도식적으로 말하면, 교육목표가 평가를 규제한다는 타일러의 기본적인 생각과는 달리, 그의 교육과정이론을 발전시킨 블룸과 메이거의 견해 속에는 평가가 교육목표를 규제한다는 정반대의 입장이 표방되어 있다. 타일러의 기본적인 생각이 그들에 의하여 이러한 귀착점에 도달하게 되는 것은 결코 우연적인 일이라고는 말할 수 없다. 그들이 타일러의 생각을 나름의 방식으로 발전시키려고 했다는 통념을 존중하면, 차라리 교육목표에 초점을 두고 있는 타일러의 교육과정이론 속에는 평가를 가장 중요하게 취급하는 사고방식이 숨어 있으며, 메이거는 그의 이론 속에 감추어져 있는 평가 위주의 사고방식을 전면에 드러내는 역할을 담당했다고 말하는 편이 옳다.

교육목표에 초점을 두는 타일러의 사고방식이 최종적으로 평가를 위주로 하는 메이거의 사고방식으로 귀착된다는 사실은 그러한 상반된 사고방식이 앞에서 지적한 학력평가의 두 가지 기능과 면밀하게 관련되어 있다는 점에서 중요성을 띤다. 앞서 지적한 바와 같이, 교육목표에 초점을 두는 타일러의 사고방식에서 평가는 교육목표의 달성도를 확인하는 활동이며, 그 결과는 교육과정과 수업의 개선에 활용된다(Tyler, 1949: 105). 그가 염두에 두고 있는 평가의 이러한 역할은 학력평가의 순기능에 정확하게 일치한다.

　여기에 비하면, 평가 위주의 사고방식과 학력평가의 역기능은 다소간 어긋나 있다. 그러나 그렇다고 해서 이들 양자가 완전히 별개의 것이라고 생각하는 것은 잘못이다. 메이거에 의하면, 평가에 의하여 규제되는 교육목표라는 것은 원칙상 한 치의 오차도 없이 명시적인 형태로 규정되어 있는 학습자의 행동을 가리킨다(Mager, 1962: 13). 학습자에게서 최종적으로 확인해야 할 이러한 가시적인 결과는 성격상 계량화된 언어로 기술되는 통념상의 학력과 다른 것일 수 없다. 학력을 계량화된 언어로 기술하는 데에서 비롯되는 학력평가의 역기능은 이 점에서 평가에 초점을 두고 있는 메이거의 사고방식이 나타낼 수 있는 난점이기도 하다고 말할 수 있다.

　학력평가의 순기능과 역기능이 이와 같이 타일러의 교육과정이론 속에 들어 있는 평가의 상반된 역할에 대응된다는 것은 그러한 두 가지 기능이 따로 떨어져서 별도로 있을 수 없다는 사실을 단적으로 보여 준다. 그러므로 학력평가가 나타내는 두 가지 기능의 분리에 근거하여 그것의 위상을 확립하려는 시도는 애당초 불가능하다고 말해야 한다. 그리하여 타일러의 교육과정이론은 학력평가의 역기능을 그것의 순기능이 존재하는 이상 도대체 없을 수 없는 학력평가의 한계로 받아들이도록 요구한다고 말할 수 있다.

　학력평가의 한계에 관한 이러한 입장에 대해서는 반론이 제기될 수 있다. 학력평가의 한계는, 학력평가 그 자체의 한계라기보다는, 그것을 부당하게 타일러의 교육과정이론과 관련짓는 데에서 비롯되는 한계라는 것이 바로 그 반론이다. 교육목표를 내용과 행동의 결합으로 규정하면서 타일러가 품고 있던 관심은 역시 행동에 있었으며, 교육목표로서의 행동을 중요시할 경우에 학력평가는 필경 그러한 한계를 지니는 것으로 그릇되게 파악될 수밖에 없다는 것이 그 반론의 요지다. 이러한 입장에서 보면, 교육목표의 다른 한 차원인 내용에 응분의 관심을 기울이는 것은 학력평가의 위상을 확립하는 근본적인 방안으로 여겨질 수 있다. 그리하여 내용의 차원을 체계화된 형태로 담고 있는 교과와 그것을 매체로 하여 이루어지는 교과교육의 성격을 확인하는 일은, 그것이 어떤 결과를 초래하든지 간에, 당장 수행하지 않으면 안 되는 긴박한 과업으로 받아들일 수밖에 없다.

타일러가 교육목표의 한 가지 차원으로 내세우는 내용이라는 것은, 그가 제시하는 교육목표의 사례를 통해서 확인할 수 있는 바와 같이, 교과 속에 들어 있는 지식—그의 용어로 '학습경험'—과 다른 것이 아니다. 만일, 교육목표로서의 행동이 길러질 수 있다면, 그것은 바로 이 교과 또는 그 속에 들어 있는 지식을 배우는 과정에서 이루어질 수밖에 없다. 그러므로 교과는 교육목표에 이르는 통로요, 교육목표는 그것을 배운 결과로 도달하기를 기대하는 이상적인 상태라고 말할 수 있다. 교육목표와 교과 사이에 존재하는 이러한 관련은 "교과는 학습자의 마음을 이상적인 경지로 이끌어 간다"는 명제가 교과교육의 가장 기본적인 가정으로 존중되는 근거에 해당한다. 물론 현대로 오면서 이 명제는 교과가 생활에 유용해야 한다는 상식적인 주장의 열도에 떠밀려 점차로 세력을 상실하는 경향을 나타내고 있다. 교과교육에 관한 이 명제가 이러한 위축의 길을 걷고 있는 형편에서도 여전히 교과교육의 기본 가정으로 존중되는 궁극적인 이유는 그 속에 도저히 떨쳐버릴 수 없는 교과교육의 원칙적인 성격이 압축되어 있다는 데에서 찾을 수 있다.

교과교육이 나타내야 할 그러한 원칙적인 성격을 드러내기 위해서는 먼저 그 명제가 바탕에 깔고 있는 교과의 구조를 확인할 필요가 있다. 교과는 일반적으로 인간을 둘러싼 사물이나 현상에 관한 언어적 기술의 체계로 생각된다. 사실상, 우리의 눈에 확인되는 교과는 언어적 기술로 이루어져 있으며, 언어적 기술은 교과가 자신의 존재를 드러내기 위하여 의존하지 않으면 안 되는 유일한 매체에 해당한다. 이 점에서 보면, 언어적 기술이 바로 교과라는 통념은 그다지 그릇되지 않은 것처럼 보인다. 그러나 교과에 관한 그러한 통념에 따를 경우에, 교과교육은 학습자로 하여금 언어적 기술을 머릿속에 기억해 두었다가, 그것이 요구되는 상황에서 재생하여 활용하도록 이끄는 일 이외에 아무것도 아닌 것으로 된다. 그리하여 교과교육에 관한 상식적인 주장은 폭넓은 공감대를 형성하게 되며, 그런 만큼 앞의 명제는 교과교육의 기본 가정으로서의 지위를 상실하게 된다.

　교과에 관한 통념이 야기하는 이러한 사태와는 정반대로, 그 명제가 교과
교육의 기본 가정으로 존중되고 있다는 사실은 교과에 관한 그러한 통념이
피상적인 수준에 머물러 있다는 점을 지적하면서, 그것에 대한 근본적인 수
정을 요구한다. 교과에 관한 통념이 어떤 형태로 수정되어야 하는가는 교과
교육의 기본가정으로 존중되는 바로 그 명제 속에 이미 시사되어 있다. 교과
교육은 성격상 학습자로 하여금 교과라고 불리는 어떤 것을 자신의 마음으로
갖추도록 이끄는 활동이며, 학습자가 교과교육에 참여한 결과로 갖추기를 기
대하는 이상적인 마음은 원칙상 교과의 테두리를 벗어날 수 없다. 교과가 학
습자의 마음을 이상적인 경지로 이끌어 간다는 명제는 이 점에서 교과교육에
의하여 형성되는 일체의 마음이, 비록 우리의 눈에 확인되지 않는다 하더라
도, 교과 속에 이미 들어 있다는 점을 보여 주는 것으로 된다. 우리의 눈에 확
인되는 언어적 기술이 차지하는 공간을 교과의 '표면'이라고 부를 수 있다
면, 그 명제는 교과에 '이면'이라는 공간이 있을 수 있다는 점과 더불어 그 공
간에 언어적 기술을 배움으로써 형성되는 이상적인 마음이 자리 잡고 있다는
점을 지적하고 있는 셈이다. 그리하여 교과는 우리의 눈에 확인되는 언어적
기술과 눈으로 확인할 수 없는 이상적인 마음이 표면과 이면으로 결합된 구
조를 나타낸다고 말할 수 있다.

　교과가 학습자의 마음을 이상적인 경지로 이끌어 간다는 앞의 명제는 이러
한 교과의 구조를 바탕에 깔고 있으며, 그 명제가 교과교육의 기본 가정으로
존중되고 있다는 사실은 교과가 그러한 구조를 나타낸다는 점을 받아들이도
록 요구한다. 그러나 그렇다고 해서 교과의 표면을 이루는 언어적 기술과 무
관하게 그 이면에 있는 마음을 획득하는 일이 가능하다고 생각하는 것은 잘
못이다. 교과의 이면에 있는 마음은 눈으로 확인할 수 있는 것이 아니라는 점
에서 결코 직접적인 획득의 대상이 될 수 없으며, 그것을 획득하기 위해서는
우리의 눈에 확인되는 언어적 기술을 통하지 않으면 안 된다. 그러므로 교과
교육의 기본가정으로 존중되는 그 명제는 학습자가 교과의 표면에 드러난 언

어적 기술을 배우는 과정에서 그 이면에 있는 마음을 획득하게 된다는 뜻으로 받아들이는 것이 옳다.

교과가 학습자의 마음을 이상적인 경지로 이끌어 간다는 명제에 대한 이러한 해석은 교과를 이루는 언어적 기술과 마음의 관계를 분명히 함으로써 교과의 구조에 관한 앞의 진술에 구체성을 부여한다. 교과의 이면에 있는 마음이 그것의 표면에 드러난 언어적 기술을 배우는 과정에서 획득된다는 사실은 언어적 기술이 마음의 외부적인 표현이라는 뜻을 담고 있으며, 그것은 다시 마음이 언어적 기술의 원천이라는 뜻으로 바꾸어 읽을 수 있다. 언어적 기술과 마음이 나타내는 이러한 관계를 교과의 구조에 관한 앞의 진술에 대입할 경우에, 교과는 마음의 표현으로서의 언어적 기술과 언어적 기술의 원천으로서의 마음이 표면과 이면으로 결합된 구조를 나타내는 것으로 구체화된다. 그리하여 교과교육의 기본 가정으로 이어져 내려오는 앞의 명제는 이러한 교과의 구조에 근거하여 마음의 외부적인 표현인 언어적 기술을 배우는 과정에서 그것의 원천인 마음을 획득하는 것이 교과교육의 이상이라는 점을 천명하는 것으로 해석될 수 있다.

최초의 교육과정으로 지목되고 있는 형식도야이론은 그러한 교과의 구조와 그것에 근거한 교과교육의 이상을 이론의 형태로 정립하는 과정에서 탄생했다고 할 수 있다. 마음과 형식이라는 용어가 나타내는 사소한 의미상의 차이를 배제하고 말하면, 형식도야이론에 등장하는 '내용'과 '형식'은 각각 교과의 표면을 이루는 언어적 기술과 그 이면에 있는 마음에 상응한다(장성모, 1998: 237). 그러므로 교과의 구조에 관한 앞의 진술은 형식의 표현으로서의 내용과 그것의 원천으로서의 형식이 표면과 이면으로 결합된 구조를 나타낸다는 말로 바꾸어 읽어도 무방하다. 형식도야이론은 이와 같이 내용과 형식이라는 용어를 사용하여 교과의 구조를 도식화하고, 그것에 근거하여 교과의 내용을 통해서 그 형식을 획득하는 것이 교과교육의 이상이라는 점을 체계적으로 제시한 교육과정이론으로 알려져 있다.

형식도야이론에 압축되어 있는 이러한 주장은 교육목표의 다른 한 차원인

내용에 응분의 관심을 기울였을 경우에 드러나는 견해가 어떤 것인가를 여실하게 보여 주고 있다. 앞서 지적한 바와 같이, 타일러는 교과교육의 목표를 학습자로 하여금 모종의 행동을 나타내도록 이끄는 데에 두고 있다. 그의 이러한 입장은 교과교육의 최종적인 목표가 학습자의 마음을 형성하는 데에 있다는 형식도야이론과 확실히 구분된다. 물론, 마음과 행동은 완전히 별개의 것일 수 없다. 그러나 그렇다고 해서 이들 양자를 동일한 것으로 간주하는 사고방식 또한 올바른 것일 수 없다. 엄밀하게 말하면, 학습자가 최종적으로 나타내는 행동은 그의 마음이 외부적으로 표현된 것이며, 그가 나타내는 행동의 원천으로서의 마음은 교과교육에 참여한 결과로 형성되는 것 이외에 다른 것일 수 없다.

그럼에도 불구하고 타일러는 학습자가 갖추어야 할 이상적인 마음이 아니라 그가 나타내야 할 최말단의 행동에 집착한다. 타일러의 이러한 집착은 그가 교육목표의 다른 한 가지 차원을 이루는 내용을 정당하게 존중하지 않고 있다는 점을 스스로 시인하는 것이나 다름이 없다. 만일, 타일러가 그 내용에 응분의 관심을 기울였더라면, 그는 교육목표를 교과 속에 들어 있는 내용과 학습자가 나타내야 할 행동으로 규정하기보다는, 교과를 교육목표로서의 마음 또는 형식과 그것에 이르는 통로로서의 내용이 결합된 구조로 파악했을 것이다. 그리하여 그는 교과의 표면을 이루는 내용을 통해서 그 이면에 붙박여 있는 이상적인 마음으로서의 형식을 학습자의 마음으로 만드는 것이 교과교육의 이상이라는 사실에 생각이 미쳤을 것이다.

타일러가 취했어야 할 이러한 대안적인 입장에 따르면, 학습자가 획득해야 할 학력이라는 것은 교과교육에 참여한 결과로 획득해야 할 바로 그 교과의 형식 이외에 다른 것일 수 없다. 학력을 이와 같이 교과의 형식으로 파악할 경우에, 그것을 정확하게 평가하기 위해서는 학습자의 마음속을 직접적으로 들여다보지 않으면 안 된다. 그런데 교과의 형식은 물건 같은 것이 아니요, 마음 또한 물건을 담는 그릇 같은 것일 수 없다. 그러므로 학습자의 마음을 들여다본다는 것은 성격상 불가능하다. 이러한 형편에서는 마음의 외부적인 표현을 통해서 마음 그 자체를 짐작하는 차선책을 불가피하게 취할 수밖에 없다. 학력평가라는 것은, 그것이 어떤 형태를 띠든지 간에, 실제로 이와 같은 간접적인 방식으로 이루어진다(임병덕, 1998: 290-291).

그런데 학습자가 다양한 자료를 통해서 자신의 마음을 표현하는 데에는 여러 가지 우연적인 요소가 개입될 수 있다는 사실을 배제하고라도, 학습자의 표현을 담고 있는 여러 가지 자료는 그것의 원천인 마음 그 자체에 비하여 언제나 불완전하다고 보아야 하며, 그런 만큼 학력을 평가하는 사태에서 이루어지는 짐작은 언제나 불완전할 수밖에 없다. 그리하여 교육목표의 다른 한 가지 차원을 이루는 내용에 거점을 두고 학력평가의 위상을 확립하려는 시도는 학력의 성격에서 비롯되는 이러한 근본적인 한계에 도달하게 된다(이홍우, 2006b: 304).

4. 덧붙여서

학력평가는 적어도 타일러의 교육과정이론이 등장한 시점부터 내내 교육과정과 수업의 한 가지 중요한 요소로 취급되고 있다. 차라리 그의 교육과정이론은 학력평가가 교육과정과 수업의 한 가지 요소로 자리를 잡는 데에 결정적인 계기로 작용했다고 말하는 편이 옳을지 모른다. 그러나 그렇다고 해서 타일러의 교육과정이론이 등장하기 이전에는 학력평가에 관한 생각이나 그 용어로 지칭되는 활동이 전혀 없었다고 말할 수는 없다. 단지 교육과정이 학문적 탐구분야로 정착된 이래로 타일러의 교육과정이론은 학력평가를 명시적인 형태로 교육과정의 한 가지 요소로 포함시킨 최초의 이론으로 지목되고 있으며, 이 점에서 그것은 학력평가가 본격적으로 주목을 받는 분수령이 된다는 것이다(이종승, 1987: 11).

우리나라의 현행 교육과정에 표방된 학력평가에 관한 입장은 그것에 관한 타일러의 기본적인 생각을 거의 그대로 받아들인 것으로 생각된다. 그런데 타일러의 그 견해 속에는, 그가 원래 의도한 것은 아니었다 하더라도, 그것의 순기능에서 비롯되는 막대한 영향력과 더불어 그것의 역기능이 한 부분으로 들어 있다. 입시위주의 교육이라는 말로 요약되는 학력평가의 역기능은 확실히 타일러와 그의 계승자들이 교육목표의 한 차원을 이루는 행동에 집착한 데에서 야기되는 사태임에 틀림이 없다. 그러므로 학력평가의 위상을 확립하려는 사람들의 관심이 교육목표의 다른 한 차원을 이루는 내용에 관심을 갖는 것은 하등 이상할 것이 없다.

그러나 교육내용 또는 그것을 대표하는 교과에 관한 관심이 학력평가의 위상을 확립하는 데에 직접적으로 기여하는 것은 아니다. 교과교육에 관한 전통적인 관점에 따르면, 교과는 내용과 형식이 표면과 이면으로 결합되는 구조를 나타내며, 교과교육은 학습자로 하여금 그것의 표면을 이루는 내용을 통해서 그의 마음을 그 이면에 위치하는 형식으로 만들도록 이끌기 위하여 고안된 활동이다. 교과교육에 관한 이러한 전통적인 견해는 학습자의 마음속에 내면화되어야 할 교과의 형식이 평가를 통해서 확인해야 할 학력이요, 학력평가라는 것은 바로 그 형식의 획득 여부를 확인하는 활동이라는 뜻으로 해석될 수 있다. 그런데 학습자가 갖추게 되는 그 형식으로서의 마음은 직접적인 확인이 불가능하며, 이 점에서 그 마음을 확인하는 일은 그것이 외부적으로 표현된 자료에 의존하여 짐작하는 것으로 대치될 수밖에 없다. 학력평가는 그것이 이러한 간접적인 방식으로 이루어지는 만큼 근본적으로 한계를 가질 수밖에 없다.

언뜻 생각하면, 학력평가가 나타내는 이 한계는 평가방법을 개선함으로써 해결될 수 있는 것처럼 보일지 모른다. 그러나 그것은 교육내용 혹은 교과의 성격에서 비롯되는 근본적인 한계라는 점에서 결코 방법적 고려에 의하여 완화되거나 해소될 수 없다. 새로운 평가방법을 고안하여 활용하는 방식으로 그 한계를 극복하려고 시도하는 한, 교육내용 또는 교과는 그것의 성격에 의하여 그 한계가 야기된다는 점에서 필경 왜곡된 형태를 띠게 된다. 말하자면, 학력평가의 한계를 그대로 받아들이지 않는 것은 결국 교육내용 또는 교과의 성격을 인정하지 않는 것으로 귀착된다. 그러므로 학력평가의 위상을 확립하는 유일한 방식은 그것의 근본적인 한계를 있는 그대로 받아들이고, 교육을 통해서 그 한계를 야기하는 교육내용 또는 교과를 온전하게 전수하는 데에 만전을 기하는 것뿐이다. 결국, 타일러의 교육과정이론은 우리의 시선을 교육내용 또는 교과의 성격으로 돌려놓음으로써 학력평가의 근본적인 한계를 보여 주는 동시에, 교육내용 또는 교과 속에 구현되어 있는 교과교육의 이상을 실현하는 것이 그 한계를 극복하는 근본적인 방안이 된다는 사실을 일깨워 주고 있다.

제5장

슈왑과 타일러의 대안 세력

　교육과정의 학문적 태동을 이끌어 낸 초기 학자들은 이른바 '과학적 교육과정 운동'을 표방한 것으로 알려져 있다. 초기 교육과정 학자들이 이끈 이 운동은 한 가지 기본적인 발상에 뿌리를 두고 있다. 종전까지는 교육과정이 사변적인 방식으로 개발되었으며, 그러한 방식은 합리적 혹은 객관적인 방식으로 수정되지 않으면 안 된다는 것이 바로 그 발상이다(이홍우 외, 2003: 14). 보비트의 등장을 전후로 하여 약 30년 동안에 전개된 과학적 교육과정 운동은 그러한 합리적이고 객관적인 방식을 활용하여 다양한 형태의 교육과정을 개발하는 데에 초점을 두고 있었다.

　타일러는 초기 교육과정 학자들에 의하여 누적적으로 발전되어 온 교육과정 개발의 과학적 방식을 체계적으로 정비한 인물로 알려져 있다(박천환, 2005: 5). 즉, 그는 교육목표를 설정하는 방식에서 시작하여 교육내용을 선정하고 조직하는 방식, 그리고 그것을 실제로 수업에 적용했을 경우에 나타날 결과를 평가하는 방식 등 교육과정이 따라야 할 방법적 원리를 망라하려고 했다(Tyler, 1949: 1-2). 타일러의 교육과정 모형을 '종합적 교육과정 모형'이라고 부르는 이유는 바로 여기에 있다.

　교육과정에 관한 연구는 이와 같이 보비트에서 시작되어 타일러에 이르기까지 줄기차게 교육과정의 개발이라는 실제적 관심을 표방해 왔다. 그럼에도 불구하고 슈왑은 1969년부터 "교육과정에 관한 연구는 이론적 성격을 띨 것이 아니라, 실제적 성격을 띠어야 한다"는 표어를 내세우고 있다(P1: 287).[1] 교육과정에 관한 타일러의 연구가 실제적 관심을 표방했다는 사실에 집착하면, 슈왑의 이 표어는 타일러의 견해를 옹호하는 것처럼 보일지 모른다. 그러나 슈왑의 표어를 이러한 시각에서 파악하는 것은 그가 품고 있었던 원래의 의도와는 거리가 멀다. 그것은, 어느 편인가 하면, 교육과정 개발에 관한 종전의 방식을 비판하면서 그것에 대한 대안적인 방식을 제시하려는 의도에서 고안된 표어로 해석되고 있다(김민환, 1990: 116; 박순경, 1991: 38; 박현주, 1991: 55; 소경희, 1996: 24; Roby, 1985: 17; Schubert, 1986: 174).

슈왑의 입장에 대한 후세대의 이러한 해석은 타일러와 슈왑으로 대표되는 양 진영의 학문적 분기점이 어디인가를 시사하고 있다. 즉, 이들 양 진영은 공히 교육과정의 개발이라는 실제적 관심을 표방하고 있지만, 타일러의 진영은 그 관심사를 실현하는 방식에서 슈왑의 진영과 현격한 차이를 나타낸다는 것이다. 앞서 등장한 표어와 결부시켜 말하면, 타일러의 진영이 교육과정 개발에 관한 이론적 양식을 내세우는 것과는 달리, 슈왑의 진영은 그것에 대한 대안으로 실제적 양식을 표방하는 것으로 간주될 수 있다. 적어도 슈왑에게 포착된 타일러의 이론적 양식은 모종의 심각한 난점을 안고 있으며, 교육과정은 그 대안에 해당하는 실제적 양식에 의존하여 개발될 때 비로소 소기의 성과를 거둘 수 있다는 것이 그의 시각이었던 모양이다(Fox, 1985: 80; Schubert, 1986: 288).

---

1) 이 장에서는 슈왑이 교육과정 개발에 관한 실제적 양식을 표방하기 위하여 발표한 네 편의 논문을 다음과 같이 약식으로 표기한다.
   ① P1: The Practical 1: A Language for Curriculum (1969)
   ② P2: The Practical 2: Arts of Eclectic (1971)
   ③ P3: The Practical 3: Translation into Curriculum (1973)
   ④ P4: The Practical 4: Something for Curriculum Professors to Do (1983)

슈왑은 실제로 교육과정의 학문적 위기가 그것에 관한 이론적 양식에서 비롯되었다고 진단하면서, 그 위기는 실제적 양식에 의하여 극복될 수 있다는 처방을 내리고 있다(P1: 312-321). 이하에서는 교육과정 개발에 관한 실제적 양식의 선구자로 지목되는 슈왑의 논문을 비롯하여 그것에 대한 여러 학자의 논의를 통해서 그가 내리는 이러한 진단과 처방의 타당성을 검토하게 될 것이다. 즉, 교육과정 개발에 관한 이론적 양식과 실제적 양식은 각각 어떤 성격의 것인가, 타일러의 교육과정 모형으로 대표되는 이론적 양식은 어떤 난점을 안고 있는가, 슈왑이 내세우는 실제적 양식에서는 그 난점이 어떻게 극복되는가 하는 질문은 이하에서 대답해야 할 핵심적인 과제에 해당한다. 교육과정 개발에 관한 실제적 양식의 의의와 한계는 그 과정에서 자연스럽게 드러날 것이다.

1. 교육과정 탐구의 두 가지 양식

슈왑은 1969년부터 1983년까지 '실제적인 것'이라는 동일한 표제에 네 가지 상이한 부제를 붙여서 교육과정에 관한 실제적 양식의 발단이 된 네 편의 논문을 발표하였다. 이들 네 편의 논문은, 제목을 붙이는 그러한 방식에 시사되어 있는 바와 같이, 교육과정에 관한 실제적 양식의 특징을 상이한 시각에서 부각시키고 있다. 즉, 「실제적인 것: 교육과정의 언어」라는 제목으로 발표된 첫 번째 논문이 실제적 양식의 전체적인 성격을 드러내고 있다면, 나머지 세 편의 논문은 그 양식의 특징을 다양한 측면에서 세부적으로 보여 주고 있다(김아영, 김대현, 2006: 45-51). 이들 네 편의 논문 사이에 존재하는 이러한 관계를 감안하면, 첫 번째 논문이 우선적으로 주목을 받는 것은 하등 이상할 것이 없다.

슈왑의 첫 번째 논문은 교육과정의 영역이 처해 있는 상황에 대한 선언적인 형태의 진단과 처방을 내리는 것으로 시작된다. 그는 서론에 요약된 그 주장을 본격적으로 전개하는 데에 필요한 예비적인 작업으로서 학문적 탐구의 일반적인 형태를 '이론적 양식'과 '실제적 양식'으로 구분한다(P1: 288). 그의 논문에 따르면, 이들 두 가지 양식은 근본적으로 그 각각이 취급하는 문제의 원천에서 차이를 나타낸다. 즉, 이론적 양식이 미지의 세계에 대한 지적 갈망에서 시작된다면, 실제적 양식은 일상의 생활에서 직면하는 긴박한 사태에서 출발한다(P1: 289).

슈왑이 '마음의 형국'과 '사태의 형국'이라고 부르는 이들 상이한 원천은 이론적 양식과 실제적 양식의 궁극적인 목적을 직접적으로 보여 준다. 그것은 다름 아닌 마음의 형국과 사태의 형국에 대한 대처 방안의 마련 또는 마음 속에 꿈틀대는 지적 갈망의 해소와 일상의 생활에서 직면하는 문제 사태의 해결로 요약될 수 있다. 이론적 양식과 실제적 양식이 추구하는 이러한 궁극적인 목적을 구체적인 수준에서 파악하기 위해서는 그것이 연원을 두고 있는 마음의 형국과 사태의 형국을 면밀하게 분석할 필요가 있다.

앞서 지적한 바와 같이, 슈왑은 이론적 양식과 실제적 양식의 근본적인 차이를 그 각각이 마음의 형국과 사태의 형국이라는 상이한 문제를 겨냥하고 있다는 데에서 찾고 있다. 그러나 그렇다고 해서 이론적 양식이 외부의 세계에 전혀 의존하지 않는다든지, 실제적 양식의 경우에 당사자의 마음이 전혀 개입되지 않는다고 생각하는 것은 그러한 탐구가 일어나는 구체적인 사태에 부합되지 않는다.

먼저, 이론적 양식이 외부의 대상에 의존하지 않을 수 없다는 것은 그것이 미지의 세계에 대한 지적 갈망에 연원에 두고 있다는 사실에 이미 예고되어 있다. 논리적으로 말하여, 이론적 양식은 미지의 세계를 '추구한다'는 바로 그 점에서 그러한 세계가 존재한다고 가정하지 않는 한 절대 시도될 수 없다. 그리고 미지의 세계는 '갈망'의 대상이 된다는 바로 그 점에서 적어도 당사자가 인식하는 한 그의 마음 밖에 존재한다고 말해야 한다. 그러므로 마음의 형국이라는 것은 이미 미지의 세계를 묵시적인 형태로 담고 있는 외부의 대상을 그 의미의 한 부분으로 가정하고 있다고 보지 않으면 안 된다.

마음의 형국이 가정하는 그 외부의 대상은 흔히 주위에서 접하는 사물이나 현상을 가리키는 것으로 생각되고 있다. 그렇기는 해도 마음의 형국이 가정하는 외부의 대상을 오직 이들 자연의 세계에 국한시키는 것은 옳지 못하다. 마음의 형국은 그러한 자연의 세계뿐만 아니라 그것에 대한 탐구의 결과로 축적된 학문의 세계를 계기로 하여 구축되기도 한다. 학문의 세계는 마음의 형국이 구축되는 데에 작용하는 대표적인 계기라고 말해도 전혀 틀리지 않는다. 이론적 양식이 겨냥하는 마음의 형국은 이 점에서 당사자의 마음이 학문의 세계를 계기로 하여 품게 되는 지적 불균형의 상태라고 말해도 좋다.

학문적 세계는 이와 같이 마음의 형국이 구축되는 데에 필요한 외적 계기로 상정되는 요소이지만, 학문적 세계의 역할은 비단 당사자의 마음을 그러한 지적 불균형의 상태로 접어들게 만드는 데에 그치지 않는다. 학문적 세계가 수행하는 역할은 그러한 지적 불균형의 상태 또는 마음의 형국을 해소하는 데에도 그대로 이어진다. 즉, 학문의 세계는 일차적으로 당사자의 마음을 지적 불균형의 상태에 놓이게 만드는 계기에 해당하지만, 그가 직면하는 지적 불균형의 상태는 학문의 세계가 안내하는 마음의 운동에 의존하지 않는 한 결코 해소될 수 없다. 그러므로 '마음과 세계의 상호작용'이라는 용어로 통용되는 개념적 도구는, 오직 마음의 형국이 구축되는 데에 동원되는 특수한 도식이 아니라, 이론적 양식을 전체적으로 떠받치는 일반적 도식이라고 말할 수 있다.

이론적 양식이 마음의 형국에 연원을 두고 있다는 슈왑의 주장은 이러한 일반적 구도에 의하여 구체성을 띤다. 즉, 마음의 형국은 마음과 세계의 상호작용이 이론적 양식의 일환으로 시도될 경우에 주어지는 초점적 국면이요, 이론적 양식은 바로 그 초점적 국면을 해소하기 위하여 시도되는 마음과 세계의 상호작용으로 파악될 수 있다. "여러 가지 현상에 두루 적용될 수 있는 보편적이고 일반적인 지식의 획득"(P1: 288)이라는 이론적 양식의 궁극적인 목적은 그러한 초점적 국면이 해소된 상태를 적극적인 형태로 기술한 것에 지나지 않는다. 그리하여 이론적 양식은 미지의 세계를 향한 인식론적 도약을 위하여 시도되는 마음과 세계의 상호작용으로 규정될 수 있다.

이론적 양식의 경우에 마음을 움직이는 외부의 세계가 요청된다면, 실제적 양식에서는 외부에서 벌어지는 현상에 적용될 마음이 개입될 수밖에 없다. 아닌 게 아니라, 마음이 개입되지 않는 상태에서는 당면한 사태를 다양한 시각에서 분석하고 그것에 대한 여러 가지 해결책을 모색하는 일은 말할 것도 없고, 외부에서 벌어지는 현상을 당면한 사태로 파악하는 일 그 자체가 애당초 불가능하다. 그러므로 실제적 양식이 겨냥하는 사태의 형국이라는 것은 외부의 현상이 마음의 작용에 의하여 해결해야 할 문제의 사태로 지각된 상태 이외에 다른 것일 수 없다. 실제적 양식이 사태의 형국에 연원을 두고 있다는 슈왑의 주장은 이 점에서 그것이 앞서 등장한 마음과 세계의 상호작용이라는 보편적 도식을 바탕에 깔고 있다는 뜻으로 해석될 수 있다. 단지, 이론적 양식이 마음의 형국을 초점적 국면으로 삼고 있다면, 실제적 양식은 사태의 형국을 초점적 국면으로 삼고 있을 뿐이다.

실제적 양식이 마음과 세계의 상호작용을 통해서 추구하는 궁극적인 목적은 사태의 형국이 그것의 초점적 국면이라는 사실에서 자연스럽게 따라 나온다. 직접적으로 말하면, 실제적 양식은 소위 '숙의'라고 부르는 집단적 논의를 거쳐서 당면한 사태를 해결하는 데에 필요한 대안을 모색하는 데에 궁극적 목적을 두고 있다. 그러므로 실제적 양식이 추구하는 그 대안은 보편성을 갖추고 있어야 하는 것도 아니요 일반성을 띨 필요도 없다. 그것은 현재 주어져 있는 구체적인 사태에 직결되어 있다는 점에서 특수성을 띠며, 그 사태에 적용될 수 있는 여러 가지 대안 중에서 최선의 것이면 충분하다는 점에서 상대성을 띤다. 실제적 양식의 목적은 이와 같이 특수성과 상대성을 띠는 적절한 대안을 찾아내어 적용함으로써 당면한 사태를 해결하는 데에 있다(P1: 288). 그리하여 실제적 양식은 당사자가 직면하는 긴박한 사태를 해결하는 데에 적용될 최선의 대안을 모색하기 위하여 시도되는 마음과 세계의 상호작용으로 규정될 수 있다.

학문적 탐구의 일반적 형태가 이와 같이 이론적 양식과 실제적 양식으로 구분될 수 있다는 슈왑의 주장은 교육과정의 한 가지 공통된 관심사가 두 가지 상이한 방식으로 추구되는 장면을 떠올리게 만든다. 그가 이러한 연상에 대하여 어떤 입장을 취하고 있는가는 다음의 내용을 통해서 어렵지 않게 확인할 수 있다.

> 교육학자들이 교육과정에 관한 논의의 출발점에서 '교육이 추구하는 목표는 무엇인가' 라는 질문을 제기하는 것은 오랜 관행으로 되어 있다. 그들의 이러한 관행은 교육목표가 교육과정을 개발하고 조정하며 평가하는 데에 필요한 기준이라는 생각에 연원을 두고 있다. [그러나] 교육과정과 수업은 엄연히 실제적 성격을 띠며, 이 점에서 위의 생각은 결코 견지될 수 없다. 교육과정은 교육목표에 의존하여 개발되는 것이 아니라, 그것의 성격에 부합되는 대안적 방식에 따라 개발되고 있다(P2: 363).

앞의 인용문에 나타난 슈왑의 비판은 표면상 교육목표를 교육과정 개발의 기준으로 삼는 종전의 입장을 겨냥하고 있다. 언뜻 생각하면, 그의 이 비판은 교육목표가 아니라 그것의 대안이 되는 새로운 기준에 따라 교육과정을 개발해야 한다는 주장처럼 보일지 모른다. 그런데 세 번째 문장에 나타난 교육과정이 실제성을 띤다는 주장은 앞의 두 문장에 나타난 그의 비판을 이러한 방식으로 해석하려는 시도를 원천적으로 봉쇄하고 있다. 세 번째 문장의 그 주장을 존중하면, 그의 비판은 교육과정 개발에 관한 종전의 입장이 이론적 성격을 띤다는 뜻으로 읽는 편이 옳다.

사실상, 교육과정에 관한 종전의 학문적 탐구는 교육과정이 개발되는 있는 그대로의 과정을 탐색하고 드러내는 일이 아니라, 주로 교육과정 개발에 활용될 지침을 제시하는 데에 관심을 두고 있었던 것으로 알려져 있다. 타일러의 종합적 교육과정 모형은 종전의 그러한 시도를 체계적으로 망라하여 이론의 옷을 입혀 놓은 그것의 최종적인 결정판에 해당한다(이홍우 외, 2003: 24; Fox, 1985: 80-81; Reid, 1981: 171). 그러므로 타일러와 당시의 교육과정 학자들은 사태의 형국을 해결하는 일이 아니라 마음의 형국을 해소하는 일을 교육과정의 학문적 과제로 삼았다고 말해도 크게 틀리지 않는다. 앞의 인용문에 나타난 슈왑의 비판은 타일러와 당시의 교육과정 학자들이 취했던 이러한 학문적 경향을 교육목표에 초점을 두고 기술한 것으로 해석될 수 있다.

그런데 교육과정은 한 가지 이론 혹은 몇몇 이론의 조합으로 온전하게 설명될 수 없는 다채로운 형태를 띠며, 이 점에서 교육과정을 개발하는 일은 몇 가지 이론적 지침을 그대로 적용하는 작업으로 파악될 수 없는 복잡한 활동이다(Fox, 1985: 65). 타일러와 당시의 학자들이 취했던 이론적 시각에서는 교육과정 혹은 그것을 개발하는 일이 띠고 있는 이러한 실제적 성격이 존중되지 않는다. 슈왑에 의하여 부각된 이러한 실제적 시각에서 보면, 학문적 탐구 분야로서의 교육과정은 그러한 이론적 시각을 견지하는 한 필경 그것이 존재하는 이유를 상실할 수밖에 없다. 그가 교육과정에 관한 실제적 양식의 등장을 알리는 첫 번째 논문의 첫 문단을 "학문적 탐구 분야로서의 교육과정은 현재 빈사상태에 빠져 있다"(P1: 287)라는 비판적인 발언으로 시작하는 데에는 교육과정이 처해 있는 그러한 위험을 만방에 알리고 극복하려는 숭고한 의도가 숨어 있다.

슈왑은 첫 번째 논문의 서두를 장식하는 이러한 선언적 발언에 이어서 교육과정이 그러한 불행한 사태에 직면하게 된 원인과 그것에 대한 해결책을 단도직입적으로 제시하고 있다. 즉, 교육과정이 처해 있는 그와 같은 불행한 사태는 이론에 의존하는 그릇된 경향에서 비롯된 현상이며, 실제적 양식은 교육과정이 학문적으로 부활하기 위하여 취할 수 있는 대안적인 입장이라는 것이 그의 주장이다(P1: 287-288). 학문적 탐구의 일반적 형태를 두 가지 양식으로 구분하면서 품고 있었던 그의 관심은 이러한 점에서 종전까지 교육과정 연구가 취했던 이론적 양식을 실제적 양식으로 전환시키는 데에 있었다고 말하는 편이 옳다(김민환, 1990: 116; 박현주, 1991: 38; Fox, 1985: 80-81). 그리하여 교육과정에 관한 슈왑의 실제적 양식은 교육과정이 실제적 성격을 띤다는 발상에 뿌리를 두고 고안된 대안적인 교육과정 개발의 방법으로 해석될 수 있다.

2. 실제적 교육과정 개발의 원리

앞서 확인한 바와 같이, 교육과정 개발에 관한 슈왑의 실제적 양식은 당시까지 유행하던 이론적 양식에 대한 대안으로 등장한 것이다. 그의 이러한 대안적인 양식이 표방하는 교육과정 개발의 방법은 그가 '실제적 기예'라고 부르는 마음의 장치에 기반을 두고 있다. 그는 실제로 교육과정 개발에 관한 이론적 양식의 한계를 지적하는 거의 모든 장면의 말미에 마치 노래의 후렴구처럼 실제적 기예가 그 한계를 극복하는 마음의 장치라는 주장을 덧붙이고 있다(P1: 308, 310, 311; P4: 242).

교육과정 개발에 관한 슈왑의 이러한 주장은 독자들로 하여금 실제적 기예의 성격을 묻는 질문을 떠올리게 만든다. 그럼에도 불구하고 그의 논문에서는 실제적 기예가 어떤 성격의 것인가를 보여 주는 친절한 설명을 찾아보기 어렵다. 단지, 그의 논문에는 실제적 기예가 교육과정 개발에 활용되는 일체의 능력을 가리킨다고 규정되어 있을 뿐이다(P2: 323). 실제적 기예에 관한 이 일반적인 규정 속에 등장하는 능력이 구체적으로 어떤 성격의 것인가를 이해하기 위해서는 먼저 그가 마지막 논문에서 제시하고 있는 교육과정에 관한 그의 유일한 정의를 검토할 필요가 있다.

교육과정이라는 것은, 여러 가지 교구를 활용하여 교육적 조치를 취하는 데에 탁월한 교사가 교육의 상이한 측면을 대변하는 사람들의 진지한 논의와 공동의 판단에 의하여 선정된 공식적인 교육내용—즉, 지식의 체계, 기능, 태도, 행위나 반응의 방식 등—을 헌신적으로 가르칠 때, 다양한 수준의 학생들에게 성공적으로 전수되는 그 무엇을 가리킨다(P4: 240).

슈왑은 이 장황한 정의에 이어서 그 정의가 정확하게 어떤 시각을 표방하는가를 분명하게 보여 주는 방안으로 그것이 부정하는 주장을 덧붙이고 있다. "교육과정이라는 것은 여러 가지 교육목표를 나열해 놓은 것을 가리키는 것이 아니다"라는 주장, "교육과정이라는 것은 몇몇 사람들에 의하여 선정되고 조직된 교육내용에 국한되는 것이 아니다"라는 주장, "교육과정이라는 것은 학습자와 무관하게 주어지는 것일 수 없다"라는 주장, "교육과정이라는 것은 그것의 운영에 앞서 최선의 것으로 선택되는 결정의 산물로 파악될 수 없다"라는 주장이 바로 그 입장이다(P4: 240).

슈왑이 내세우는 이들 네 가지 부정적인 주장은 표면상 별도의 항목으로 제시되어 있지만, 그것은 성격상 따로 떨어져 있는 네 가지 상이한 발언이 아니다. 사실상, 교육과정이라는 것은 흔히 교육목표의 나열이나 몇몇 대변인에 의하여 결정되는 교육내용의 체계로 간주되는 경향이 있다. 처음의 두 주장은 이른바 '계획된 교육과정'을 교육과정의 유일한 형태로 간주하는 통념을 부정하는 데에 초점을 두고 있다. 여기에 대한 대안적인 시각은 마지막 주장에 표방되어 있다. 교육과정이라는 것은 사전적인 결정의 산물에 국한되기보다는 사후적인 운영의 결과에까지 확대되어야 한다는 것이 바로 그 시각이다. 교육과정이 학습자와 무관하게 주어지는 것일 수 없다는 세 번째 주장은 이러한 대안적인 시각을 그 운영의 수혜자인 학습자에 초점을 두고 기술한 것으로 파악될 수 있다. 요컨대, 그는 오늘날의 용어로 계획된 교육과정에 대한 대안으로 '실현된 교육과정'을 내세우고 있다.

교육과정에 관한 슈왑의 이러한 대안적인 시각이 어떤 발상에 뿌리를 두고 있는가는 앞의 정의에 이어지는 부언을 통해서 어렵지 않게 확인할 수 있다. 그의 부언은 실현된 교육과정에 개입되는 다양한 주체를 나열하는 형태로 기술되어 있다. 교육에 관심을 가지고 있는 각계각층의 대변자, 그러한 대변자들의 진지한 논의에 의하여 선정된 공식적인 교육내용, 여러 가지 교육방법을 활용하여 수업에 헌신하는 교사, 시간과 장소에 따라 다양한 반응을 나타내는 학습자가 바로 그것이다(P4: 240). 이들 네 가지 주체는 그의 이론체계 내에서 환경, 교과, 교사, 학습자라는 용어로 요약되어 교육과정을 구축하는 '공통 요소'라는 개념으로 통용되고 있다(P3: 371). 그러므로 교육과정에 관한 그의 대안적인 시각은 교육과정이 공통 요소로 지칭되는 네 가지 상이한 주체의 상호작용에 의하여 구축된다는 발상에 바탕을 두고 있는 것으로 파악될 수 있다(P3: 366-367; P4: 241).

교육과정의 성격을 둘러싼 슈왑의 이러한 발상은 그대로 교육과정 개발에 관한 그의 기본적인 시각으로 이어진다. 미리 앞당겨 말하면, 교육과정을 개발하는 과정에는 적어도 교육과정을 이루는 네 가지 공통 요소가 동시에 반영되어야 하며, 이 점에서 이들 공통 요소의 대변자는 교육과정을 개발하는 데에 참여하지 않으면 안 되는 필수적인 인적 자원으로 간주되어야 한다는 것이다. 그러므로 특정한 기준을 마련하여 이들 공통 요소의 대변자를 선정하는 일은 교육과정을 본격적으로 개발하기에 앞서 수행되어야 할 예비적 과제로 간주될 수 있다.

슈왑의 이론체계 내에서 이 예비적 과제는 앞서 등장한 실제적 기예와 긴밀하게 연결되어 있다. 교육과정을 개발하는 일은, 거기에 참여하는 사람들이 누구이든지 간에, 결코 지적 진공상태에서 기계적으로 수행될 수 있는 것이 아니다. 교육과정 개발에 참여하는 사람들은 자신이 대표하는 요소를 교육과정으로 구현하는 능력을 갖추고 있어야 하며, 교육과정은 그들이 갖추고 있어야 할 그러한 능력에 의존하여 개발될 수밖에 없다.[2]

그가 첫 번째 논문에서 강조하는 실제적 기예라는 것은 교육과정의 네 가지 공통 요소를 대표하는 사람들이 갖추고 있어야 할 바로 그 능력을 일반적인 수준에서 가리키는 개념이라고 말해도 전혀 틀리지 않는다. 실제적 기예는 이 점에서 교육과정의 공통 요소를 대변하여 그것을 개발하는 데에 참여할 인적 자원을 선정하는 일반적인 기준으로 해석될 수 있다.

슈왑의 논문에서는 이와 같이 실제적 기예가 교육과정의 공통 요소를 대변하는 인적 자원에게 부과되는 능력이라는 모호한 입장 이외의 어떤 명시적인 규정도 찾아보기 어렵다. 우호적인 입장에서 말하면, 실제적 기예가 구체적으로 어떤 능력을 가리키는가는 그것이 실지로 발휘되는 장면을 통해서 어렵

---

[2] 슈왑은 교육과정을 개발하는 사람들이 갖추고 있어야 할 그러한 능력을 '감식안'이라는 용어로 부르기도 한다(P1: 315).

지 않게 짐작할 수 있다는 것이 그의 입장이었을지 모른다. 어쨌든 그는 실제
적 기예의 성격을 겨냥한 독자들의 묵시적인 요구를 외면하면서 그 능력이
교육과정 개발의 장면에서 어떤 방식으로 발휘되는가를 설명하기 위하여 슬
며시 '숙의'라고 부르는 새로운 개념을 등장시킨다.

　슈왑이 내세우는 숙의는 한마디로 말하여 교육과정을 개발하기 위한 집단
적 논의의 과정으로 요약될 수 있다(P4: 243). 숙의에 관한 그의 논의는 이러한
일반적인 규정 위에서 두 가지 범주로 전개되고 있다. 먼저, 숙의를 위한 집단
에 교육과정의 공통 요소를 대변하는 인적 자원이 필수적으로 포함되어야 한
다는 사실은 의문의 여지가 없다. 슈왑은 이러한 최소한의 인적 자원으로 구
성되는 집단의 운영과 관련하여 표면상 상반된 두 가지 주장을 덧붙이고 있
다. 이들 네 가지 영역의 인적 자원이 내세우는 의견은 공평하게 존중되어야
한다는 주장(P3: 371), 그리고 학습자는 숙의의 과정에 간헐적으로 참여하는
인적 자원이라는 주장(P4: 243)이 바로 그것이다. 숙의의 과정에 학습자를 참
여시키는 것은 그들에게 교육과정에 대한 주인의식을 심어 주는 데에 초점을
두고 있다고 말하는 것을 보면(P4: 248), 그가 내세우는 그러한 상반된 주장은
학습자의 위치에서 비롯된 현상으로 짐작된다. 학습자는 성격상 앞으로 개발
될 교육과정의 수혜자에 해당하며, 그런 만큼 현재 그들에게는 그 교육과정
에 관하여 의견을 표방할 능력이 갖추어져 있지 않다고 말해야 한다. 후자가
나타내는 편파적인 주장은 학습자의 이러한 위치에 뿌리를 두고 있는 불가피
한 입장으로 해석될 수 있다.

　후자가 이와 같이 숙의와 관련하여 학습자가 차지하는 위치를 지적하는 데
에 초점을 두고 있다면, 전자는 숙의의 과정에서 직면하는 현실적인 문제를
해결하는 데에 초점을 두고 있다. 사실상, 숙의의 과정에서는 한 가지 사안 아
래 마찰을 야기하는 다양한 의견이 등장하기 마련이다. 그러므로 숙의가 순
조롭게 이루어지기 위해서는 반드시 그러한 여러 가지 의견을 조율하고 해소
하는 장치가 필요하다. 슈왑은 그 장치를 교육과정 전문가의 참여에서 찾고
있다. 즉, 교육과정 전문가는 숙의의 과정을 이끌어 가는 동시에 그 과정에서

대두되는 갈등을 조율하는 역할을 수행해야 한다는 것이 그의 입장이다(P3: 366). 숙의의 과정에서 대두되는 다양한 의견이 공평하게 존중되어야 한다는 슈왑의 주장은 교육과정 전문가가 그러한 조율의 과정에서 견지해야 할 객관적인 태도를 염두에 둔 것으로 파악될 수 있다. 그리하여 숙의는 교육과정의 공통 요소를 대표하는 인적 자원에 의하여 제안된 다양한 의견을 교육과정 전문가의 사회에 따라 집단적으로 검토하고 선택하는 방식으로 진행된다고 말할 수 있다(Fox, 1985: 73).

교육과정 전문가를 위시한 이들 인적 자원이 수행하는 숙의의 내용은 사전에 결정되어 있는 것이 아니다. 숙의는 비록 특정한 문제 사태에 대한 집단적 논의로 규정되고 있지만, 심지어 특정한 상황에 대한 정보를 수집하고 종합하여 그 상황을 문제 사태로 규정하는 일조차도 숙의의 과정에서 이루어진다 (P1: 314-315). 그러므로 숙의는 교육과정 개발의 과정에서 직면하는 제반 사항을 그 내용으로 삼는다고 말할 수 있다. 슈왑의 논문을 가로질러 숙의의 내용에 포함되는 그러한 제반 사항은 크게 네 가지 항목으로 구분될 수 있다. 숙의의 목적 또는 문제가 되는 사안을 확인하는 일, 그 목적을 달성하기 위한 여러 가지 수단 또는 그 사안에 대한 여러 가지 선택의 대안을 모색하는 일, 모색된 수단 혹은 대안의 타당성을 검토하는 일, 가장 타당한 수단 혹은 대안을 선택하여 교육과정 문서로 번역하는 일이 바로 그것이다(P1: 318-319; P3: 366).

슈왑은 이들 네 가지 항목의 활동 중에서 마지막 단계에서 이루어지는 수단 또는 대안의 선택을 대단히 강조한다. 여기에는 수단 혹은 대안을 선택하는 일이 숙의의 요체에 해당한다는 사실을 지적하는 것 이상으로 교육과정 개발에 관한 실제적 양식의 근본적인 사고방식이 반영되어 있기 때문이다. 즉, 실제적 양식은 당면한 상황이나 주어진 여건과 무관하게 보편적으로 타당한 방안을 모색하는 데에 초점을 두고 있는 이론적 양식과는 달리, 그러한 상황이나 여건에 비추어 검토된 가장 효율적인 수단 혹은 최선의 대안을 선택하는 데에 초점을 두어야 한다는 것이다(P1: 319; P4: 240). 그러므로 숙의는 교육과정의 공통 요소를 대표하는 인적 자원이 교육과정 전문가의 사회에 따라 자신에게 갖추어져 있는 실제적 기예를 발휘하여 교육과정을 개발하는 과정에서 직면하는 여러 가지 문제에 대한 가장 효율적인 수단 혹은 최선의 대안을 선택하는 집단적 논의의 과정으로 규정될 수 있다(김민환, 1990: 131; 박현주, 1991: 46; P4: 243). 결국, 교육과정 개발에 관한 슈왑의 실제적 양식은 그 일에 참여하는 사람들의 실제적 기예에 기초한 숙의 과정을 교육과정 개발의 방법적 원리로 삼는 입장을 가리킨다고 말할 수 있다.

3. 실제적 교육과정 개발의 의의

교육과정 개발에 관한 슈왑의 실제적 양식은 교육과정 전문가를 둘러싼 네 가지 영역의 인적 자원이 연출하는 집단적 논의의 과정을 핵심적인 활동으로 삼고 있다. 교육과정을 개발하는 과정에서 확인되는 이 집단적 논의는 그의 논문에서 숙의라는 용어로 지칭되고 있으며, 숙의의 과정에 참여하는 인적 자원은 교육과정의 네 가지 공통 요소를 대변하는 사람으로서 실제적 기예라고 부르는 특별한 능력을 갖추고 있어야 한다. 이들 인적 자원은 자신이 갖추고 있는 그러한 능력을 주어진 상황에 적용하는 방식으로 숙의의 과정에 참여하게 되며, 숙의의 과정에서 비판적으로 검토되어 최종적으로 선택된 대안은 주어진 여건이 허락하는 범위 내에서 교육과정 문서로 번역된다.

교육과정 개발에 관한 슈왑의 이러한 입장은 그의 학문적 계승자로 지목되는 워커에 의하여 '자연주의 모형'으로 정립되었다. 워커의 자연주의 모형은 그것의 기본적인 골격을 이루는 핵심 요소와 그 요소를 연결하는 매개 요소로 구성되어 있다. 자연주의 모형에는 그것의 골격을 이루는 핵심 요소가 세 가지 개념으로 제시되어 있다. 교육과정 개발에 참여하는 인적 자원이 소유하고 있는 지식 및 신념의 체계를 가리키는 '강령', 다양한 영역의 인적 자원이 자신의 지식과 신념을 외부적으로 표현하고 집단적으로 검토하여 최종적인 대안을 선택하는 과정을 가리키는 '숙의', 최종적으로 선택된 대안을 교육과정 문서로 번역하는 '설계'가 바로 그 요소다(Walker, 1971: 164-165). 이들 핵심 요소가 나타내는 이러한 성격을 통해서 짐작할 수 있는 바와 같이, 자연주의 모형은 기본적으로 숙의를 중심으로 하여 그것의 아래위에 강령과 설계가 위치하는 형태를 띠고 있다.[3]

언뜻 생각하면, 자연주의 모형의 이러한 기본 골격은 교육과정 개발에 관한 슈왑의 견해와 다소간 차이를 나타내는 것처럼 보일지 모른다. 즉, 이들 양자는 숙의에 초점을 두고 있다는 공통점을 지니고 있지만, 자연주의 모형에 들어 있는 강령과 설계는 슈왑의 논의에 등장하지 않는 생소한 개념으로 보일 수 있다. 그러나 강령은 숙의의 심리적 자원에 해당한다는 점에서 슈왑이 내세우는 실제적 기예와 그 실체에서 다른 것일 수 없다. 단지, 실제적 기예가 그 심리적 자원의 동사적 측면을 부각시키는 개념이라면, 강령은 그것을 명사적 측면에서 규정하는 용어에 지나지 않는다. 설계라는 용어로 지칭되는 활동 또한 숙의에 관한 슈왑의 생각에 이미 녹아들어 있다. 단지, 자연주의 모형에서는 숙의에 관한 슈왑의 생각이 숙의와 설계로 구분되어 있을 뿐이다. 즉, 자연주의 모형에서 숙의라는 용어의 용법은 집단적 논의를 통해서 최종적인 대안을 선택하는 과정에 한정되어 있고, 설계라는 용어는 그 대안을 교육과정 문서로 번역하는 활동을 지칭하는 데에 활용되고 있다.

워커의 자연주의 모형에는 슈왑의 견해에서 물려받는 이러한 기본적인 골격에 '정보'와 '정책'이라는 두 가지 매개 요소가 첨가되어 있다. 정확하게 말하면, 그의 모형에서 정보는 강령과 숙의를 매개하고 있으며, 정책은 다시 숙의와 설계를 매개하고 있다. 그가 자신의 모형에 이들 두 가지 매개 요소를 추가하는 이유는 짐작하기 어렵지 않다. 우선, 숙의가 강령이라고 부르는 심리적 자원을 요청한다는 것은 부정할 수 없는 사실이다. 그렇기는 해도 강령의 존재가 숙의를 자동적으로 보장하는 것은 아니다. 숙의가 시작되기 이전

---

3) 워커의 자연주의 모형은 이와 같이 숙의를 교육과정 개발의 핵심적인 과정으로 삼고 있다는 점에서 '숙의모형'이라는 별칭을 달고 다닌다.

의 강령은 당사자의 마음속에 갇혀 있는 막연한 형태의 자원일 뿐이며, 그것
이 뚜렷한 형체를 띠는 데에는 반드시 외부의 계기가 필요하다. 워커가 매개
요소로 내세우는 정보는 강령이 뚜렷한 형체를 띠는 데에 필요한 바로 그 외
부의 계기로 간주될 수 있다. 강령은 주어진 상황에 관한 정보와 결합되어 외
부적으로 표현되며, 숙의는 다름 아닌 집단적 논의 속에서 일어나는 그러한
강령의 표현으로 해석될 수 있다. 자연주의 모형에서 정보가 강령과 숙의를
매개하고 있는 것은 이러한 맥락에서 이해될 수 있다.

자연주의 모형에는 정보에 이어서 정책이라는 또 다른 매개 요소가 등장한
다. 숙의와 설계가 이 정책이라는 매개 요소로 연결되어 있다는 것은 숙의에
의하여 선택된 최종적인 대안이 교육과정 문서로 안착되기 위하여 거쳐야 할
공정을 예시하고 있다. 사실상, 집단적 논의를 통해서 특정한 교육내용이 최종
적인 대안으로 선택되었다 하더라도, 그것은 다시 교육이념이나 목적, 학제나
편제, 시간적·공간적 조건 등과 관련된 행정적 여건에 따라 조정될 수밖에 없
다. 워커가 내세우는 정책은 교육과정과 관련된 이러한 일체의 행정적 여건으
로 간주될 수 있으며, 숙의에 의하여 선택된 최종적인 대안은 그러한 정책을
고려하여 교육과정 문서로 번역된다. 자연주의 모형에서 정책이 숙의와 설계
를 매개하는 개념으로 등장하는 것은 이 점에서 하등 이상할 것이 없다.

워커의 자연주의 모형은 이와 같이 강령이 정보를 매개로 하여 숙의로 나
아가고, 숙의는 다시 정책을 매개로 하여 설계로 나아가는 종적 구조를 나타
내고 있다. 그러나 그렇다고 해서 자연주의 모형이 나타내는 종적 구조가 교
육과정이 개발되는 순차적인 단계를 가리킨다고 생각하는 것은 그의 생각과
거리가 멀다. 자연주의 모형에 들어 있는 세 가지 핵심 요소는 따로 떨어져 있
는 별개의 활동을 가리키는 것이 아니라, 교육과정 개발이라는 한 가지 연속
적 활동을 설명하기 위하여 마련된 상이한 개념에 지나지 않는다(Walker,
1971: 169). 즉, 강령이 숙의의 과정에서 추론되는 그 심리적 자원에 해당한다
면, 설계는 정책이 요구하는 숙의의 과정으로 파악될 수 있다. 적어도 워커가
보기에, 교육과정은 이와 같이 숙의에 의존하여 개발되고 있으며, 이 점에서

그는 교육과정 개발에 관한 슈왑의 실제적 양식을 이어받아 구축한 자신의 모형에 '자연주의 모형' 이라는 명칭을 부여하고 있다(Walker, 1971: 163).

슈왑에 의하여 주도된 실제적 양식은, 자연주의 모형이라는 명칭의 이러한 유래가 시사하는 바와 같이, 교육과정이 실제로 개발되는 과정을 외면하는 종전의 학문적 경향에 대한 대안으로 등장한 것이다(박현주, 1991: 61; 조영태, 1998: 181; Walker, 1971: 163, 169). 타일러의 모형으로 귀결되는 그러한 종전의 연구는 교육과정 개발과 관련된 보편적인 지침—타일러의 용어로, 교육과정 개발에 관한 기본적인 '원리' —을 제시하는 데에 초점을 두고 있었다. 적어도 타일러는 그러한 원리 또는 지침이야말로 교육과정 개발에 참여하는 사람들이 따라야 할 가장 합리적인 기준이라는 확신을 품고 있었을 것이다. 그리고 교육과정이 외부에서 주어지는 그러한 원리 또는 지침에 따라 개발되어야 한다는 주장은 당시부터 오늘날까지 합리성이라는 덕목 아래 폭넓은 공감대를 형성하고 있다.

그러나 슈왑은 타일러가 내세우는 그러한 원리 또는 지침을 '이론' 이라는 용어로 규정하면서 그것을 교육과정 개발의 기준으로 삼고 있는 타일러의 입장을 신랄하게 비판한다(P1: 287, 304; P2: 322). 누차 지적한 바와 같이, 타일러에 대한 슈왑의 비판은 교육과정을 개발하는 일이 실제적 성격을 띤다는 엄연한 사실에 근거하고 있다. 사실상, 교육과정을 개발하는 일은, 이론으로 지칭되는 원리 또는 지침이 일반적인 성격을 띠는 것과는 달리, 특정한 시간과 공간이 연출하는 특수한 문제를 해결하는 일련의 과정으로 이루어져 있다. 교육과정 개발이 띠고 있는 이러한 실제적 성격을 도외시할 경우에, 실제적 양식에 의하여 부각된 강령과 숙의는 필경 이론으로 지칭되는 원리 또는 지침으로 대치될 수밖에 없으며, 결과적으로 교육과정을 개발하는 일은 그러한 원리 또는 지침을 적용하는 활동으로 여겨질 수밖에 없다(Pereira, 1984: 348).

슈왑의 이론체계 내에서 타일러의 교육과정 모형은 그러한 그릇된 입장을 취하는 이론적 양식으로 간주되고 있다(Reid, 1981: 171; Roby, 1985: 29-30). 아닌 게 아니라, 교육과정을 개발하는 일이 실제적 성격을 띠는 것과는 달리, 타일러의 모형은 전적으로 교육과정 개발과 관련된 일반적인 원리 또는 지침으로 구성되어 있다. 슈왑이나 워커의 입장에서 말하면, 타일러의 모형은 교육과정 개발의 심리적 자원에 해당하는 강령과 그것의 외부적인 표현인 숙의를 외면한 채 오직 설계에 필요한 것으로 생각되는 원리 또는 지침을 제시하는 것이나 다름이 없다(김재춘 외, 2005: 23). 비유컨대, 슈왑과 워커의 실제적 양식에서는 당사자의 '내부'에 위치하는 마음을 교육과정 개발의 원천으로 삼고 있다면, 타일러의 이론적 양식은 그 원천을 '외부'에서 주어지는 지침으로 대치하려는 부당한 시도로 파악될 수 있다.

슈왑의 논문에서 시작되어 워커의 자연주의 모형으로 구축된 실제적 양식은 타일러의 이론적 양식이 나타내는 이러한 부당한 시도를 바로잡는 데 결정적으로 기여하고 있다는 호평을 받고 있다(김경자, 2000: 357-364; 박현주, 1991: 61; Fox, 1985: 80). 후세대의 이러한 우호적인 평가와 무관하게, 그러나 실제적 양식을 둘러싼 그들의 논의 속에는 이론적 양식의 경우에 전혀 제기될 가능성이 없고 실제적 양식에서도 성격상 제기되기 어려운 한 가지 인식론적 질문이 대답을 기다리고 있다. 그것은 다름 아닌 '숙의의 심리적 자원은 도대체 어떤 성격의 것인가' 하는 질문이다.

물론, 슈왑과 워커의 논문에서 이 질문에 대한 대답을 전혀 찾을 수 없는 것은 아니다. 특히, 워커가 내세우는 강령은 그 심리적 자원을 가리키는 나름의 용어로 간주될 수 있으며, 숙의에 요구되는 지식과 신념의 체계라는 그의 규정은 그것에 대한 나름의 설명으로 받아들일 수 있다. 그렇기는 해도 그의 설명은 심리적 자원 그 자체의 성격을 정확하게 드러내려는 의도가 아니라, 교육과정 개발자를 선정하는 데에 필요한 기준을 마련하려는 의도에서 제시된 것이라고 말할 수 있다. 차라리 그의 의도는 심리적 자원 그 자체의 성격을 '이해'하는 데에 있었던 것이 아니라, 교육과정 개발자로 하여금 그들에게 이미 갖추어져 있는 것으로 생각되는 심리적 자원을 '활용'하도록 이끄는 데에 있었다고 말하는 편이 옳다.

슈왑과 워커가 견지하는 이러한 실용적 시각에서는 앞서 확인한 지극히 상식적인 설명을 넘어서 숙의의 심리적 자원에 관한 심층적인 이해로 나아가는 일이 도대체 필요하지 않다. 그들의 눈에는 그 일이 한가한 사람들의 지적 호기심을 충족시키는 데에 필요한 사치스러운 활동으로밖에 보이지 않을 것이다. 그런데 그들이 외면하는 바로 그 심리적 자원의 성격을 드러내지 않는 한, 그들이 그토록 강조하는 숙의는 건전한 상식을 확인하고 선택하는 집단적 합의의 과정으로 간주될 수밖에 없으며, 결과적으로 교육과정은 기껏해야 사회에서 통용되는 상식을 적절히 배치해 놓은 문서에 지나지 않는 것으로 여겨지는 불행한 사태가 벌어질 수 있다. 요컨대, 교육과정 개발에 관한 실제적 양식은 그러한 실용적 시각에 천착하면 할수록 교육과정 개발이라는 인류의 숭고한 과업을 상식의 창고를 건설하는 일로 전락시키는 역설적인 결과를 초래하게 된다.

4. 장차의 과제

교육과정 개발에 관한 슈왑과 워커의 실제적 양식은 크게 세 가지 요소로 이루어져 있다. 강령으로 기술되는 심리적 자원, 숙의라고 부르는 집단적 논의 활동, 집단적 논의의 결과를 교육과정 문서로 번역하는 활동으로서 설계가 바로 그것이다. 그러므로 교육과정 개발에 관한 실제적 양식은 이들 세 가지 요소의 긴밀한 관련 속에서 이해되어야 마땅하다. 특히, 강령이 교육과정 개발의 심리적 자원에 해당한다는 그들의 시각을 존중하면, 실제적 양식에 관한 그들의 설명이나 후세대의 이해는 바로 그 심리적 자원의 성격에 바탕을 두지 않는 한 결코 온전한 것으로 평가될 수 없다.

그럼에도 불구하고 슈왑과 워커의 논의는 물론이고 후세대의 논의를 가로질러 교육과정 개발의 심리적 자원에 관한 본격적인 설명은 찾아보기 어렵다. 단지, "교육과정 개발이 의존하는 것은 건전한 상식이 아니라 이미 구축되어 있는 이론이다"(Reid, 1979: 195)라는 선언적인 주장이 그 심리적 자원의 성격을 이해하는 데에 관심을 환기시키는 거의 유일한 단서로 주어져 있을 뿐이다.

슈왑이 타일러의 원리 또는 지침을 이론이라고 부르고 있다는 사실에 집착하면, 앞의 주장은 타일러의 교육과정 모형으로 뒷걸음질 치는 것으로 보일지 모른다. 그러나 후세대의 주장에 등장하는 '이론'이라는 것은, 그가 덧붙이고 있는 바와 같이, 타일러의 원리 또는 지침을 가리키는 것이 아니다. 그것은 외부에 주어져 있는 그러한 원리 또는 지침이 아니라, 오랜 기간의 교육을 통해서 당사자의 마음속에 형성되어 있는 지식이나 능력을 가리킨다(Reid, 1979: 196). 그리하여 교육에 의하여 형성되는 지식이나 능력이 어떤 성격의 것인가를 확인하는 일은 강령으로 기술되는 심리적 자원의 성격과 더불어 그것에 바탕을 두고 있는 숙의와 교육과정 개발의 성격을 새롭게 조망하는 근본적인 방안으로 받아들일 수 있다.

교육이라는 활동은 가끔씩 지식을 주입시킨다는 식의 부정적인 평가를 받기도 하지만, 교육이 받고 있는 그러한 평가는 지식이 겪어 온 장구한 역사를 부정하는 것이나 다름이 없다. 교육이 대상으로 삼고 있는 지식은 처음부터 현재 주어져 있는 것과 같이 완결된 형태로 탄생된 것이 아니다. 그것은 어느 한 선구자의 전 생애에 걸친 노력과 선조들의 학문적 업적이 결합되어 탄생된 것이요, 후세대의 끊임없는 수정과 보완을 거쳐서 현재에 이르고 있는 역사적 산물이다. 그러므로 지식 속에는 필경 선조들이 그러한 노력을 기울이는 동안에 형성된 마음의 결이 고스란히 깃들어 있을 수밖에 없다. 교육과정은 바로 그 마음의 결을 후세대에게 전수할 목적으로 고안된 지식의 체계라는 점에서 공적 유산이요, 교육은 학습자로 하여금 교육과정에 일관된 마음의 결을 갖추도록 안내하는 활동이라는 점에서 공적 전통이라고 말해도 전혀 틀리지 않는다.

교육과정과 그것을 전수하는 교육이 이와 같이 공적 유산과 공적 전통으로 규정된다는 것은 강령으로 기술되는 심리적 자원이 그 실체에서 공적 유산으로 전해져 내려오는 마음의 결과 다르지 않다는 사실을 보여 준다. 그러므로 숙의가 상식을 확인하고 선택하는 활동이라는 종전의 시각은 결코 견지될 수 없다. 그것은 당사자가 교육에 참여한 결과로 갖추고 있는 그 마음의 결을 집단적으로 떠올리면서 체계적으로 조직하는 종족적 활동이라고 말해야 한다. 교육과정이 그 마음의 결을 담고 있는 공적 유산일 수 있는 것은 교육과정을 개발하는 일이 바로 그 마음의 결에 원천을 두고 있기 때문이다.

교육과 교육과정을 둘러싼 이러한 인식론적 시각은 공적 유산에 해당하는 마음의 결을 완벽하게 갖추고 있지 않는 한 교육과정 개발에 참여할 수 없다는 극단적인 연상을 떠올리게 만들지 모른다. 그러나 교육과정 개발은 그러한 이상적인 인간이 등장할 때까지 연기될 수 있는 일이 아니다. 더욱이 교육에는 원칙상 끝이라는 것이 있을 수 없으며, 그런 만큼 교육이 겨냥하는 그러한 마음의 결을 완벽하게 갖추고 있는 이상적인 인간은 있을 수 없다. 그럼에도 불구하고 교육과정을 개발하는 일이 현상적으로 이루어지고 있다면, 그것은 그 마음의 결을 갖추기 위하여 걸어가는 여정의 어느 한 시점에서 수행된다고 보지 않으면 안 된다. 그러므로 교육과정은, 그것이 어떤 형태를 띠든지 간에, 모종의 문제점을 안고 있을 수밖에 없다.

교육과정을 수시로 개발하는 오늘날의 시도는 바로 그 문제점을 해결하기 위한 인간적인 노력으로 간주될 수 있다는 점에서 확실히 환영을 받아야 마땅하다. 그렇기는 해도 오늘날의 그러한 노력이 교육과정에 숨어 있는 문제점을 직접적으로 제거한다고 생각하는 것은 옳지 못하다. 새로운 교육과정을 개발하는 일이 기존의 교육과정에 숨어 있는 문제점을 해결할 수 있는 것은 그것이 근본적으로 당사자에게 갖추어져 있는 마음의 결을 보다 크고 아름답게 만드는 방안으로 작용한다는 데에서 찾아야 한다. "숙의는 강령을 성숙시킨다" (Walker, 1971: 168)는 슈왑의 말은 이 점을 맹아적인 형태로 보여 주고 있다. 말하자면, 교육과정을 개발하는 일은 당사자로 하여금 그 마음의 결을 표현하도록 요구하는 동시에 그것을 그에게 형성시키는 근본적인 방안이 된다는 것이다. 교육과정 개발에 관한 실제적 접근은 장차 그 일이 나타내는 이러한 이중적인 성격을 드러내려는 후세대의 노력에 의하여 보완될 필요가 있다.

제6장

아이즈너와 교육과정의 예술적 측면

이 장에서 다루고자 하는 문제를 일반적인 형태의 질문으로 제기하면 그것은 '교육과정의 예술적 측면이라는 것이 있는가, 있다면 그것은 무엇인가' 하는 것이다. 쉽게 짐작할 수 있는 바와 같이, 이 질문은 교육과정, 특히 지금의 학교교육과정에 예술에 해당하는 내용이 있는가, 있다면 그것이 무엇인가를 묻는 질문이 아니다. 앞의 질문을 이와 같은 식으로 해석하면, 이 장에서 대답해야 할 것은 현재 학교교육과정에서 예술에 해당하는 내용—예컨대, 문학, 음악, 미술 등의 명칭이 나타내는 내용—이 어떤 것이며 그것이 어느 정도로 교육과정에 포함되어 있는지, 그리고 그것이 학교교육과정에서 어떤 위치 또는 의의를 지니는지 등에 관한 것으로 된다. 그러나 이 장에서 다루고 있는 질문은 그런 뜻이 아니다. 그것은 교육과정에 문학, 음악, 미술 등이 공통적으로 지니고 있는 특징, 이른바 '예술'로 불리는 심미적 특징이 있는가, 있다면 그것은 어떤 것인가를 묻는 질문에 해당한다. 교육과정이 특정한 목적을 구현하기 위하여 특정한 내용을 특정한 방법에 따라 가르치고 배우는 활동으로 규정될 수 있다면, 그것은 곧 교육목적과 교육내용, 그리고 그것을 가르치고 배우는 방법적 원리에 들어 있는 심미적 특징에 관한 질문이라고 말할 수 있다. 이 장의 목적은 아이즈너의 교육과정이론을 한 사례로 삼아, 교육과정에 들어 있는 예술적 측면의 일단을 확인하고 그 교육적 의미를 드러내는 데에 있다.

대체로 말하여, 현대 교육과정이론에서 교육과정의 예술적 측면에 대한 관심이 대두된 것은 '교육과정 재개념화' 운동이 싹트기 시작한 1960년대 후반 또는 1970년대 초반에 이르러서다. 주지하다시피, 교육과정 재개념화 운동은 보비트에서 출발하여 타일러에 와서 완성된 이른바 '과학적' 교육과정 운동에 대한 비판과 그 대안으로 등장하였다. 후자가 교육과정을 기술공학적 관점에서 추상된 모종의 절차적 요소로 환원하고 교육과정을 다시 그 절차를 지침으로 삼아 수행되는 사후적 활동으로 간주한 데에 비하여, 전자는 교육과정을 사전적 지침을 따르는 활동이 아니라 그 자체의 자족적 원리에 따라 수행되는 하나의 구체적 총체로 간주한다. 교육과정을 이와 같이 자족적 원리에 따라 수행되는 구체적 총체로 파악할 때, 교육과정이론에서 추구해야 할 것은 교육과정에서 그 세부사항이 사상된 표면적 특징을 뽑아내어 그것을 교육과정의 지침으로 환원하는 것이 아니라, 교육과정을 이루는 일체의 세부사항을 그 자체로 이해되어야 할 텍스트로 보고 그것을 이해를 위한 자료로 종합하는 것이다.

교육과정 재개념화 운동을 주도한 파이나는 1990년대 후반 그의 동료와 함께 당시까지의 교육과정 담론을 종합한 『교육과정 이해』(1995)라는 방대한 분량의 저서의 서론 첫 머리에서 교육과정 분야에서의 이러한 패러다임의 전환을 '교육과정 개발에서 교육과정 이해로'(Pinar et al., 1995: 27)라는 한마디로 요약하고 있다. 구체적 총체라는 것이 원칙상 있는 그대로의 이해를 허용하지 않는다는 점을 감안하면, 교육과정은 다양한 이해의 관점을 불가피하게 요청한다. 그리하여 파이나 등에 의하면, 교육과정은 예컨대 '정치적', '인종적', '젠더적', '현상학적', '포스트모던적', '자서전적', '심미적', '신학적', '제도적', 그리고 '국제적' 텍스트 등으로 이해될 수 있으며, 이와 같이 다양한 텍스트로 읽힐 때 비로소 그 참모습을 드러낸다.

교육과정이라는 텍스트를 이해하는 관점에 여러 가지가 있을 수 있고 그

중 하나가 '심미적' 관점이라는 점에서 보면, 심미적 텍스트로서의 교육과정은 교육과정을 이해하는 관점으로서 정치적 텍스트로서의 교육과정 등과 같은 여타의 관점과 대등한, 따라서 병렬적인 지위를 지니는 것으로 볼 가능성이 있다. 그러나 플라톤의 논의에 잘 드러나 있는 바와 같이, 희랍 이래로 '무시케(mousike)'로 불리는 교육의 단계 및 그 이상적 인간상인 '무시코스(mousikos)'—구태여 우리말로 번역하자면, '심미인'으로 부를 수 있을 것이다—가 교육과정의 필수적 요소로 포함되어 있었고(Nettleship, 1925: ch. 5), 나아가서 '미(beauty)'라는 것이 교육과정이 추구해야 할 궁극적 목적이었다는 점을 감안하면,[1] 심미적 텍스트로서의 교육과정은 다른 것과 종적으로 구분되는 특별한 지위를 차지한다고 말할 수 있다.

　이 장의 주된 논의 대상인 아이즈너의 교육과정이론은 교육과정과 예술 사이의 이러한 내밀한 관련을 현대적 시각에서 포착하고자 한 시도로 평가될 수 있다. 그와 스탠퍼드 대학교 동학이면서 공통의 학문적 관심을 가졌던 밸런스의 진술에서 확인할 수 있듯이, 아이즈너는 교육과정의 문제를 이해하기 위한 도구로 '심미적 탐구'를 개발하였다(Pinar et al., 1995: 724)는 점에서 그렇게 말할 수 있다. 그러나 아이즈너에 대해서 그렇게 말할 수 있는 보다 중요한 이유는 그가 '예술의 중요성, 그리고 교육과정과 교수에 관한 심미적 인식'에 관심을 기울이고 그것을 '공식적인 논의'(Pinar et al., 1995: 734)로 확립하였다는 데에서 찾아 볼 수 있다. 교육과정에서 다루어져야 할 수많은 문제의 밑바닥에는 궁극적으로 '인식'의 문제가 기본 가정으로 깔려 있으며, 그런 만큼 이 문제를 중심으로 그의 견해를 살펴보는 것은 교육과정과 예술 사이의 내밀한 관련을 확인하는 데에 중요한 시사를 줄 것으로 생각된다. 이 장의 목적은 교육과정의 예술적 측면을 아이즈너가 말하는 '심미적' 인식의 성격에

---

1) *Simposium*, 211. 「향연」에서 플라톤은 무녀 디오티마의 말을 인용하여 '사랑의 성역'에 입문하는 과정을 다음과 같은 다섯 단계, 즉 '육체의 미', '영혼의 미', '제도의 미', '학문의 미', '보편적 미'를 추구하는 단계로 구분하여 설명한다. 쉽게 짐작할 수 있는 바와 같이, 사랑의 성역에 입문하는 과정은 그대로 교육과정이 거쳐야 할 단계로 해석될 수 있다.

비추어 살펴보는 데에 있다. 그의 대표적 저작인 『교육적 상상력: 학교프로그
램의 설계와 평가』(1979)와 『인지와 교육과정 재음미』(1994), 그리고 몇몇 논
술에서 논의되고 있는 '표현적 결과', '표상의 형식' 등과 같은 개념은 심미
적 인식의 성격, 그리고 거기에 나타난 교육과정의 예술적 측면에 관한 그의
견해를 집약하여 보여 준다. 이하 제1절과 제2절에서는 이들 개념이 무슨 뜻
이며, 교육과정의 예술적 측면과 어떤 관련을 맺는지를 살펴보겠다. 그리고
마지막으로 제3절에서는 그의 견해에 들어 있는 교육학적 시사점을 간략하
게 살펴보겠다.

1. 교육목적의 성격

초등학교 때부터 수학이나 과학 등 이른바 주요 과목보다는 미술에서 탁월
한 재능을 보인 것으로 알려져 있는 아이즈너는, 그가 가진 재능 때문으로 짐
작되지만, 루즈벨트 대학교에서 미술 교육학을 공부하고, 1962년 시카고 대
학교 교육학과에서 '시각예술에서의 창조적 행위의 유형론: 개발과 활용(The
Development and Use of a Typology of Creative in the Visual Arts)' 이라는 주제로 박
사학위를 취득한다. 그 후 시카고 대학교 교육학과 조교수를 거쳐 1965년부
터 스탠퍼드 대학교 교수로 재직한다. 그리고 이듬해인 1966년 2월 시카고에
서 개최된 '미국교육연구협회(American Educational Research Association: AERA)'
제15차 연례학회에서 「교육목표: 조력꾼인가 훼방꾼인가?」라는 논문을 발표
한다. 이 논문 제목이 풍기는 뉘앙스에서 짐작되듯이, 아이즈너는 학문적 이
력의 초창기부터 타일러로 대변되는 과학적 교육과정 운동을 강도 높게 비판
하면서 그에 대한 대안을 모색하고자 노력하였다.

"만약 교육과정을 만드는 데에 바이블이라고 할 만한 한 권의 책이 있다면
그것은 분명 타일러의 『교육과정과 수업의 기본 원리』다…. 교육과정 분야에
서 이보다 더 영향력 있는 저서는 찾아보기 힘들 것이다"(Jackson, 1992: 24,

Pinar et al., 1995: 63에서 재인용)라는 잭슨의 말에 잘 나타나 있듯이, 흔히 '교육 과정의 바이블'로 지칭되는 이 저작의 서문 첫 구절에서 타일러는 "이 작은 책의 목적은 교육기관에서 교육과정과 수업 프로그램을 조망하고 분석하며 해석하는 데 필요한 논거를 제시하는 데에 있다"(Tyler, 1949: 1)라고 말하면서, 이 논거(rationale)를 구성하는 네 가지 근본적 질문을 제시한다. '학교가 도달 해야 하는 교육목적은 무엇인가', '이러한 목적을 달성하는 데에 필요한 학 습경험은 무엇인가', '이러한 학습경험을 효과적으로 조직하는 방법은 무엇 인가', 그리고 '이러한 목적의 달성 여부를 결정하는 방법은 무엇인가'가 그 것에 해당한다. 그러나 타일러는, 보통 사람들의 예상과는 달리, 이들 네 가지 질문에 직접 대답하기보다는 각각에 대답하는 '방법' 또는 '절차'를 제시한 다(Tyler, 1949: 2). 타일러가 제시하고자 한 '논거'라는 것은 바로 이 방법 또는 절차를 가리킨다.

이른바 '타일러 논거'가 네 가지 질문에 대답하는 방법이나 절차로 이루어 져 있다는 점을 염두에 두면, 각각의 절차는 동등한 지위를 가진다고 생각될 수 있지만, 사실은 그렇지 않다. "따지고 보면, 교육프로그램의 모든 측면은 기본적인 교육목적을 달성하는 수단에 해당한다. 그러므로 만약 어떤 교육프 로그램을 체계적으로 그리고 지적으로 연구하고자 한다면, 우리는 무엇보다 먼저 달성될 교육목적을 결정하지 않으면 안 된다"(Tyler, 1949: 3)라는 타일러 자신의 말에 명백히 드러나 있듯이, 앞의 네 가지 질문 중 가장 중요한 것은 교육목적에 관한 것이며, 교육목적을 결정하는 절차다. 각 대학의 허다한 교 육과정 입문서에 마치 성경의 한 구절처럼 등장하는 교육목적 설정의 다섯 가지 '원천'—학습자에 관한 사실, 사회에 관한 사실, 교과전문가의 견해, 철 학, 학습심리—은 그 절차를 상세화한 것에 해당한다.

방법이나 절차라는 말에는 구체적인 내용이 배제되어 있다는 뜻이 들어 있 다. 그럼에도 불구하고, 타일러가 제시한 교육목적 설정을 위한 형식적 절차 는 교육목적의 구체적 내용을 결정하는 준거로 작용하게 된다. 사실상, 이 점 은 그의 이론을 계승한 것으로 볼 수 있는 블룸의 『교육목표 분류학』(1956)과 메이거의 『행동적 수업목표의 설정』(1962)에서 표면에 두드러지게 나타나 있다. 예컨대, 메이거에 의하면, 교육목적은 '의미적재된' 용어가 아닌 '행동적' 용어로 진술되지 않으면 안 되며, 이때 '행동적'이라는 말은 '쓴다', '암송한다', '지적한다' 등과 같이 학생들이 바깥으로 보여 줄 수 있는(이홍우, 2010: 44-47), 따라서 그 도달 여부를 '측정'할 수 있다는 의미로 이해될 필요가 있다.

과학적 교육과정 운동으로 말미암아 교육목적이 'mother의 스펠링을 쓴다', '구구단을 암송한다', '세계지도에서 한국의 수도를 지적한다'는 식의 행동적 목표로 진술될 때, 교육목적에 관한 우리의 사고와 그것을 달성하기 위한 활동으로서의 교육과정이 어떤 형편에 처할지는 충분히 짐작하고도 남음이 있다. 그 운동에 대한 아이즈너의 비판은 여기서 출발한다. 그는 앞의 논문에서 과학적 교육과정운동의 결과로 어떤 사람의 경우에는 영어교육의 목적을 1,581개로, 산수교육의 목적은 300개로, 사회과 교육의 목적은 888개로 구분해서 설정했다는, 정상인의 사고방식으로는 쉽게 납득되지 않는 사례를 예시하면서, 행동적 목표가 지닌 난점을 다음의 네 가지로 제시한다. 즉, 수업 이전에 구체화된 목적은 ① 수업의 '복잡성'과 '역동성'을 도외시한다는 점, ② 수학이나 과학 등과 같은 교과와 음악이나 미술과 같은 '예술' 교과 사이의 차이를 묵살한다는 점, ③ '판단(judgment)'의 준거가 적용되어야 할 '질적' 학습결과가 있음에도 불구하고 일체의 학습결과를 측정 '기준(standard)'이 적용되는 '양적'인 것으로 본다는 점, 그리고 ④ 논리적으로는 타당할지 모르지만, 심리적으로 또는 경험적으로는 타당하지 않다는 결함을 가진다는 점이다(Eisner, 1967: 455-458). 다시, 아이즈너는 『교육적 상상력』에서 행동적 목표가 지닌 한계를 좀 더 분명하게 다음의 세 가지로 요약한다. 첫째로, 인간의 활동이나 경험은 '언어적인(discursive, 또는 '추론적인')' 방식 이외에 '비언어적인(non-discursive)' 방식으로 인식되고 표현될 수 있음에도 불구하고, 행동적 목표는 오직 언어적인 방식으로 인식되고 표현되는 것으로 한정한다. 아이즈너에 의하면, 언어는 '미묘한 경험, 인간의 감정, 질로 표현할 수밖에 없는 인식이나 이해의 방법을 표현하기에는 엄청나게 부족하다.' 둘째로, 행동적 목표는 '기준' 과 '판단' 의 의미를 구분하지 않으며, 따라서 기준의 적용대상과 판단의 적용대상을 구분하지 않는다. 우리의 경험 중에는 객관적 기준에 의하여 측정될 수 있는 양적 측면도 있지만 질적 측면도 있으며, 이 측면은 오직 판단될 수 있을 뿐이다. 마지막으로, 행동적 목표에는 인간 활동을 '수단-목적 관계' 로 파악하는 사고방식이 들어 있다. 이 사고방식에 의하면, 우리는 모종의 활동을 하기 이전에 구체적인 목적을 결정하고 그 목적을 달성하기 위한 수단으로 활동을 수행한다. 그러나 아이즈너에 의하면, 목적이라는 것이 언제나 분명한 것은 아니며 때로 우리는 목적이 무엇인지 모르면서 하는 일도 있다. '목적은 활동 중에 형성될 수도 있는 것이다.' 예술은 그 대표적인 경우에 해당한다(Eisner, 1979: 149-153).

　결국, 행동적 목표가 가진 문제는 우리의 활동 또는 경험이 가지고 있는 질적 특징을 도외시하며, 그리하여 일체의 경험을 명시적인 언어로 환원한다는 것, 그리고 일체의 인간 행위를 수단-목적의 사고방식에 지배되는 것으로 한정한다는 두 가지로 압축될 수 있다. 그렇다면 행동적 목표가 가지고 있는 이러한 난점을 극복할 수 있는 교육목적은 어떤 성격의 것인가? 인간 경험의 질적 특성을 반영하는 보다 타당한 교육목적, 수단-목적의 사고방식에서 벗어나 있는 교육목적은 어떤 것인가? 그리고 이러한 목적은 어디서 찾아볼 수 있는가? 아이즈너는 이러한 목적을 찾아내기 위해서 우리의 일상적 경험, 그중에서도 특히 예술과 관련되는 경험에 주목하고 행동적 목표와 대비되는 것으로 '문제해결 목표(problem-solving objectives)' 와 '표현적 결과(expressive outcomes)' 라는 두 가지 목적을 제시한다. 우선, 문제해결 목표에는, 예컨대 '효과적인 금연 방법을 찾아내는 것' , '정해진 예산 범위 내에서 학교 식당의 질을 증진시킬 수 있는 방안을 찾는 것' , '고객의 주문에 합당한 물품을 만드는 것' 과 같이 문제만 주어지고 대답이 주어지지 않는 목표가 포함된다. 이들 목표의 경우에는 목표를 달성하는 방법도 정해져 있지 않으며 그 해답의 적절성 또한 목표를 달성하고자 하는 행위가 완결된 이후에 판단될 수 있다.

그러나 문제해결 목표에는 이와 성격이 다른 것 또한 들어 있다. '정상과학
에서의 과학자들의 연구 활동'에서 전형적으로 찾아볼 수 있는 것과 같이 그
대답뿐만 아니라 문제 자체도 정해져 있지 않은 목표가 그것이다(Eisner, 1979:
154-155).

　이와 같이 문제해결 목표는 목표를 달성하는 방법도 결정되어 있지 않고
또 해결되어야 할 문제도 정해져 있지 않다는 점에서 행동적 목표와 차이가
있다. 그러나 "행동적 목표든 문제해결 목표든 간에, 모두 목표의 설정이 교
육과정 활동에 우선한다. 이런 관점에서 보면, (양자는) 목표 설정이 보편적인
목적을 설정하고 방법을 강구하는, 수단-목적의 사고방식을 따르고 있다는
것을 알 수 있다"(Eisner, 1979: 158)는 말에 잘 드러나 있듯이, 문제해결 목표는
수단-목적의 사고방식에 지배된다는 점에서는 행동적 목표와 동일하다. 이
점에서 문제해결 목표는, 비록 '지적 융통성이나 지적 탐구심, 그리고 고도의
정신력'(Eisner, 1979: 156) 등을 길러 준다는 나름의 장점을 가지고 있지만, 행
동적 목표에 대한 근본적 대안으로는 부족한 점이 있다. 현대 예술철학 분야
의 기념비적 저작이라고 말할 수 있는『예술의 원리』에서 콜링우드가 잘 지적
하고 있는 바와 같이, 예술 또는 예술적 경험이 지닌 핵심적 특징은, '기예
(craft)'와는 달리, 수단-목적의 사고방식에서 벗어나 있다는 데에서 찾아볼
수 있다(Collingwood, 1938: 15-36). 아이즈너가 '표현적 결과'를 강조하는 것은
바로 이 때문이다.

　그에 의하면, 표현적 결과는 '표현(expressive)'과 '결과(outcome)'라는 용어
에서 시사되듯이, 모종의 활동이 수행되는 과정이나 완결된 이후에 확인되는
목적을 의미한다. 아이즈너는 이 점을 다음과 같이 설명한다.

　　　결과라는 것은 본질적으로 누군가 의도했건 안 했건 간에 일정한 참여
　　이후에 얻어지는 소득이다. 표현적 결과는 개인의 경험이나 목적에 알맞은
　　풍부한 장소를 의도적으로 제공함으로써 얻어지는 교육과정의 결과다. 우
　　리의 일상적인 행동 중 하나인 영화관에 가는 일을 예로 들어 보자. 영화관

에 가기 전에 구체적인 목표를 세워 놓는 사람은 없을 것이며, 문제해결의 목표를 세우는 사람도 없을 것이다. 우리는 대체로 무엇인가 흥미진진한 사건이 벌어지리라는 생각으로 영화관에 간다. 우리는 영화를 본 뒤에 모종의 구체적인 행위가 이루어지리라는 것과 같은 구체적인 행동적 목표를 설정하지 않는다. 감독이나 배우가 성공하려면 이러이러한 기준에 도달해야 한다는 것도 정하지 않는다. 사실상, 그러한 기준은 많이 있다. 만약 그 영화가 희극이라면 우리는 희극에 맞는 기준을 적용할 것이고, 모험극이라면 거기에 맞는 기준을 적용할 것이다… 등등(Eisner, 1979: 157).

앞의 인용문에 등장하는 '영화관에 가는 일'의 목적은 물론 타일러의 경우에서처럼 행동적 목표로 규정될 수도 있고 문제해결 목표로 규정될 수도 있다. 말하자면, 영화를 감상하는 행위나 경험은 그 행위 이전에 설정된 구체적인 행동적 목표, 예컨대 〈흐르는 강물처럼(A River Runs Through It)〉에 등장하는 인물의 행위를 보고 고개를 끄덕일 줄 안다는 식으로, 시청자가 감상의 증거로 보일 수 있는 행동을 유발할 목적으로 강구되는 수단의 지위를 가질 수도 있고, 연령대에 따른 시청자들의 영화 관람 자세의 차이와 같이, 모종의 문제를 해결하기 위한 방법으로서의 지위를 가질 수도 있다. 그러나 영화를 감상하는 행위는, 정상적인 의미에서는, 행동적 목표나 문제해결 목표를 가지지 않는다. 아이즈너의 말처럼, 영화를 감상하는 행위의 목적은 그 행위를 하는 과정에서, 또는 그 행위가 종결된 이후에 영화 감상자가 나타내 보이는 여러 가지 상이한 결과에 의존하여 확인되고 결정된다고 말할 수 있다. 해당 영화를 보고 형제간의 갈등 원인에 관해서 곰곰이 생각해 보고 그것을 자신의 상황과 비교하여 글을 써 보거나, 스토리와는 별도로 유유자적한 자연 경관에 매료되어 그 곳으로의 상상 여행을 떠나 그림을 그리는 등, 감상자가 누구인가에 따라 감상의 맥락이 어떤 것인가에 따라 영화 감상을 통하여 표현되는 결과는 지극히 다양할 것이다. 아이즈너에 의하면, 이러한 표현적 결과는 비단 영화 감상에서뿐만 아니라 '동물원 구경', '대자연에서의 캠핑', '자전

거 타는 활동' 등 언제 어디서나 일상다반사로 확인될 수 있지만, 그 전형적 사례는 그의 글 여기저기에 나타나 있듯이, 음악이나 회화, 조각 등 예술에서 찾아볼 수 있다. 요컨대, 예술과 예술에서 찾아볼 수 있는 표현적 결과는 문제 해결 목표와는 달리 교육과정과 예술이 가지는 동질적 성격을 확인하는 단초 가 된다.

2. 경험과 표상의 형식

앞 절 마지막 구절에서 아이즈너가 제시한 '표현적 결과'는 교육과정의 예 술적 측면을 드러내는 한 가지 단초가 된다고 말하였다. 이 경우에 단초라는 말은 예술의 경우처럼 교육과정 활동은 수단-목적의 사고방식으로는 올바르 게 파악할 될 수 없다는 것을 의미한다. 그러나 이것이 교육과정의 예술적 측 면을 드러내는 핵심적 요소인가 하는 데에는 의문의 여지가 있다. 무엇보다 도 먼저, 수단-목적의 사고방식이라는 것은 활동 그 자체의 특징이라기보다 는 활동을 파악할 때 그 당사자인 '우리가' 가지고 있는 사고방식이다. 한 활 동이 지니는 예술과의 관련성을 활동 주체의 주관적 사고방식에 비추어 파악 하는 것은 그것을 대단히 임의적으로 만들 소지가 있다. 그리하여 만약 한 활 동에서 행위와 행위자—물론, 양자는 사실상 분리되지 않는다—를 구분할 수 있다면, 교육과정과 예술의 관련은 행위자의 측면이 아닌 행위의 측면, 즉 행 위의 객관적 특징에 비추어 규정될 필요가 있을 것이다. 둘째로, 표현적 결과 가 행동적 목표를 부정했을 때 그 주된 의도는 교육과정 활동에서 행동적 목 표가 지니는 위치와 관련된다. 표현적 결과는 교육목적의 '성격'을 바로잡는 데에 초점이 있었다고 말할 수 있다. 이것은 곧 표현적 결과가 교육목적의 구 체적인 내용을 보여 주는 것은 아니라는 것을 의미하며, 이 점에서 그것은 다 소간은 행동적 목표와 동일선상에 있다고 보아야 한다. (물론, 행동적 목표가 결과적으로 교육목적에 구체적 내용을 부여하게 된 것과 유사하게 표현적 결과도 교육목적의 구체적 내용을 시사한다고 볼 수 있을지 모른다. 그러나 이렇게 보기 위해서는 표현적 결과에 대한 다소 '긴' 해석이 필요하다. 이하 참조.) 그러므로 표현적 결과는 그것이 보여 주는 교육목적의 구체적 내용과 관련하여 좀 더 자세하게 설명될 필요가 있다.

표현적 결과가 교육목적의 구체성―그리고 교육목적을 달성하는 데에 필요한 교육내용과 교육방법―을 어떻게 보이는가를 살펴보기 위해서는 교육과정 활동 그 자체의 특징을 살펴보지 않으면 안 된다. 여기서 우리가 주목해야 할 것은 앞에서 말한 행동적 목표가 가진 첫째 문제, 즉 그것은 '우리의 활동 또는 경험이 가지고 있는 질적 특징을 도외시하며, 그리하여 일체의 경험을 명시적인 언어로 환원한다'는 점이다. 사실상, 아이즈너는 『교육적 상상력』 제9장 첫 머리에서 '가르치는 일'이 일종의 예술임을 천명하면서 그 이유를 다음과 같이 제시한다. 즉, "가르치는 일은, 그 일이 예술적 경험이라는 점에서, 수업의 질에 대한 조정이 예술적 감각에 의존하고 있다는 점에서, 일상적 행위가 아니라 창조적 행위라는 점에서, 그리고 목표가 그 과정 속에서 이루어진다는 점에서 예술"이라는 것이다(Eisner, 1979: 217). 그러나 이 경우에 예술적 경험이라는 것이 정확하게 어떤 것인가는 그의 또 다른 주저 『인지와 교육과정』을 참고할 필요가 있다.

그의 전작인 『교육적 상상력』이 과학적 교육과정 운동에 대한 비판과 그 대안을 염두에 두고 교육과정에서 고려해야 할 여러 가지 사항들, 예컨대 교육목표의 설정, 교육내용의 선정과 조직, 학습경험의 유형, 평가 절차의 유형 등, 교육과정 개발이라는 교육과정 활동의 외적 측면에 관한 고찰을 주 내용으로 하고 있는 데에 비하여, 위 저작은 다소간 그 활동의 내부로 들어가서 인간 경험의 본질적 특징, 개념의 획득과 표현에서의 감각의 위치, 개념의 표상 방식과 그 실제적 적용에 관한 문제를 주 내용으로 하고 있다. 아이즈너 자신이 서문에서 밝히고 있듯이, 이 저작은 1979년 존 듀이 학회에서 있었던 '존 듀이 강연'을 책으로 엮은 『인지와 교육과정: 교육내용 선정의 기초』에 토대를 두고 저술되었다(Eisner, 1994: 20). 특히, 그 주된 내용 중 경험과 감각의 문제가 듀이의 『경험으로서의 예술』(1934)에 나타난 경험이론에 크게 의존하고 있다는 점, 그리고 개념의 표상 방식의 문제가 랑거의 『철학의 새 기조』(1956)에 제시된 상징이론에 대체로 의존하고 있다는 점을 감안하면, 위 저작은 듀이의 경험이론과 랑거의 상징이론을 교육과정 분야에 적용한 것이라고 말할 수 있을 것이다.

먼저, 경험의 성격과 관련하여 아이즈너는 경험의 '질(quality)' (Eisner, 1994: 75, 79, 101 etc.)이라는 용어를 빈번하게 사용하면서 인간 경험의 본질적 특징을 "세상에 대한 우리의 경험은 근본적으로 질적인 것이다" (Eisner, 1994: 83)라는 한 마디로 요약한다. 그러면서 그는 우리가 접하게 되는 세계 또는 환경은 다양한 '질들' 로 이루어져 있으며, 우리가 어떤 경험을 가지게 되는가는 우리가 이 질들과 어떤 관련을 맺는가에 따라 결정된다는 말 이외에 그것에 관하여 자세한 설명을 덧붙이지 않는다. 짐작컨대, 이것은 경험의 질에 관한 이론적 설명이 그의 주된 관심사가 아니었다는 점, 그리고 그가 경험에 관한 듀이의 견해를 거의 그대로 수용했다는 데에 그 이유가 있을 것이다. 그러므로 여기서는 필요한 범위 내에서 듀이의 견해를 간략하게 제시해 보겠다.

듀이에 의하면, 경험은 간단하게 말하여 개인이 유목적적 문제 사태를 해결하는 동안 가지게 되는 일체의 정신적 내용을 의미한다. 그러나 이 경험이 온전한 의미에서의 경험, 또는 그의 용어로 '완전한' 경험이 되기 위해서는 '계속성' 과 '상호작용' 이라는 두 가지 조건을 충족시키지 않으면 안 된다. 이 두 조건을 충족시킨 경험이 듀이가 말하는 이른바 '하나의' 경험(an experience)이다. '하나의' 경험은, 예컨대 관찰한 것과 사고한 것, 소망한 것과 획득한 것이 조화를 이루면서 '경험된 내용이 그 자체의 진로를 따라 완결된 상태에 도달하게 될 때' (Dewey, 1934: 35) 우리가 가지게 되는 경험을 의미한다. (아이즈너는 화가의 경험을 언급한 그 책의 한 목에서 그 화가가 '1990년 봄에 겪은 하나의 경험, 회고할 하나의 대상, 하나의 특별한 사건' 이라는 표현을 사용한다. 이때 이 '하나의' 라는 말은 명백히 듀이가 사용한 '하나' 와 동일한 의미를 나타낸다.) '질' (또는 '질성')이라는 것은 이 '하나의' 경험이 지닌 독특한 성격을 가리킨다.

> 하나의 경험은 '그 식사', '그 폭풍', '그 깨어진 우정' 등과 같은 이름을
> 붙일 수 있는 단일성을 지닌다. 경험에 이러한 단일성이 있다는 것은 그 구
> 성 요소들의 다양성에도 불구하고 경험 전체에 편재하는 독특한 '질성'이
> 있다는 것을 의미한다. 이 단일성은 정서적인 것도 아니고 실제적인 것도
> 아니며 지적인 것도 아니다. 이러한 말들은 그 단일성을 반성적으로 구분하
> 고 거기에 붙인 이름에 지나지 않는다. 경험에 '관해서' 논의할 때 우리는
> 반드시 그러한 형용어를 사용하여 경험을 해석한다. 무엇인가를 경험한
> '후에' 그것을 마음속으로 검토해 보면, 우리는 어떤 속성이 다른 것에 비
> 하여 전체로서의 경험을 지배적으로 특징짓는다는 것을 알게 된다…. 사고
> 는 관념의 연속으로 진행된다…. 관념들은 전개되고 있는 하나의 질성을 바
> 탕으로 하고 있으며 그것이 정서적으로, 실제적으로 구분되어 나타난 국면
> 을 의미한다(Dewey, 1934: 37).

작년 어느 가을 날 호반가에서 친구들과 함께 했던 '그 식사'는 여러 가지
요소들로 이루어져 있다. 석양에 물든 고즈넉한 풍경, 싱그러운 대기와 코끝
을 찌르는 낙엽송, 재잘거리는 새소리와 함께 귓불을 간질이는 음악소리, 포
크 소리와 함께 들려오는 친구들의 대화 등, 당시에 있었던 그 식사에는 수많
은 요소가 들어 있다. '질성'은 이 수많은 요소에 편재하면서 당시의 경험을
'그 식사'로 부를 수 있도록 해 주는 지배적 속성을 가리킨다. 듀이에 의하면,
이러한 속성은 반성적으로, 말하자면 의식적인 사고에 의해서 파악되는 것이
아니라, '비매개적으로, 직접적으로 느껴지며'(Dewey, 1934: 38), 이 점 때문에
그것은 '심미적' 성격을 띤다.

아이즈너가 그의 저작에서 관심을 가지고 있는 부분은 질성이 가지고 있는
이러한 '비매개적' 속성이다. 그는 우선, 교육전문가를 포함한 대부분의 사
람들이 한편으로 '인지'(cognition, 또는 '인식')의 발달을 교육의 목적으로 보
는 데에 동의하면서, 다른 한편으로 그것을 매우 '좁게' 해석해 왔다는 점을

지적한다. 그에 의하면, 플라톤 이래로 인지는 '감정'이나 '느낌', 또는 '감 각'과 구분되는 별도의 정신작용으로서, '언어에 의해서 매개되는 사고' (Eisner, 1994: 60) 작용과 동일한 것으로 간주되어 왔다. 그러나 인지라는 것은 유기체가 환경을 알게 되는 과정과 그 결과를 총칭하며, 여기에는 의식한다 든지, 알아챈다든지, 재인한다든지, 지각한다든지 하는 일체의 정신작용이 포함되며, 그런 만큼 "감정과 인지는 서로 독립적인 과정이 아니며, 분리할 수 있는 과정도 아니다. 양자는 크기와 무게처럼 서로 긴밀하게 얽혀 있다" (Eisner, 1994: 62)고 말할 수 있다. 다음으로, 그는 감각의 작용이 인지와 분리되 지 않을 뿐만 아니라, 인지 활동에서 핵심적인 위치를 차지한다고 주장한다. 유기체가 환경과 접촉하는 과정에서 감각이 어떤 작용을 하는지, 어떻게 정 보를 습득하는지에 관한 심리학적 연구 및 동물을 대상으로 한 감각박탈 연 구 등에 의하면, 감각은 경험, 그리고 경험을 통한 개념의 형성에 기초가 된 다. "첫째로, 어떤 개념도 감각적인 정보 없이 형성될 수 없다. 둘째로, 개념의 종류나 정교성은 구체적인 감각이 구분되는 정도에 의하여 결정된다. 셋째 로, 이미지로 형성되지 않은 개념은… 의미가 없다"(Eisner, 1985: 440)는 점에 서 그렇게 말할 수 있다. 그리하여 아이즈너에 의하면, 개나 의자, 붉은 색 등 과 같은 구체적인 개념은 물론이요 '정의', '국가', '무한대' 등과 같은 추상 적인 개념 또한 그 지시 대상이 상상되지 않는 이상 그것은 무의미 철자에 지 나지 않는다. 우리가 그러한 개념을 가질 수 있고 또 이해할 수 있는 것은 연 상이나 예증을 통하여 그 지시 대상을 다소간이나마 상상할 수 있기 때문이 다. 요컨대, 경험이나 개념은 우리의 감각과 감각기관이 우리에게 가져다준 것 이상을 넘어서지 못하며, 이 점에서 경험과 개념은 '언어적인' 성격을 띤 다기보다는 '감각적인' 성격을 띤다.

경험과 개념의 형성에서 감각이 지니는 의미는, 아이즈너에 의하면, '언어' 와의 대비에 의하여 더욱 중요한 것으로 부각된다. 경험에 관한 듀이의 견해에 잘 드러나 있는 바와 같이, '그 식사' 등과 같은 '하나의' 경험은 그것을 '그 식 사'로 부를 수 있도록 해 주는 독특한 질성을 가지고 있으며, 이 질성은 '명제적', 또는 '추론적' 성격을 띠는 언어에 의해서는 정확하게 파악되지 않는다. 가령, "석양에 물든 고즈넉한 풍경을 배경 삼아 있던 그때 그 경험은 대단히 낭만적이었다"는 이 말은 '그 식사'로 대변되는, '하나의' 경험에 담겨 있는 일체의 세부사항을 모두 사상하고, 그것을 특정한 명제로 환원한다. 이 점은 '그 식사'에 관한 어떤 언어적 진술의 경우에도 마찬가지로 해당되며, 그것에 관한 일체의 언어적 진술을 모두 합쳐 놓는다고 해도 사정은 달라지지 않는다. 물론, 언어적 진술은 경험에 관한 우리의 의식에 일정한 초점을 제공한다는 점에서 의미를 가진다. 그러나 언어적 진술은 원칙상 경험을 특정한 측면에서 추상한 것이며, 이 점 때문에 그것을 통해서는 경험 그 자체가 가지고 있는 세부사항들, 듀이의 용어로 경험의 '질'은 포착되지 않는다. 아이즈너의 표현을 빌려 말하면, "우리가 경험한 질을 언어로, 특히 시나 문학적인 언어가 아니라 명제적인 언어로 기술할 때에는 축소가 발생한다"(Eisner, 1994: 81).

경험과 개념 형성에서의 감각의 역할에 관한 아이즈너의 이러한 견해—상당히 '경험론적' 색채를 풍기는 견해—가 과연 타당한가, 설사 그렇다 하더라도 그의 견해에서 감각의 역할이 지나치게 확대 해석된 것은 아닌가 하는 문제와 관련해서는 별도의 자세한 고찰이 필요하다.[2] 그럼에도 불구하고 우리가 받아들일 수 있는 한 가지 중요한 사실은, 우리가 가지는 일체의 개념은 감각—더 정확히는 우리가 가지고 있는 여러 가지 감각기관과 그들 사이의 생물학적 연결체계로서의 감각체계—이 제공하는 자료를 기초로 하여 형성된다는 점, 거꾸로 말하여 감각이 마비된 상태에서 개념— '개념다운' 개념—을 가진다는 것은 거의 불가능에 가깝다는 점이다.[3] 그리하여 아이즈너는 이

---

[2] 시각과 청각이 마비된 상태에서 개념을 가진다는 것이 얼마나 어려운 일인가를 약간이나마 체감하는 데에는 헬렌 켈러의 실화에 바탕을 둔 아서 펜(Auther Penn) 감독의 영화 〈The Miracle Worker〉(1962)가 다소 도움이 될지 모른다.

[3] 예컨대, 감각이 개념의 기초가 된다는 경험론의 주장에 대하여 함린은 그것을 피아제(J. Piaget)의 용어를 빌려 '구조 없는 발생'이라고 부르면서, 경험론은 궁극적으로 개념의 '공적' 성격—일체의 개념에는 사람들 사이의 '판단의 합의'가 가정되어 있다는 점—을 올바르게 설명하지 못한다고 비판한다(Hamlyn, 1978: 49-69).

생각을 한 걸음 더 밀고 나아가서, 감각은 개념을 형성하는 데에 있어서뿐만 아니라 개념을 표현하는 데에 있어서도 대단히 중요한 역할을 한다고 말한다. '표상의 여러 형식들' (또는 '표현의 여러 형식들', forms of representation/ expression)이라는 개념은 감각과 개념 사이의 이러한 관계를 나타낸다.

아이즈너에 의하면, 감각에 기초하여 한 개인이 가지게 된 개념은 사적인 성격을 지닌다. 개념은 원칙상 개인의 소유물이며 그런 만큼 그것이 다른 사람들과 공유될 수 있는 형태로 표현되지 않는 이상, 그것은 오직 그것을 소유한 당사자에게만 의식되고 파악될 수 있다. 그러므로 개념이 다른 사람들과 공유되기 위해서는 그것은 모종의 공적 수단을 통해서 외적으로 표현되지 않으면 안 된다. 표상의 형식은 다른 것이 아니라 '사적인 개념을 공적인 개념으로 바꾸기 위해 인간이 사용하는 수단' (Eisner, 1994: 92)을 의미한다. 표상의 형식은 결국 내적이고 사적인 개념을 외적이고 공적인 개념으로 표현하는 데에 사용되는 '표현매체' (Eisner, 1994: 102-103)를 가리킨다. '표현매체' 라는 말에서 시사되는 바와 같이, 사적 개념을 공적인 것으로 표현하는 데에는 다양한 매체가 활용될 수 있다. 그리고 그 다양성의 기저에는 또한 감각이 자리 잡고 있다. 아이즈너는 이 점을 다음과 같이 설명한다.

우리의 감각체계가 만들어 주는 '자료' 에 의해서 매개되는 우리 의식의 내용이 우리의 경험을 표상하기 위한 하나의 자원으로 사용된다는 것은 결코 놀랄 만한 일이 아니다. 시각, 청각, 촉각은 우리로 하여금 환경을 읽을 수 있도록 할 뿐만 아니라 우리의 경험이 상징으로 변형되게끔 하는 자원으로 기능한다. '표상의 형식' 은 바로 그것들로부터 만들어진다. 표상의 형식은 청각적인 것일 수도, 시각적인 것일 수도, 미각적인 것일 수도 있다. 표상의 형식은 음악, 미술, 무용, 연설, 글, 수학 등에서 잘 나타난다. 우리가 상징으로 표현하고자 하는 내용은 우리의 경험으로부터 나오고, 우리의 경험—여기에는 실지로 겪은 경험과 상상이 모두 포함된다—은 우리의 감각기관이 가진 예민성에 의하여 (결정되는 것은 아니라고 하더라도) 영향을 받는다. 감각기관이 의식을 형성하는 자료를 제공하면, 우리는 의식의 내용

과 우리 밖의 세상으로 우리의 의식을 매개하고 변형하고 운반하기 위하여
다양한 자료들의 감각적 잠재력을 사용한다. 달리 표현하면, 우리는 표상의
형식을 통해 우리의 사적인 삶을 창조하고 향상시키며 그것을 공적인 존재
로 만든다. 공적인 존재로 만듦에 의해서 우리는 우리의 삶을 다른 사람들
과 공유할 수 있다(Eisner, 1994: 54).

　앞의 인용문에 잘 나타나 있듯이, 표상의 형식은 우리가 가지고 있는 감각
의 상이한 형태에 따라 상이한 형태를 취한다. 말하자면, 특정한 개념은 글이
나 수와 같은 언어적 · 수학적 표상형식을 취할 수도 있지만, 시각적 표상형
식으로 표현될 수도 있고, 청각적 표상형식 또는 촉각적 표상형식으로 표현
될 수도 있다. 여기에 덧붙여, 아이즈너는 표상의 형식과 관련하여 다음과 같
은 몇 가지 논점을 제시한다. 먼저, 앞의 인용문에 다소간 시사되어 있지만,
특정한 표상의 형식은 그것이 표상하고자 하는 내용에 영향을 받는다. 표상
의 내용, 즉 개념이 감각에 토대를 두고 있다는 점에 비추어 보면, 표상의 형
식은 결국 감각의 형태에 따라 달라진다고 볼 수 있을 것이다. 둘째로, 그러나
그렇기는 해도, 특정한 표상의 내용을 가장 잘 표현하는 지배적인 표상의 형
식이 있다고 보아야 한다. 예컨대, 베토벤의 〈운명 교향곡〉은 베토벤이 가지
고 있던 모종의 개념을 가장 잘 표현할 수 있는 형식이며, 그러한 청각적 표상
의 형식이 아니고서는 전달할 수 없는 내용을 우리에게 전달해 주고 있다. 마
지막으로, 그러나 다시, 어떤 하나의 표상의 형식도 그 자체로는 표상의 내용
을 온전하게 전달할 수 없다. 그리하여 베토벤의 그 교향곡은 비록 청각적 방
식으로 가장 잘 표현될 수 있다고 하더라도, 그림과 같은 시각적 표상형식을
통해서도 표현될 수 있고 또 표현될 필요가 있다.
　이와 같이 표상의 형식은 우리가 획득한 개념을 감각에 상응하는 다양한
방식으로 표현하는 매체로 작용하지만, 그 역할이 여기에 그치는 것은 아니
다. "표상형식의 선택은 개념화한 것을 전달하는 수단의 역할을 할 뿐만 아니
라 개념의 형성을 명료하게 하는 데에도 도움을 준다"(Eisner, 1994: 95)는 아이

즈너의 언급에서 확인할 수 있듯이, 표상의 형식은 개념의 표현과 함께 개념의 형성에도 영향을 미친다. 특정한 표상의 형식은 그것에 의하여 유발된 초점으로 말미암아 향후 '지각을 위한 참조체제'로 작용하며, 표상의 형식을 다룰 때 사용되는 기술이나 기능은 개념을 표상하는 정도에 영향을 미친다. 나아가서, 우리가 선택하는 표상의 형식은 우리가 말할 수 있는 것에 제한을 가한다(Eisner, 1994: 95-96). 이렇게 보면, 개념의 표현과 개념의 형성은 표상의 형식이라는 매체를 거점으로 하여 '변증법적 관계'(Eisner, 1985: 443)를 맺는다고 말할 수 있다.

  그렇다면 언어나 수학, 음악, 미술, 무용 등에서 사용되는 것과 같은 다양한 표상의 형식을 통해서 개념을 표현한다고 할 때, 우리는 그것을 구체적으로 어떻게 표현할 수 있는가? 예컨대, 태양의 개념을 시각적 표상형식으로 표현하는 경우에도 그에 합당한 여러 가지 '처리방식'이 있을 수 있다. 그 방식에는 어떤 것이 있는가? 아이즈너는 표상의 형식을 통해서 개념의 '등가물'을 처리하여 창조하는 방식을 '모방적(mimetic)', '표현적(expressive)', 그리고 '관습적(conventional)' 방식의 세 가지로 구분한다. 우선, 모방적 방식은 '세계의 몇몇 표면적 특징을 사용된 수단의 한계 내에서 복제하여 표현하는 것'을 의미한다(Eisner, 1994: 107). 고대의 상형문자나 그림문자, 현대의 고속도로 표지판 등이 여기에 해당한다. 다음으로, 표현적 방식은 어떤 사물이나 사건의 표면적 특징을 모방하는 것이 아니라, 그것의 '심층구조', 또는 '본질적 속성'을 표현하는 것을 의미한다(Eisner, 1994: 114-115). 가령, 어느 그래픽 예술가가 활주로에서의 비행기의 부드럽고 우아한 움직임, 점점 작아지는 엔진소리와 비행기의 모습 등을 시청각적 표상형식을 통하여 표현한다고 할 때, 그는 단순히 비행기의 움직임을 모방하는 것이 아니라, 그 움직임 속에 담겨있는 '의미'를 드러내고자 한다. 아이즈너가 보기에, 표현적 방식의 중요성은 특히 예술가들의 창작 작업에서 더욱 두드러지게 나타난다. 그는 이것을 피카소(Pablo Picasso)의 말을 빌어 "화가는 태양을 노란 점으로 그리지만, 예술가는 노란 점을 태양으로 만든다"(Eisner, 1985: 444)는 말로 표현하고 있다.

마지막으로, 관습적 방식은 특정 문화권이나 사회에서 사람들 사이의 합의에 의한 처리방식을 의미하는 것으로서, 언어나 숫자, 스바스티카(svastika, 卍), 십자가, 육각형의 별, 교차로 표시 등에서 그 예를 찾아볼 수 있다.

이상에 비추어 보면, 표상의 형식은 그것이 표상하고자 하는 내용이 무엇인가, 그리고 그 내용을 어느 정도로 합당하게 표상하는가에 따라 모방적, 표현적, 또는 관습적 방식으로 사용될 수 있으며, 경우에 따라 이들 세 방식은 함께 사용될 수 있다. 결국, 감각에 기초한 다양한 표상의 형식과 그러한 형식이 사용되는 상이한 방식은 이 절에서 제기한 문제—즉, 표현적 결과가 교육목적의 구체성, 그리고 교육목적을 달성하는 데에 필요한 교육내용과 교육방법을 어떻게 보이는가—에 대하여 어떤 대답을 시사하는가를 보여 준다. 그것은, 단도직입적으로 말하여, 표현적 결과의 구체적인 내용은 그것이 어떤 유형의 표상형식에 의하여, 어떤 방식으로 처리되는가의 여부에 의하여 결정된다는 것으로 된다. 이 마지막 절에서는 이 문제를 포함하여 이때까지의 논의가 교육실제 및 교육과정이론에 주는 일반적 시사를 간략하게 살펴보겠다.

3. 문해력과 교육매체론

앞 절에서 간헐적으로 인용된 '인지와 교육과정에서의 예술의 역할' 이라는 글에서 아이즈너는 표상의 형식에 관한 이때까지의 논의가 '교육 또는 교육이론' 에 주는 시사점을 네 가지로 제시하고 있다. 그것을 요약하면 다음과 같다. 즉, ① 인지적 활동은 감각에 기초하며, 이러한 생각은 지능이나 학문에 대한 생각을 넓혀 준다는 것, ② 의미의 영역은 다양하며, 그런 만큼 다양한 영역의 의미를 획득할 수 있는 다양한 형태의 언어에 주목할 필요가 있다는 것, ③ 시각적, 또는 청각적 표상형식의 개발은 언어적, 추론적 표상형식의 개발에도 도움을 준다는 것, 그리고 ④ 이러한 견해는 교육적 불평등을 해소하

는 데에 기여한다는 것이 그것이다(Eisner, 1985: 447-449). 사실상, 아이즈너가
제시한 이러한 시사는 표상의 형식에 관한 그의 논의로부터 저절로 따라 나
온다고 볼 수 있을 것이다. 이 점을 생각해 보는 데에는 아이즈너가 행동적 목
표의 대안으로 제시한 표현적 결과와 표상의 형식 사이의 관계를 약간 자세
하게 따져볼 필요가 있다. 앞의 절에서 논의된 바와 같이, 타일러의 행동적 목
표는 인간 활동을 수단-목적 관계에 의하여 지배되는 것으로 보며, 그것이 지
닌 질적 특성을 도외시하고 우리가 가지게 되는 일체의 경험을 명제적인 언
어로 축소한다는 결함을 지닌다. 표현적 결과가 지닌 핵심적 의의는 이 결함
을 극복한다는 데에서 찾아볼 수 있다.

　　그러나 표현적 결과라는 개념은 교육목적의 성격을 보여 줄 뿐, 그 구체적
내용을 명시하지는 않는다. 표상의 형식은 표현적 결과라는 형식적 개념에
구체적인 내용을 부여하는 용어다. 우선, 표상의 형식이라는 개념에는 인간
경험이 본질상 '질적인' 것이라는 생각, 그리고 이 질(성)적 경험은 언어를 동
반한 매개적 사고에 의하여 포착되는 것이 아니라, 감정이나 느낌을 특징으
로 하는 비매개적 감각에 의하여 포착되는 것이라는 생각이 가정되어 있다.
음악, 미술, 춤에서 찾아볼 수 있는 시각적·청각적·촉각적 표상형식 등 표
상의 여러 형식들은 비매개적 감각에 의하여 포착된 경험의 질, 그리고 그것
을 통해서 형성된 개념을 공적 형태로 표현하는 매체에 해당한다. 표현적 결
과는 궁극적으로 표상의 형식이라는, 그것의 표현매체를 통해서 확인된다.
표현적 결과가 표상의 형식을 통해서 확인된다는 점에 비추어 보면, 교육의
목적은 학습자로 하여금 표상의 여러 형식들을 그 내용으로 하여 자신이 획
득한 개념을 표현하고 형성하며, 그럼으로써 세계에 관한 다양한 형태의 이
해를 갖추도록 하는 데에 있는 것으로 된다.

　　"각각의 표상의 형식은 문해력의 한 형식으로 간주될 수 있다"(Eisner, 1994:
8)는, 『인지와 교육과정』의 한국어 번역판 저자 서문에 나와 있는 아이즈너
자신의 말을 참고하면, 이러한 목적은 '다중 형식의 문해력(multiple forms of
literacies)' 또는 '다중 문해력(multiple literacies)'의 형성이라는 한마디로 요약

될 수 있다. 표상의 형식이 교육내용과 함께 교육목적의 객관적 측면을 드러내낸다면, 다중 문해력은 그것을 주관적 측면에서 규정한다. 아이즈너에 의하면, 문해력이라는 용어는 어원상 '혀'와 관련된다. ('literacy'의 라틴어 어원 'littera'는 혀의 소리를 문자로 표시한 것, 즉 'letter'를 뜻한다.) 즉, "문해력이 있다는 것은 혀가 할 수 있는 일을 할 수 있다는 것을 의미한다. 읽는 것, 언어를 텍스트 안에 새겨 넣는 것, 그리하여 그 속에 붙박여 있는 의미를 알기 위하여 텍스트를 해석하는 것이 여기에 해당한다"(Eisner, 1998a: 9). 그리하여 통상적인 의미에서의 문해력은 문자로 쓰인 언어로부터 의미를 구성하거나 문자로 의미를 표현할 수 있는 능력을 의미한다. 그러나 이때까지의 논의에서 확인할 수 있듯이, 명제적·추론적 언어는 문해력의 한 형식일 뿐, 문해력 일체를 포괄하지 못한다. 뿐만 아니라, 명제적·추론적 언어에 의해서 획득되는 문해력은, 아이즈너가 보기에, 문해력이 가지고 있는 풍부한 의미를 사상시킬 가능성이 있다. 아이즈너는 이 점을 표상형식의 '구문(론)(syntax)'이라는 개념을 통해서 설명한다.

'구문'이라는 것이 문장이나 문구를 이루는 여러 요소 사이의 배열, 또는 그 관계를 나타낸다는 점을 감안하면, 표상형식의 구문이라는 것은 어느 한 표상형식에서 그것을 이루는 여러 요소들이 모종의 배열관계를 나타낸다는 것을 뜻한다고 볼 수 있다. 예컨대, 음악에서와 같이 청각적 표상형식을 사용하는 작곡가나 지휘자는 그 속에서 다양한 청각적 요소들을 배열하며, 시각예술에서 건축가는 다양한 공간을 배열한다. 마찬가지로 생각하여, 수학이라는 표상형식의 경우에도 그 속에 다양한 요소들 사이의 배열 관계가 존재한다고 말할 수 있다. 그러나 아이즈너가 보기에, 전자와 후자에서의 배열 관계는 그 성격을 달리한다. 수학 문제를 풀 경우, 비록 상당한 정도의 판단의 재량이 허용되기는 하지만, 반드시 따라야 할 '규칙'이 있으며, 이 규칙은 또한 대체로 성문화되어 있다. "문법적으로 정확한 말하기와 글쓰기를 배우는 것도 부분적으로는 성문화된 규칙을 따르는 방법을 배우는 것을 의미한다"(Eisner, 1994: 121). 이 점에서 과학이나 수학 등으로 대변되는 언어적·추론적 표상형식은 '규칙지배적인' 성격을 띤다. 여기에 비하여, 음악, 미술, 문학 등으로 대변되는 비언어적·예술적 표상형식은 '비유적인' 성격을 띤다. 물론, 전자와 마찬가지로 후자에도 예술적 규칙이나 관습이라는 것이 존재한다. 그러나 여기서의 규칙은 수학에서의 문제풀이 공식 등과 같이 성문화되는 것이 아니며, 일정한 해결책을 제시하는 것도 아니다. '정확한' 말하기, '정확한' 글쓰기, '정확한' 문제풀이는 있을 수 있어도, '정확한' 음악이나 '정확한' 미술이라는 것은 있을 수 없으며, 마찬가지로 '부정확한' 음악이나 '부정확한' 미술 또한 있을 수 없다.[4] 아이즈너는 언어적·추론적 표상형식과 비언어적·예술적 표상형식의 이러한 차이를 브루너(1985)의 '앎의 범례적 양식과 서사적 양식'이라는 글을 참조하여 다음과 같이 상세하게 기술한다.

> 앎의 범례적(paradigmatic) 양식은 과학의 언어에서 가장 생생하게 예시되며, 여기서는 지시 관계, 즉 상징과 그 지시 대상 사이의 엄밀한 관계가 강조된다. 반면에, 예술과 인문학에서 그 전형적 사례를 찾아볼 수 있는 서사적(narrative) 양식에서의 강조점은 감(sense, 또는 의미), 말하자면 하나의 사태, 사람, 또는 대상이 어떻게 느끼는가에 주어진다. 전자가 개별적인 것을 통한 정확성을 추구하는 데에 비하여, 후자는 전체적 윤곽을 강조한다. 범례적 양식은 분명한 경계를 찾고자 하며, 외연적 의미를 추구함으로

---

4) 아이즈너가 행동적 목표에 기반한 종래의 객관식 평가를 비판하면서 교육평가의 핵심으로 이른바 '교육적 감식안(educational connoisseurship)'과 '교육적 비평(educational criticism)'을 제시한 것은 이 때문이다. 추론적 표상형식으로 표현된 학습결과는 '기준'에 의한 평가가 가능한 데에 비하여 예술적 표상형식으로 표현된 학습결과에 대해서는 '판단'이 요구된다. 교육적 감식안은 간단하게 말하여 이 판단의 능력을 뜻하며, 교육적 비평은 여기에 공적 성격을 부여한 것, 즉 교육적 감식안을 언어화한 것을 의미한다. 양자에 관한 자세한 설명은 Eisner, E. W. (1998). The Enlightened Eye: Qualitative Inquiry and the Enhancement of Educational Practice. NJ: Prentice-Hall. ch. 4 & 5 참조, 또는 박승배(2006). 교육비평: 엘리어트 아이즈너의 질적연구방법론. 서울: 교육과학사. 제4장 및 5장 참조. 그리고 이 저작에 나타나 있는 아이즈너의 평가관을 타일러의 평가관과 비교, 검토한 논의에 관해서는 곽진숙(2000). 타일러와 아이즈너의 교육평가관 비교 연구. 서울대학교 대학원 석사학위논문 참조.

써 이 일을 수행한다. 그것은 확실성을 신봉하고 인과관계를 강조하며 확증을 통하여 의미를 한정한다. 그러나 서사적 양식은 비유를 존중하고 내포적 의미를 강조하며 비유를 통하여 의미를 전달할 때 애매성을 활용한다. 그것은 사건을 일으킨 원인이 아니라 의도나 목적 등 행위를 일으킨 작인을 이야기한다. 서사적 양식이 보여 주는 것은 과학적으로 확증된 의미에서의 '참'이 아니라 신뢰 가능성 또는 '참일 가능성'이다. 범례적 양식과는 달리, 서사적 양식은 맥락 의존적이며, 과학적 작업이 탈맥락적이며 보편적 성격을 띠는 데에 비하여, 서사적 양식은 브루너의 표현을 빌면 국지적·특수적 사태에 적용된다. 브루너가 지적하고 있듯이, 범례적 담론에서 우리는 말해진 것을 의미로 전달하고자 하는 반면에, 서사적 담론에서는 말해진 것 이상의 의미를 전달하고자 한다(Eisner, 1998a: 11).

다중 문해력이라는 것이 표상의 여러 형식들을 통하여 세계를 이해하는 것 또는 의미를 획득하는 것을 뜻한다고 해서 표상의 여러 형식에 대하여 동등한 중요성을 부여한다고는 볼 수 없다. 표상의 형식이 구체적으로 사용되는 방식과 그 구문 형태에 비추어 말하면, 다중 문해력에서 강조되는 것은 관습적으로 또는 규칙지배적으로 사용되는 언어적·추상적 표상형식보다는 표현적으로 또는 비유적으로 사용되는 비언어적·예술적 표상형식이다. 앞에 인용된 구절은 이때까지의 어떤 설명보다도 이 점을 잘 보여 준다.[5]

마지막으로, 이 글의 관점에서 볼 때 아이즈너의 견해가 지닌 핵심적 난점 한 가지를 지적하고 그 이론적 시사가 무엇인지에 관하여 잠깐 생각해 보겠다. 짐작하건대, 그의 견해가 지닌 근본적인 난점은, 앞에서 간략히 언급된 바와 같이, 인지에서의 감각의 위치, 그리고 감각과 이성의 구분과 관련 방식에

---

5) 아이즈너가 의존하고 있는 랑거의 상징론에서 양자는 각각 '추론적 형식(discursive form)'과 '표상적 형식(presentational form)'이라는 용어로 표현되어 있다. 이 점에 관해서는 특히 Langer, S. K. (1956). *Philosophy in a New Key: A Study in the Symbolism of Reason, Rite, and Art* (3rd ed.). Cambridge Mass.: Harvard Univ. Press. ch. Ⅳ 'Discursive Forms and Presentational Forms' 참조.

서 제기될 수 있다고 보아야 할 것이다. 우선, 그가 말하는 감각이 정확하게 어떤 의미를 지니는가 하는 문제가 있을 수 있다. 그것은, 이성과 함께 인식을 구성하는 한 요소로서의 감각을 지칭하는가, 아니면 이성을 초월한 모종의 특별한 마음의 능력, 예컨대 이성의 작용을 가능하게 하는, 그것에 가정된 총체적 마음의 능력을 의미하는가 등등. 그리고 이 중 어떤 의미로 사용되든지 간에, 감각이 과연 경험의 질을 파악하는 데에 핵심적 역할을 수행하는가, 그렇다면 이 경우에 이성은 어떤 역할을 수행하는가, 여러 가지 감각을 통해서 획득된다고 하는 개념, 이해, 의미 등은 정확하게 무엇을 지칭하며, 상이한 감각을 통하여 획득된 개념의 차이는 어떻게 설명될 수 있는가, 이렇게 획득된 개념이나 의미의 공적 성격은 어떻게 확립될 수 있는가 등등. 이와 같이 아이즈너의 견해와 관련해서는 다양한 인식론적 질문이 제기될 수 있고, 또 제기되어야 한다. 그러나 이때까지의 논의에 비추어 볼 때, 표면에 가장 두드러진 질문은 표상의 여러 형식들 사이의 차이와 관계에 관한 것이며, 표상의 여러 형식들이 개념의 획득과 표현에서 어떤 위치를 차지하는가에 관한 것이라고 말할 수 있다.

따지고 보면, 이 문제는 아이즈너가 표상의 형식을 브루너의 앎의 범례적 양식과 서사적 양식, 또는 랑거의 상징의 추론적 형식과 표상적 형식의 구분에 의존하여 언어적·추론적 형식과 비언어적·예술적 형식으로 구분했을 때 그 속에 이미 들어 있었다고 보아야 한다. 그에 의하면, 과학, 수학 등으로 대변되는 추론적 표상형식과 음악, 미술 등으로 대변되는 예술적 표상형식은 과학과 음악이 별도의 학문으로 구분되는 것과 마찬가지로 상이한 실체를 가진 별개의 표상형식으로 구분된다. 뿐만 아니라, 그는 예술적 표상형식이 다양한 형태로 구분될 수 있다는 점을 인정하면서도 추론적 표상형식에 대해서는, "비록 각 학문들이 서로 다른 용어와 방법론을 사용하고 있기는 하지만" 동일하게 "명제적 언어를 주로 사용하고" 있다는 점에서, 그리하여 각 "학문들이 개념을 표현하기 위해 사용하는 표현매체가 서로 다르지 않다"(Eisner, 1994: 103)는 점 때문에, 이 점을 인정하지 않는다.

그러나 첫째로, 언어라는 매체를 사용한다는 점에서 각 학문은 동일하다고 보아야 하겠지만, 서로 다른 학문에서 사용되는 언어가 과연 '동일한' 성격의 매체인가 하는 데에는 의문의 여지가 있다. 예컨대, 과학에서의 질량을 나타내는 단위로서의 1kg은 수학에서의 수의 관념을 나타내는 단위로서의 1과는 그 성격을 달리한다. 이 점은 우리에게 널리 알려져 있는 피터즈의 지식의 형식에 관한 논의나 브루너의 지식의 구조에 관한 논의 등에 잘 나타나 있으며, 이 점을 고려하면 우리는 언어라는 매체의 표면적 특징과 그 이면의 속성을 구분할 필요가 있을지 모른다. 만약 언어적 매체의 표면적 특징과 그 속성을 의미 있게 구분할 수 있다면, 이 경우에 언어 이면에 들어 있는 속성과 경험의 질 사이의 차이와 관계가 문제로 등장할 가능성이 있다. 다음으로, 첫째 의문과 연결된 것으로서, 아이즈너는 표상의 여러 형식이 각각 상이한 실체를 가지는 것으로, 말하자면 횡적으로 서로 대등하게 구분되는 것으로 간주하는 경향이 있지만, 추론적 표상의 형식 이면에 예술적 표상의 형식이 가정되어 있으며, 따라서 양자는 횡적으로 분리된 것이 아니라 종적으로 관련되어 있다는 견해 또한 충분히 있을 수 있다. 이 견해에 의하면, 아이즈너가 강하게 시사하듯이 예술이라는 것은 경험적 색채를 지닌 특정한 활동을 지칭하는 것이 아니라, 교육과정 활동 이면에 가정되어 있는 인간 존재의 '신적' 차원, 또는 '형이상학적' 차원을 가리키며, 추론적 언어는 바로 이 형이상학적 신성을 표현한다. 이 점에서 '글은 신성을 표현하고 있는 언어양식, 즉 내러티브'가 될 수 있다는 것이다(박종덕, 2011: 61ff.). 이와 같이 추론적 표상형식이 브루너의 용어로 서사적 양식이 될 수 있다는 점은, 양자가 오직 횡적으로 구분만 되는 것이 아니라, 횡적으로 구분될 뿐만 아니라 종적 관련을 맺기도 한다는 생각을 필연적으로 불러일으킨다. 이렇게 생각해 보면, 추론적 표상형식과 예술적 표상형식이 횡적으로 구분되는 경우와 종적 관련을 맺는 경우의 차이는 무엇인가, 이 차이는 교육과정 활동을 설명하는 데에 어떤 의미를 가지는가 하는 문제가 추가적으로 제기될 수밖에 없다.

추론적 표상형식과 예술적 표상형식의 구분과 관련에 관해서는 이상에서 제기된 문제 이외에도 해명해야 할 문제가 산적해 있고, 이들 문제가 자세히 해명되지 않는 한 이 장에서 논의된 아이즈너의 견해가 교육과정이론에 어떤 기여를 할 수 있는지는 충분히 음미될 수 없을 것이다. 그럼에도 불구하고, 한 가지 분명한 것은 아이즈너는 이때까지 교육과정이론에서 그다지 주목받지 못했던 표현매체의 인식론적 중요성을 자각하고 그것을 부각시켰다는 점이다. 사실상, 교육과정이론에서 이 표현매체에 관한 논의는 교육매체 또는 교수매체라는 용어를 빌어 교과 또는 교육내용을 효과적으로 전달하기 위한 일종의 보조적 수단 정도로 해석되어 왔다. 그러나 아이즈너에 의하면, 개념 또는 이해의 표현매체는 곧 교육내용이며, 교육목적을 실현하는 유일한 수단이다. 교육과정이론에서 다루어야 할 핵심 문제가 교육내용의 성격과 의미에 관한 것이라는 점을 감안하면, 아이즈너는 교육과정이론의 한 연구 분야로서 '교육매체론'의 성립 가능성을 시사한다고 말할 수 있다.

제7장

브루너와 지식의 구조 및 탐구학습

브루너는 우즈호올 회의가 개최된 시점으로부터 10여 년이 지난 후에 당시의 상황을 회고하면서 「교육의 과정 재음미」라는 논문을 발표하게 된다. 브루너의 이 논문에서 탐구학습 또는 발견학습에 관한 언급이 차지하는 양은 결코 많지 않지만, 그 내용은 다른 어떤 주제에 관한 언급보다도 극적인 형태를 띠고 있다. 이와 같은 강한 인상 때문이겠지만, 그 논문은 가끔씩 탐구학습에 관한 브루너의 견해를 드러내려는 시도의 출발점이 되기도 한다. 그렇기는 해도 그것이 회고적 성격을 띤다는 점을 감안하면, 탐구학습에 관한 그 논문의 언급은 역시 우즈호올 회의의 최종 보고서인 '교육의 과정'에 뿌리를 두고 있다고 보는 편이 옳다. 더욱이 우즈호올 회의가 개최되기 이전에도 탐구학습이 수업의 한 가지 방식으로 실천되고 있었음에도, 적어도 교육학의 영역에서 탐구학습이라는 개념이 본격적인 관심사로 등장하는 것은 브루너가 그 회의의 결과를『교육의 과정』이라는 책으로 출판한 1960년 이후의 일로 생각되고 있다.『교육의 과정』이라는 책이 탐구학습에 관한 요람으로 간주되는 오늘날의 상황은 이러한 맥락에서 이해될 수 있으며, 그런 만큼 탐구학습의 성격을 밝히려는 사람들이 끊임없이 브루너의 그 책에 천착하는 것은 당연하다.

그런데 탐구학습의 성격을 확인하기 위하여 『교육의 과정』을 검토해 본 사람이라면 누구나 알게 되는 사실이지만, 그 책에는 표면상 탐구학습에 관한 적극적인 규정이나 직접적인 설명이 거의 나타나 있지 않다. 그러므로 탐구학습의 성격에 관한 브루너의 견해를 확인하기 위해서는 누구든지 불가피하게 그 책 전체를 가로질러 탐구학습에 관한 그의 중요한 발언을 수집하여 분석하고 종합하는 방법을 취하지 않을 수 없다. '학습자로 하여금 몇 가지 관련된 사실 속에 들어 있는 모종의 원리를 찾아내도록 이끄는 수업방법' 이라는 탐구학습의 기본적인 골격은 그러한 방법에 의하여 구축된 것이라고 말해도 좋다.

『교육의 과정』이 출판된 직후에 브루너와 그의 동료에 의하여 실시된 수학과의 실험수업은 그러한 탐구학습의 기본 골격을 생생하게 예시하기 위하여 마련된 것으로 짐작된다. 그러나 탐구학습에 관한 여러 가지 통념이 상당한 위세를 떨치고 있는 오늘날의 형편에서 할 수 있는 말이겠지만, 2차 방정식을 소재로 하여 실시된 그 실험수업은, 탐구학습의 성격을 보여 주려는 그들의 숭고한 의도와는 달리, 탐구학습의 사례가 도리어 그것의 성격을 규정하는 기이한 현상을 낳게 된다. 가령, 그들의 실험수업에서는 교사가 미묘한 방식으로 수업에 개입하도록 요구되고 있으며, 학습자는 미묘한 방식으로 이루어지는 교사의 안내를 결정적인 단서로 하여 모종의 원리를 찾아내도록 설계되어 있다(Bruner, 1966: 57-68). 그렇기는 해도 그 수업이 띠고 있는 외형은 설명식 수업에 익숙해 있던 사람들의 시선을 집중시키기에 충분하다. 학습자의 독자적인 활동을 탐구학습의 중요한 특징으로 부각시키면서, 교사의 적극적인 개입을 탐구학습의 금기사항으로 간주하는 오늘날의 통념은 그러한 강한 인상에서 비롯된 것이라고 말해도 크게 틀리지 않는다.

오늘날의 그러한 통념은 탐구학습이 원래의 골격에서 벗어나 점차로 수업의 외부적인 특징에 의하여 규정되는 방향으로 나아갔다는 사실을 단적으로 보여 준다(이홍우, 1988: 43). 탐구학습을 바라보는 이러한 시각의 변화는 수업에 대한 학습자의 능동적인 참여를 강조한다는 점에서 적지 않게 환영을 받고 있지만, 그것은 또한 수업에서의 교사의 역할을 지나치게 피상적으로 파악한다는 점에서 반성의 여지를 안겨 주고 있다. 탐구학습에 관한 오늘날의 통념이 탐구학습을 생생하게 보여 주기 위하여 마련된 탐구학습의 사례에서 비롯된 것이라는 앞의 지적은 탐구학습에 관한 이 반성이 어떤 형태로 구체화되어야 하는가를 시사하고 있다. 탐구학습에 관한 통념을 비판적으로 검토하는 데에서 시작하여, 탐구학습의 사례가 딛고 있는 그것의 기본 골격을 여실하게 드러내는 일이 바로 그것이다. 여기에서는 이 과제를 수행하는 과정에서 탐구학습에 관한 브루너의 견해가 담고 있는 인식론적 의미를 살펴보게 될 것이다.

1. 탐구학습에 관한 통념

탐구학습에 관한 오늘날의 통념이 전적으로 브루너의 『교육의 과정』에 의존하고 있는 것은 아니라 하더라도, 그 속에 나타난 그의 견해가 그러한 통념이 구축되는 데에 적지 않게 영향을 미쳤다는 것은 부정할 수 없다. 특히, 『교육의 과정』에 나타난 다음의 간략한 보고는 탐구학습에 관한 통념이 구축되는 단서로서 널리 주목을 받았던 것으로 알려져 있다.

이 연구에서는 6학년 학습자에게 미국 동남부 지역의 인문지리 단원을 전통적인 방법으로 가르치고 난 뒤에 미국 북중부 지역의 지도를 보여 주었다. 이 지도에는 지형적인 조건과 자연자원이 표시되어 있을 뿐 지명은 표시되어 있지 않았다. 학습자는 이 지도에서 주요 도시가 어디에 있는가를 발견하게 되어 있었다. 학습자는 서로 토의한 결과로 도시가 갖추어야 할 지리적 조건에 관한 여러 가지 그럴 듯한 인문지리 이론을 쉽게 만들어 냈다. 말하자면, 시카고가 5대호 연안에 서게 된 경위를 설명하는 수상교통 이론이라든지, 역시 시카고가 메사비 산맥 근처에 서게 된 경위를 설명하는 지하자원 이론이라든지, 아이오와의 비옥한 평야에 큰 도시가 서게 된 경위를 설명하는 식품공급 이론 등이 바로 그것이다. 지적인 정밀도의 수준이나 흥미의 수준에서 이 학습자는 북중부의 지리 역시 전통적인 방법으로 배운 통제집단의 학습자보다 월등하였다. 그러나 가장 놀라운 점은 이 학습자의 태도가 엄청나게 달라졌다는 것이다. 이 학습자는 이때까지 간단하게 생각해 온 것처럼 도시는 아무 곳에나 그냥 서는 것이 아니라는 것, 도시가 어디에 서는가 하는 것도 한번 생각해 볼 문제라는 것, 그리고 그 해답은 '생각' 함으로써 찾아낼 수 있다는 것을 처음으로 깨달았던 것이다(Bruner, 1960: 71-74).

하버드 대학교의 인지문제연구소에서는 '도시의 입지조건' 을 주제로 하여 실험수업을 실시한 바 있다. 앞의 인용문은 그 실험수업에 대한 보고서의 요약문이다. 이 요약문을 접하는 사람이라면 누구나 학생들이 그 실험수업에 참여한 결과로 여러 가지 용어—가령, 수상교통 이론, 지하자원 이론, 식품공급 이론 등의 용어—로 지칭되는 도시의 입지조건을 스스로 찾아내는 장면을 자연스럽게 떠올리게 되는 것은 그다지 놀라운 일이 아니다. 사람들이 떠올리는 이러한 공통된 인상은 학생들이 교사에 의하여 제시된 몇 가지 관련된 '사실' 로부터 그 속에 함의된 '원리' 를 찾아내는 일반적인 과정을 도시의 입지조건이라는 특수한 사례에 적용한 결과로 갖게 되는 것에 지나지 않는다. 그리고 앞의 인용문으로 기술되는 실험수업이 탐구학습을 예시하기 위하여 마련되었다는 점을 존중하면, 그 일반적인 과정은 탐구학습을 이루는 기본적인 골격으로 받아들일 수 있다. 적어도 탐구학습의 원류를 브루너에게서 찾는 한, 탐구학습은 그러한 과정을 기본 골격으로 삼고 있다는 사실을 받아들이지 않으면 안 된다(김승배, 1987: 9).

교사의 설명을 위주로 하여 진행되는 전통적인 수업에 익숙해 있던 사람들에게는 탐구학습을 예시하는 그러한 수업이 확실히 신선한 충격으로 다가왔을 것이다. 특히, 학습자가 교사의 설명으로 점철된 수업에 참여하는 과정에서 겪는 고통에 동정과 연민을 느낀 사람들 사이에서 탐구학습이 찬양의 대상이 되었을 것이라는 점은 어렵지 않게 짐작할 수 있다. 그리고 탐구학습에 관한 그 찬양은 그것이 폭넓은 지지기반 위에서 설명식 수업과 대비되는 한 가지 대안적인 수업방식으로 자리 잡는 데에 원동력으로 작용했다고 말해도 크게 틀리지 않는다.

탐구학습이 외관상 설명식 수업과 대비를 이루는 수업방식으로 고착된 결과이겠지만, 오늘날에 이르러 탐구학습에서는 교사의 적극적인 개입이 금기사항으로 준수되고 있다(이차숙, 2001: 202). 그리고 학습자가 스스로 주어진 사실로부터 원리를 찾아내는 일련의 과정은, 가령 '문제의 탐색 → 가설의 설정 → 가설의 검증 → 일반화'라는 네 단계에 의하여 예시되는 바와 같이, 수업이 따라야 할 일종의 공식으로 간주되고 있다(나동진, 1998: 1228-1229). 사실상, 브루너가 제시하는 그 실험수업에서는 표면상 교사의 적극적인 개입이라고 할 만한 것이 거의 없을 뿐만 아니라, 학습자 또한 그와 유사한 단계를 거치는 것으로 분석될 수 있다. 그의 실험수업에 대한 이와 같은 시각은 탐구학습을 둘러싼 그러한 금기사항이나 공식이 거의 아무런 의심도 받지 않은 채 당연한 것으로 수용되는 데에 적지 않게 기여한 것으로 생각된다.

그러나 학습자가 그러한 공식을 따른다고 해서 반드시 모종의 원리를 찾아내게 되는 것은 아니며, 탐구학습의 경우에 교사의 적극적인 개입이 반드시 지양되어야 하는 것도 아니다. 탐구학습에 관한 디어덴의 심오한 통찰을 담고 있는 「설명식 수업과 탐구학습」이라는 논문은 그러한 일반적인 경향이 미신에 지나지 않는다는 것을 여실히 보여 준다. 그의 논문은 수업의 형태가 교사의 가르침 유무에 따라 '설명식 수업(instruction)'과 '탐구학습(learning by discovery)'으로 구분된다는 상식적인 견해를 비판하는 데에서 시작된다. 그에 따르면, 교사가 교육내용을 학습자에게 직접적으로 일러주는 설명식 수업이 가르치는 일의 유일한 형태라고 생각해서는 안 된다. 그럴 경우에 탐구학습이라는 것은 마치 교사의 교육적인 노력과는 무관하게 전적으로 학습자 스스로 무엇인가를 찾아내는 수업방식을 가리키는 것으로 오해될 수 있기 때문이다(Dearden, 1967: 135-136).

디어덴은 탐구학습에 관한 그러한 오해를 '유치원교육 모형'과 '추상이론' 이라는 용어로 지칭되는 두 가지 유형의 생각으로 구분하고 있지만, 이들 양자는 한 가지 공통된 생각으로 요약될 수 있다. 학습자는 개별적인 사물이나 현상을 경험함으로써 그 속에 들어 있는 일반적인 원리를 찾아낼 수 있다는 것이 바로 그 생각이다(박재문, 2003: 71). 그런데 탐구학습과 관련된 그러한 상식적인 생각은 오늘날 인식론적 오류로 판명되어 있다(김승배, 1987: 36; 이홍우, 2000: 56). 그러므로 탐구학습은, 그것에 관한 통념과는 달리, 결코 학습자가 혼자서 원리를 찾아내는 수업방식으로 간주될 수 없다.

디어덴은 이와 같이 탐구학습에 관한 상식적인 견해를 부정하면서 '문제해결 모형' 으로 지칭되는 대안적인 관점을 제시한다. 그의 대안적인 관점에 따르면, 탐구학습에서 교사는 단순히 학습에 필요한 자료를 제시하고 적절한 환경을 조성해 주는 것 이상으로, 특별한 교육적 노력을 경주한다. 예컨대, 교사는 학생들에게 원리를 발견하는 데 필요한 단서를 제공하기 위하여 질문이나 제안을 하기도 하고 대화를 나누기도 하며, 심지어 그들에게 무엇인가를 직접적으로 일러 주기도 한다. 한마디로 말하면, 탐구학습은 교사가 언어를 미묘하게 구사하여 학습자의 경험을 안내하는 수업방식을 가리킨다는 것이 디어덴의 견해다(Dearden, 1967: 151). 그리하여 학습자가 전적으로 자신의 힘에 의존하여 주어진 단계를 거침으로써 모종의 원리를 찾아낸다는 것은 원칙상 불가능하며, 탐구학습에서는 교사의 개입이 절대적으로 필요하다는 결론에 도달하게 된다(이차숙, 2001: 203; 정혜진, 1994: 80).

'언어의 미묘한 구사' 라는 말로 요약되는 교사의 활동이 정확하게 어떤 성격의 것인가에 대한 설명은 뒤로 미루고, 탐구학습에 관한 디어덴의 대안적인 견해가 갖는 이론적 타당성은 사람들로 하여금 탐구학습을 둘러싼 미신을 타파하도록 이끈다는 점에서 중요성을 띤다. 그러나 그렇다고 해서 '몇몇 관련된 사실로부터 그 속에 붙박여 있는 원리를 찾아낸다' 는 탐구학습의 기본 골격이 전체적으로 부정되어야 하는 것은 아니다. 그것은 교육내용이 '사실' 과 '원리' 라는 서로 구분되는 두 가지 요소의 차이와 관련으로 성립한다는 심오한 이론적 통찰에 기반을 두고 있으며, 탐구학습을 온전하게 이해하기 위해서는 도리어 교육내용에 관한 그 통찰을 드러내어 강조할 필요가 있다.

　　먼저 사실과 원리의 차이에 관해서 말하면, '사실'은, 학습자에게 제시해 주어야 할 그 무엇이라는 사실이 명백히 보여 주는 바와 같이, 학습자에게 직접적으로 가르칠 수 없는 대상이 아니다. 교육내용의 한 부분으로 포함되어 있는 '사실'은 오히려 학습자에게 가르쳐 주어야 할 대상이다. 그러므로 사실을 가르쳐 주는 것은, 탐구학습의 성격에 위배되기는커녕, 탐구학습의 불가피한 조건에 해당한다고 말하는 편이 옳다(이홍우, 1979a: 434). 그러나 '원리'의 경우에, 그것을 가르쳐 주는 것은 탐구학습의 성격에 정면으로 위배되며, 이 점에서 그것은 결코 직접적으로 가르쳐 주어서는 안 된다(이홍우, 1979a: 434). 차라리 원리는, 교사가 직접적으로 가르칠 수 있는 대상이 아니라, 학습자 스스로 찾아내지 않고는 도저히 획득할 수 없는 그런 성질의 것이라고 말하는 편이 옳을지 모른다(Dearden, 1967: 140).

　　사실과 원리가 이와 같이 상이한 성격의 교육내용이라고 해서, 이들 양자가 전혀 무관하다고 생각하는 것은 잘못이다. 사실과 원리가 결코 무관할 수 없다는 주장 또한 사실을 통해서 원리를 획득한다는 탐구학습의 기본 골격 속에 이미 시사되어 있다. 사실이 원리를 획득하는 통로가 된다는 뜻으로 바꾸어 읽을 수 있는 그 골격은 논리적으로 말하여 교사에 의하여 주어지는 사실이 원리의 외부적인 표현이요 학습자에 의하여 획득되어야 할 원리가 사실의 원천이라는 점, 그리고 사실의 원천으로서의 원리가 그것의 표현으로서의 사실 속에 붙박여 있다는 점을 받아들이지 않는 한 도저히 등장할 수 없다(김광민, 2001b: 25; 박채형, 2003: 129). 교육내용을 이루는 사실과 원리가 서로에 대하여 표현과 원천의 관계를 나타낸다는 전자의 분석은 원리가 사실 '속'에 붙박여 있다는 후자의 분석에 의하여 한층 더 가시화될 수 있다. 여기서 사용된 '속'이라는 용어는, 문자 그대로 물리적 공간을 가리키는 것이라기보다는, 사실과 원리가 따로 떨어져서 별도로 존재하는 것이 아니라는 사실을 지적하는 공간적인 비유에 불과하다. '속'이라는 용어가 어차피 그 관계를 공간적으로 보여 주기 위하여 사용된 비유적 표현에 지나지 않는다면, 그 말을

'이면' 또는 '위층' 이라는 말로 대치해도 그 관계는 전혀 훼손되지 않는다. 그러므로 원리가 사실 속에 붙박여 있다는 말은 원리가 사실의 이면 또는 위층에 있다는 뜻으로 고쳐 읽어도 무방하며, 사실은 그것과의 대비에 의하여 원리의 표면 또는 아래층에 있다고 말할 수 있다(박채형, 2003: 81-82; 이홍우, 2000: 13-14). 그리하여 사실의 원천으로서의 원리는 그것의 표현으로서의 사실과 정확히 겹쳐서 위아래로 맞붙어 있는 것으로 파악된다.

　위아래의 비유는 위와 아래라는 엄격한 공간적 구분을 통해서 그 각각에 위치하는 원리와 사실이 차원을 달리한다는 점을 분명하게 확인시키는 동시에, 이들 양자가 결코 사실적으로 분리될 수 없다는 점을 부각시켜 준다. 원리가 사실과 분리될 수 없는 동시에 그것과 차원을 달리하여 존재한다는 것은 차라리 위아래의 비유에 의하여 확인된다고 말하는 편이 옳다. 요컨대, 사실의 원천으로서의 원리와 그것의 표현으로서의 사실이 위아래로 맞붙어 있는 그러한 구조를 부버의 용어를 빌어 '중층구조(重層構造)' 라고 부를 수 있다면(Buber, 1983: 9), 탐구학습의 기본 골격은 우리에게 교육내용의 중층구조에 기반을 두고 탐구학습을 규정하도록 요구하는 것으로 받아들일 수 있다.

　『교육의 과정』에 등장하는 핵심적인 개념인 '지식의 구조' 와 그것과 대비를 이루는 '중간언어' 라는 개념은 이러한 중층구조를 정면으로 내세우기 위하여 마련된 개념적 방안으로 해석될 수 있다. 이하에서는 이 점을 확인하는 동시에, 그것에 근거하여 탐구학습에 관한 브루너의 원래 견해와 더불어 탐구학습에 관한 통념이 어떻게 수정되어야 하는가를 고찰할 것이다.

2. 지식의 구조와 탐구학습

　『교육의 과정』은 교과가 어떤 성격의 것이어야 하는가를 분명하게 보여 주기 위하여 개최된 우즈호올 회의의 최종적인 보고서이며, 이 책을 가로질러 끊임없이 등장하는 '지식의 구조' 라는 유명한 개념은 우즈호올 회의의 그러한 의도를 압축하기 위하여 고안된 것으로 알려져 있다. 그러므로 탐구학습을 비롯하여『교육의 과정』에 등장하는 다양한 개념은 지식의 구조라는 개념을 구심점으로 삼고 있다고 해도 틀리지 않는다(손민호, 1995: 12). 지식의 구조라는 개념이 어떤 성격의 것인가를 드러내는 일은 이 점에서 탐구학습에 관한 브루너의 견해를 이해하는 데에 선결과제가 된다.

『교육의 과정』에는 지식의 구조라는 개념을 이해하는 데에 도움이 될만한 단서가 여러 장면에 걸쳐 등장하지만, 그 모든 단서가 지식의 구조에 대한 정확한 이해로 안내하는 것은 아니다. 예컨대, 브루너는 책의 서론에서 지식의 구조가 어떤 성격의 것인가를 설명하겠다고 공언하면서, 생물학에 등장하는 '향성'의 원리를 그 사례로 제시한 이후에, 사물이나 현상이 관련되어 있는 모양을 지식의 구조라고 말하는 것처럼 보인다(Bruner, 1960: 47-48). 지식의 구조라는 개념이 그 책 속에서 '일반적인 개념과 원리' 혹은 '기본적인 아이디어' 등의 용어와 상호 교환적으로 사용되고 있다는 사실은 그러한 시각에 한층 더 신빙성을 부여한다.

그러나 지식의 구조를 각 교과에 등장하는 일반적인 개념이나 원리와 동일시하는 입장은 치명적인 난점을 안고 있다. 우선 그러한 입장에서는 지식의 구조라는 개념이 띠고 있는 것으로 평가되던 혁명적인 아이디어가 정당하게 존중되지 않는다. 향성과 같은 일반적인 개념이나 원리는 지식의 구조라는 개념이 등장하기 이전에도 교과의 중요한 내용으로 포함되어 있었다고 보아야 하며, 이 점에서 그것을 가르쳐야 한다는 주장은 하등 새로울 것이 없기 때문이다(이홍우, 1988: 25-26). 더욱이 향성이라는 개념으로 대표되는 일반적인 개념이나 원리 그 자체는 학자들이 찾아낸 학문적 결과물로서 교과의 표면을 뒤덮고 있으며, 그런 만큼 그것은 정의상 브루너를 비롯하여 우즈호올 회의에 참석한 학자들이 그토록 비난을 토로했던 '중간언어'에 속한다고 말하는 편이 옳다(박재문, 2003: 44).

『교육의 과정』의 서론에 나타난 그 말이 지식의 구조에 관한 그릇된 견해를 만들어 낸다면, 이 책이 토대를 두고 있는 '핵심적 확신'에 관한 다음의 발언은 지식의 구조가 어떤 성격의 것인가를 이해하는 데에 결정적인 단서를 제공하는 것으로 널리 인용되고 있다.

> 그 핵심적 확신이라는 것은 곧 "지식의 최전선에서 새로운 지식을 만들어 내는 학자들이 하는 것이든 초등학교 3학년 학습자가 하는 것이든 간에 막론하고 모든 지적 활동은 근본적으로 동일하다"는 것이다. 과학자가 자기 책상이나 실험실에서 하는 일, 문학평론가가 시를 읽으면서 하는 일은 누구든지 이와 비슷한 활동, 다시 말하면 모종의 이해에 도달하려는 활동을 할 때 그 사람이 하는 일과 본질상 다름이 없다. 이런 활동들에서의 차이는 하는 일의 '종류'에 있는 것이 아니라 지적 활동의 '수준'에 있는 것이다 (Bruner, 1960: 59-60).

앞의 인용문에는 표면상 지식의 구조라는 용어가 등장하지 않으며, 그런 만큼 그것은 지식의 구조라는 개념을 이해하는 데에 그다지 도움이 되지 않는 것처럼 보일 수 있다. 그러나 그 뒤에 이어지는 "종래의 교육에서는, 가령 물리학의 경우에 물리학자들과 마찬가지로 물리현상을 탐구하기보다는, 물리학의 탐구 결과로 얻은 여러 가지 결론을 배웠다"라는 말을 우즈호올 회의의 문제의식과 결부시켜 생각해 볼 경우에 사정은 달라진다. 우즈호올 회의의 문제의식이 그들의 용어로 중간언어를 가르치던 종래의 교육에서 탈피하여 학습자로 하여금 지식의 구조를 획득하도록 하는 데에 있었다는 것은 널리 알려져 있는 사실이다. 앞의 말을 이러한 문제의식과 결부시켜 생각해 보면, 지식의 구조를 가르친다는 것은 다름 아닌 학자들과 마찬가지로 현상을 탐구하도록 한다는 뜻으로 읽을 수 있다. 그러므로 "교과를 공부하는 학습자는 그 교과의 최첨단에서 학문을 하는 학자와 본질상 동일한 일을 한다"는 말로 요약되는 핵심적 확신은 거의 그대로 지식의 구조에 관한 규정으로 간주될 수 있다. 그리하여 지식의 구조라는 것은 학습자가 학자와 동일한 일을 하면서 교과를 배울 때 그 학습자가 배우는 교과 또는 학자들이 하는 활동으로서의 학문과 동일한 상태로 가르쳐지는 교과로 규정될 수 있다(이홍우, 1988: 31).

지식의 구조에 관한 이 규정은 브루너의 발언에서 해석해 낼 수 있는 최선의 것이라고 말해도 과언이 아니다. 그렇기는 해도 그것은 당장 "학자들이 하는 활동으로서의 학문과 동일한 상태로 가르친다"는 말이 정확하게 무슨 뜻인가 하는 질문과 더불어, 그 일이 어떻게 가능한가 하는 질문을 불러일으킨다. 이 질문에 대한 대답을 제시하지 못할 경우에 지식의 구조에 관한 자신의 발언이 공허해진다는 것을 알고 있었다는 듯이, 브루너는 이후의 저작에서 그 대답이라고 생각될 만한 주장을 제시하고 있다. 지식의 구조를 가르친다는 것은, 교과를 '토픽'으로 가르치는 것이 아니라, '사고방식'으로 가르쳐야 한다는 말이 바로 그 주장이다(Bruner, 1972: 109).

지식의 구조 혹은 그것을 가르치는 일에 관한 브루너의 사후적인 요약으로 지목되는 이 말은 지식의 구조라는 개념이 등장하는 시점을 분수령으로 하여 교과 혹은 그것을 가르치는 일에 관한 생각이 어느 정도 확연한 차이를 나타내는가를 가시적으로 보여 주고 있다. 즉, 종전까지 교과가 '책에서 베껴 낼 수 있는 사실의 더미' 또는 '알아야 할 그 무엇'으로 간주되었다면, 그 이후에 그것은 '지식을 처치할 수 있는 장치' 또는 '할 줄 알아야 할 그 무엇'으로 새롭게 태어났다는 것이다(이홍우, 1992: 80). 그러므로 교과를 배우는 학습자는 그것에 관한 '관람자'가 아니라 '참여자'가 되어야 했으며, 교과를 가르치는 교사는 교과에 '관하여' 가르칠 것이 아니라 교과를 '하도록' 가르치지 않으면 안 되었다. 말하자면, 브루너를 위시하여 우즈호올 회의에 참석한 사람들은 교과의 표면에 나열된 사실의 더미 또는 알아야 할 그 무엇을 중간언어로 규정하면서, 그것을 획득하는 데에 머무르는 교육에서 벗어나 '모종의 이해에 도달해야 한다'는 점을 지적하기 위하여 지식의 구조라는 개념을 고안해 냈던 것으로 파악된다. 그리하여 "학자들이 하는 활동으로서의 학문과 동일한 상태로 가르친다"는 말은 교과를 가르치되 그것이 학습자에게 이해되도록 또는 이상적으로 전수되도록 가르친다는 뜻으로 받아들일 수 있다(임병덕, 2001: 214).

　이상의 설명을 통해서 짐작할 수 있는 바와 같이, 브루너는 지식의 구조라는 개념에 초점을 두고 교과교육의 성격을 설명하고 있다. 그러나 그렇다고 해서 그가 교과의 표면에 나열된 중간언어를 전적으로 배제한다고 생각하는 것은 잘못이다. 왜냐하면 교과는 그것이 어떤 것이든지 간에, 중간언어로 지칭되는 외부적인 매체에 의존하지 않는 한 존재할 수 없기 때문이다. 교과의 이러한 존재방식을 존중하면, 브루너든 누구든 간에 지식의 구조 그 자체를 직접적으로 전수한다는 것은 원칙상 불가능하며(유한구, 2001a: 260-261), 그것을 전수하는 과정에는 중간언어의 개입이 불가피하다는 점을 받아들이지 않을 수 없다(김광민, 2001b: 33; 임병덕, 2001: 217). 그러므로 중간언어에 대한 브루너의 부정적인 태도는, 중간언어에 부여된 매체로서의 지위를 박탈하는 데에 초점을 두고 있다기보다는, 교과가 지식의 구조에 의하여 지시되는 이상적인 상태를 지향해야 한다는 점을 강조하기 위한 수사학적 방안으로 받아들이는 편이 옳다.

　브루너의 이론체제 내에서 중간언어가 지식의 구조를 획득하기 위하여 거쳐야 할 통로가 된다는 이러한 해석은 교육내용의 한 부분으로 포함되어 있는 '사실'이 그것의 다른 한 부분으로서의 '원리'를 획득하는 통로가 된다는 점으로부터 이끌어 낸 이들 양자의 관계를 연상시킨다. 앞에서 고찰한 그 관계에 근거하여 중간언어가 지식의 구조를 획득하는 통로가 된다는 사실을 해석하면, 중간언어와 지식의 구조는 각각 교과의 표면과 이면 또는 아래층과 위층에 존재하면서, 서로에 대하여 표현과 원천의 관계를 나타낸다고 말할 수 있다(임병덕, 2001: 221-222). 그리하여 교과는 지식의 구조의 외부적인 표현으로서의 중간언어와 그것의 원천으로서의 지식의 구조가 아래층과 위층으로 정확하게 겹쳐서 맞붙어 있는 중층구조를 나타내는 것으로 파악될 수 있다.

　탐구학습에 관한 통념이 교육내용의 중층구조를 바탕에 깔고 있는 것과는 달리, 브루너는 이와 같이 바로 그 중층구조를 전면에 내세우고 있으며, 탐구학습에 관한 그의 견해는 지식의 구조라는 개념에 초점을 두고 그러한 교과의 구조적 성격을 설명하는 과정에서 산발적으로 등장하고 있다. 탐구학습에 관한 통념이 모종의 난점을 안고 있다는 사실을 알고 있는 우리의 입장에서 할 수 있는 말이겠지만, 지식의 구조라는 개념에 근거하여 탐구학습의 성격을 드러내려고 했던 브루너의 그러한 시도 속에는 탐구학습에 대한 그릇된 견해를 겨냥한 경계심이 녹아 있는 것으로 생각된다.

다소간은『교육의 과정』에 등장하는 '스스로 찾아낸다' 는 말에서 비롯된 현상이겠지만(Bruner, 1960: 71, 74), '탐구' 라는 용어는 흔히 학습자가 '혼자서' 또는 '개인적으로' 새로운 것을 찾아내는 일을 가리키는 것으로 생각되는 경향이 없지 않다. 그러나 학습자가 그러한 방식으로 원리를 발견한다는 것은, 브루너든 누구든 간에 도저히 받아들일 수 없는 인식론적 오류로 간주되고 있는 것이 오늘날의 형편이다. 탐구라는 말에 대한 그러한 축어적인 해석이 브루너의 견해와 거리가 멀다는 것은 학자들이 수행하는 일에 관한 그의 견해를 통해서 어렵지 않게 확인할 수 있다. 브루너의 이론체계 내에서 '탐구' 라는 용어는 대체로 학자들에 의하여 수행되는 학문적 활동을 가리키지만(Bruner, 1960: 60), 학자들 중에서 '혼자서' 또는 '개인적으로' 새로운 것을 찾아내는 일을 하는 사람은 그다지 많지 않다. 대부분의 학자들은 다른 학자들이 남겨 놓은 책이나 논문에 근거하여 그들의 문제의식과 그 해결책을 알아보는 데에 거의 모든 시간을 할애한다고 말하는 것이 타당하다. 말하자면, 그들의 그러한 활동은 앞의 인용문에 등장하는 용어로 '모종의 이해에 도달하는 데에' 그 목적을 두고 있으며, 이해의 획득은 탐구라는 활동의 성격을 결정짓는 핵심적인 의미요소에 해당한다.

"교과를 공부하는 학습자는 그 교과의 최첨단에서 학문을 하는 학자와 본질상 동일한 일을 한다" 는 핵심적 확신이 시사하는 바와 같이, 탐구라는 용어에 대한 그러한 해석은 그대로 학습자에게도 적용될 수 있다. 즉, 학습자의 경우에 탐구라는 것은 다른 어떤 것이기 이전에 교육의 전통으로 주어져 있는 교과를 대상으로 하여 그것에 대한 이해를 도모하는 활동을 가리키는 것으로 파악될 수 있다. 그러므로 탐구학습이라는 것은 설명식 수업과 대비되는 수업의 외관상의 모양을 가리키기보다는 교과를 대상으로 하여 이해에 도달하기 위한 수업방식을 가리킨다는 것이 브루너의 견해로 받아들일 수 있다. "소위 '탐구학습법' 이라는 깃발을 휘두르며 내달아 심지어 별자리의 이름까지도 '탐구' 해 내야 한다고 주장하였다"(Bruner, 1971: 191)라는 야유조의 발언은 탐구학습에 관한 그의 이러한 견해를 회화적으로 보여 주고 있다.

'지식의 구조' 를 획득한 상태와 '이해' 에 도달한 상태가 '학습자가 학자와 동일한 일을 하면서 교과를 배울 때 그가 배우는 교과' 라는 한 가지 말에 의하여 동시에 규정되고 있다는 점을 상기하면, 탐구학습에 관한 앞의 규정은 지식의 구조라는 개념을 한 부분으로 포함하고 있는 교과의 중층구조에 의하여 보다 선명하게 도식화될 수 있다. 지식의 구조는 그것의 외부적인 표현이 중간언어라는 바로 그 점에서 결코 표현된 형태로 존재할 수 없다. 지식의 구조는 그것이 언어를 빌려 표현되는 순간, 지식의 구조 그 자체가 아니라, 중간언어로 둔갑하게 된다. 지식의 구조가 나타내는 이러한 성격은 교사가 불가피하게 의존할 수밖에 없는 언어적 표현이 곧 지식의 구조일 수는 없다는 점, 따라서 지식의 구조는 교사의 언어적 표현만으로 전수될 수 있는 것이 아니라는 점을 보여 준다. 그럼에도 불구하고 지식의 구조가 전수의 대상이라면, 그것은 필경 학습자가 스스로 중간언어를 단서로 하여 찾아내지 않으면 안 된다. 결국, 브루너가 염두에 두고 있는 탐구학습이라는 것은 학습자로 하여금 중간언어로 지칭되는 언어적 표현물을 매개로 하여 지식의 구조가 가리키는 표현되기 이전의 이상적인 경지에 도달하도록 이끌려고 할 경우에 마땅히 따라야 할 방법상의 원리를 가리키는 것으로 파악될 수 있다(이홍우, 1988: 37).

3. 탐구학습과 교사의 역할

탐구학습에 관한 브루너의 견해는 중간언어가 지식의 구조로 도약하는 발단이 된다는 논리적 사실에 근거하고 있지만, 중간언어를 발판으로 하여 지식의 구조로 도약하는 사실적 과정이 언제나 순탄하게 진행되는 것은 아니다. 탐구학습은 이 점에서 '중간언어를 통해서 지식의 구조로 나아가는 일은 어떻게 가능한가' 하는 사실적 질문을 제기한다고 말할 수 있다. 탐구학습이라는 것이 교사와 학습자의 상호작용으로 도식화되는 수업방법의 일종이라는 점에 착안하여 말하면, 이 질문에 대한 대답은 필경 교사에게서 찾을 수밖에 없을 것이다(김광민, 2001b: 28, 33, 36). 그리하여 탐구학습의 이상이 실현되는 방안을 모색하도록 요구하는 이 질문은 탐구학습에서도 교사가 모종의 결정적인 역할을 수행하지 않으면 안 된다고 선언하면서, 탐구학습에서 교사가 수행해야 할 역할이 정확하게 어떤 것인가를 드러내도록 요구하는 것으로 받아들일 수 있다.

　브루너가 플라톤의 대화편『메논』에 나타난 소크라테스와 노예소년의 대화에 주목했다는 사실은 그 요구에 부응하기 위한 좋은 출발점이 될 수 있다.『메논』에 기술된 그 대화의 장면에서 소크라테스는 질문을 통해서 노예소년에게 추측의 기회를 제공하며, 그 소년은 그것에 대한 자신의 추측을 대답으로 제시하고 있다(Meno: 82a-85d). 브루너가 이 장면을 탐구학습에 대한 회고의 시발점으로 삼는다는 사실이 시사하는 바와 같이(Bruner, 1971: 190), 우즈호올 회의에 참석한 학자들의 눈에는 그 장면이 탐구학습의 생생한 사례로 보였던 모양이다. 우즈호올 회의에서 소크라테스와 노예소년의 그 대화가 끊임없이 사람들의 입에 오르내렸던 이유는 바로 여기서 찾을 수 있다.

　『메논』의 그 대화에 대한 그들의 천착이 탐구학습에서의 교사의 역할과 관련하여 주목을 받는 것은, 그들이 그 대화에 천착했다는 언급에 이어서 "학습자가 배워야 할 개념이나 원리를 그들이 파악할 수 있는 형태로 친절하게 '번역' 해 주는 방법이 있다"(Bruner, 1971: 191)는 말이 등장하기 때문이다. 맥락으로 미루어 볼 때, 소크라테스가 그 대화의 장면에서 노예소년에게 질문을 던지는 일은 성격상 학습자가 배워야 할 개념이나 원리를 그들의 수준에 맞게 번역하는 일과 다르지 않다는 것이 브루너의 입장으로 짐작된다. 이 짐작이 틀리지 않는다면, 브루너는 탐구학습에서의 교사의 역할이 소크라테스에 의하여 구사된 바로 그 '질문' 혹은 '번역'이라는 용어로 요약될 수 있다고 생각한 것으로 파악될 수 있다.

브루너의 이 견해가 정확하게 어떤 성격의 것인가를 이해하기 위해서는 그것을 다음의 구절과 결부시켜 생각해 볼 필요가 있다. "학자의 가장 고귀한 역할은, 심지어 큰 연구기관이나 대학의 학자에게 있어서도, 지식을 교육의 내용으로 전환시키는 것, 다시 말하여 지식을 학습자의 학습에 도움이 되는 형태로 바꾸어 놓는 데에 있다"(Bruner, 1971: 188-189). 탐구학습에서 교사가 수행하는 역할에 관한 앞의 해석에 도달한 사람은 이 구절을 접하는 순간에 당혹감을 감출 수 없을 것이다. 교사와 학자 사이에는 엄연한 역할의 차이가 있다는 일반적인 생각과는 달리, 브루너는 탐구학습에서의 '교사'의 역할을 요약하는 데에 동원된 번역이라는 말을 그대로 '학자'의 교육적 역할을 규정하는 데에 활용하고 있기 때문이다.

그러나 '번역'이라는 말을 둘러싼 그러한 갈등은 가르치는 사람과 그 대상의 논리적 관련에 의하여 어렵지 않게 해소될 수 있다. 가르치는 일에 종사하는 사람은 그 분야를 막론하고 자신이 가르칠 대상을 이미 알고 있다고 보아야 하며, 자신이 가르칠 대상을 알지 못하는 경우에는 가르친다는 것 그 자체가 논리적으로 불가능하다(Dearden, 1967: 144). 교과를 가르치는 일에 헌신하는 사람으로서의 교사는 이 점에서 자신이 가르칠 교과를 이미 마음속에 갖추고 있다고 보지 않으면 안 된다. 다시 말하면, 마음의 바깥에 주어져 있는 교과를 교과가 아니라고는 말할 수 없지만, 교사에게는 교과가 이미 마음의 형태로 갖추어져 있다고 보아야 한다(김광민, 2001b: 28).

교사가 자신의 마음속에 이미 갖추고 있는 것으로 생각되는 교과는 그가 그때까지의 교육과 삶을 통해서 내면화한 것 이외에 다른 것일 수 없다. 사실상, 교과를 내면화하는 과정에는 그것과 관련된 흥분이나 긴장을 비롯하여 좌절감이나 경외심 등 온갖 정서가 동반되기 마련이다(Bruner, 1960: 70-71). 이점을 존중하면, 교사가 갖추고 있는 마음의 교과는 단순한 지적 덩어리라기보다는 그것과 더불어 그러한 정서가 한꺼번에 융합되어 있는 것이라고 말하는 편이 옳다. 물론, 교과를 배우는 일에는 원칙상 종착점이라는 것이 있을 수 없으며, 그런 만큼 교사가 갖추고 있는 교과는 언제나 불완전한 형태를 띨 수밖에 없다. 그렇기는 해도 교사는 자신이 이미 내면화한 교과를 학습자에게 전수하는 존재라는 점에서 수업을 시작하는 순간에 어떤 사람보다도 교과를 완벽하게 갖추고 있는 존재로 거듭 태어나게 된다고 말할 수 있다. 적어도 수업에 참여하는 학습자에게는 교사가 그러한 이상적인 존재로 파악된다고 보아야 한다. 그리하여 교사는 마음이 바로 교과요 교과가 바로 마음인 살아 있는 교과의 구현체라고 말할 수 있다(유한구, 2001a: 262).

교사가 살아 있는 교과의 구현체라는 말은 교육의 과정에서 교사가 위치하는 지점을 가시적으로 보여 준다. 단도직입적으로 말하면, 교사는 교과의 구현체라는 점에서 교과가 유도하는 이상적인 경지 또는 학습자가 나아가야 할 이상적인 경지를 자신이 수행해야 할 역할의 출발점으로 삼게 된다. 그리고 브루너의 핵심적 확신에 의하면, 교사가 출발점으로 삼는 그 이상적인 경지는 그 종류에 있어서 학문이 유도하는 최종적인 지점 또는 학자들이 추구하는 최종적인 지점과 다르지 않다. 교사는 이 점에서 학자들이 추구하는 최종적인 경지를 자신에게 주어진 과업의 출발점으로 삼는 존재라고 말할 수 있다. '번역'이라는 말을 둘러싼 앞의 갈등은 이와 같이 교과와의 관련에서 파악되는 교사의 이러한 개념적 지위를 부각시키기 위한 브루너 나름의 방안으로 해석될 수 있다.

교사가 교과를 가르치기 이전에 이미 그것을 마음의 형태로 갖추고 있다는 개념적 사실은 수업에서의 교사의 활동이 근본적으로 자신의 마음속에 갖추어져 있는 교과를 외부적으로 표현하는 일 이외에 다른 것일 수 없다는 점을 보여 준다. 교과를 이루는 두 측면으로서의 '정보'와 '판단'의 관계에 관한 오우크쇼트의 견해는 교사의 그 표현행위를 온전하게 이해하는 데에 도움이 될 수 있다. 그에 의하면, 교과를 가르치는 교사의 활동은, 단순히 마음의 바깥에 있는 '정보'를 전달하는 것이 아니라, 자신의 마음속에 이미 갖추어져 있는 '판단'을 전수하는 일로 파악될 수 있다(Oakeshott, 1965: 246). 그런데 판단은 정보의 이면에 들어 있는 그것의 원천으로서 직접적인 전달의 대상이 될 수 없으며, 직접적인 전달의 대상이 되는 것은 오직 판단의 외부적인 표현으로서의 정보뿐이다. 그러므로 판단은 정보를 전달하는 일과 별도로 전수될 수 없으며, 교사가 판단을 전수하는 일은 오직 정보를 전달하는 과정에서 간접적으로 이루어질 수밖에 없다(Oakeshott, 1965: 243).

사실상, 교사가 언어를 통해서 자신의 마음을 표현하는 과정에는 어조, 표정, 몸짓 등으로 드러나는 스타일이 동반되기 마련이며(Oakeshott, 1965: 237), 교사의 그러한 비언어적 표현은 자신의 마음속에 갖추어져 있는 교과를 전신체적으로 드러내는 것 이외에 다른 것일 수 없다(Collingwood, 1938: 246-247). 그러므로 판단을 전수하는 일이 정보를 전달하는 과정에서 간접적으로 이루어진다는 오우크쇼트의 주장은 판단으로 지칭되는 마음의 교과가 언어적 표현에 동반되는 여러 가지 복잡하고 미묘한 비언어적 표현에 의하여 드러나지 않게 전수된다는 뜻으로 읽을 수 있다. 그리하여 교사의 핵심적인 관심사는 자신의 마음속에 갖추어져 있는 교과를 언어적으로 표현하는 과정에 동반되는 전신체적 정서표현을 통해서 자신의 마음을 학습자의 마음에 은밀하게 감염시키는 데에 있다는 것이 오우크쇼트의 견해로 파악될 수 있다.

탐구학습에서의 교사의 역할을 규정하는 '번역'이라는 말은 성격상 교사의 그러한 표현행위와 다른 것일 수 없다. 번역이라는 말이 가리키는 교사의 활동은 질문이나 제안이나 안내 등 여러 가지 특수한 형태로 나타나게 되지만, 그것은 근본적으로 언어적 표현과 그것에 동반되는 비언어적 표현의 결합으로 이루어져 있으며, 교사가 학습자로 하여금 지식의 구조를 획득하도록 이끄는 데에는 그중의 한 요소인 교사의 비언어적 표현이 필수적으로 요청된다. 디어덴이 내세우는 '언어의 미묘한 구사'라는 말은 교과교육에서 교사의 언어적 표현에 수반되는 그러한 비언어적 표현이 갖는 절대적 중요성을 부각시키는 것으로 받아들일 수 있다.

다음의 말이 보여 주는 바와 같이, 브루너는 희미하게나마 그 점을 지각하고 있었던 것으로 생각된다. "수학의 힘과 아름다움에 관하여 아무런 느낌을 가지지 못하는 사람은 다른 사람에게 수학에 관한 내재적 희열에 불을 붙일 수 없으며"(Bruner, 1960: 178), "교과를 아동의 사고방식에 알맞도록 번역하는 일은 교과에 대한 아동의 흥미를 개발하기 위한 것인 동시에 지적 활동 일반에 대한 올바른 태도와 가치관을 개발하기 위한 것이다"(Bruner, 1960: 154). 결국, 탐구학습에서 교사가 교과를 탐구의 대상으로 번역하는 것은 학습자에게 교과를 자신의 것으로 받아들이려는 열정을 불러일으키는 데에 그 목적이 있으며, 학습자가 교과를 온전하게 내면화하는 일은 오직 교사에 의하여 유발되는 그 열정을 추진력으로 하여 가능하다고 말할 수 있다(임병덕, 2003: 125, 129). "교사가 자신의 인성으로 연출해 내는 극적인 수업은 교구의 가장 좋은 보기다"(Bruner, 1960: 168)라는 브루너의 진부한 말이 새삼 주목의 대상이 되는 것은 이 점에서 오히려 당연하다.

4. 덧붙여서

탐구학습에 관한 브루너의 견해는, 그의 원래 의도와는 무관하게, 수업에 관한 실제적 처방으로 정착되는 과정에서 서로 긴밀하게 관련되어 있는 두 가지 사고방식을 산출하게 된다. 탐구학습은 수업이 구현해야 할 외부적인 특징이라는 것이 한 가지 사고방식이라면, 다른 한 가지는 탐구학습의 경우에 교사의 적극적인 개입이 지양되어야 한다는 사고방식이다. 학습자가 사전에 정해져 있는 절차에 따라 자신의 활동을 능동적으로 이끌어 나가는 것이 탐구학습이라는 전자의 사고방식은 오늘날까지 그것과 대비되는 설명식 수업에 혐오감을 느끼는 교사와 학습자로부터 적지 않게 환영을 받고 있다. 그러나 학습자가 혼자서 그러한 외부적인 절차를 밟아 감으로써 교과의 심오한 의미를 획득할 수 있다는 생각은 이미 인식론적 오류로 간주되고 있다.

전자의 사고방식이 안고 있는 이 오류는 적어도 교육의 경우에는 교사의 역할에 의하여 극복될 수 있다. 즉, 교사의 적극적인 개입은 탐구학습 속에서 학습자가 교과를 온전하게 내면화하는 데에 필수적인 요건에 해당한다는 것이다. 전자의 사고방식이 탐구학습에서의 이러한 교사의 중요성을 간과하고 있다면, 후자의 사고방식은 그것을 적극적으로 부정하고 있으며 그런 만큼 그 사고방식은 결코 올바른 것일 수 없다. 탐구학습에 관한 오늘날의 사고방식이 안고 있는 두 가지 난점은 이 점에서 교과교육에서의 교사의 역할이 정당하게 존중되지 않는다는 한 가지 난점으로 귀착될 수 있다. 그리고 본문에서와 같이 중층구조의 아이디어에 근거하여 브루너의 탐구학습을 고찰한 이후에 할 수 있는 말이겠지만, 그 난점은 근본적으로 교사와 교과의 긴밀한 관련을 온전하게 드러냄으로써 극복될 수 있다.

브루너가 염두에 두고 있는 탐구학습은 학습자로 하여금 중간언어로 지칭되는 언어적 표현을 발판으로 하여 지식의 구조가 가리키는 이상적인 경지로 도약하도록 이끌기 위하여 마련된 방법상의 원리를 가리키는 것으로 파악될 수 있다. 탐구학습을 이와 같이 교과의 성격에 근거하여 규정하는 입장에서는, 수업이 나타내는 외형이 아니라 교과가 지향하는 이상적인 경지로 학습자를 유도하는 일 그 자체가 핵심적인 관심사로 대두된다. 그러므로 교사의 적극적인 개입은 탐구학습의 개념에 전혀 위배되지 않는다. 도리어 교사가 적극적으로 개입하는 것은 탐구학습이 온전하게 실현되는 데에 필수적으로 요청된다. 즉, 교사는 성격상 교과가 지향하는 이상적인 경지를 자신의 마음으로 갖추고 있는 존재이며, 교사의 그 마음으로부터 흘러나오는 여러 가지 복잡하고 미묘한 표현은 학습자가 탐구학습을 통해서 그 경지로 나아가는 데에 추진력으로 작용한다(임병덕, 2003: 127-128).

탐구학습에서의 교사의 역할을 이와 같이 마음과 그 표현의 관계로 파악할 경우에, 탐구학습이라는 수업방법은 결코 어떤 교사라도 즉각적으로 모방할 수 있는 일종의 기법으로 간주될 수 없다. 교사가 갖추고 있는 것으로 생각되는 이상적인 마음은 그가 그때까지의 삶에서 각고의 노력을 기울여 형성한 자신의 교육적 인격 이외에 다른 것일 수 없으며, 이 점에서 탐구학습에서 요청되는 마음의 표현은 교사에 의하여 활용되는 전인격적 교육방법이라고 말해도 전혀 틀리지 않는다(김광민, 2001a: 40). 그러므로 탐구학습이라는 수업방법은 타인에게 양도하거나 타인이 모방할 수 있는 것이 아니라, 오직 당사자에 의하여 구축되고 활용되는 것이라고 말할 수 있다. "교육과정의 질은 16mm 영사기를 구입하는 것으로 회피할 수 있는 문제가 아니다"(Bruner, 1960: 181)라는 브루너의 말은 탐구학습에 의하여 확인되는 교사의 그러한 전인격적 수업방법을 간접적으로 부각시켜 주는 것으로 생각된다.

제8장

피터즈와 교과의 정당화

현대 영·미를 대표하는 교육철학자 중의 한 사람인 피터즈는 그의 주 저서 『윤리학과 교육』에서 지식의 형식 또는 교과를 내재적으로 정당화하는 한 가지 특이한 관점을 제시한다. 선험적 정당화로 불리는 이 관점에 의하면, 교과는 그것에 대한 정당화의 요구 그 자체의 논리적 가정에 의하여 정당화되며, 이 점에서 그것은 '논리적 가정에 의한 정당화'라고 말할 수 있다(Peters, 1966: 99-102). 이 논리적 가정에 의한 정당화가 어떤 것인지를 좀 더 자세히 말하면 다음과 같다. 가령, 누군가 교과에 대한 정당화를 요구한다고 생각해 보자. 이 경우에 그는 말할 필요 없이 인류의 공적 전통으로 이어져 내려 온 교과(즉, 지식의 형식)에 입문되어 있는 사람이다. 다시 말하여, '지식의 형식은 어째서 가치가 있는가'라는 질문을 제기하는 사람은 그 자신이 정당화를 요구하는 바로 그 지식의 형식에 어떤 형태로든지 간에 입문되어 있다고 보지 않으면 안 된다. '지식의 형식은 어째서 가치가 있는가'라는 질문 자체는 지식의 형식의 한 표현이기 때문이다. 그러므로 지식의 형식을 정당화하라고 요구하면서 자신이 입문되어 있는 바로 그 지식의 형식의 가치를 부정하는 것은 모순이며, 이 점에서 지식의 형식은 내재적으로 정당화된다.

선험적 정당화는 공적 전통으로서의 지식의 형식은 인간의 삶에서 특이한 위치를 차지한다는 점, 따라서 그것을 추구하는 것은 인간으로 살아간다는 것과 따로 떼 내어 생각할 수 없다는 점을 보이기 위한 것이다. 그러나 피터즈의 이러한 주장에 대하여는 비록 그 초점은 다르지만 상호 관련된 몇 가지 비판이 제기되어 왔다. 가령, 윌슨의 비판에 의하면 피터즈의 정당화는 지식의 형식의 가치가 '선험적으로' 확립된다는 것을 보여 주는 것이 아니라 '경험적으로' 확립된다는 것을 보여 줄 뿐이며(Wilson, 1969: 299), 엘리오트의 견해에 비추어 보면 그것은 궁극적인 의미에서의 선험적 정당화가 아니다. 엘리오트가 보기에, 지식의 형식의 가치를 좀 더 분명하게 확립하려면 지식의 추구는 단순히 이성의 가치를 추구하는 것으로 규정되어서는 안 된다. 지식을 추구한다는 것은 지식의 궁극적 대상인 '실재'를 추구하는 것으로 보아야 하며(Elliott, 1977: 13), 이렇게 보지 않는 한 지식의 형식은 온전한 의미에서 '선험적으로' 정당화된다고 보기 어렵다.

요컨대, 윌슨의 비판이 피터즈의 선험적 정당화 자체를 부정하는 견해라면, 엘리오트의 비판은 피터즈의 정당화는 온전한 의미에서의 선험적 정당화가 아니라는 견해를 나타낸다. 윌슨과 엘리오트의 비판은 선험적 정당화의 특이한 논의방식, 즉 논리적 가정에 의한 정당화라는 논의방식 자체를 상이한 관점에서 문제 삼고 있다고 볼 수 있으며, 이 점에서 두 비판은 선험적 정당화에 대하여 일반적으로 가해지는, '내용이 없는 공허한' 정당화라는 비판을 구체적인 수준에서 부각시킨다. 이 점을 고려할 때, 두 비판을 어떤 식으로든 해소하려고 하면 그것은 '논리적 가정에 의한 정당화'라는 것이 정확하게 무엇을 지칭하는지, 그리하여 '내용이 없는 공허한 정당화'라는 것이 무엇을 뜻하는지를 살펴보지 않으면 안 된다.

논리적 가정에 의한 정당화는 지식의 형식을 그것에 대한 정당화의 요구 그 자체의 논리적 가정에 의하여 정당화하는 논의를 가리킨다. 이 점을 약간 다른 방식으로 진술하면, 그것은 지식의 형식의 추구와 그것에 대한 합리적 정당화 사이의 개념적 관련을 확립함으로써 지식의 형식의 가치를 확립하려는 논의로 된다. 여기서 그 양자 사이의 개념적 관련을 확립한다는 것은 지식의 추구와 합리적 정당화라는 것이 '정의상' 동일하다는 것을 드러내는 것이며, 이 점을 고려할 때 양자의 개념적 관련을 확립하는 데에 결정적으로 중요한 것은 지식의 형식이 무엇인가 하는 문제다. 논리적 가정에 의한 정당화에서 지식의 형식이 무엇인가를 밝히는 것은 그것을 정당화하는 것과 다른 일이 아닌 것이다. 지식의 형식을 정의하는 문제는 선험적 정당화를 좀 더 정확히 이해하는 데에 관건이 된다.

이러한 맥락에서 이 장에서는 지식의 형식을 정의하는 관점을 피터즈의 '정태적 관점'과 오우크쇼트의 '동태적 관점'의 두 가지로 구분하고, 이 구분에 입각하여 선험적 정당화를 규정함과 동시에 그 정당화에 대한 대안적 정당화의 가능성을 모색하겠다. 이하에서 드러날 바와 같이, 이 대안적 정당화는 '공적 전통에 의한 정당화'로 부를 수 있으며, 여기서 지식의 형식은 그것을 추구하는 행위가 곧 인류의 공적 전통이라는 점에서 정당화된다. 공적 전통에 의한 정당화의 경우에는 공적 전통 자체가 지식의 형식의 가치를 확립해 준다.

이 장은 다음과 같이 구성된다. 먼저, 피터즈가 제시하고 있는 선험적 정당화는 무엇이며 그 특징과 한계는 무엇인지를 검토한다. 다음으로, 오우크쇼트의 논의를 중심으로 피터즈의 정당화에 대한 대안적 정당화의 가능성을 모색한다. 오우크쇼트의 견해는 지식의 형식을 '동태적 관점'에서 규정한 것으로 해석되며, 지식의 형식을 정의하는 이와 같은 관점은 교과의 정당화와 관련하여 공적 전통이 어떤 위치를 차지하는지를 새로운 각도에서 부각시킨다. 마지막으로, 각각의 정당화의 토대를 이루는 지식의 형식에 대한 상이한 정의 방식이 도덕교육과 어떤 관련을 맺을 수 있는지를 검토한다. 지식의 형식을 정태적 관점에서 규정하는 방식과 비교하여 볼 때, 동태적 관점에서 규정하는 방식은 도덕교육에서 특히 중요한 의미를 가지는 교육의 처방적 의미를 좀 더 분명하게 드러내 준다.

1. 교과의 정당화: 정태적 관점

선험적 정당화는 교과의 가치를 그것에 대한 정당화의 요구 그 자체의 논리적 가정에 의하여 확립하려는 논의이며, 이 점에서 논리적 가정에 의한 정당화라고 말할 수 있다. 그러나 논리적 가정이라는 것이 개념적 관련의 한 특수한 형태라는 점을 고려할 때, 논리적 가정에 의한 정당화가 어떤 것인지를 보다 분명하게 파악하기 위해서는 그 정당화에서 '지식의 형식은 어째서 가치가 있는가' 라는 질문과 그 질문의 대답은 개념상 관련되어 있다는 점을 표면에 드러내어 말할 필요가 있다. 선험적 정당화는 지식의 형식을 추구하는 것과 그것을 합리적으로 정당화하는 것 사이의 개념적 관련을 밝히는 것을 골자로 한다(Peters, 1973: 253). 선험적 정당화를 이와 같이 파악하고 보면, 지식의 형식이 무엇인가를 밝히는 것은 그 정당화에서 특이한 중요성을 가진다고 보아야 한다. 구체적으로 말하여, 그 정당화에서 지식의 형식이 무엇인가를 밝히는 것은 그것을 합리적으로 정당화하는 것과 다른 일이 아닌 것이다.

『윤리학과 교육』에는 지식의 형식을 지칭하는 것으로서 '탐구의 형식', '의식의 여러 양식', '사고와 행위의 형식', '이해의 형식' 등 다양한 용어가 사용되고 있다. 이와 같이 여러 용어로 표현되는 지식의 형식은 '공적 세계의 상이한 사물 또는 관계를 파악하는 방식' 을 가리키며(Peters, 1966: 48), 따라서 지식의 형식을 가지고 있다는 것은 공적 세계 안에 있는 여러 사물이나 그들 사이의 관계를 파악하는 분화된 개념구조를 가지고 있다는 것을 의미한다. 그러나 지식의 형식을 가지고 있다는 것은 또한 그러한 개념구조를 사용하여 무엇이 옳고 그른가를 판별해야 하는 여러 사태에 직면하여 각각의 사태에 합당한 이유를 제시할 줄 아는 것, 그리하여 '이유를 적용하는 상이한 기준을 가지고 있는 여러 가지 추론의 형식' 에 입문되어 있다는 것을 의미한다(Peters, 1973: 257).

지식의 형식을 이와 같이 이유의 체계로 정의하면, 그것을 추구하는 것은 합리적 이유를 제시하는 활동에 헌신하는 것이다. 과학이나 철학과 같은 지식의 형식을 추구하는 사람은 각각이 가지고 있는 인지적 관심과 인지적 내용을 토대로 하여 합리적 이유를 제시하는 바로 그 활동에 헌신한다(Peters, 1966: 155-158). 한편, 정당화라는 것은 실제적 판단에 대하여 이유를 제시하는 행위다. "실제적 논의의 사태라는 것은 공적 언어를 알고 있는 사람이 '나는 어떻게 해야 하는가' 라는 질문을 하는 사태" 이며(Peters, 1966: 109), 만약 그 사람이 그 질문에 대하여 '심각한' 관심을 가지고 있다면 그는 여러 행위 방안 중에서 가장 적절한 한 가지 방안을 채택할 이유를 찾지 않으면 안 된다. 지식의 형식의 추구를 정당화하는 것은 합리적 이유를 제시하는 활동에 대하여 합리적 이유를 제시하는 것이며, 이 후자는 지식의 형식을 추구하는 것 그 자체 이외의 다른 것이 아니다. 지식의 형식의 추구를 정당화하는 것은 지식의 형식을 추구하는 것의 한 특수적 사례에 해당한다. 그러므로 지식의 형식의 추구를 정당화하라는 요구는 지식의 형식이 가치 있다는 전제 위에서만 의미를 가진다고 말할 수 있다.

지식의 추구와 합리적 정당화 사이의 개념적 관련을 드러내는 것을 골자로 한 선험적 정당화는 결국 한 사회의 공적 전통으로 내려 온 지식의 형식에 입문되어 있는 사람이 자신이 입문되어 있는 바로 그 전통의 가치를 부정하는 것은 모순이라는 점을 보여 준다. 그러나 그 논의를 약간 다른 각도에서 해석하면, 그것은 지식의 형식의 가치를 '적극적으로' 주장하는 것이라기보다는 그것이 가치가 없다는 주장을 '소극적으로' 부정하는 논의로 간주된다. 그 정당화는 지식의 형식의 가치를 묻는 질문 자체를 아예 하지 말아야 한다고 주장하며, 그런 만큼 그 가치에 관하여 '아무것도 말해 주는 것이 없는', 결국 하등의 실질적인 내용이 없는 '공허한' 것으로 된다(Kleinig, 1982: 87).

피터즈의 정당화 논의에 대하여 여러 비판이 제기되어 왔지만, 특히 윌슨과 엘리오트의 비판은 그 정당화가 안고 있는 이러한 문제를 직접 겨냥한 것으로 해석된다. 먼저, 윌슨의 반론의 요지는, 선험적 정당화는 지식의 형식의 가치가 '선험적으로' 확립된다는 것을 보여 주는 것이 아니라, 오직 '경험적으로' 확립된다는 것을 보여 줄 뿐이라는 것으로 파악된다(Wilson, 1969: 299).
윌슨은 선험적 정당화에 대한 반론을 제기하면서 피터즈가 '가치 있는 활동'
을 '쾌락' 이나 '욕구' 와 무관한 것으로 취급하지 않는다는 점에 주목하고 이
점을 기초로 하여 선험적 정당화를 비판한다. 선험적 정당화에 의하면, 지식
의 형식의 정당화를 요구하는 사람은 논리적으로 말하여 지식의 형식이 가치
가 있다는 것을 받아들이지 않으면 안 된다. 그러나 윌슨이 보기에, 이 주장은
누구나 지식의 형식을 추구해야 한다는 '논리적 강제력' 을 보여 주는 것이
아니라, 오직 피터즈 자신의 '심리적 취향' 을 보여 줄 뿐이다. 누군가 지식의
형식을 정당화하라고 요구하는 것은 그 사람이 지식의 형식을 추구할 욕구를
'이미' 가지고 있기 때문이라는 것이다. 지식의 형식이 가치가 있는가 아닌
가 하는 것은 순전히 개인의 '경험의 문제' 다. 윌슨의 이러한 견해는 결국, 선
험적 정당화는 지식의 형식을 개인의 욕구에 비추어 정당화한다는 주장으로
해석되며, 이 점을 받아들이면 피터즈는 자신이 부정하려고 한 자연론적 오
류를 범하는 셈이 된다(Wilson, 1969: 304). 윌슨은 그의 비판을 통하여 피터즈
의 정당화는 선험적 정당화가 아니며, 더 적극적으로 말하여 선험적 정당화
와 정면으로 모순된다고 주장한다.

한편, 윌슨의 견해와는 달리, 엘리오트는 피터즈가 선험적 정당화를 잘못
했다고 비판한다. 엘리오트는 그의 글 첫머리에서, 피터즈가 말한 이른바 '쾌
락에 의한 정당화' 를 문제 삼지만, 그 비판의 초점은 선험적 정당화에 나타나
있는 지식의 추구와 합리적 정당화라는 것이 무엇을 뜻하는가에 있다. 우선,
엘리오트가 보기에 피터즈는 지식을 추구하는 것을 지식의 여러 형식을 공부
함으로써 거기에 내재해 있는 공정성, 명료성 등의 이성의 가치를 추구하는
것으로 파악한다. 그러나 엘리오트가 보기에 지식의 형식을 추구하는 것은
단순히 실제적 사태에 직면하여 어떻게 하는 것이 옳고 그른가를 따지는 데
에 관심을 가지는 것이 아니다. 그것은 지식의 형식이 탐구대상으로 하는 '형
이상학적 실재' 에 관심을 가지는 것이며(Elliott, 1977: 13), 지식 추구의 의미를
이와 같이 실재를 추구하는 것으로 규정할 수 있다면 선험적 정당화는 지식

추구의 의미를 어떻게 규정하는가에 따라 서기도 하고 무너지기도 한다고 볼 수 있다.

　그러나 선험적 정당화에 대한 엘리오트의 비판은 여기에 그치지 않는다. 그는 이와 함께 정당화의 의미를 동시에 문제 삼고 있다. 엘리오트가 보기에 정당화라는 것은, 피터즈의 경우와는 달리, 두 가지 상이한 의미로 해석되며 이 점은 지식 추구의 정당화에도 마찬가지로 적용된다. 그에 의하면, 정당화는 '약한 의미에서의 정당화'를 가리키기도 하고 '강한 의미에서의 정당화'를 가리키기도 한다. 먼저, 약한 의미에서의 정당화는 한 개인이 모종의 명제를 믿고 있다고 할 때 그 신념을 입증할 만한 근거나 이유를 제시하는 것이며, 만약 그 명제에 대한 신념을 입증할 만한 근거나 이유를 가지고 있지 않다면 그는 자신의 신념에 대한 '인지적 태도'를 바꾸지 않으면 안 된다(Elliott, 1977: 17). 그러나 이 경우에, 그 사람이 자신의 인지적 태도를 바꾼다고 하여 반드시 명제의 진위 여부를 따지기 위하여 노력한다고는 볼 수 없다. 신념은 진리를 추구하는 데에 수반되는 마음의 태도를 가리키는 데에 국한된다. 그러나 이런 의미에서의 정당화는 지식과 이해의 발달을 선험적으로 정당화하는 데에는 명백히 불충분하다. "내가 모르고 있거나 불분명하게 알고 있는 문제에 관하여 진리를 추구하는 것은 약한 의미에서의 정당화 요구 그 이상의 것을 필요로 하는 것이다." 요컨대, 엘리오트에 의하면 무엇인가를 정당화하라는 요구는 "행위나 신념 또는 삶의 패턴 등에 관한 자신의 견해를 단순히 사정하라는 뜻이 아니라, 그러한 사정의 기준이 되는 진리를 발견하라는 궁극적인 요구를 뜻한다"(Elliott, 1977: 20).

　이상에서 살펴 본 윌슨과 엘리오트의 비판은 궁극적으로는 선험적 정당화 자체의 특이한 성격에서 비롯된 것이라고 볼 수 있다. 윌슨과 엘리오트의 비판은, 각각이 겨냥한 측면은 서로 다르지만, 모두 동일하게 피터즈가 선험적 정당화에 지식의 형식의 가치를 보여 주는 구체적인 내용을 부여하지 않았다는 데에서 빚어진다. 만약 이 생각이 옳다면 선험적 정당화에 대한 비판을 해소하기 위해서는 그 정당화의 특이한 논의방식이라는 것이 어떤 것인지를 보다 분명하게 드러낼 필요가 있다.

먼저 말할 수 있는 것은, 선험적 정당화는 '논리적 모순'이라는 개념에 기초를 두고 있다는 점이다(김종서 외, 1995: 262). 그 정당화는, '지식의 형식은 어째서 가치가 있는가'라는 질문을 하고 그 질문에 대답할 때 우리가 활용하는 사고방식은 지식의 형식이 우리에게 가르치려는 사고방식과 동일한 만큼, 그런 질문을 하면서 자신이 활용하는 사고방식을 부정하는 것은 모순이라는 점에 기초를 두고 있다. 그러나 선험적 정당화의 주된 근거가 논리적 모순에 있다는 점을 받아들이면 선험적 정당화에서 공적 전통이 차지하는 위치는 무엇인가 하는 의문이 든다. 따지고 보면, 공적 전통이라는 개념은 피터즈의 정당화에서 대단히 중요한 것으로 취급된다고 보아야 한다. 특히, 피터즈는 도덕적 판단을 정당화하는 고전적인 윤리학 이론들, 이를테면 자연주의, 직관주의, 정서주의 이론을 검토하면서, 그 이론들이 교육의 정당화 논의로 불충분한 것은 개인을 사회와 무관한, '고립된 실체'로 파악하기 때문이라고 말한다(Peters, 1966: 100). 그 이론들은 개인을 마치 사회와 별도로 떨어져 있는 추상적인 존재로 파악한다. 그러나 피터즈가 보기에, 개인은 그가 태어나서 성장한 사회와 무관하게 규정될 수 없다. 한 개인이 사회에 태어날 때 그는 그 순간부터 그 사회의 전통으로 이어져 내려온 지식의 형식을 구사하는 삶에 입문되며, 이 점에서 개인의 성장과 발달은 공적 전통을 떠나서는 설명될 수도 이해될 수도 없다. 피터즈의 정당화는 이러한 생각에 기반을 두고 있다. 그러나 선험적 정당화의 성립근거가 논리적 모순에 있다는 분석에 비추어 보면, 선험적 정당화에서의 공적 전통의 위치 문제는 별도의 고찰을 필요로 한다.

이 점을 살펴보기 위해서는 먼저 피터즈의 교육의 정의로 되돌아갈 필요가 있다. 피터즈는 한편으로, 교육의 개념적 기준을 제시하면서 교육을 '내재적으로 가치 있다고 여겨지는 활동 또는 사고의 형식에로의 입문'으로 규정하기도 하고(Peters, 1966: 55), 또 한편으로 교육을 성년식에 비유하면서, 지식의 형식에 입문되는 것은 곧 한 인간이 사회에 태어나서 그 사회가 인정하는 어른(즉, 성년)이 되는 것을 의미하며, 이것은 한 사회의 공적 전통에 입문되는 것이라고 말한다(Peters, 1966: 48). 교육은 '공적 언어에 담겨 있는 공적 전통에로의 입문'이다. 그리하여 피터즈는 교육을 지식의 형식에로의 입문으로 규정하기도 하고 공적 전통에로의 입문으로 규정하기도 한다. 그런데 교육이 이와 같이 두 가지로 정의된다고 할 때, 한 가지 주목해야 할 것은 지식의 형식과 공적 전통 사이의 관련이다. 아마, 양자의 관련을 보다 상세하게 고찰하는 데에는 훨씬 치밀한 분석이 필요하겠지만, 교육에 관한 이 두 정의가 동일하게 교육의 정의를 나타낸다면 여기서 다음의 두 가지 점은 명백하게 지적할 수 있다. 하나는, 공적 전통은 지식의 형식과 마찬가지로 학습자가 입문해야 할 '학습의 내용'으로 취급된다는 점이다. 피터즈가 교육의 개념을 특이하게 공적 전통에로의 입문으로 규정한 것은 지식의 형식에 입문하는 것이 궁극적으로 어떤 의미를 가지는지를 밝히기 위한 것이지만, 이것은 또한 그로 하여금 공적 전통을 지식의 형식과 동일하게 학습의 내용으로 취급하도록 하는 결과를 가져온다. 여기에 덧붙여서 또 한 가지 지적할 수 있는 것은, 공적 전통은 학습의 내용으로 취급되면서 그와 동시에 정당화의 대상, 즉 지식의 형식을 정의하는 개념으로 사용된다는 점이다.[1]

이제, 이상의 분석을 기초로 하여 피터즈가 말하는 공적 전통을 좀 더 정확하게 규정하자면, 그것은 '명사적 의미'에서의 전통이다. 피터즈가 말하는 공적 전통은 고정된 시점에서의 학습의 내용을 가리킨다. 피터즈가 그의 글에서 누차 강조하고 있는, 지식의 형식은 인류의 '공동의 업적'이라든가 인류의 '공적인 유산'이라는 것(Peters, 1966: 53), 또는 허스트가 말하듯이 인간의 '공적인 소유물'이라는 것(Hirst, 1965: 124)은 이 점을 확인시켜 준다. 한편, 명사적 의미의 전통이 구체적으로 무엇인가 하는 것은 학습의 내용이라는 점에서 그것과 동일한 것으로 볼 수 있는 지식의 형식이 무엇을 지칭하는지를 살펴보면 뚜렷이 드러난다. 선험적 정당화에서 지식의 형식은 이유의 체계로

---

[1] 엄밀하게 말하면, 정당화의 대상은 지식의 형식을 추구하는 '행위'다.

정의되며, 이유의 체계는 한 개인이 지식의 형식을 획득하는 과정의 한 특정한 시점에서 그것을 내면화한 상태, 또는 지식의 형식을 최종적으로 획득한 상태를 지칭하며, 따라서 그것은 지식의 형식을 '정태적 관점'에서 규정한다. 결국, 명사적 의미의 전통은 구체적으로 말하면 이유의 체계로서의 지식의 형식을 가리킨다고 볼 수 있다. 그리고 이 점은 선험적 정당화의 성격과 함께 그 정당화에서 공적 전통이 차지하는 위치를 보여 준다. 즉, 선험적 정당화는 지식의 형식을 고정된 시점에서의 학습의 내용으로 보고 그 개념을 논리적으로 분석함으로써 지식의 형식을 정당화하는 논의방식이며, 여기서 공적 전통은 학습의 내용으로 간주되면서 그와 동시에 지식의 형식을 정의하는 개념으로 활용된다는 것이다. 공적 전통은 지식의 형식을 정당화하는 데에 하등 적극적인 역할을 수행하지 못한다고 말할 수 있다.

2. 교과의 정당화: 동태적 관점

선험적 정당화가 안고 있는 문제는 궁극적으로는 피터즈가 지식의 형식을 정태적 관점에서 규정한 데에서 비롯된다고 말할 수 있으며, 이 점에서 그 정당화에 대한 대안적 정당화의 가능성은 지식의 형식을 피터즈와는 다른 방식으로 규정하는 데에서 모색될 수 있다. 오우크쇼트의 논문 「학습과 교수」에서 지식을 나타내는 개념으로 사용된 정보와 판단은 이유의 체계로서의 지식의 형식과 동일한 실체를 그것과는 상이한 관점에서 규정한 것으로 해석된다. 이렇게 말할 수 있는 것은 정보와 판단의 구분이 지식의 성격 그 자체가 아니라, 지식의 전달과 획득방식을 고려한 지식의 구분이라는 데에 그 이유가 있으며(Oakeshott, 1989: 160), 이 점에서 지식에 대한 오우크쇼우트의 관점은 피터즈의 지식의 형식의 정의에 대한 대안적 관점을 제시한다.[2] 이 대안적

---

2) 이하 '지식'이라는 용어는 지식의 형식과 동일한 실체를 지칭하는 것으로 보아도 무방할 것이다.

관점은 피터즈의 정태적 관점과 대비하여 '동태적 관점' 또는 '인식론적 관점'으로 부를 수 있다. 여기서 지식의 형식을 동태적 관점에서 또는 인식론적 관점에서 정의한다는 것은, 교사가 학생에게 지식의 형식을 어떤 방식으로 전수하는가, 그리고 학생은 그것을 어떤 방식으로 획득하는가, 한마디로 말하여 전수의 시점에서 그것을 정의하는 것을 가리킨다.

「학습과 교수」에서 오우크쇼트는 우리가 아는 것, 즉 지식을 다양한 종류의 구체적인 능력으로 규정한다(Oakeshott, 1989: 138). 이와 같이 규정되는 지식은 사람들이 무엇인가를 안다고 할 때 그들의 머릿속에 들어 있는 지식의 세부적인 항목을 가리키는 것이 아니라, 극히 구체적인 일을 '할 줄 아는' 능력을 가리킨다. 여기에는 여러 가지 능력이 포함되지만, 오우크쇼트에 의하면, 이러한 능력 중에서 핵심을 이루는 것은 인류 공동의 업적으로서의 문명유산을 이루고 있는 정신세계를 드러내는 능력, 이른바 사고를 표현하는 능력이다. 오우크쇼트가 보기에, 이러한 능력은 정보와 판단이라는 두 가지 상이한 요소의 결합으로 이루어져 있다. 먼저, 정보가 지식의 구성요소가 된다는 점은 말할 필요도 없이 명백하다. 정보는 지식의 표면에 드러나 있는 것으로서, 여러 가지 사실들로 이루어져 있으며 우리는 그것을 항목으로 열거할 수 있다. 정보는 '규칙의 형태로 엄밀하게 명문화하는 것이 가능한' 것이며 (Oakeshott, 1962a: 7), 비유적으로 말하면 그것은 '책의 앞뒤 표지 사이에 들어 있는 지식'과 같다(Oakeshott, 1962a: 12).

그러나 오우크쇼트에 의하면, 정보만으로는 인간의 구체적인 행위로 표현되는 능력이 온전한 능력으로 성립하지 않는다. 지식에는 정보와는 다른, 명시적으로 드러나지 않으면서도 지식을 이룬다고 볼 수 있는 또 하나의 요소가 들어 있다. 일체의 지식은 정보와 판단, 또는 명제적 지식과 방법적 지식의 결합으로 이루어져 있다. 판단은 겉으로 드러나지 않는 지식의 묵시적 측면을 가리킨다(Oakeshott, 1989c: 156). 그것은 정보와는 달리, 규칙이나 명제의 형태로 진술될 수 없으며 따라서 정보의 형태로 주어질 수 없다. 그것은 우리가 구체적인 사태에서 능력을 발휘할 때, 정보의 효용성이 끝나는 바로 그 지점에서 발휘되는 지식이며, '정보의 의미를 이해하고, 정보의 해당 여부를 판단하고, 적절한 규칙을 식별하고, 그 규칙의 범위 내에서 구체적으로 어떤 행동을 할 것인지를 선택하는 지식'이다(Oakeshott, 1989c: 157). 판단은 정보와 마찬가지로 지식의 구성요소이지만, 정보와는 달리 결코 명제의 형태로 언어화할 수 없는, 따라서 스타일이나 어조, 취향 또는 분위기라는 말 이외에는 달리 표현할 수 없는 지식의 구성요소다. 비유적으로 말하면 그것은 요리를 만들 때 개별적인 요리사가 보여 주는 특유의 '기술'과 같다(Oakeshott, 1962a: 8).

이와 같이 정보와 판단이 지식의 두 구성요소라고 할 때, 양자는 어떤 관련을 맺고 있으며, 이 관련에 비추어 볼 때 그것은 어떻게 전수되고 획득된다고 보아야 하는가? 이와 관련하여 우선적으로 확인해야 할 것은, 지식의 두 구성요소로서의 정보와 판단은 지식의 내용의 두 가지 유형에 입각한 구분이 아니라, 지식 전달의 상이한 두 방식에 입각한 구분을 가리킨다는 점이다. 그 구분은 지식의 성격을 고정된 시점에서 논리적으로 분석하여 얻어진 것이 아니며, 지식이 전달되고 획득되는 구체적인 사태를 분석하여 얻어진 것이다. 정보와 판단이 '교수활동과 학습활동의 의미를 분석함으로써'(Oakeshott, 1989c: 160) 얻어진 지식의 구분이라는 오우크쇼트의 말은 이 점을 가리킨다. 이렇게 보면 그 양자는 각각 지식 전달의 명시적 측면과 묵시적 측면을 지칭하는 것으로 바꾸어 진술될 수 있으며, 정보와 판단이 이와 같은 식으로 재진술될 수 있다면 그 두 가지는 결국 온전한 전체로서의 지식을 전달방식의 차이에 따라 추상한 것이라고 보아야 한다.

정보와 판단이 지식의 추상이라는 점을 확인하고 나면, 양자의 관계에 대하여는 다음과 같은 두 가지 점을 지적할 수 있다. 하나는, 정보와 판단은 지식을 이루는 두 구성요소이지만, 그렇다고 하여 양자가 각각 따로따로 전달되거나 획득되는 것은 아니며, 따라서 각각 별도의 수업시간을 통하여 별도의 내용으로 가르치고 학습될 수 있는 것은 아니라는 점이다(Oakeshott, 1989c: 165). 이것은 지식의 두 측면으로서의 정보와 판단이 '사실상' 분리되지 않는다는 것을 나타내며, 이 사실상의 비분리라는 것은 경험의 수준에서 양자의 동시성을 부각시킨다. 여기에 덧붙여서 또 한 가지 지적할 수 있는 것은, 양자는 동일한 수업시간에 동일한 내용을 통하여 가르치고 학습할 수 있는 것이지만, 그렇다고 하여 동일한 방식으로 가르치고 학습할 수 있는 것은 아니라는 점이다. 이것은 양자가 '개념상' 구분된다는 것을 나타내며, 이 개념상의 구분이라는 것은 관념의 수준에서 양자의 개별성을 부각시킨다. 교사의 입장에서 말하면, 정보는 규칙이나 명령의 형태로 교수될 수 있지만 판단은 그와 같은 방식으로 교수될 수 없다. 판단을 전달하는 것은 정보를 '일러주기'에 의하여 전달하는 과정에서 오직 '간접적으로' 전달될 뿐이다. 반면에, 학생의 입장에서 말하면 판단을 학습하는 것은, 교사가 판단을 전달하는 경우와 마찬가지로, 기존의 정보 이외에 새로운 정보를 추가하는 것은 아니지만, 그렇다고 하여 정보를 획득하는 것과 동일한 방식으로 이루어지는 것은 아니다. 판단은 일러주기에 의하여 전수받을 수 없으며, 오직 정보의 획득에 수반되는 '부산물로서' 학습된다(Oakeshott, 1989c: 165).

이와 같이 정보와 판단에 관한 오우크쇼트의 논의는 지식의 형식을 동태적 관점에서 규정하는 것이 어떤 것인지를 보여 주며, 그와 동시에 피터즈의 정당화에 대한 대안적 정당화의 가능성을 시사한다. 그런데 이 점을 살펴보기 전에 한 가지 주목해야 할 사실은, 공적 전통이 지식의 형식을 정의하는 한 지식의 형식이 어떻게 규정되는가는 공적 전통을 무엇으로 보는가에 의존한다는 점이다. 물론, 공적 전통이 지식의 형식을 정의한다고 하여 양자의 관계가 오로지 공적 전통이 지식의 형식을 정의하는 이 한 가지 방향으로만 성립하는 것은 아니다. 지식의 형식은 공적 전통에 의하여 정의되지만, 그 전통은 지식의 형식이 무엇인가에 의하여 그 의미가 구체적으로 드러난다. 지식의 형식은 공적 전통의 구체적인 내용을 명시한다.

공적 전통과 지식의 형식 사이의 이 관계에 비추어 보면, 동태적 관점에서 정의된 지식의 형식, 그리고 이렇게 해서 드러난 그 전수와 획득과정은 동사적 의미의 전통이 어떤 것인지를 구체적으로 보여 준다. 전술한 바와 같이, 지식의 형식을 동태적 관점에서 규정하면 그것은 정보와 판단의 결합으로 되며, 동사적 의미의 전통은, 다소 형식적으로 규정하면, '교사가 학생에게 정보와 판단의 결합으로서의 지식의 형식을 의도적으로 전수하는 행위'로 된다. 공적 전통은 피터즈의 경우처럼 단순히 지식의 형식(즉, 이유의 체계) 그 자체를 뜻하는 것이 아니라, 지식의 형식(즉, 정보와 판단의 결합)을 의도적으로 전수하고 획득하는 행위를 뜻하는 것이다. 그리고 '지식의 형식을 의도적으로 획득하는 행위'가 공적 전통이라는 것은 전세대와 후세대 사이에 끊임없이 이루어지는 종족 수준의 영위로서의 교육 활동이 전통으로 이어져 내려왔다는 것을 의미한다. 공적 전통의 의미를 이와 같이 학습의 내용을 전수하는 행위로 규정하고 보면, 지식의 형식의 가치는 선험적 정당화에서처럼 논리적 모순이라는 개념에 의존하여 확립되는 것이 아니라, '공적 전통' 또는 '교육' 그 자체에 의하여 확립된다고 말할 수 있다. 공적 전통을 정보와 판단을 전수하는 행위로 규정할 경우에는 지식의 추구와 합리적 정당화 사이의 개념적 관련을 보임으로써 그 가치를 확립할 필요가 없는 것이다. 정보와 판단의 결합으로서의 지식의 형식을 가르치고 배우는 종족 수준의 영위로서의 전통은 그 자체가 지식의 형식을 정당화하는 근거라고 볼 수 있기 때문이다. 동사적 의미의 전통은 지식의 형식을 전수하는 행위가 우리 삶의 전통을 이루고 있다는 것, 따라서 종족의 한 구성원을 이루고 있는 개인의 입장에서 보면 종족의 전통을 벗어나는 일은 있을 수 없다는 것을 의미하는 만큼, 지식의 형식을 전수하는 행위의 가치는 그 행위가 바로 공적 전통이라는 점에서 확립된다고 볼 수 있다.

그러나 이상에서 말한 공적 전통에 의한 정당화에 대하여는 다음과 같은 의문이 제기될지 모른다. 즉, 공적 전통이 '이때까지 지식의 형식을 가르치고 배워 왔다'는 순전한 경험적 사실을 지적하는 것이라면 그 정당화는 지식의 형식뿐만 아니라 인간이 하는 일체의 활동을 정당화하는 논의로 보아야 하는 것 아닌가 하는 의문이 그것이다. 아닌 게 아니라, 무엇인가를 가치 있다고 할 때, 그 무엇인가의 가치가 이때까지 이러이러하게 해 왔다는 것만으로 확립될 수 있다면 이런 의미에서의 정당화가 오직 지식의 형식의 경우에만 해당된다고 볼 이유는 없는 것이다. 그리고 이 의문은 당장 피터즈의 정당화에 대하여 윌슨이 제기한 비판을 연상시킨다. 공적 전통에 의한 정당화는 지식의 형식을 '이때까지 가르치고 배워 왔다'는 사실에 입각하여 그것을 정당화하는 논의이며, 그런 만큼 그것은 윌슨이 말한 것과 같이 경험적 사실에 입각한 정당화가 아닌가 하는 의문이 드는 것이다.

　그러나 지식의 형식을 가르치고 배워 왔다는 그 '사실'은 단순히 경험적 의미에서의 사실을 가리키는 것이 아니다. 우선, 그것은 윌슨이 말하는 것과 같은 개인의 경험을 가리키는 것이 아니라 종족의 경험을 가리킨다. 그리고 이 종족의 경험으로서의 공적 전통, 즉 교육의 경우에는, 인간이 하는 여타의 활동과는 달리, 의도적으로 나쁜 것을 가르친다는 것을 도대체 상상하기 어렵다. 가령, 부모가 아이를 '교육'할 때, 그들은 궁극적인 것은 아니라 하더라도 가능한 한 최선을 다하여 옳은 것과 그른 것, 좋은 것과 나쁜 것을 구별하고 그 옳은 것과 좋은 것을 가르치려고 노력한다. 아이를 교육하는 부모가 아이에게 그른 것, 나쁜 것을 가르친다는 것은 있을 수 없다. 피터즈가 말하는 바와 같이, 교육은 개념상 가치 있는 것을 가르치는 활동이다. 그러나 또한 이때까지 교육에서 좋은 것, 또는 지식의 형식을 가르치고 배워 왔다는 말은, 교육은 개념상 가치 있는 것을 가르친다는 말과 동일한 수준의 말이 아니다. 그것은, 교육은 개념상 가치 있는 것을 가르친다는 논리적 의미에서의 사실을 경험 수준으로 바꾸어 진술한 것으로 보아야 한다. '지식의 형식을 가르치고 배워 왔다'는 말로 표현되는 공적 전통은, 교육은 개념상 가치 있는 것을 가르친다는 정의의 맥락에서 사용되는 관념 수준의 사실을 정당화의 맥락에서 경험 수준으로 달리 표현한 것이라고 말할 수 있다.[3]

　이상의 논의에 비추어 보면, 아마 피터즈의 정당화와 공적 전통에 의한 정당화는 양립 불가능한 것으로 생각될지 모른다. 그러나 사실상 두 정당화는 동일한 말을 상이한 방식으로 한다고 보아야 한다. 두 정당화 모두 '교육(내

---

3) 이 점에서 전통은 '사실적' 개념이 아닌 '가치' 개념이다(김안중, 1985: 87-96).

용)은 내재적 가치를 가진다'는 한 가지 동일한 말을 각각 상이한 방식으로 한다. 공적 전통에 의한 정당화는 사람들이 지식의 형식에 실지로 입문하는 과정을 분석함으로써 그 말을 하는 반면에, 논리적 가정에 의한 정당화는 사람들이 지식의 형식에 입문한 상태가 어떤 상태인지를 분석함으로써 그 말을 한다. 전자는 사람들로 하여금 '행위의 수준'(또는 '경험의 수준')에서 정당화의 과정을 밟도록 하는 반면에, 후자는 행위의 수준에서 일어나는 그 과정을 '개념의 수준'(또는 '관념의 수준')에서 밟도록 한다.

따지고 보면, 교육내용으로서의 지식의 형식(즉 교과)의 가치를 수단-목적 관계에 의하여 파악하는 사고방식이 사람들의 마음을 강하게 사로잡기 이전에 교과는 공적 전통—지식의 형식을 전수하는 행위로서의 공적 전통—에 의하여 정당화되었다고 볼 수 있다. 그러나 교육은 실제적인 삶에 도움이 되는 한에서 가치를 가진다는 생각이 사람들 사이에 널리 받아들여짐에 따라 교과의 가치는 점점 의심의 대상이 되었다. 사람들로 하여금 실지로 공적 전통에 입문하도록 하는 것, 그리하여 교과를 가르치고 배우는 것을 행위의 수준에서 정당화하는 것은 더 이상 효력을 가지지 못하게 된 것이다. 피터즈는 교과를 실지로 가르치고 배우는 행위 수준의 정당화가 교과의 정당화로서 더 이상 효력을 발휘하지 못하는 사태에 직면하고 이 사태를 심각하게 우려하면서, 교과의 가치를 관념의 수준에서 확립하려고 하였다. 피터즈는 선험적 정당화를 통하여 공적 전통으로서의 교과의 가치를 의심하는 것은 자신의 삶을 부정하는 것에 해당한다는 점을 관념의 수준에서 보임으로써 그 가치에 관한 회의론적 질문을 원천적으로 봉쇄한다.

그러나 또 한편, 피터즈의 정당화를 공적 전통에 의한 정당화와 아무런 관련이 없이 그 자체로 이해할 때에는 윌슨이나 엘리오트 등과 같은 비판이 제기될 가능성이 있다. 그러나 선험적 정당화가 어떻게 해서 대두되었으며, 그 정당화 이전에 교과가 어떻게 정당화되어 왔는지, 그리하여 그것이 공적 전통에 의한 정당화와 어떤 관련을 맺는지를 파악하면 그러한 비판은 의미를 가질 수 없다. 한편으로 선험적 정당화는 지식의 추구와 합리적 정당화 사이의 개념적 관련을 확립한다는 점에서 경험 수준의 정당화가 아니며, 다른 한편으로 그것이 관념의 수준에서 표현하고자 하는 것은 공적 전통이라는 내용을 가지고 있다는 점에서 순전한 형식적 정당화 또한 아니다. 그러나 이렇게 말한다고 하여 선험적 정당화 자체가 교과의 정당화로서 온전한 의미를 가지는 것은 아니다. 선험적 정당화에서처럼 교과의 가치를 교과를 가르치고 배우는 과정과 별도로 관념의 수준에서 확립하는 것은 물론 중요하지만, 그 정당화를 올바르게 이해하기 위해서는, 그것이 관념의 수준에서 궁극적으로 표현하고자 한 것은 바로 공적 전통이라는 내용을 가지고 있다는 점을 명시적으로 드러내어 말하지 않으면 안 된다.

3. 교과의 정당화의 교육적 의의

피터즈의 정당화는 그가 제시하는 지식의 여러 형식들에 모두 해당하는 만큼, 지식의 형식의 하나인 도덕적 지식(또는 도덕교과)의 경우에도 마찬가지로 해당된다. 사실상, 『윤리학과 교육』에는 도덕적 지식에 관한 이러한 정당화 논의가 자유, 평등, 인간존중 등과 같은 도덕적 원리의 정당화 문제로 취급되어 있으며,[4] 어느 편인가 하면 그 대부분이 이 문제에 할애되어 있을 정도다 (Peters, 1966: ch. 6 etc.). 그러나 여타의 지식의 형식의 경우와는 달리, 도덕적 지식의 경우에 그 정당화의 의의는 약간 다른 각도에서 조명될 필요가 있다. 도덕적 지식의 정당화가 심각한 문제로 대두되는 것은 도덕교육의 두 양태와 관련해서라고 말할 수 있다. 도덕교육은 일반적으로 '도덕적 행위의 학습' 과 '도덕적 지식의 획득' 의 두 양태로 구분하여 파악할 수 있으며, 일반적 통념에 의하면 후자는 전자에 필요한 수단으로 간주된다. 그러나 도덕적 지식이 오직 도덕적 행위와 관련해서만 의미를 가진다고는 말할 수 없으며, 도덕적

---

4) 『윤리학과 교육』에는 이 문제가 교육의 과정의 맥락에서 다루어지고 있다.

행위와의 관련을 떠나서 그것과 별도로 의미를 가질 수 있다고 생각할 수도 있다.[5] 피터즈가 제시한 선험적 정당화는 이 점을 명시적으로 드러낸 것으로 볼 수 있다. 그러나 도덕적 지식이 이와 같은 방식으로 정당화된다고 해서 도덕적 지식을 획득하는 것이 도덕적으로 올바른 행위를 하는 것과 하등 관련이 없다고 안심하고 말해도 좋은가? 특히, 오늘날의 학교교육을 고려할 때 도덕적 지식의 획득은 도덕적으로 올바른 행위를 하는 것과 관련을 맺어야 한다는 요구가 끊임없이 요청되고 있는 형편이며, 심지어 양자의 관련 여부에 따라 도덕적 지식의 정당성 여부가 규제된다고까지 말할 수 있다. 도덕적 지식의 획득이 도덕적 행위와 전연 관련이 없다고 하면 도덕적 지식은 무엇 때문에 배워야 하는가 하는 의문은 쉽사리 간과할 수 없는 호소력을 가지고 있다.

피터즈의 '구체적 원리와 합리적 열정' 이라는 제목의 글에는 위와 같은 문제가 도덕적 원리와 구체적인 삶의 사태 사이의 관련 문제라는 각도에서 취급되고 있다. 이 글 서문에서 피터즈는 도덕성을 외적인 도덕률, 또는 도덕적 원리의 획득으로 보는 관점과 내적인 도덕적 자율성의 확립으로 보는 두 관점으로 구분하면서 이 두 관점이 어떻게 조화롭게 양립할 수 있는가 하는 질문을 제기한다(Peters, 1970: 29-30). 피터즈에 의하면, 이 두 관점은 지식의 형식에 내재되어 있는 도덕적 원리가 무엇이며, 그것을 획득한다는 것이 어떤 것인지를 밝힘으로써 종합될 수 있다.

피터즈는 이 문제에 대답하기 위하여 먼저 도덕성을 도덕적 원리의 획득으로 보는 관점에 대한 다음과 같은 반론을 예시한다. 즉, 도덕성을 도덕적 원리의 획득으로 보는 관점은 구체적인 삶의 사태에서 어떻게 해야 하는가 하는, 이른바 '행동지침' 을 제공해 주지 못하며, 이것은 도덕적 원리라는 것이 순전한 '추상적 원리' 에 머무른다는 데에 기인한다(Peters, 1970: 33). 추상적인

---

5) 이 점에 관해서는 이홍우(1984), '두 가지 도덕과 두 가지 교육', 『교육의 목적과 난점』, 서울: 교육과학사, pp. 203-228 참조.

도덕적 원리는 '구체적 전통'과 관련하여 해석되지 않으면 안 되며, 그렇지 않을 때 그것은 구체적인 삶의 사태와 무관할 수밖에 없다. 그러나 그 관련을 보장하는 것은 무엇이며, 또 그것이 필연성을 띤다는 점은 어떻게 설명할 수 있는가? 이런 점들을 고려하면 도덕성은 추상적인 도덕적 원리를 학습함으로써 획득되는 것이 아니라, '정합성과 복잡성을 그 특징으로 하는 사회적으로 확립된 인간활동의 형식'으로서의 '실제'에 입문됨으로써만 획득된다고 보아야 한다(MacIntyre, 1984: 187). 그러나 도덕성을 도덕적 원리의 획득으로 보는 관점에 대하여는 이러한 반론에 덧붙여서 도덕적 원리 자체에 대한 반론이 제기되기도 한다. 도덕적 원리는 성격상 도덕적 삶에서의 '경직성'을 내포하며, 또한 그것은 '이성의 산물'인 만큼 '무기력하다'는 반론이 그것이다(Peters, 1970: 16).

사실, 도덕적 원리에 대한 이러한 반론은 오우크쇼트의 도덕교육론에 보다 극명하게 드러나 있다. 오우크쇼트에 의하면, 도덕적 원리에 입각한 도덕생활—오우크쇼트의 용어로 '합리주의적 도덕생활'—은 개인적인 의미에서나 사회적인 의미에서나 자기가 스스로를 안다는 의미에서의 '자기의식'에 입각해 있으며(Oakeshott, 1962b: 66), 그런 만큼 그는 자신의 도덕적 행위가 어떤 도덕적 이상을 삶의 사태에 적용한 것인지를 알고 있다. 여러 가지 도덕적 원리로 표현되는 도덕적 이상은 개인의 반성적 사고의 결과이며, 개인의 도덕적 행위는 도덕적 이상의 반성적 적용의 결과다. 도덕적 원리에 입각한 도덕생활은 도덕적으로 완전한 이상의 추구, 즉 '완전성'(Oakeshott, 1962b: 68)의 추구를 그 핵심적 특징으로 삼게 되며, 그리하여 개인이나 사회를 그 완전성에 약간의 손상이라도 가져오는 어떤 변화에 대해서도 적응하기를 거부하도록 하는, 차라리 적응할 능력이 없는 '자기수정능력'(Oakeshott, 1962b: 69)의 부재자로 전락시킨다.

아마, 앞의 반론에서처럼 도덕적 원리가 구체적인 행위지침을 제공해 주지 못한다거나 도덕적 원리에 입각한 도덕교육이 인간을 아무런 융통성이 없는 '곧이곧대로의 인간'으로 만든다는 점을 완전히 부정하기는 어려울지 모른다. 그러나 피터즈가 보기에, 도덕적 원리는 행위에 대한 정확한 지침을 제공해 주는 것은 아니지만, 그렇기는 해도 그러한 원리들은 적어도 이러이러한 행위는 이러이러한 점에서 그릇된다는 점을 우리에게 일깨워 주며, 우리로 하여금 어떤 사태가 도덕적 사태인지 아닌지에 대한 대략적인 윤곽을 파악하도록 해 준다. "도덕적 원리는 행위의 지침서라기보다는 도로표지판과 같은 길잡이의 역할을 수행한다"(Peters, 1970: 35). 뿐만 아니라 도덕적 원리는 구체적인 삶의 사태와 하등 관련이 없는, 삶의 사태와 별도로 분리되어 있는 그런 것이 아니다. 도덕적 원리는 구체적인 삶의 사태를 도덕적 관점에서 '추상한' 결과로 확립된 것이며, 도덕적 원리를 이해하는 것은 그 원리가 추상되어 나온 삶의 사태에 대한 이해 없이는 불가능하다. 과학자가 과학적 사고의 내용이 없이 과학적 사고를 할 수 없는 것과 마찬가지로 "원리에 대한 이해는 구체적인 내용과 별개의 것으로 이루어질 수 없다"(Peters, 1970: 38). 그렇다면 추상적인 도덕적 원리가 어떻게 구체적인 삶의 사태와 관련하여 이해될 수 있는가, 달리 말하여 어떻게 도덕적 원리의 획득이 도덕적 행위와 관련을 맺을 수 있는가?

도덕적 원리와 구체적인 삶의 사태 사이의 관련 방식에 관한 피터즈의 견해가 드러나는 것은 이 대목에서다. 피터즈에 의하면, 도덕적 원리는 명백히 '이성의 산물'이지만 그것은 '정서'와 하등 관련이 없는 그런 것이 아니다. 도덕적 원리는, 예컨대 '그것은 직사각형이다'와 같은 아무런 정서가 실려 있지 않은 사정(査定)(또는 그 사정의 결과)이 아니라, 어느 편인가 하면 '그것은 위험하다'와 같은 특정한 행위를 불러일으키는 정서와 '논리적으로' 관련된 사정이다(Peters, 1970: 37). 도덕적 원리에는 이른바 '합리적 열정'이라고 부를 만한 정서가 포함되어 있으며, 이 합리적 열정은 개인에게 내면화되었을 때 '행위의 동기'로 작용한다. 반면에, 구체적인 삶의 사태에서 도덕적으로 올바른 행위를 한다는 것은 곧 판단이 사적인 취향이나 욕구에 의하여 좌우될 가능성을 부단히 배제하면서, 공적으로 받아들여질 수 있는 이유에 입각하도록 노력하는 것을 의미하며, 여기에는 언제나 이러한 태도를 견지하도록 합리적 열정이 수반된다(이홍우, 1992: 191-199). 도덕적으로 올바른 행위를 한다는 것은 합리적 열정에 입각하여 행동한다는 뜻이며, 이것은 곧 도덕적 원리를 획득했다는 말과 동일한 의미를 가진다. 그리하여 피터즈에 의하면, "도덕교육은 특정한 유형의 동기, 즉 합리적 열정이라고 불리는 동기의 발달 과 핵심적으로 관련되어 있다"(Peters, 1970: 46). 물론, 도덕적 원리가 한 인간 의 행위 속에 작용하려면 그것은 그에게 '내면화되지' 않으면 안 되며, 이것 은 곧 그러한 원리들이 행위의 동기, 즉 개인으로 하여금 '실지로 행동하도록 하는 광범한 고려사항으로서의 동기'(Peters, 1970: 46)로 작용하게 되었다는 것을 의미한다. 도덕교육의 궁극적 목적은 자유, 평등, 인간존중 등과 같은 추 상적인 도덕적 원리, 달리 말하여 행위 이면에 들어 있는 이유가 학생 자신의 이유가 되도록 하는 데에 있다.

이상과 같이, 도덕적 원리와 구체적인 삶의 사태 사이의 관련 방식에 관한 피터즈의 견해는 도덕적 원리 그 자체의 논리적 성격을 '고정된' 시점에서 분석하고 여기에 입각하여 도덕적 원리를 획득한 상태가 곧 구체적인 삶의 사태를 이해한 상태라는 점을 밝힌 것으로 요약된다. 다시 말하면, 피터즈는 도덕적 원리를 정태적 관점에서, 순전히 관념적인 수준에서 규정하고 여기에 입각하여 양자의 관련 방식을 설명하고 있다. 도덕적 원리를 획득한다는 것 은 '정의상' 구체적인 삶의 사태를 이해하는 것, 또는 도덕적으로 올바른 행 위를 하는 것을 뜻한다. 그러나 도덕적 원리와 구체적인 삶의 사태의 양자의 관련 방식을 이와 같이 정태적 관점에서 파악하는 것은 교육의 '처방적' 의 미를 존중하지 않는다는 난점을 가지고 있다. 앞에서 고찰한 피터즈의 정당 화에서 공적 전통과 지식의 형식이 고정된 시점에서의 학습의 내용으로 취급 된다는 점을 고려하면, 피터즈의 논의에서 교육은 '이유의 체계를 추구하는 행위'로 정의된다고 말할 수 있으며, 이 정의는 도덕교육에도 마찬가지로 해 당된다. 피터즈에 의하면, 도덕적 원리는 '사고에 적합성을 부여해 주는 기 준'(Peters, 1970: 35)을 가리키며, 이것은 행위 이면에 들어 있는 여러 가지 상 이한 체계의 이유를 다른 방식으로 기술한 것에 불과하다. 도덕교육은 '이유

를 추구하는 행위'로 정의된다. 그러나 이러한 정의가 교육의 정의가 가지는
의의를 온전하게 드러내는가에는 의문의 여지가 있다. 그 정의에는 교사와
학습자 사이의 구분이 도외시되어 있다고 볼 수 있다. 물론, 피터즈는 교육을
'성년식'에 비유하면서 교육이 교사와 학생 사이의, 전세대와 후세대 사이의
교섭이라는 점을 분명히 밝히고 있지만, 앞의 정의에는 성년식이라는 말에
붙박여 있는 이러한 생각이 존중되지 않는다. 그 정의에는, 교육은 문명유산
으로서의 지식을 한 '개인이'획득해 나가는 과정이 아니라, 그것을 내용으
로 하여 '인간의 한 세대와 다른 한 세대 사이에 일어나는 인위적 교섭'을 가
리킨다는 점(Oakeshott, 1989b: 141), 다시 말하여 교육은 '개인 수준의 영위'가
아니라 '종족 수준의 영위'라는 점이 중요한 것으로 취급되어 있지 않다. 그
리고 이 점은 이유를 추구하는 행위라는 정의가 교육의 정의에 함의되어 있
는 '강령(綱領)적 성격'을 올바르게 드러내지 못한다는 것으로 연결된다. 셰
플러가 말하는 바와 같이, 교육의 정의는 한편으로 강령적 성격을 띠기도 한
다(Scheffler, 1960: 19). 교육의 정의는 표면상 '교육은 이런 이런 것이다'라는
식으로 진술되지만, 그 이면에는 '교육은 이런 이런 식으로 해야 한다'는 프
로그램의 의미가 들어 있다. 교육에 관한 이론적 발언은 위장된 실제적 발언
이다.

　　그러나 피터즈의 견해에 시사된 교육의 정의를 이 측면에서 파악할 때, 그
것이 어떤 교육프로그램을 제시하는지는 불분명하다. 이유를 추구하는 행위
라는 정의에는 이유를 추구하는 활동을 '잘'수행한다는 것이 어떤 것이며,
그것을 수행할 때 교사와 학생은 어떤 태도와 방식을 취해야 하는가가 잘 드
러나 있지 않다. 그리고 이러한 난점은 특히 도덕교육과 관련하여 심각한 문
제로 부각된다. 피터즈가 말하는 바와 같이, 도덕교육은 도덕적 원리를 가르
침으로써 도덕적 행위의 동기로 작용하는 합리적 열정을 내면화하도록 하는
일이며, 이때 무엇보다도 중요한 것은 그러한 합리적 열정이 어떤 방식으로
전수되고 획득되는가다. 물론, 피터즈는 도덕적 원리에는 '합리적 열정'이라
고 부를 만한 정서가 포함되어 있으며, 이 열정은 모종의 '동일시 과정'(Peters,

1970: 48)에 의하여 획득된다고 말한다. 그러나 교육의 처방적 의미를 좀 더 분명히 드러내기 위해서는 피터즈가 말하는 동일시 과정이 구체적으로 어떤 것인지, 도덕적 원리가 어떤 과정을 통하여 전수되고 획득되는지, 그리고 이 경우에 합리적 열정은 도덕적 원리의 획득과정과 관련하여 어떤 역할을 수행하는지를 명시적으로 보이지 않으면 안 된다.

도덕적 원리의 획득과정, 그리고 도덕적 원리와 합리적 열정 사이의 관련은, 피터즈와는 달리, 도덕적 원리를 동태적 관점에서 규정함으로써 해명될 수 있다. 다시 말하면, 그것은 오우크쇼트의 정보와 판단 양자의 관련과 그 획득과정에 비추어 해명된다. 제3절의 내용을 염두에 두면, 도덕적 원리와 합리적 열정은 도덕적 지식 이면에 '횡적으로' 연결되어 있는 것이 아니라, '종적으로' 연결되어 있는 지식의 두 요소라고 말할 수 있을 것이다.[6] 도덕적 지식의 전수와 그 획득과정에 비추어 보면 양자는 '아래 위로' 연결되어 있다. 물론, 도덕적 원리와 합리적 열정은 그 자체로는 전달되거나 획득될 수 있는 것이 아니다. 양자는 정보와 판단의 형태로 전수되고 획득된다고 보아야 하며, 정보와 판단이 전수되고 획득되는 것과 동일한 방식으로 전수되고 획득된다.

이제, 이 점을 기초로 하여 도덕적 원리와 구체적인 삶의 사태 사이의 관련 방식을 도덕적 원리의 전수와 획득과정에 비추어 말하면 다음과 같다. 우선, 피터즈가 말하는 바와 같이 도덕적 원리는 구체적인 삶의 사태 이면에 들어 있는 행위의 이유를 개념화한 것이며, 이 점을 고려하면 그것은 삶의 사태와 '떨어져' 있다. 그러나 도덕적 원리를 전수하고 획득하는 과정에 비추어 보면 양자는 언제나 '동시에' 있다고 보아야 한다. 교사는 도덕적 원리를 정보의 형태로 체계적으로 조직하여 전달하면서 그와 동시에 그것이 어떤 구체적인 삶의 사태의 요약인지를 끊임없이 상기시키며, 이것은 교사 자신의 '살아

6) 정보와 판단이 지식의 종적 분류에 해당한다는 점, 그리고 거기에 따른 시사점과 관련된 보다 자세한 내용은 김인(1992), '블룸과 오우크쇼트의 교육내용 범주화 방식 비교', 서울대학교 대학원 석사학위논문, pp. 19ff. 참조.

움직이는'(Oakeshott, 1989c: 167) 마음의 형태로 구체화된다. 도덕적 원리는 구체적인 삶의 사태와 하등 관련이 없는 추상적 원리로 전수되고 획득되는 것이 아니라, '특정한 사례를 사례로 식별하도록 해 주는' 교사에 의하여 구체적인 의미를 지니게 된다. 피터즈가 말하는 바와 같이, 도덕적 원리는 그것이 나타내는 사태를 가능한 한 세부적으로 상상하도록 하는 '상상적 입문과정'(Peters, 1970: 54)에 의하여 비로소 올바르게 획득되며 이 과정에서 핵심적 위치를 차지하는 것은 교사다. 교사가 도덕적 원리를 전달할 때 수반되는 '어조라든가 몸짓을 통하여, 슬쩍 한마디 하는 여담이나 간접적인 언급을 통하여, 그리고 교사가 보여 주는 모범을 통하여, 표면에 드러나지 않게 은밀히 부식되는'(Oakeshott, 1989c: 168) 것은 다른 것이 아니라 '구체적 원리'이며, 이때 교사가 보여 주는 열정적 태도는 피터즈가 말하는 '합리적 열정'이라고 불러도 좋을 것이다. 교사가 보여 주는 합리적 열정은 은연중에 학생에게 감염되어 그로 하여금 구체적 원리를 부단히 탐색하도록 하는 추진력으로 작용한다.

이때까지의 설명이 피터즈의 설명과 어떤 차이가 있는가 하고 누군가 의문을 제기할 수도 있으며, 이러한 의문은 상당한 정도로 타당성을 가진다. 그러나 피터즈의 의도는 궁극적으로 도덕적 원리를 획득한 최종적인 상태가 어떤 것인지, 그리고 그것이 구체적인 삶의 사태와 어떤 관련을 맺는지를 보이는 데에 있는 반면, 이 장에서는 도덕적 원리를 획득한 최종적 상태는 그 전수와 획득과정에 의하여 실현된다는 것, 달리 말하여 도덕적 원리와 구체적인 삶의 사태 양자의 관련을 확립하고 그 최종적 상태에 구체적인 의미를 부여하는 것은 도덕적 원리의 전수와 그 획득과정이라는 것을 보이는 데에 의도가 있다. 결국, 피터즈와 오우크쇼트의 견해에서 시사되는 두 가지 정당화 방식의 차이, 그리고 도덕적 원리와 구체적인 삶의 사태 양자의 관련 방식을 설명하는 두 관점의 차이는 교육에서 강조해야 할 것이 무엇인가에 대한 견해의 차이를 반영한다. 즉, 피터즈의 정당화가 교과의 가치를 관념의 수준에서 확립함으로써 교육의 목적 또는 기준의 중요성을 부각시킨다면, 공적 전통에 의한 정당화는 그 가치를 행위의 수준에서 확립함으로써 교육의 과정의 중요성을 부각시킨다. 도덕적 원리를 고정된 시점에서 규정한 피터즈의 정태적 관점은 도덕적 원리를 획득한 상태가 곧 행위의 동기로서의 합리적 열정을 가지고 있는 상태라는 점을 보여 주는 반면에, 그것을 전수의 시점에서 규정한 동태적 관점은 그 상태는 결국 교육의 과정에 의하여 도달될 수밖에 없다는 점을 보여 준다.

물론, 피터즈의 경우처럼 교육의 기준을 강조하는 것은 교육의 지향점을 제시해 주며, 교육의 과정을 되돌아보도록 한다는 점에서 중요성을 지닌다. 그러나 교육의 과정을 특별히 강조하지 않은 채 교육의 기준을 부각시킬 때에는 교육의 과정이 곧 교육의 기준을 확립하는 과정이라는 점이 잘 드러나지 않을 뿐만 아니라, 실지로 교과를 가르치고 배울 때 어떻게 해야 하는가가 불분명하다. 말하자면, 교육의 처방적 의미가 도외시되는 것이다. 공적 전통에 의한 정당화는 교과의 가치를 행위의 수준에서 확립하려는 논의이며, 이 점에서 그것은 교육의 과정의 중요성을 부각시키는 것과 동시에 교사의 역할을 강조한다. 교사는 추상적인 도덕적 원리에 구체적인 의미를 부여해 주는 존재이며, 그리하여 그것이 학생의 구체적인 삶의 사태로 구현되도록 하는 데에 결정적인 역할을 수행한다. 도덕교육의 목적은 도덕적 원리를 그 삶의 사태와 관련지어 이해하도록 하는 것, 그리하여 도덕적 원리를 획득한 결과 그것이 개인의 구체적인 삶의 사태 속에서 자연스럽게 발현되도록 하는 데에 있으며, 이 일을 하는 데에 핵심적으로 중요한 것은 교사다. 공적 전통에 의한 정당화는 이 점이 도덕교육과 관련하여 특히 중요한 의미를 가진다는 점을 드러내는 데에 그 의의가 있다.

잠재적 교육과정

　학교에서 학생들은 많은 것을 배운다. 수업시간에 교사로부터 교과에 관한 내용을 배우는 것은 물론이고, 그 이외에도 참으로 많은 것을 배운다. 친구들과 어울려서 고무줄놀이를 배우고 따지치기도 배우며 선생님께 인사하는 것도 배운다. 학교에서는 학생들에게 이런 것들을 가르치기 위해서 이런저런 계획을 세운다. 이런 계획이 이 책에서 지금까지 다루어 온 교육과정이라는 것이다.

　교사는 학교에서의 교육계획, 즉 교육과정을 계획하고 그 계획을 실천한다. 그런데 학교에서 그 계획들이 그대로 실천된다고 장담할 수는 없다. 계획을 세울 때는 충분히 여유를 가지고 이런저런 사항을 고려하지만, 그 계획이 실천되는 장면은 그렇게 여유롭지 못하다. 많은 학생과 씨름하는 과정은 예측할 수 없는 일이 참으로 많이 벌어지기 때문에, 그것은 애당초 계획대로 실천되기 어렵게 되어 있다. 그래서 때로는 계획을 폐기하기도 하고, 또 반대로 계획하지 않은 일들도 수행하게 된다.

　학교에서는 주로 계획한 일들, 즉 교육과정의 문제에만 관심을 가지고 있다. 학교에서는 계획한 일들이 얼마나 성공적으로 이루어졌는가에만 관심을 가질 뿐 계획되지 않은 일들에 대해서는 관심을 가지지 않았다. 학교에서 이루어지는 모든 평가도 계획을 중심으로 이루어진다. 그런데 교육현장에서 실제로 일어나고 있는 일들에 관심을 가져야 한다는 주장이 대두되었다. 그런 주장의 이면에는 학교에서 학생들이 배우는 것들을 자세하게 들여다보니 그들이 실제로 배우게 되는 것에는 바람직한 것도 있지만 바람직하지 못한 것도 있다는 주장과 우려가 들어 있다. 그 결과는 한편으로 학교교육에서 피할 수 없는 불가피한 요소에 의해 야기되기도 하지만, 다른 한편으로는 학교나 사회가 숨겨 놓은 의도에 의해서 야기되기도 한다.

이 장에서는 이러한 잠재적 교육과정에 대해 사람들이 관심을 가지게 된 배경과 그들의 관심에 포함되어 있는 주장 및 우려가 어떤 것인지를 먼저 다루게 될 것이다. 그리고 잠재적 교육과정에 관한 관심과 우려가 교육의 현장에 어떤 의미를 주고 있는지도 공부하게 될 것이다.

1. 잠재적 교육과정의 개념

잠재적 교육과정이라는 용어는 1970년대 초부터 사용되기 시작했다. 정확하게 말하면, 잭슨은 1970년에 『아동들의 교실생활』이라는 책에서 처음으로 'hidden curriculum'이라는 용어를 사용했으며, 잠재적 교육과정이라는 용어는 이것을 우리말로 번역한 것이다. 그리고 이 용어가 본격적으로 세간의 관심을 얻게 된 것은 미국교육협회가 1970년에 『잠재적 교육과정』이라는 책을 출간하면서부터다. 이 책의 첫머리에는 다음과 같이 적혀 있다.

> 이 책에서는 교육과정 분야에서 연구되지 않은 부분, 즉 교육을 '경험 당하고' 있는 아동들의 정의적이고 내면화된, 그리고 돌이킬 수 없도록 깊이 각인된, 눈에 보이지 않는 학습에 초점을 맞추었다(Overly, 1970).

이 책의 제목으로 붙어 있는 '연구되지 않은 교육과정'은 성격상 잭슨이 내세우는 '숨겨진 교육과정'과 다르지 않다. 우리가 번역어로 사용하고 있는 '잠재적 교육과정'이라는 개념은 이들 양자를 보다 일반적인 수준에서 일컫는 용어다. 이 책에 게재되어 있는 논문은 한 가지 공통된 주장을 담고 있다. 즉, 학교교육에 관한 종래의 관심은 거의 전적으로 학교의 공식적인 교육과정에 집중되어 있을 뿐 학생들이 학교에서 실제로 배우게 되는 것에는 거의 관심이 없다는 것이다. 학생들이 학교에서 실제로 배우고 있는 것에는, 예컨대 창문에 구멍이 나 있다든지, 책상 밑에 말라붙은 껌이 있다든지 하는 단편적인 사실뿐만 아니라(Jackson, 1970: 6), 사회화의 과정을 통하여 배우게 되는 성인의 권위 등도 포함된다(Dreeben, 1970: 85-103).

잠재적 교육과정이라는 것은, 이를 설명하는 글에 시사되어 있는 바와 같이, 계획하고 의도한 것과는 상관이 없는 것이다. 그런데 '교육과정'이라는 것은 학교가 특정한 의도를 가지고 계획한 것을 가리킨다. 학교에서는 의도적으로 계획된 교육과정에 의거해서 교육을 하지만, 그러한 교육의 결과로 나타나는 현상은 의도와는 다른 모습을 띨 수 있다. 잠재적 교육과정은 학교의 공식적인 교육과정과 무관하게 나타나는 바로 그 의도되지 않은 학습결과를 가리킨다.

의도된 공식적인 교육과정과 의도하지 않은 잠재적 교육과정 간의 괴리는 어떻게 설명될 수 있는가? 김종서(1987)는 교육과정을 세 가지 수준으로 분류하였다.

① 국가수준 교육과정: 이 수준의 교육과정은 국가 및 사회가 학생들에게 어떤 목적을 위하여 무엇을 가르칠 것인지에 대한 일련의 의사결정을 해 놓은 문서를 말한다. 이것의 구체적인 예로는 국민교육헌장, 교육법에 제시된 교육목표, 교육 당국이 고시하는 교육과정, 장학방침, 교과서, 교사용 교과지침서 등을 들 수 있다. 이 수준의 교육과정은 문서화되어 있는 것이 그 특징이라 할 수 있다.

② 교사수준 교육과정: 이 수준의 교육과정은 교사가 어떤 목적을 위하여

무엇을 가르치려고 하는지 또는 가르치고 있는지를 가리킨다. 여기에
서 강조하는 것은 교육과정의 결정자가 교사라는 점이다. 국가수준의
교육과정이 아무리 훌륭하게 구성되어 있어도 교사가 현장에서 그대로
가르치지 않을 경우에 그것은 사문화된다. …이 수준의 교육과정은 교
사가 만든 문서와 수업행동을 포함한다. 예컨대, 월별 · 주별 수업의 계
획, 수업안(이상은 문서) 및 교사가 실제로 가르치는 행위(수업행동)를 들
수 있다.

③ 학생수준 교육과정: 이 수준의 교육과정은 학생이 학교생활을 하는 동
안에 가지는 경험의 총체를 말한다. 이것은 교육과정의 종착점이 되는
것이다. 교사가 아무리 의도적으로 가르쳐도 학생들이 과연 교사가 의
도한 경험을 가지게 될지는 모르는 일이다. 따라서 이 수준의 교육과정
을 교육과정의 종착점으로 본다. 이 수준의 교육과정의 특징은 교육과
정을 경험 자체로 보는 것이다(김종서, 1987: 86).

이들 세 가지 수준의 교육과정은 교육과정이 계획되어 실제 수업에서 전개
되어 학생들에게 그 결과로 나타나기까지의 흐름을 설명하고 있다. 교육과정
이 이렇게 세 가지 수준으로 흘러가는 동안에 이들 간에는 불일치 현상이 나
타나게 된다. 김종서는 이를 설명하는 방안으로 세 가지 수준과 이들 간의 관
련을 [그림 9-1]과 같이 제시하고 있다(김종서, 1987: 87).

이 그림에서 볼 수 있는 바와 같이, 학교에는 모두 일곱 가지의 교육과정이
존재한다. 영역 Ⅶ이 가장 이상적인 것이라고 볼 수 있지만, 학교에서는 그 이
외의 영역도 동시에 존재하게 되어 있다. 이들 영역 중에서는 영역 Ⅲ과 영역
Ⅵ이 잠재적 교육과정에 해당한다.

교육과정의 개념이 계획된 문서의 수준에서 학생들의 경험의 수준으로 확
대될 수밖에 없는 것은 학교교육의 결과가 교육과정에서 의도한 것과 관련이
없거나, 심지어 의도와는 상반되는 결과도 나타나기 때문이다. 아동의 교실
생활에 관한 잭슨의 연구는 이 부분에 관심을 갖도록 만드는 계기가 되었으

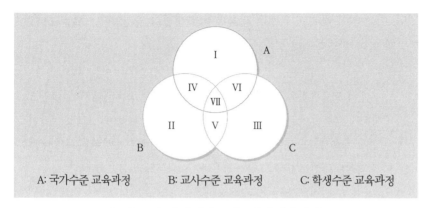

A: 국가수준 교육과정   B: 교사수준 교육과정   C: 학생수준 교육과정

[그림 9-1] 세 가지 수준의 교육과정의 관련

며, 미국교육협회가 발간한 앞의 책은 교육계의 그러한 관심을 확산시켜 놓았다(김안중, 1987). 그러나 잠재적 교육과정에 관한 관심이 높아진다고 하더라도 그것은 공식적인 교육과정과 별도로 이해될 수는 없다. 그래서 잠재적 교육과정의 개념을 제대로 이해하기 위해서는 그와 짝을 이루는 표면적 교육과정과 대비시킬 필요가 있다.

학교의 공식적인 교육과정을 가리키는 용어로는 '공식적인(official)'이라는 형용사 이외에 표면적(manifest), 계획된(planned), 구조화된(structured), 외현적(overt), 가시적(visible), 외적(external), 조직화된(organized), 기대되는(expected), 형식적(formal) 등의 단어가 사용된다. 이와 짝을 이루는 잠재적 교육과정을 가리키는 용어로는 '잠재적(latent)'이라는 형용사 이외에 숨겨진(hidden), 비구조적(unstructured), 비공식적(unofficial), 내현적(covert), 내적(internal), 비가시적(invisible), 비조직적(unorganized), 기대되지 않은(unexpected), 비형식적(informal) 등의 형용사가 사용되고 있다(김종서, 1987: 89). 이들 용어가 시사하는 바와 같이, 잠재적 교육과정은 표면적 교육과정과 대비하여 다음과 같은 특징을 나타낸다.

첫째, 표면적 교육과정이 학교에 의해서 의도되고 계획되어 가르쳐지는 반면에, 잠재적 교육과정은 학생들이 학교생활을 하는 중에 은연중에 배우게 된다. 이는 앞에서 밝힌 잠재적 교육과정의 개념적 특성이다. 김호권은 특히 다음과 같이 말하고 있다.

> 잠재적 교육과정은 눈에 잘 띄지 않는 숨어 있는 교육과정이다. 그만큼 계획되지 않으며 소홀히 다루어지는 실질적인 교육과정이다. 그것은 말이나 글로 가르쳐지는 것이 아니라 학교의 생활과 규칙과 습관과 교사의 행동이 직접적으로 가르쳐 주고 있는 교육과정이다(김호권, 1974: 165).

둘째, 표면적 교육과정이 주로 지적인 영역과 관련되어 있다면, 잠재적 교육과정은 주로 정의적 영역과 관련되어 있다. 표면적 교육과정은 계획된 것이기 때문에 대부분 교과영역과 관련된다. 그러나 잠재적 교육과정은 대부분 교과활동에 관한 흥미, 태도, 가치관, 신념 등과 같은 정의적 영역과 관련되어 있다.

셋째, 표면적 교육과정이 교과과정과 관련되어 있다면, 잠재적 교육과정은 학교의 문화 혹은 풍토와 관련되어 있다. 학교의 문화적 풍토는 학생들의 일상적인 생활의 이면에서 작용한다. 그것은 일상적인 학교생활을 통해서 학생들의 삶에 영향을 주는 것이다.

넷째, 표면적 교육과정을 통한 학습은 비교적 단기적으로 이루어지며, 그 결과도 비교적 일시적인 성격을 띤다. 반면에, 잠재적 교육과정을 통한 학습은 장기적이고 반복적으로 이루어지며, 그 결과 또한 비교적 항구적으로 지속된다.

다섯째, 표면적 교육과정은 주로 교사의 인지적 능력에 영향을 받아 학습하게 되지만, 잠재적 교육과정은 교사의 인격적인 감화에 영향을 받아 학습하게 된다. 표면적 교육과정은 주로 지적인 면의 학습을 목적으로 하기 때문에 당연히 교사의 인지적 능력의 영향을 받는다. 그러나 잠재적 교육과정은 교사를 동일시 대상으로 삼고 교사의 모든 행동을 은연중에 모방하는 과정으로 이루어진다. 교사의 모든 면이 잠재적 교육과정의 원천이 된다는 점은 교사의 삶과 삶에 대한 그의 태도가 전적으로 학생들에게 영향을 미치는 것이다.

여섯째, 표면적 교육과정으로 인한 학습은 바람직한 내용이 대부분이지만, 잠재적 교육과정의 학습내용에는 바람직한 것과 더불어 그렇지 못한 것도 포함된다. 전자의 경우에는 표면적 교육과정에서 다루는 내용이 학교교육의 목적에 비추어 볼 때 당연하다. 그러나 잠재적 교육과정을 통하여 배우게 되는 것은 사회적으로 용납될 수 없는 것도 포함되게 된다. 잠재적 교육과정에 대한 관심이 고조된 것도 학교에서 학생들이 바람직하지 못한 것을 배우게 되고 그 폐해도 심각하였기 때문이다.

일곱째, 잠재적 교육과정은 어떤 모습의 학교교육이라 하더라도 존재하게 마련이다. 잠재적 교육과정을 야기하는 요소를 완벽하게 찾아내어 제거한다고 하더라도 잠재적 교육과정은 존재할 수밖에 없다. 즉, 잠재적 교육과정은 학교교육에서 나타날 수밖에 없는 것이다. 이는 잠재적 교육과정을 야기하는 원천이 학교제도 자체에 들어 있기 때문이다.

2. 잠재적 교육과정의 원천

학교에서는 참으로 많은 일이 일어나고 있으며, 학생들은 그 속에서 많은 것을 배우게 된다. 학생들은 학교가 마련한 교육과정을 통해서 배우기도 하지만, 함께 어울려서 생활하는 동안에 배우게 되는 것도 있다. 잭슨은 『아동의 교실생활』이라는 책의 첫머리에 다음과 같이 적고 있다.

> 학교에서 학생들은 시험에서 실패하기도 하고, 성공하기도 하고, 재미있는 일을 겪기도 하고, 새롭고 기발한 생각도 하고, 기술을 배우기도 한다. 또 차례를 기다리며 자리에 앉아 있기도 하고, 손을 들기도 하고, 시험지를 받기도 하고, 줄을 서기도 하고, 연필을 깎기도 한다. 학교는 친구를 만나기

도 하고 적을 만나기도 하며, 또 사랑과 미움이 교차하는 곳이다. 하품을 참아야 하기도 하고, 책상에 칼로 이름을 새기기도 하고, 잡부금을 거두기도 하는 곳이다. 우리는 학교생활 중에서 우리에게 잘 알려진 형식적인 면과 알려지지 않고 숨겨져 있는 면 모두를 잘 알고 있다. 그러나 우리는 잘 알려져 있는 면보다는 잘 알려져 있지 않은 숨어 있는 면에 주의를 기울일 필요가 있다. 교육에 관심을 둔 사람들이 오늘날까지 이 면에 관심을 소홀히 하였기 때문에 이런 말을 할 수 있는 것이다(Jackson, 1970: 4).

우리는 잭슨이 지적하고 있는 '잘 알려져 있지 않고 숨어 있는 부분', 그러면서도 아이들의 삶과 교육에 영향을 미치고 있는 부분을 검토해 보아야 한다. 학생들의 학교생활 중에서 우리의 눈에는 잘 띄지 않지만, 학생들의 삶과 교육에 영향을 미치는 것에는 여러 가지 요소가 있다. 이홍우(2010)는 그 요소로 '학교의 비공식적인 문화'와 '학교의 생태'를 들고 있고, 잭슨(1968)은 '학교의 생태적 특성'을 들고 있으며, 김종서(1987)는 '학교의 생태'와 '학교의 인적·물리적 환경적 요소'를 들고 있다. 여기서는 먼저 잠재적 교육과정의 원천으로 학교가 지니고 있는 생태적 특성과 학교의 비공식적인 문화를 살펴볼 것이다.

(1) 학교의 생태

학교는 본래 교과를 가르치기 위해서 만들어진 기구다. 그런데 학교에서의 생활은 그 자체로 '생체'를 지니고 있다. 아이들은 학교에서 교과를 배우는 동시에 학교가 지닌 생태적인 특성에 적응할 수밖에 없다. 유기체가 생태적 환경에 적응하는 것은 생존과 결부되어 있기 때문에 그 환경에서 살아남기 위해서는 생태적 특성에 적응할 수밖에 없는 것이다. 학생들도 학교의 사회적 생태에 적응할 수밖에 없는 것은 그것이 그들의 사회적 생존과 결부되어 있기 때문이다. 학생들에게 교과를 배우는 일이 중요한 과제의 하나라면, 학교의 생태에 적응하는 일 또한 중요한 과제가 아닐 수 없다.

잭슨의 『아동의 교실생활』은 잠재적 교육과정을 유발하는 바로 그 학교의 생태에 관한 연구 성과물이다. 그는 아동들의 생활에 영향을 주는 학교의 생태로 '군집성(crowd)', '상찬(praise)', '권력(power)' 을 들고 있다. 학교는 많은 아동이 모여서 생활하는 곳이다. 그래서 다른 사람들과 어울려 사는 것도 배워야 하고, 그 속에서 자신의 일에 열중할 줄도 알아야 하며, 또한 자신의 차례를 기다려야 하고, 다른 사람들과 보조를 맞추기 위해서 자신이 하던 일을 중단하거나 자신의 욕망을 억누를 수도 있어야 한다. 잭슨은 군집성을 이렇게 요약한다.

> 대부분의 제도가 요구하는 덕목은 '인내' 라는 한마디에 담겨 있다. 인내가 부족하면 감옥이나 공장, 회사에서 살아가기가 힘들어진다. 학교에서도 마찬가지다. 이 모든 장면에서 사람들은 참고 기다리는 법을 배우지 않으면 안 된다(Jackson, 1970: 18).

학교에서는 또한 교사와 동료 학생들에 의해서, 그리고 자기 자신에 의해서 끊임없는 평가가 이루어지는 곳이기도 하다. 그 평가에는 공개적으로 결과가 발표되는 것도 있지만 학생 자신이나 부모에게 은밀하게 알려지는 것도 있다. 이러한 평가를 통하여 학생들은 경쟁, 시기, 부정행위 등을 배우게 된다. 다른 학생들을 이기기 위해서, 선생님으로부터 상을 받기 위해서 때로는 열심히 노력하는 것도 배우지만, 만약 필요하다면 부정행위를 해서라도 좋은 평가를 받아야 한다는 것도 배운다. 잭슨은 상찬으로부터 배우는 것을 이렇게 요약한다.

> 이렇게 평가에 익숙하려면, 칭찬 받을 일을 많이 하고 벌 받을 만한 일은 적게 해야 하며, 칭찬은 되도록 널리 알리고 벌은 되도록 감추어야 한다. 그리고 교사와 친구로부터 모두 인정을 받으려고 노력해야 한다.

학교는 교사와 학생 사이에 공식적인 또는 객관적인 권위가 인정되는 곳이다. 특히, 초등학교 학생들은 가정에서 경험하던 혈연적이고 온정적인 권위와는 전혀 다른 권위 관계를 경험하게 된다. 교사의 권위 중에서 중요한 것은 학생들의 주의를 집중하도록 명령하는 것이다. 또한 교사의 권위는 학생들의 희망을 교사가 원하는 방향으로 바꿀 수 있다. 학생들은 자신의 계획을 실천하는 것이 아니라, 교사의 계획을 실천하는 것이다. 이러한 교사의 권위에 적응하기 위해 학생들은 열심히 공부하여 모범적인 학생이 되어야 하고, 권위를 가진 사람으로부터 환심을 사야 하며, 권위를 가진 사람이 불쾌하게 생각할 것으로 여겨지는 행동은 삼가는 방법을 배워야 한다.

잭슨은 또 다른 논문 「학교교육의 결과」에서 학교교육의 결과를 1차적인 결과와 2차적인 결과로 나누었다. 1차적인 결과는 학교교육의 직접적인 효과로 학생들의 기억에 생생하게 남아 있는 것, 예컨대 그날에 일어났던 사건이나 공부시간에 배운 교과의 지식, 짝의 이름, 깨어진 유리창, 책상 밑에 붙어 있는 껌 등과 같은 것을 가리킨다. 그리고 2차적인 결과는 비교적 장시간에 걸쳐서 학습되는 능력, 인지구조, 인지양식, 지능 등으로 불리는 지적 기능, 자기 자신과 세계에 관한 평가, 태도, 가치관 등의 정의적 특성을 말한다. 교육의 결과에 대한 잭슨의 구분은 결국 학교에서 의도하지 않은 교육의 결과가 나타나고 있고, 그 결과는 잠재적 교육과정의 존재를 확인시켜 주는 동시에, 잠재적 교육과정에 관심을 기울여야 한다는 사실을 지적하고 있다.

잭슨의 잠재적 교육과정에 관한 관심은 잠재적 교육과정의 존재를 확인하려는 의도가 강한 것이었다. 즉, 그는 잠재적 교육과정으로 인하여 나타나는 바람직하지 못한 교육의 결과에 근거하여 학교교육 자체를 비판하려는 의도를 지니고 있었던 것이 아니다. 그러나 실버만은 『교실 속의 위기』라는 책에서 잠재적 교육과정으로 인하여 나타나는 학교교육의 결과를 비판적으로 설명하고 있다. 실버만에 의하면, 오늘날의 모든 학교는 질서와 통제라는 공통된 특성을 지니고 있다. 그는 학교가 이를 통해서 학생들에게 순종을 강요하는 교육을 하고 있다고 비판한다.

실버만은 순종을 강요하는 학교의 메커니즘을 세 가지로 지적하고 있다. 그중의 하나는 시간표다. 학교에는 시간표가 있기 때문에, 학교는 학생들이 하고 싶은 것을 할 수 있는 곳이 아니라 그 일을 해야 할 시간이 되었기 때문에 하는 곳이 된다. 교사는 정해진 시간에 학생들에게 활동을 시킨다. 그런데 하나의 활동과 다음에 이어지는 활동은 전혀 다른 활동이다. 시간표는 학생들의 리듬을 무시하고 활동의 어느 단계에서나 그것을 중단하고 다른 활동을 하게 함으로써 아이들의 의욕을 빼앗아 간다.

다음은 절차를 위한 절차다. 학교는 효율적인 일처리를 위하여 여러 가지 절차를 필요로 하고 있으며, 그런 절차는 모두 학생들의 성장과는 상관이 없는 그야말로 절차를 위한 절차다. 이러한 절차는 학생들을 불필요하게 통제한다.

끝으로 정적의 강요다. 학생들은 학교에서 대부분의 시간을 조용히 있어야 한다. 그리고 교사들은 상당히 많은 시간과 노력을 투자하여 학생들을 통제한다. 소음과 동작의 통제를 위해서 학교에서는 복도의 통행 규칙과 같은 자질구레한 규칙들을 만들고 이것으로 학생들을 통제한다. 이런 모든 것은 학생에게 순종을 강요하는 메커니즘이 되고 있다는 것이 실버만의 주장이다.

김종서(1987)는 잠재적 교육과정에 관한 많은 연구를 검토한 후에 상당히 종합적으로 학교의 생태에 관한 의견을 제시하고 있다. 그는 학교의 생태로 목적성, 강요성, 군집성 그리고 위계질서를 제시하고 있다. 학교교육의 목적이 제대로 달성되려면 목적에 대한 관련자들의 합일이 있어야 한다. 그런데 학교와 교사가 생각하고 있는 공식적인 목적과 학부모가 요구하는 목적 사이에는 괴리가 생기고, 그 괴리는 잠재적 교육과정으로 작용하고 있다. 학교는 또한 그 고유한 목적을 위해 학생들에게 많은 것을 강요하고 있다. 사다리식의 학년제도, 정해진 일과, 정해진 좌석에서 하루 종일 머물러 있어야 하는 규칙 등 셀 수도 없이 많은 것이 학생들에게 지켜지기를 강요하고 있다.

학교는 또래집단의 아동들이 대규모로 모여 있는 곳이다. 학교는 그들 나름대로의 고유한 또래문화를 만들어 내고, 이렇게 만들어진 비공식적인 문화는 그 자체로 잠재적 교육과정이 된다. 학교는 또한 독특한 위계질서를 지닌 사회체제다. 교사와 학생 사이에는 뚜렷이 구분되는 위계성이 존재한다. 그리고 학생들 사이에도 독특한 위계성이 있으며, 교사의 경우도 마찬가지로 독특한 위계성을 지니고 있어서 잠재적 교육과정으로 작용하고 있다.

(2) 학교의 비공식적인 문화

학교는 대규모의 또래집단으로 이루어진 사회다. 학교에서 학생들은 공부를 하지만 동시에 생활을 하기도 한다. 학교에서 학생들의 생활은 학교의 고유한 목적인 공부를 위한 생활도 있지만, 공부와는 전혀 상관이 없는 생활도 할 수밖에 없다. 특히 학교사회를 이루고 있는 또래집단은 그 나름의 독특한 문화를 형성할 수밖에 없다. 또래의 학생들이 모여서 생활하기 때문에 생겨나는 또래집단 문화는 다른 사회에서는 찾아볼 수 없는 독특한 특징을 지니고 있다. 학생들에게는 이것이 잠재적 교육과정으로 작용한다.

학교문화에 관한 콜먼의 오래된 연구는 학교에 존재하는 비공식적인 문화에 관한 대표적인 연구다(Coleman, 1960). 그는 미국의 10개의 고등학교를 대상으로 하여 학생들 사이에 존재하는 비공식적인 문화와 학생들의 학업성적 사이의 관련을 분석하였다. 그 결과는 대략 다음의 세 가지로 요약된다(이홍우, 2010: 317-321).

첫째, 학생들은 공부 이외에도 관심을 가지고 있었다. '공부 잘하는 학생'이 되기를 원하는 학생보다 '운동을 잘하는 학생'이나 '인기가 높은 학생'이 되기를 원하는 학생이 현저하게 많았다. 그리고 '공부 잘하는 학생'이 지도자급으로 지목되는 경우는 다른 학생들보다 현저하게 낮았으며, 남학생의 경우에는 거의 운동선수들이 지도자급으로 지목되고 있었다. 이런 사실은 학생들의 관심이 공부보다는 다른 쪽에 쏠려 있다는 사실을 보여 준다.

둘째, 콜먼은 지도자급으로 공부 잘하는 학생이 지목되는 비율이 높은 학교와 낮은 학교를 비교하였다. 그 결과, 공부에 관심이 적은 학교에서는 능력이 있다고 여겨지는 학생들이 공부가 아닌 다른 분야, 예컨대 운동이나 사교 활동에 전념하고 있었다. 즉, 능력이 있는 학생들이 공부보다는 동료 친구들로부터 인정을 받는 분야에서 능력을 발휘하고자 노력하고 있었다. 이것은 학교의 비공식적인 문화가 때로는 학업에 방해가 된다는 사실을 보여 준다.

셋째, 학교에서는 한편으로 비공식적인 문화가 생겨나기도 하지만, 다른 한편으로 학교의 생활은 그런 비공식적인 문화를 적극적으로 조장하기도 한다. 남학생들이 운동에 관심이 쏠려 있는 이유를 분석한 결과, 그 학교는 학교 대항 운동경기가 있고, 그 승부가 학생들의 지대한 관심사가 되고 있었다. 운동경기에 참석하지 않는 학교의 경우에는 운동경기에 참석하는 학교보다는 공부에 대한 학생들의 관심이 더 높았다.

콜먼의 이러한 연구 결과를 모든 학교에 그대로 일반화하기는 어렵다. 그렇기는 해도 그의 연구가 시사하는 의미는 재고해 볼 필요가 있다. 즉, 학생들 사이에 존재하는 학교의 비공식적인 문화는 학교에 존재하는 공식적인 문화와 갈등을 일으킬 수 있으며, 그런 결과는 학생들이 어째서 반학구적인 문화에 휩쓸리게 되는지를 설명해 준다. 학교에는 반드시 학구적인 문화와 함께 반학구적인 문화도 있기 마련이다. 학구적인 문화는 학교가 지지하는 공식적인 문화이기 때문에, 학구적인 문화가 지배하고 있는 학교에서는 공부를 잘하는 학생들이 학생들로부터 인정을 받게 된다. 이와는 반대로 반학구적인 문화가 지배적인 학교에서는 학교의 공식적인 문화, 예컨대 학교규칙으로부터 이탈될수록 학생들로부터 인정을 받게 된다.

교사가 학생들에게 가하는 상이나 벌 또한 상반되는 효과를 나타낸다. 학구적인 문화가 지배하는 학교의 경우에 교사가 학생들에게 가하는 상이나 벌은 학교의 공식문화와 일관된 효과를 보인다. 즉, 상은 학생들에게 공부 행동을 장려하지만, 벌은 반학구적인 행동을 통제하는 효과를 보인다. 그러나 반학구적인 문화가 지배하는 학교의 경우는 정반대의 효과를 보인다. 즉, 교사로부터 칭찬을 받는 학생들은 동료학생들로부터 소외를 당하며, 반대로 벌을 받는 학생들은 동료학생들로부터 높은 평가를 받게 된다.

이와 같이 반학구적인 문화가 지배하는 학교에서의 학생들의 사회적 지위는 학교의 공식문화로부터 이탈된 정도에 비례한다. 그러므로 어떤 이유에서든지 학교의 공식적인 문화에 적응하지 못하고, 교사로부터 인정을 받지 못한 학생들은 동료학생들로부터 인정을 받기 위해서 더욱더 반학구적인 행동을 하게 되고, 마침내는 청소년 범죄 집단에 휩쓸리게 될 가능성이 높아지게 된다. 만약 교사가 학교의 이러한 비공식적인 문화현상을 제대로 인식하지 못할 경우에, 교사의 상벌행위는 이러한 과정을 더욱 촉진시킬 가능성이 높게 된다. 하그리브즈는 이 점을 지적하면서 학교가 때로는 청소년 범죄의 발상지나 온상이 된다고 지적하였다(Hargreaves, 1967).

반학구적인 문화는 어느 학교든지 반드시 존재한다고 보아야 한다. 즉, 어느 학교에서든지 학교 공부를 열심히 하는 학생들을 소위 '범생'이라고 비웃으며 공격하는 집단이 있게 마련이다. 그리고 학교에서는 이들 집단을 무작정 벌하는 문화가 만연해 있다. 그러나 이들에게 가하는 벌이 때로는 벌로 작용하는 것이 아니라 상으로 작용할 가능성이 충분히 있다. 이와 같은 사실은 잠재적 교육과정을 이해하는 교사에게만 의미 있는 것으로 여겨질 수 있다.

3. 잠재적 교육과정과 이데올로기

잭슨이나 김종서가 지적하고 있는 학교의 생태로서의 잠재적 교육과정이나 콜먼이나 하그리브즈가 지적하고 있는 학교의 비공식문화로서의 잠재적 교육과정은 제도로서의 학교교육의 그늘에 필연적으로 존재할 수밖에 없는 현상이다. 그리고 그 결과가 바람직한 것이든 바람직하지 않은 것이든 학교교육의 결과로 받아들이지 않을 수 없는 것이다. 왜냐하면, 그것은 어떤 의도도 개입되지 않은 것이기 때문이다. 그런데 만약 학교교육의 이런 결과가 누군가의 의도에 의해서 나타나는 것이라면, 그리고 그 결과가 바람직하지 못한 것이라면 문제는 달라진다. 일군의 사회학자들은 학교를 특정 계층의 이익을 도모하도록 하는 대표적인 기관으로 간주하면서 제도로서의 학교교육을 폐지하여야 한다는 주장까지 한다. 보울스와 긴티스, 그리고 애플 등의 견해로 대변되는 갈등이론에서의 재생산이론이 그것이다.

재생산이론에 따르면, 학교는 지배계층에 의한 사회통제 기능을 수행하고 있으며, 이러한 사회통제 기능은 잠재적 교육과정으로 숨겨져서 작용하기도 하지만, 공식적 교육과정에서 공공연히 작용하기도 한다. 다시 말하면, 학교제도는 지배계층의 이익에 봉사하여 지배계층을 위한 사회질서를 정당화하고 지배계층의 문화를 합리화하면서 지배계층 자녀의 사회적 신분의 상승을 돕고 있다는 것이다.

먼저, 보울스와 긴티스의 주장을 보다 구체적으로 살펴보자. 흔히 대응이론(correspondence theory)이라고 불리는 이들의 이론에서는 잠재적 교육과정을 정치경제학적 관점으로 분석하고 있다. 학교가 기존의 불평등구조를 재생산하는 것은 생산활동과 학교생활이 구조적으로 대응된 관계에 있기 때문인 것으로 분석하고 있다(Bowles & Gintis, 1976). 학생들의 학교생활을 규율하는 사회관계와 생산활동을 규율하는 사회관계가 구조적으로 대응된다. 우선 보상체제가 대응되고, 권위구조가 대응되며, 과제수행구조가 대응된다. 이렇게 대응되는 학교에서의 사회관계는 자본주의 경제의 조직구조를 그대로 복사하고 있다. 그 결과로 학생들은 자본주의 경제체제에 적합한 행동성향과 의식구조를 학습하게 된다는 것이다.

학생들이 일상적인 생활경험, 말하자면 비의도적인 잠재적 교육과정을 통해서 자본주의 사회에 적합한 가치규범과 행동성향을 학습하게 된다는 보울스와 긴티스의 주장과는 대별되게, 애플은 상당히는 의도적으로 그리고 공식적인 교육과정을 통해서 지배계급에 유리한 이데올로기를 내면화시키고 있다고 주장한다(Apple, 1979).

재생산이론에서 학교교육을 비판하는 일단의 사회학자들보다 더욱 강도를 높여서 학교교육을 비판하는 학자들도 있다. 소위 '학교폐지론'이나 '학교무용론'으로까지 불리는 이들의 주장도 역시 잠재적 교육과정을 바탕으로 하고 있다. 일리치와 라이머가 그 대표적인 학자들이다. 일리치는 『탈학교화 사회』라는 책에서 "가르치는 것을 배우는 것으로 오인하도록, 학년이 올라가는 것을 교육받은 것으로 오인하도록, 졸업장이나 학위를 능력으로 오인하도록 학생들을 교화하고 있다"라고 비판하고 있다(Illich, 1972: 1). 그런 결과로 학생들은 더욱더 교육을 받아야 한다는 의존성 또는 소비자근성(consumerism)을 가지게 된다. 이런 교육을 받을 수밖에 없는 학교제도가 지속될 경우에 지배계층은 계속적으로 특권을 누리게 되고, 피지배계층은 필연적으로 낙오할 수밖에 없는 결과를 초래하게 되기 때문에 학교를 폐지하여야 한다고 일리치는 주장한다.

한편, 라이머(1971)는 『학교는 죽었다』라는 책을 통해서 학교교육의 잠재적 기능을 비판하고 있다. 그에 의하면, 학교는 네 가지 기능을 수행한다. 첫째, 학교는 학생을 보호하는 기능을 수행한다. 학교에서 학생들을 보호함으로써 부모들을 해방시킨 것이 아니라 오히려 자녀들의 학비를 벌기 위해 직장에 얽매이는 결과를 가져왔다. 또한 학생들을 일정 시간 학교에 붙잡아 두고서 그들에게 사회에 순응하는 이데올로기를 주입하는 것을 가능하게 만들었다. 둘째, 학교는 학생들을 대상으로 사회적 선발의 기능을 한다. 학교의 사회적 선발은 미래에 학생들이 가지게 될 사회적 신분을 결정하기도 하지만, 보다 중요한 것은 학교교육의 결과에 의해서 이루어지는 사회적 선발의 결과를 당연한 것으로 받아들이는 가치관을 심어 준다는 것이다. 그래서 학교에서의 실패는 그들의 능력 부족으로 인한 당연한 결과로 받아들이게 된다. 셋째, 학교는 교화기능을 한다. 학교는 학생들에게 사회의 유지와 존속에 필요한 가치관을 받아들이고 그 체제에 순응하게 하는데, 그들이 배우는 가치는 지배계층에 유리한 윤리와 가치를 은연중에 받아들이게 하는 교화의 기능을 수행한다. 끝으로, 학교는 교육의 기능을 수행한다. 학교의 교육기능은 학교가 아닌 곳에서도 얼마든지 가능한데, 학교는 이 기능을 독점함으로써 교육 이외의 기능을 수행하게 되고, 그렇게 함으로써 지배계층의 이익과 특권을 옹호하는 결과를 가져오게 된다. 이런 연유로 오늘날의 학교는 없어져야 마땅하다는 것이다. 이상이 라이머가 잠재적 교육과정을 통하여 학교폐지론을 주장하는 요지다. 그런 후에 그는 일리치와 마찬가지로 네트워크로서의 학교 대안을 제시한다.

잠재적 교육과정은 학교에서 의도하지 않았지만 결과적으로 학생들이 배우게 되는 교육내용에 관한 논의다. 그런데 이와는 정확하게 상반되는 교육과정이 있다는 주장을 하는 경우도 있다. 그것은 바로 아이즈너의 '영 교육과정(null curriculum)'이다. 아이즈너는 학교에서 의도적으로 가르치지 않아서 학생들이 배우지 못하는 것이 있다고 주장한다(Eisner, 1994). 예컨대, 학교에서 주로 좌뇌를 사용하는 과목이나 기능을 중요시하기 때문에 학생들은 우뇌를 적절히 발달시킬 수 없다는 것이다. 사람들은 학교 밖에서 해답이 분명하지 않은 수많은 문제에 직면하여 이를 해결하면서 살아가고 있지만, 이 문제해결의 과정은 객관적인 기준을 적용하여 해결하는 것이 아니라 질적인 판단을 바탕으로 이루어지는 것이다. 그러한 질적인 판단은 학교에서 강조하고 있는 수학이나 과학에서의 객관적인 판단보다는 예술과목에서 강조되는 판단의 양식이다. 그런데 학교교육에서는 예술과목을 소홀히 함으로써 학생들이 우뇌를 사용할 기회가 줄어들게 되고 질적인 판단을 할 기회를 가지지 못하게 된다. 학교에서는 예술과목을 교육과정에 포함시키고는 있지만, 그것의 비중은 주지과목으로 알려져 있는 국어, 수학, 과학 등에 비하면 매우 적다. 그들 과목이 학교에서 중요시되고 있는 것은 주지주의 전통의 결과라고 아이즈너는 주장한다(박승배, 2007). 아이즈너의 표현을 빌리면, "전통은 기대를 만들어 내고, 미래를 예측하게 해 주며, 안정을 유지하는 역할을 하고 있다"(Eisner, 1994: 105). 전통적으로 학교에서 가르치는 교과는 그 교과의 전문가인 교사들의 보호를 받으며 지속적으로 중요 과목에 포함되지만, 예능 교과를 비롯한 비주지교과는 이와 같은 울타리가 없어서 학교교육과정에서 중요한 위치를 차지하지 못하고 계속적으로 소홀한 대접을 받게 된다. 그리하여 그런 교과목은 영교육과정의 지위를 면치 못하게 된다.

4. 잠재적 교육과정의 지위

잠재적 교육과정도 교육과정인가? 김안중(1987)은 「잠재적 교육과정도 교육과정인가」라는 제목의 논문에서 잠재적 교육과정의 의의를 비판적으로 검토하고 있다. 그는 교육과정의 개념적 기준으로 '제도교육'과 '교수의도', 그리고 '체계성'을 제시하고, 이들 세 가지 기준에 비추어서 잠재적 교육과정을 교육과정으로 간주할 수 없다고 주장하고 있다. 김안중의 이러한 주장은 지극히 타당하다. 교육과정이라는 용어가 함의하고 있는 것 중에서 가장 중요한 의미는 '계획적'이라는 것이다. 김안중이 제시하는 세 가지 기준은 이 '계획적'이라는 의미를 상세하게 제시한 것으로 해석될 수 있다.

그렇다면 잠재적 교육과정은 의미가 없는 것인가? 교육과정의 개념에 '교육의 결과'라는 의미가 가미된 것은 타일러나 타바의 '종합적 교육과정 이론'의 등장에서 비롯되는 것으로 해석되고 있다(이홍우, 2010). 주지하다시피 종합적 교육과정 이론에서는 교육의 결과로 나타날 학생들의 행동의 변화를 교육목표로 설정하고, 그 목표를 달성하기 위해서 교육과정을 운영하며, 그런 후에 평가단계에 와서 그 결과가 실제로 일어났는지를 측정하게 되어 있다. 그래서 교육의 과정은 의도한 결과인 목표와 학습의 결과를 일치시키려는 과정이어야 한다는 생각이 생겨나게 되었다. 그리하여 교육과정의 의미는 당초의 '계획이나 의도'에서 '의도된 교육의 결과'로 바뀌게 되었다.

'의도된 교육의 결과'라는 이러한 교육과정의 의미는 '의도와는 관련이 없는 결과'를 가리키는 잠재적 교육과정이 등장하기 이전에는 아무런 문제가 없었다. 그런데 의도와 결과가 일치하지 않는다는 것과 의도하지 않은 결과가 나타난다는 것은 교육과정의 의미에 문제를 던지게 된다. 즉, '계획이나 의도'라는 교육과정의 의미에 '결과'라는 의미가 가미됨으로써 '의도된 교육의 결과'라는 문구는 '의도'를 뜻하는지 '결과'를 뜻하는지가 애매하게 되었다. 그래서 이를 해결하는 방편으로 의도와 결과 모두를 교육과정으로 간주하고, 의도와 관련된 부분을 표면적 교육과정으로, 그리고 의도와 관련되지 않는 부분을 잠재적 교육과정으로 간주하려는 시도가 나타나게 되었다(이홍우, 2010).

교육의 결과, 그것도 비의도적인 결과를 교육과정이라고 부를 경우에는 교육의 의미에 심각한 문제가 발생한다. 교육은 의미상 가치로운 것을 성취하는 일이다(Peters, 1966). 그러므로 잠재적 교육과정을 교육과정으로 여길 경우에 비의도적인 교육의 결과를 성취하는 것도 교육이라고 하는 결론에 도달하게 된다. 이와 같은 결론은 과연 타당한가? 김안중은 이 질문에 관하여 다음과 같이 대답하고 있다.

2,300여 년 전에 플라톤은 각자가 자신의 일을 잘 하는 사회가 공정한 사회라고 말한 적이 있다. 이 말은 잠재적 교육과정에 대해서도 적합한 말인 듯하다. 학교도 하나의 사회이며, 그 속에는 학교의 울타리 바깥 사회와 마찬가지로 사람들의 삶이 있고 생활이나 경험이 있다. 그러나 사회는 개인과 마찬가지로 저마다 할 일을 가지고 있다. 학교라는 사회는 물론 공부하기 위해서 있는 사회다. 학교에는 공부하는 일 이외에도 여러 가지 잠재적 기능들이 있다고 해서 공부하는 일과 이들을 혼동할 필요는 전혀 없다. 오히려 학교가 학교다워지는 것은 공부하는 일이 제대로 이루어질 때뿐이다. 여타의 잠재적 기능이나 잠재적 교육과정은 이 공부하는 일에 도움이 되도록, 그것을 더 잘하도록 이루어져야 할 뿐이다(김안중, 1987: 160).

한편, 이홍우(2010)는 의도된 것이나 의도되지 않은 것을 막론하고 '학습의 결과'는 교육과정의 의미에서 제외되어야 한다고 주장하고 있다. 그러면서 다음과 같은 말로 결론을 내리고 있다.

분명히 학교와 '바깥 사회'를 경계 짓는 울타리는 허술하며, 학교는 거의 완전히 '바깥 사회'에 열려 있다. 한때 그러하였듯이, 학교가 그 이념에 있어서뿐만 아니라 그 위치나 건물구조에 있어서도 수도원이나 사찰을 본받으려 했던 시절은 영원히 지나갔다고 보아야 할 것이다. 교육이 '사회적 과정' 또는 사회에 있어서의 성인의 활동을 목표의 원천으로 삼아야 한다는 주장은 이 역사적 경향을 이론적으로 뒷받침하였다. 그리고 학교 안에서 일어나는 '삶의 현실'을 '잠재적 교육과정'이라는 이름으로 부르려는 최근의 동향은 소극적인 면으로나 적극적인 면으로 이 경향을 영속시키는 방향으로 작용한다. 바깥 사회가 '실제성'에 일변도되어 있을 때에, 교육이 지성을 함양하는 일, 학생으로 하여금 교실에서뿐만 아니라 바깥 사회에 나가서도 '인간다운 삶의 형식'에 헌신하도록 하는 일을 어떻게 할 수 있는가 하는 것은 교육이 해결해야 할 구원의 문제다(이홍우, 2010: 337).

김안중과 이홍우의 제안은 잠재적 교육과정의 의미에 관한 문제뿐만 아니라 교육과정의 문제, 나아가 교육의 문제에 관한 견해인 것이다.

제2부

우리나라의 교육과정

제10장

우리나라 교육과정의 변천

교육과정의 변천을 논의할 때 문제가 되는 것은 교육과정 변화의 시점과 그 구분을 어떤 기준을 바탕으로 정하는가 하는 것이다. 흔히 교육과정 사조의 흐름을 논의할 때는 교과중심, 경험중심, 학문중심 그리고 인간중심 교육과정으로 구분한다. 그리고 우리나라의 교육과정의 변천도 이런 사조의 흐름으로 논의하는 경우도 있다. 여기에서는 교육부령 혹은 교육부 고시에 의해서 공포된 법령화된 문서로서의 교육과정을 중심으로 그 변천을 논의하려고 한다.

교육과학기술부의 교육과정과 관련한 문헌에서는 우리나라 교육과정의 기점을 1945년으로 삼고 있다. 해방 이후 대한민국 정부가 수립된 것은 1948년에 이르러서였지만, 우리나라 교육과정에는 미군정에 의한 교육의 역사를 포함하고 있기 때문이다. 그 이후 초등학교를 비롯한 중등학교의 교육과정은 여러 차례 개정의 절차를 거쳐 왔다. 개정된 각각의 교육과정이 표방하고 또 강조하고 있는 이념이나 정신은 뚜렷하게 드러나는 경우도 있었지만, 그렇지 않은 경우도 더러 있었다. 각각의 교육과정이 표방하고 있는 이념이 무엇인지를 검토하는 것도 중요하지만, 그러한 이념이 바탕으로 하고 있는 시대적 배경, 즉 정치적 · 경제적 · 사회적 배경을 이해하려는 노력을 하는 것도 중요하다.

왜냐하면, 우리나라의 경우에는 교육과정의 개정이 정치사회적 변화로부터 자유로울 수가 없었기 때문이다. 예를 들면, 우리나라의 교육과정의 개정은 5·16 군사혁명, 유신, 유신체제의 붕괴 등과 맞물려 있다는 것이다. 특히 정치에서의 혁명적인 사건과 교육과정의 개정이 맞물려 있는 것은 우연으로만은 볼 수 없다. 이하에서는 이러한 관점에서 우리나라 교육과정을 역사적으로 고찰하겠다.

1. 미군정기와 교수요목기(1945~1954)

1945년 제2차 세계대전의 종결로 해방을 맞이한 우리나라는 대한민국 정부를 수립하기까지 한동안 미군정의 치하에 있게 된다. 교육의 경우도 마찬가지였다. 미군정하에서의 교육과정은 2단계의 변화를 겪는다. 군정에서 긴급하게 마련하여 시행한 교육과정과 다소 시간을 가지고 마련한 교육과정이 바로 그것이다.

(1) 미군정기(1945~1946)

일제 치하의 초등교육은 우리 민족을 위한 교육이라기보다는 우리 민족을 일본화하려는 의도를 강하게 지닌 교육이었다. 그래서 해방 이후에도 그것을 그대로 우리나라의 초등학교에 적용하는 것이 적절치 못한 것은 명확한 일이었다. 그래서 미군정에서는 긴급하게 새로운 교육과정을 만들 필요가 있었다. 미군정청 학무국에서는 한국교육위원회를 조직하여 이들이 건의한 내용으로 일반명령 제4호(1945. 9. 17.)로 '신조선의 조선인을 위한 교육방침'을 시달하였는데, 그것이 바로 최초의 교육과정에 해당하는 것이었다.

그것의 주요내용은 우리말을 수업에서 사용하여야 한다는 것을 포함하여 우리나라의 이익에 반하는 내용은 교육내용으로 금한다는 등의 포괄적인 내

〈표 10-1〉 미군정기의 편제 및 시간 배당(1)

학년 \ 교과	공민	국어	지리·역사	산술	이과	음악·체육	계
1~3	2	8	1	5	1	3	20
4	2	7	1	4	3	3	20
5~6	2	6	2	3	2	3	18
고등과	2	6	2	2	2	3	17

용과 함께 평화와 질서를 주요한 교육목표로 하며, 일제의 교육적 잔재를 없애다는 구체적인 내용을 교육방침으로 삼는다는 것이었다. 이와 함께 〈표 10-1〉과 같이 초등학교의 교과목과 시간배당이 포함된 교육과정 편제를 편성하였다.

〈표 10-1〉에 제시된 교과목은 일제 강점기 말의 소학교의 교육과정을 근간으로 하여 마련된 것으로 일제의 교육을 우리의 교육으로 전환하고자 한 의도에서 개발된 것이다. 즉, 이것은 일본어와 일본 역사 대신에 우리말과 우리의 역사를 교육내용으로 삼았으며, 교육의 제 일의 목표가 우리 민족을 황국신민화하려는 것에서 신생 민주국민으로서 가져야 할 내용을 강조하고 있는 것을 특징으로 하고 있었다.

그런데 이 시기에는 교과서를 미처 마련하지 못하였기 때문에 각 학교에서 적절하게 대처하도록 하였다. 그러나 산수나 이과(과학) 교과서는 일제의 교과서를 사용하는 것을 금하지 않았다. 단지, 그것은 교사만 사용하고 학생들은 이를 사용하지 못하도록 하고 있었다. 물론, 이와 같은 임시 교육과정은 1946년 9월 22일을 기점으로 개정되었다. 〈표 10-2〉는 개정된 교육과정의 편제를 보여 주고 있다. 습자, 도화, 요리, 재봉 및 실과가 새로운 과목으로 추가되었고, 4학년 이상은 남녀별로 다른 교육과정을 이수하게 하거나 이수시간이 다르게 되어 있었다.

〈표 10-2〉 미군정기의 편제 및 시간 배당(2)

학년 교과	1학년	2학년	3학년	4학년	5학년	6학년
공 민	2	2	2	2	2	2
국 어	8	8	8	7	6	6
역 사	–	–	–	–	2	2
지 리	–	–	–	1	2	2
산 수	6	6	7	5	5	5
이 과	–	–	–	3	3	3
체 조	4	4	5	3	3	3
음 악	–	–	–	2	2	2
습 자	–	–	1	1	1	1
도화 · 공작	2	2	2	남 3 여 2	남 4 여 3	남 4 여 3
요리 · 재봉	–	–	–	여 3	여 3	여 3
실 과	–	–	–	남 3 여 1	남 3 여 1	남 3 여 1
계	22	22	25	30	33	33

(2) 교수요목기(1946~1954)

미군정청 학무국에서 긴급조치로 만든 교육과정은 그야말로 응급조치로 마련된 것이었다. 이러한 임시방편적인 교육과정으로 1년 동안 교육이 시행되는 동안 미군정청의 학무국에서는 교수요목 제정위원회를 조직하여 새로운 교육과정을 준비하였다. 또한 1946년 2월부터 종래의 학제가 6-6-4제로 개편되는 것을 계기로 1946년 9월 1일 신학기부터 새로운 교육과정을 시행하였는데, 이것이 바로 교수요목 교육과정이다.[1]

교수요목 교육과정의 편제는 〈표 10-3〉과 같다. 우선 교과의 이름이 '이과'를 제외하고는 오늘날의 교과목의 이름과 다르지 않음을 알 수 있다. 아마

---

[1] '교수요목기 교육과정'이라는 이름은, 이하에서도 설명되겠지만, 그 당시에 붙여진 이름이 아니다. 그것은 이후에 나타나는 교육과정, 예컨대 교과중심, 경험중심, 학문중심 교육과정 등과 함께 붙여진 것으로 보아야 한다.

〈표 10-3〉 교수요목기의 편제 및 시간 배당

교과 \ 학년	1학년	2학년	3학년	4학년	5학년	6학년
국 어	360	360	360	360	320	320
사회생활	160	160	200	200	남 240/여 200	남 240/여 200
이 과	–	–	–	160	160	160
산 수	160	160	200	200	200	200
보 건	200	200	200	200	200	200
음 악	80	80	80	80	80	80
미 술	160	160	160	160	남 160/여 120	남 160/여 120
가 사	–	–	–	–	여 80	여 80
계	1,120 1,360	(28) (34)	1,120 1,360	(28) (34)	1,200 1,360	(30) (34)

※ 여기에 표시된 시수는 40주를 기준으로 교과별 연간 이수시간 수이며, ( ) 속은 주당 수업시수임.

도 이것은 1년간의 연구 결과로 얻어진 것이라고 볼 수 있다. 그리고 교과목의 이름에 관한 연구와 함께 각각의 교과목에 포함되어야 할 구체적인 교육내용에 관한 연구도 집중적으로 이루어진 것으로 보인다. 교수요목이라는 이름은 가르쳐야 할 교과의 내용이라는 뜻을 가진 것으로 이 시기의 교육과정의 특징을 단적으로 표현하고 있는 이름으로 생각된다.

　홍익인간의 교육이념을 표방하고 애국애족을 주요한 교육목표로 내세운 것은 당시의 정치사회적인 상황을 반영한 것으로 해석될 수 있다. 교과편제의 경우에는 실과가 없어지고 공민 대신의 사회생활이 교과로 등장하게 된다. 그리고 저학년에서는 이과(과학)를 가르치지 않은 것도 특징적이다. 이것은 1년간의 연구에 의해서 정해진 교수요목이기는 하지만, 충분한 시간적 여유를 가지지 못한 결과로 교과 내에서의 종적인 체계성은 물론 교과 상호 간의 횡적인 관련성에서 다소 미흡한 교육과정이었다는 비판을 받고 있다.

2. 제1차 교육과정(1954~1963)

제1차 교육과정은 1954년 문교부령 제35호로 제정·공포된 초등학교, 중학교, 고등학교, 사범학교 교육과정시간배당 기준령과 1955년 문교부령 제44호, 제45호, 제46호로 공포된 초등학교, 중학교, 고등학교 교과과정을 말한다. 엄격하게 말하면, '제1차 교육과정'이라는 이름은 우리 손으로 만든 첫 번째 교육과정이라는 뜻과 제1차로 개정된 교육과정이란 뜻에서 붙여진 이름이다. 이때에는 교육과정을 '각 학교의 교과목 및 기타 교육활동의 편제'라고 정의하였고, 법령에서는 이 교육과정을 '교과과정'이라고 하였기 때문에 이때의 교육과정을 '교과과정' 혹은 '교과중심 교육과정'이라고 부른다. 어쨌든 제1차 교육과정은 우리 손으로 만든 최초의 교육과정이며, 그것이 체계적으로 검토된 교육과정이라는 점은 중요한 의미를 가진다.

해방 후 1954년까지 우리나라는 격동의 시기라 할 수 있는 기간이었다. 새 정부가 수립되어 사회가 채 정비되기도 전에 6·25전쟁이 일어났다. 휴전이 되기까지 우리 사회는 그야말로 혼란기였다. 그동안에 새 정부가 수립되어 미군정이 종료하였음에도 종래의 교육과정은 유지되었다. 새 정부는 1949년 12월 31일에 공포된 교육법에서 "대학, 사범대학, 각종 학교를 제외한 각 학교의 학과, 교과는 대통령령으로, 각 교과의 교수 요지, 요목 및 수업시간 수는 문교부령으로 한다"(제55조)라고 규정하고 있어서 교육부에서는 새 교육과정을 제정하려 하였는데 뜻하지 않은 6·25전쟁으로 중단되었다. 그러나 전시 중에도 교육은 미룰 수 없었다. 1951년 3월에 학제가 6-3-3-4제로 개편됨에 따라 교육과정 개정을 서두르게 되었다. 그리고 1952년부터는 교육과정 개정 논의가 시작되어 1954년에 제1차 개정교육과정이 공포되어 시행되게 된다. 그 당시 문교부는 교육과정 개정을 위하여 교육부와 교육계의 인원으로 교육과정연구위원회와 교수요목제정심의위원회가 구성되어서 오랜 기간의 연구와 심의로 새 교육과정을 공포하였다. 제1차 교육과정은 우리 정부에 의해서 만들어진 최초의 교육과정이라는 점에서 큰 의의를 가진다.

　제1차 교육과정의 편제상의 특징은 다음의 몇 가지로 요약된다. 첫째, 교육과정을 교과활동, 특별활동으로 구분하고 있다. 즉, 교육활동을 교과중심의 교육활동과 교과외활동으로서 특별활동으로 구분하고 있다. 그리고 편제에는 없지만 교과활동을 포함한 학교의 전반적인 교육을 통한 도의교육을 실시하도록 하고 있다. 종래의 교육과정이 교과과정만 규정하고 있다는 사실과

〈표 10-4〉 제1차 교육과정의 편제 및 시간 배당

교과＼학년	1학년	2학년	3학년	4학년	5학년	6학년
국 어	25~30% (240-290)	25~30% (250-300)	27~20% (290-220)	20~23% (220-260)	20~18% (240-220)	20~18% (250-220)
산 수	10~15% (100-140)	10~15% (100-150)	12~15% (130-160)	15~10% (170-110)	15~10% (180-120)	15~10% (190-120)
사회생활	10~15% (100-140)	10~15% (100-150)	15~12% (160-130)	15~12% (170-130)	15~12% (180-140)	15~12% (190-150)
자 연	10~8% (100-80)	10~8% (100-80)	10~15% (110-160)	13~10% (140-110)	10~15% (120-180)	10~15% (120-190)
보 건	18~12% (170-120)	15~12% (150-120)	15~10% (160-110)	10~12% (110-130)	10~12% (120-140)	10~12% (120-150)
음 악	12~10% (120-100)	15~10% (150-100)	8~10% (90-110)	8~5% (90-60)	8~5% (100-60)	8~5% (100-60)
미 술	10~8% (100-80)	10~8% (100-80)	8~10% (90-110)	7~10% (80-110)	10~8% (120-100)	10~8% (120-100)
실 과	–	–	–	7~10% (80-110)	7~10% (80-110)	7~10% (90-130)
특별활동	5~2% (50-20)	5~2% (50-20)	5~8% (50-80)	5~8% (60-100)	5~10% (60-120)	5~10% (60-120)
계	100% (960분)	100% (1,000분)	100% (1,080분)	100% (1,120분)	100% (1,200분)	100% (1,240분)
연간 수업 시수	840시간 (24)	875시간 (25)	945시간 (27)	980시간 (28)	1,050시간 (30)	1,085시간 (31)

① 백분율은 각 교과 및 특별활동의 연간 수업 시수에 대한 배당량.
② (　)는 주당 수업시수를 분으로 나타낸 것임.

비교하면, 이것은 큰 변화다. 그리고 '본 과정의 기본 태도'라는 이름으로 밝히고 있는 바에 의하면, 여기에는 교육내용을 필수 최소화하려 하고 있으며, 반공교육, 도덕교육 그리고 실업교육을 강조하고 있다. 이는 6·25전쟁으로 인한 도덕적 타락과 반공의식의 강조가 반영된 것으로 보인다. 그리고 기본 교과가 국어, 산수, 사회생활, 자연, 보건, 음악, 미술 및 실과의 8개 교과로 편성되어 있는데, 이는 오늘날의 교과와 거의 다름이 없는 현대적인 것이었다.

제1차 교육과정의 특이한 점은 표면적으로는 교육과정의 의미를 교과중심 교육과정으로 정의하고 있지만, 당시에 진행되었던 교육의 실제는 생활중심의 진보주의 교육이 성행하였다는 점이다. 이는 해방 후 우리에게 밀어닥친 미국교육의 영향으로 인한 것으로 보인다. 1950년대의 미국교육은 진보주의 교육사조가 정점에 달해 있었던 시기였다. 이 여파가 미군정을 통해 우리 교육에 밀려온 것은 당연한 일이다. 그러나 정작 생활중심 혹은 경험중심의 교육과정이 성행한 것은 1960년에 개정된 제2차 교육과정에서부터다. 미국에서는 시들어져 가던 교육과정 사조가 우리에게는 큰 물결로 다가와 우리 교육을 경험중심의 교육과정으로 이끌게 되었다.

3. 제2차 교육과정(1963~1973)

제2차 교육과정은 1963년 2월 문교부령 제119호로 공포된 교육과정과 1969년 9월 문교부령 제251호로 공포된 부분적으로 개정된 교육과정을 말하며, 이 교육과정은 1973년 2월 문교부령 제310호의 제3차 교육과정이 공포되기까지 사용되었다. 제2차 교육과정에서는 교육과정을 '학교의 지도하에 학생들이 가지는 경험의 총체'라고 규정하는 소위 경험중심의 교육과정을 표방하게 된다. 그리고 교육과정의 내용 면에서는 자주성과 생산성과 유용성을 강조하고, 교육과정의 조직 면에서는 합리성을, 교육과정의 운영 면에서는 지역성을 강조한다고 교육과정의 개정취지에서 밝히고 있다. 이러한 취지는 제2차 교육과정이 경험중심의 특성을 지닌 것이라는 점을 밝히고 있는 것으로 생각하게 하는 근거가 된다. 그래서 학자들은 제2차 교육과정을 생활중심 혹은 경험중심 교육과정이라고 부른다. 제2차 교육과정의 교육과정 편제는 〈표 10-5〉와 같다.

〈표 10-5〉에서 볼 수 있듯이, 제2차 교육과정에서는 반공·도덕교육을 교과활동이나 특별활동과 편제상 동일한 독립적인 수준으로 승격시켜서 편성한 점을 중요한 특성으로 삼고 있다. 그리고 교과의 배당시간과 특별활동의 주당시간을 최소시간과 최대시간으로 편성하여 교육과정을 융통성 있게 운영할 수 있도록 편성하고 있었다. 그리고 여기에서는 연간 수업일수를 35주로 하고(1학년은 34주), 1시간의 수업을 40분으로 한다고 명시하고 있었다. 종전의 사회생활은 사회로 교과목의 명칭이 변경되었다.

제1차 교육과정이 시행되었던 1954년부터 1963년까지의 기간은 우리 역사에서 그 유례를 찾아보기 힘든 격동의 시기였다. 이 시기는 4·19 혁명과 5·16 군사정변 등이 말해 주듯이 정치적인 혼란의 시대였다. 제1차 교육과정은

〈표 10-5〉 제2차 교육과정의 편제 및 시간 배당

교과	학년	1학년	2학년	3학년	4학년	5학년	6학년
교과	국어	6~5.5	6~7	5~6	5~6	6~5.5	5~6
	산수	4~3	3~4	3.5~4.5	4.5~4	4~5	5~4
	사회	2~2.5	3~2	3~4	4~3	3~4	4~3
	자연	2~2.5	2~2.5	3.5~3	3~3.5	4~3	4~3
	음악	1.5~2	2~1.5	2~1.5	1.5~2	2~1.5	1.5~2
	체육	2.5~3	3~2.5	3~3.5	3.5~3	3~3.5	3.5~3
	미술	2~1.5	2~1.5	2~1.5	1.5~2	2.5~1.5	1.5~2.5
	실과	–	–	–	2~1.5	2.5~3	2.5~3.5
반공·도덕		1	1	1	1	1	1
계		21	22	24	26	28	28
특별활동		5~10%	5~10%	5~10%	5~10%	5~10%	5~10%

우리 정부에 의해서 처음으로 만들어진 교육과정이지만 여러 가지로 미비하여 1958년부터 개정을 위한 준비 작업을 하고 있었다. 그러던 중 5 · 16 군사정변과 제3공화국의 탄생으로 교육과정을 개정하기에 이르게 된다. 새 교육과정에는 그 당시의 당면 과제인 근대화와 재건이라는 정치경제적 전략과 목표가 교육에 반영되어 실용적인 교육과정이 강조된 것으로 보인다.

　1968년 12월 5일에 공포된 '국민교육헌장'으로 인하여 제2차 교육과정은 부분적으로 개정되게 된다. 국민교육헌장에 명시된 3개의 교육지표(창조의 힘과 개척정신, 협동정신, 국민정신의 정진)를 교육과정에 반영하고, 반공교육의 일환으로 고등학교에 군사교육을 도입하며, 실업교육이 강조되는 교육과정의 개정을 1969년 9월 문교부령 제251호를 통하여 시행하게 되었다. 개정된 교육과정 편제는 〈표 10-6〉과 같다. 편제상으로는 특별활동에 시간이 부여되고 반공도덕이 주당 1시간에서 2시간으로 늘어난 것을 알 수 있다.

〈표 10-6〉 제2차 부분 개정 교육과정의 편제 및 시간 배당

교과	학년	1학년	2학년	3학년	4학년	5학년	6학년
교과	국어	6-5.5	6-7	5-6	5-6	6-5.5	5-6
	산수	4-3	3-4	3.5-4.5	4.5-4	4-5	5-4
	사회	2-2.5	3-2	3-4	4-3	3-4	4-3
	자연	2-2.5	2-2.5	3.5-3	3-3.5	4-3	4-3
	음악	1.5-2	2-1.5	2-1.5	1.5-2	2-1.5	1.5-2
	체육	2.5-3	3-2.5	3-3.5	3.5-3	3-3.5	3.5-3
	미술	2-1.5	2-1.5	2-1.5	1.5-2	2.5-1.5	1.5-2.5
	실과	−	−	−	2-1.5	2.5-3	2.5-3.5
반공 · 도덕		2	2	2	2	2	2
계		22	23	25	27	29	29
특별활동		1.5~	1.5~	2~	2~	2.5~	2.5~

4. 제3차 교육과정(1973~1981)

제3차 교육과정은 그 당시의 문교부가 1971년에 시안을 마련하여 2년간의 실험적인 적용과 공청회 등으로 여론의 수렴과정을 거쳐서 1973년 2월에 문교부령 제310호로 확정하여 공포한 교육과정을 말한다. 제3차 교육과정은 1968년에 선포된 국민교육헌장에 나타난 교육이념을 보다 적극적으로 반영하고 있으며, 다소 늦은 감은 있지만 1960년대에 나타난 새로운 교육과정 사조인 학문중심 교육과정의 정신이 반영된 것으로 알려져 있다. 그러나 그것보다는 오히려 1972년에 단행된 '10월 유신'에 나타난 유신이념이 보다 적극적으로 영향을 미친 것으로 보인다. 제3차 교육과정의 편제와 시간배당은 〈표 10-7〉과 같다.

제3차 교육과정의 편제는 교과활동과 특별활동으로 나누어지고 생활지도 영역으로 배당되었던 반공도덕을 교과로 편성한 것과 사회과 내에서 국사에 독립된 시간을 배정하여 편성한 것이 두드러진 특징으로 보인다. 그리고 주당 수업시간도 제2차 교육과정에 비하여 평균적으로 2시간 이상 늘어났다. 뿐만 아니라 여기에서는 40분 단위의 수업시간을 45분 단위로 하고 있다. 교과 내용상의 특징으로는 초등학교 산수과에 1학년부터 집합개념이 도입된 것으로, 이는 학문중심의 교육과정 사조의 영향을 받은 것으로 해석된다. 그리고 전반적으로 교과활동의 시간과 비중이 높아진 것 역시 이런 뜻으로 해석된다.

1979년에 이르러 교육과정에 관한 법령은 '문교부령'의 수준에서 '문교부고시'의 수준으로 완화되게 된다. 그 결과로 제3차 교육과정은 1979년 3월에 문교부 고시 제424호로 공포되게 된다. 교육과정에 관한 법령 수준의 변화는 교육과정의 개정을 다소 용이하게 하여 학문의 발전과 사회의 변화에 보다 융통성 있게 대처할 수 있도록 한 것으로 해석된다.

〈표 10-7〉 제3차 교육과정의 편제 및 시간 배당

교과	학년	1학년	2학년	3학년	4학년	5학년	6학년
교과	도덕	70 (2)	70 (2)	70 (2)	70 (2)	70 (2)	70 (2)
	국어	210 (6)	210 (6)	210 (6)	210 (6)	210 (6)	210 (6)
	사회	70 (2)	70 (2)	105 (3)	105 (3)	140* (4)	140* (4)
	산수	140 (4)	140 (4)	140 (4)	140 (4)	175 (5)	175 (5)
	자연	70 (2)	70 (2)	105 (3)	140 (4)	140 (4)	140 (4)
	체육	70 (2)	105 (3)	105 (3)	105 (3)	105 (3)	105 (3)
	음악	70 (2)	70 (2)	70 (2)	70 (2)	70 (2)	70 (2)
	미술	70 (2)	70 (2)	70 (2)	70 (2)	70 (2)	70 (2)
	실과	–	–	–	70 (2)	70 (2)	70 (2)
	계	770 (22)	805 (203)	875 (25)	980(28)	1,050 (30)	1,085 (31)
특별활동		35~ (1~)	35~ (1~)	52.5~ (1.5~)	52.5~ (1.5~)	52.5~ (1.5~)	52.5~ (1.5~)

※ 사회과 5, 6학년에 배당된 시간(140) 중 70시간은 국사에 배당함.

제3차 교육과정의 개정의 정치사회적 배경과 학문적인 배경은 다소 복합적이었다고 볼 수 있다. 정치적으로는 5 · 16 군사정변에 의해서 탄생한 군사정권이 10월 유신으로 유신과업이라는 정치적 이데올로기를 강조하려 하였고, 사회경제적으로는 경제발전을 위한 산업인력을 양성하고자 하는 의도를 강조하려 하면서 실용적인 경향을 강하게 반영하려 하였다. 반면, 학문적으로 지식의 구조와 이를 위한 탐구과정을 중시하여 체계적인 지식의 습득을 강조하는 학문중심 교육과정이라는 사조가 함께 강조되어 실용적인 경향보다는 인문주의적인 경향을 더 강하게 반영하려 하였다. 그런 결과로 제3차 교육과정을 학문적인 경향을 반영하는 '학문중심 교육과정'이라고 칭하는 경향이 있다. 그러나 그 내용을 두고 말하면, 그것은 정치적인 이데올로기가 보다 강하게 작용한 교육과정이라고 해석할 수도 있는 것이다.

5. 제4차 교육과정(1981~1987)

제4차 교육과정은 1981년 12월 문교부 고시 제442호로 고시된 교육과정으로, 저학년인 1~3학년과 고학년인 4~6학년의 일부 과목은 1982년 3월부터, 그리고 고학년의 나머지 과목은 1983년 3월부터 시차를 두고 시행된 교육과정을 말한다. 제4차 교육과정은 예전의 교육과정과는 달리, 연구기관인 '한국교육개발원'에 연구를 위탁하여 그 연구 결과를 바탕으로 만들어진 교육과정이라는 점에서 큰 의의를 지니고 있다. 그리고 교육과정을 구성하기에 앞서서 교육과정을 통해서 기르고자 하는 인간상을 구체적으로 설정하였다는 점도 특징으로 지적되고 있는 사항이다. 즉, 여기에서는 건강한 사람, 심미적인 사람, 도덕적인 사람, 주체적인 사람을 기르고자 하는 인간상으로 설정하고 교육과정을 구성하였다. 제4차 교육과정의 편제와 시간배당 기준은 〈표 10-8〉과 같다.

기본적인 편제는 예전과 같이 교과활동과 특별활동으로 편성되어 있으나, 특별활동 영역이 어린이회활동, 클럽활동 그리고 학교행사 등의 3개 영역으로 축소하여 편성하였다. 그리고 교과의 편제도 달라져 있음을 볼 수 있다. 즉, 1~2학년 교과의 시간배당의 변화를 볼 수 있다. 1학년의 도덕, 국어, 사회를 바른생활이라는 이름으로 통합적으로 운영할 수 있도록 시간을 배당하였고, 산수와 자연을 슬기로운 생활로, 그리고 체육, 음악, 미술을 즐거운 생활로 통합하여 운영하도록 시간을 배당하고 있다. 그리고 2학년의 경우는 1학년과는 달리 산수와 자연을 통합하지 않고 있음을 알 수 있다. 그리고 특별활

〈표 10-8〉 제4차 교육과정의 편제 및 시간 배당

교과 \ 학년		1학년	2학년	3학년	4학년	5학년	6학년
교과활동	도 덕	374 (11)	374 (11)	68 (2)	68 (2)	68 (2)	68 (2)
	국 어			238 (7)	204 (6)	204 (6)	204 (6)
	사 회			102 (3)	102 (3)	136 (4)	136 (4)
	산 수	204 (6)	136 (4)	136 (4)	136 (4)	170 (5)	170 (5)
	자 연		68 (2)	102 (3)	136 (4)	136 (4)	136 (4)
	체 육	204 (6)	238 (7)	102 (3)	102 (3)	102 (3)	102 (3)
	음 악			68 (2)	68 (2)	68 (2)	68 (2)
	미 술			68 (2)	68 (2)	68 (2)	68 (2)
	실 과	/	/	/	68 (2)	68 (2)	68 (2)
	계	782 (23)	816 (24)	884 (26)	952 (28)	1,020 (30)	1,020 (30)
특별활동		–	–	34~ (1~)	68~ (2~)	68 ~ (2~)	68~ (2~)
총 계		782 (23)	816 (24)	918~ (27~)	1,020~ (30~)	1,088~ (32~)	1,088~ (32~)

※ 연간 34주를 기준으로 한 최소 이수 시간이며, ( ) 속은 주당 시수임.

동에 시간의 변화가 있고, 그 이외 교과의 시간배당이 약간 변화하였음을 볼 수 있다.

　제4차 교육과정도 다른 교육과정과 마찬가지로 정치사회적인 배경과 맞물려 있다. 새 정부 수립, 5 · 16 군사정변과 제3공화국 탄생, 유신정권의 탄생 등이 종전의 교육과정과 맞물려 있는 정치사회적 배경이라면, 유신정부의 붕괴로 인하여 탄생한 제5공화국은 제4차 교육과정과 맞물려 있다. 그래서 이 교육과정이 제5공화국의 정치적 이데올로기로부터 자유로울 수 없는 것은 사실이었다. 교육과정 개정에 앞서 단행된 7 · 30 교육개혁조치는 제4차 교육과정에 반영될 수밖에 없었으며, 새 정부가 강조한 '국민정신교육의 강화' 또한 교육과정의 개정에 영향을 미칠 수밖에 없었다.

　　그렇기는 해도 제4차 교육과정이 연구기관에 의해서 연구되고 개발된 교육과정이라는 점은 정치적 이데올로기로부터 다소간 자유로울 수 있는 것이었는지도 모른다. 연구의 결과, 종전의 교육과정이 학문중심으로 초등학교에서는 다소 어렵고 부담이 크다는 지적을 수용하여 학습 부담을 전체적으로 줄이고자 한 것으로 보인다. 연간 35주간의 수업을 34주로 줄이고, 또한 단위 수업시간도 40분으로 축소한 것이 그 예다. 그리고 저학년의 수업방식을 통합교과의 형태로 나가도록 하여 장차 통합교과가 탄생하도록 한 것 등은 오로지 연구 개발에 의해 탄생한 교육과정의 성과로 해석할 수 있다. 이런 모든 특성을 감안하여 제4차 교육과정을 일부 학자들은 '인간중심 교육과정'이라고 해석하기도 한다.

6. 제5차 교육과정(1987~1992)

　　제5차 교육과정은 1987년 6월 문교부 고시 제87-9호로 발표되고, 고시와 함께 교과서 개발과 교원연수를 실시하여 1989년 3월부터 시행하되 4~6학년은 1990년 3월부터 적용된 교육과정을 말한다. 제5차 교육과정 역시 한국교육개발원에 연구를 위탁하여 연구 개발된 교육과정이다. 종래의 교육과정의 개정은 교육 내적인 요구보다는 오히려 정치사회적인 요구가 강한 것이 사실이었다. 그러나 제5차 교육과정은 정치사회적인 요구보다는 오히려 교육 내적인 요구가 강하게 반영된 것으로 해석된다. 즉, 정치적인 변화보다는 교육철학과 학문의 내용, 교육방법의 변화, 그리고 교육의 질적 제고라는 이유가 작용한 것으로 해석하고 있다(곽병선, 1987: 29-30).

　　교육과정 개정의 방침으로 교육과정의 적정화, 교육과정의 내실화, 그리고 교육과정의 지역화를 내세웠다. 교과목을 조정하고 학습의 양을 줄이는 교육과정을 적정한 것으로 만들겠다는 것, 그리고 교과단원을 지역화하고 교과용 도서를 부분적으로 2종 도서로 하겠다는 것 등의 교육과정 지역화는 개정의 방침에 있어서 매우 중요한 변화로 평가된다. 제5차 교육과정의 편제와 시간 배당은 〈표 10-9〉와 같다.

　　제5차 교육과정의 편제는 예전과 같이 교과활동과 특별활동으로 영역을 나

〈표 10-9〉 제5차 교육과정의 편제 및 시간 배당

구분	학년		1	2
교과활동	국 어	우리들은 1학년 70	210(7)	238(7)
	산 수		120(4)	136(4)
	바른 생활		120(4)	136(4)
	슬기로운 생활		60(2)	68(2)
	즐거운 생활		180(6)	238(7)
특 별 활 동			30(1)	34(1)
계			790(24)	850(25)

구분	학년	3	4	5	6
교과활동	도 덕	68(2)	68(2)	68(2)	68(2)
	국 어	238(7)	204(6)	204(6)	204(6)
	사 회	102(3)	102(3)	136(4)	136(4)
	산 수	136(4)	136(4)	170(5)	170(5)
	자 연	102(3)	136(4)	136(4)	136(4)
	체 육	102(3)	102(3)	102(3)	102(3)
	음 악	68(2)	68(2)	68(2)	68(2)
	미 술	68(2)	68(2)	68(2)	68(2)
	실 과	–	68(2)	68(2)	68(2)
특 별 활 동		68(2)	68(2)	68(2)	68(2)
계		952(28)	1,020(30)	1,088(32)	1,088(32)

※ 배당된 시수는 연간 34주 동안의 최소 시수이며, (　　) 속은 주당 평균 이수시간임.

누고 있다. 그러나 〈표 10-9〉에서 볼 수 있듯이, 교과의 편제에는 큰 변화가 있다. 1~2학년의 교과목이 종래의 8과목에서 6과목으로 편성되어 있다(1학년의 경우에는 '우리들은 1학년'이 추가되어 7과목이다). 이는 제4차 교육과정에서 수업을 통합적으로 운영하도록 몇 개의 교과목을 통합하여 시간을 배당한 것에서 진일보하여, 바른 생활, 슬기로운 생활, 즐거운 생활이라는 통합교과를 탄생시킨 데에서 비롯된 큰 변화다. 그리고 특별활동의 경우에 1학년과 2학년에도 주당 1시간씩 배당한 것도 중요한 변화다. 교육과정 운영지침에서 평가의 방식을 문장으로 기술하도록 한 점, 그리고 특수학급의 교육과정에 관한 언급 또한 중요한 변화다.

제5차 교육과정에 나타난 가장 큰 변화는 교과서에서의 변화다. 이미 언급한 바와 같이, 1~2학년의 경우에 통합교과가 적용된 점은 물론 획기적인 변화임에 틀림이 없다. 그러나 보다 중요한 변화는 1교과에 대하여 1개 이상의 교과서가 편찬되어 사용되었다는 점이다. 국어는 말하기, 듣기, 읽기, 쓰기 교과서, 산수는 교과서와 함께 산수 익힘 책, 바른생활에는 교과서와 함께 바른 생활 이야기, 슬기로운 생활은 관찰이라는 교과서가 사용되고 그 이외의 교과도 부교재 내지는 익힘 책이 사용되었다. 또한 사회과의 경우에는 지역(시·도 단위)별로 교과서를 개발하여 교육과정의 지역화를 실현하는 획기적인 전기를 가지게 되었다. 이 모든 결과는 연구개발 중심의 교육과정 정책이 거둔 교육과정 정책의 발전인 것이다.

7. 제6차 교육과정(1992~1997)

제6차 교육과정은 1992년 9월 교육부 고시 제1992-16호로 발표되어 1995년 3월 1~2학년부터 연차적으로 시행된 교육과정을 말한다. 이 교육과정은 중앙집권적이던 교육과정이 초보적이지만 비로소 지방분권의 형태를 취하였다는 점을 특징으로 삼고 있다. 물론, 제5차 교육과정의 경우 '교육과정 지역화'라는 이름으로 교과서의 일부 단원을 지역화하였다. 그러나 제6차 교육과정의 경우에는 총론에서 지방분권화를 분명하게 명시하였다는 점이 중요하다. 즉, 고시된 교육과정은 '국가수준의 교육과정으로' '운영하여야 할 교육과정의 공통적이며 일반적인 기준'이며, '각 시·도 교육감이 지역의 특수성과 학교의 실정에 알맞게 정하여 시행'하여야 한다고 명시하고 있다. 이런 조처는 교육과정 정책이 지방분권화로 나아가겠다는 의지의 표명으로 해석할 수 있다. 그러나 그 수준에 있어서는 초보적인 것에 불과한 것으로 평가되고 있다.

이런 결과로 각 시·도 교육청에서는 교육부가 제시한 교육과정을 근거로 시·도 교육과정 운영계획서를 작성하게 되고, 또 각 학교에서는 교육부의 교육과정과 시·도 교육청의 교육과정 운영계획서를 근거로 '학교 교육과정'을 작성하게 되었다. 물론, 시·도 교육청이나 각 학교에서 운영할 수 있는 교육과정 융통성의 여지는 다소 가지게 되어 종래의 획일적인 교육과정의 운영이라는 불명예는 없어지게 되었다고 볼 수 있다. 예를 들면, 1학년이 사용하는 입문기 교과서인 '우리들은 1학년'은 시·도 교육청의 실정에 맞도록 교육내용을 선정하여 교과서를 제작하도록 하였고, 새롭게 등장한 편제로 '학교재량시간'은 학교장이 학교의 실정에 맞도록 운영할 수 있도록 했다. 제6차 교육과정의 편제와 시간배당은 〈표 10-10〉과 같다.

제6차 교육과정의 편제는 교과활동, 특별활동 그리고 학교재량시간의 세 영역으로 구성되어 있다. 학교재량시간이 새롭게 편성된 것은 교육과정운영에 시·도 교육청과 학교에 융통성과 자율권을 부여한 근거가 된다고 볼 수 있다. 종전의 산수는 수학으로 변경되는 명칭의 변경과 바른생활과 슬기로운 생활에서 시간 수의 변화가 있었다. 그리고 실과가 4학년부터 부과되던 것이 3학년부터 부과되는 것으로 변화되었다. 그리고 고학년의 주당 이수시간이 감소하였다.

제6차 교육과정은 연구기관인 한국교육개발원에 일괄적으로 위탁하여 개발을 수행하였던 종래의 연구와는 달리, 교육부가 주도하여 개발을 시도하였

〈표 10-10〉 제6차 교육과정의 편제 및 시간 배당

구분 \ 학년		1학년	2학년	3학년	4학년	5학년	6학년
교과	도 덕	바른생활 60	바른생활 68	34	34	34	34
	국 어	210	238	238	204	204	204
	수 학	120	136	136	136	170	170
	사 회	슬기로운 생활 120	슬기로운 생활 136	102	102	136	136
	자 연			102	136	136	136
	음 악	즐거운 생활 180	즐거운 생활 238	102	102	102	102
	체 육			68	68	68	68
	미 술			68	68	68	68
	실 과	–	–	34	34	34	34
특별 활동		30	34	34	68	68	68
학교재량시간		–	–	34	34	34	34
연간 수업시간 수		790(70)	850	952	986	1,054	1,054

※ 연간 34주간의 최소 이수시간, 1학년은 790시간 중 (70)시간은 3월의 학교적응에 배당.

다. 그리하여 연구 개발에 참여한 사람들은 특정 지역에 편중되지 않고 전국에 걸쳐서 현장 교원은 물론 학자들의 폭넓은 참여를 유도하였다. 교육과정의 지방분권화 정책을 꾸준히 지속하기 위해서는 교육과정의 연구와 개발이 중앙에 집중되지 않고 지방에서도 이루어져야 한다는 점을 감안하면, 이런 정책은 당연한 것으로 생각된다. 이 점에서 제6차 교육과정은 교육과정 정책의 지역화와 지방분권화에 기반을 구축한 교육과정으로 평가할 수 있다.

1995년 3월부터 1~2학년부터 시행하게 된 제6차 교육과정은 1995년 11월 교육부 고시 제1995-7호로 부분 개정을 거치게 된다. 개정된 교육과정은 1997년 3월에 3학년, 1998년에 4학년, 1999년에 5학년, 2000년에는 6학년에 연차적으로 적용하도록 하였다. 교육과정을 부분적으로 개정하게 된 주요한 이유는 조기 영어교육으로 3~6학년에 영어교과를 신설하여 각 학년에 주당 2시간(연간 68시간)씩 추가로 배당하게 되었다. 그 결과로 연간 이수시간이 늘

어났다. 그리고 교과목의 수도 1개가 늘어나 10개가 되었다. 주당 2시간씩 늘어나게 된 결과를 완화하는 조처로 학교재량시간에 수정을 가하게 된다. 즉, 연간 34시간으로 되어 있던 학교재량시간이 0~34시간으로 조정하게 되고 교육과정운영지침에 학교재량시간에 영어수업을 할 수 없도록 명시하고 있다. 그리고 영어교과의 평가는 문장식으로 기술하게 하여 영어교육의 과열화 현상을 방지하려는 의도를 드러내고 있었다.

제6차 교육과정의 부분 개정은 국제화와 세계화의 추세의 영향으로 외국어 교육은 빠를수록 좋다는 여론에 의해서 이루어진 것으로 해석된다. 그러나 조기 영어교육을 지지한 여론과 함께 국어교육의 약화, 가치관의 혼란, 영어 과외로 인한 사교육비 문제, 그리고 수업부담의 가중 등을 이유로 반대하는 여론이 만만치 않은 것도 사실이었다. 그러나 국제화와 세계화를 추진하는 정부의 의지를 이길 수는 없었다.

8. 제7차 교육과정(1997~2007)

제7차 교육과정은 1997년 12월 교육부 고시 1997-15호로 발표되어, 1~2학년은 2000년 3월부터, 3~4학년은 2001년 3월부터, 그리고 5~6학년은 2002년 3월부터 시행된 교육과정을 말한다. 제7차 교육과정의 가장 두드러진 특징은 '국민공통 기본 교육과정'과 '수준별 교육과정'으로 표현되는 것이다. 초등학교 1학년부터 고등학교 1학년까지 10년 동안에는 교육부에서 정한 지침에 따라 교육과정을 편성하여 운영한다는 것이 그 내용이다. 교육부가 제시하고 있는 지침의 주요내용은 다음과 같은 것들이다.

첫째, 국민공통 기본 교육과정에서 배당된 시간은 필수적으로 이수하여야 하는 시간이다. 둘째, 국민공통 기본과목 중 수학, 영어, 국어, 과학은 수준별 교육과정을 편성하여 운영하여야 한다. 셋째, 재량활동에서 교과재량활동은 기본교과의 보충 · 심화학습을 위한 것이며, 창의적 재량활동은 범교과적 자기주도적 학습을 위한 것이다. 끝으로, 특별활동은 학생의 요구와 지역과 학교의 특성에 따라 융통성 있게 운영할 수 있다.

　제7차 교육과정의 또 다른 특징은 초등학교 교육목표에 관한 것과 초등학교 명칭의 변경이다. 50여 년간 사용되어 온 '국민학교'라는 명칭이 1996년 3월부터 초등학교로 변경되었고, 1997년 12월에 개정 공포된 초·중등교육법에서 초등학교의 교육목표가 삭제되어 초등학교의 교육목표가 교육과정에 명시되었다. 이는 국민공통 기본 교육과정의 실시로 나타난 변화로 여겨지는 것이다. 국민공통 기본 교육과정의 편제는 〈표 10-11〉과 같다.

〈표 10-11〉 제7차 교육과정의 편제 및 시간 배당

구분	학교/학년	초등학교						중학교			고등학교		
		1	2	3	4	5	6	7	8	9	10	11	12
교과	국어	국어 210 238		238	204	204	204	170	136	136	136	선택과목	
	도덕			34	34	34	34	68	68	34	34		
	사회	수학 120 136		102	102	102	102	102	102	136	170 (국사 68)		
	수학			136	136	136	136	136	136	102	136		
	과학	바른생활 60 68		102	102	102	102	102	136	136	102		
	실과	슬기로운 생활 90 102				68	68	기술·가정					
								68	102	102	102		
	체육			102	102	102	102	102	102	68	68		
	음악	즐거운 생활 180 204		68	68	68	68	68	34	34	34		
	미술			68	68	68	68	34	34	68	34		
	외국어 (영어)	우리들은 1학년 80		34	34	68	68	102	102	136	136		
재량활동		60	68	68	68	68	68	136	136	136	204		
특별활동		30	34	34	68	68	68	68	68	68	68	8단위	
연간 수업 시간 수		830	850	986	986	1,088	1,088	1,156	1,156	1,156	1,224	144단위	

① 국민공통 기본교육 기간의 시간 수는 34주를 기준으로 한 연간 최소 수업시간 수임.
② 1학년에 배당된 시간 수는 30주를 기준으로 한 것이며, 우리들은 1학년은 3월 한 달 동안의 수업시간수임.
③ 1시간의 수업은 초등학교 40분, 중학교 45분, 고등학교 50분으로 함. 다만, 실정에 따라 조정할 수 있음.

〈표 10-11〉에서 볼 수 있는 바와 같이, 제7차 교육과정의 편제는 10년간의 국민공통 기본 교육과정과 고등학교의 선택중심 교육과정으로 이루어져 있다. 초등학교는 기존의 교과활동과 특별활동에 재량활동이 첨가되어 세 가지로 편성되어 있다. 국민공통 기본 교육과정의 교과목으로는 국어, 도덕, 사회, 수학, 과학, 실과 체육, 음악, 미술, 외국어의 10개 교과로 편성되어 있다. 그러나 초등학교 1~2학년은 5~6개 교과로, 3~4학년은 9개 교과로, 그리고 5~6학년은 국민공통 10개 교과목을 이수하도록 되어 있다.

제7차 교육과정 해설서에 초등학교 편제와 시간 배당의 특징을 다음과 같이 진술하고 있다. ① 학년별 교과별로 배당된 시간은 34주간을 기준으로 배당된 최소 시간이며, ② 교육과정 운영의 자율화를 보장하기 위해 연간 총 시수를 제시하였으며, ③ 학생들의 자기주도적 학습능력을 신장시키기 위해 재량활동시간을 확대하였다. ④ 교수 · 학습 부담을 줄이기 위해서 학년별 수업시간 수와 교과별 최소 수업시간수를 감축 또는 조정하였으며, ⑤ '우리들은 1학년' 교과시간 배당은 담임교사의 재량에 의한 탄력적인 시간운영을 고려하여 증배되었으며, ⑥ 모든 학습활동에서 학생의 직접적인 체험활동을 강화하기 위해 교과 수업시간을 조정하여 운영하는 것이 가능하게 하였으며(주당 3시간 이상인 과목은 1시간 감축이 가능), ⑦ 특별활동의 영역별 시간 배정은 학교 실정에 따라 운영할 수 있도록 시간 결정권을 학교에 부여하였다.

제7차 교육과정에 국민공통 기본 교육과정에 포함되어 있는 초등학교 저학년의 통합교과는 '바른생활' '슬기로운 생활' '즐거운 생활' 과 '우리들은 1학년' 의 4개가 편제되어 있다. 그런데 제7차 교육과정에서의 통합교과는 종전의 통합교과와는 그 개념을 달리하고 있다. 즉, 종전의 교과와 교과의 통합으로 여겨지던 통합교과는 제7차 교육과정에서는 교과 간의 통합이 아니라 활동중심의 주제에 의한 통합적인 활동을 할 수 있도록 하는 통합교과의 개념으로 통합교과의 개념을 재정립하였다.

제7차 교육과정은 문민정부가 21세기를 대비하기 위하여 추진한 교육개혁의 일환으로 발족된 교육개혁위원회가 작성한 '5 · 31 교육개혁안' 을 토대로 이루어졌다. 그 개혁안에서는 세계화·정보화시대에 대비하기 위한 신교육체제로 열린교육사회, 평생학습사회의 구축과 인성 및 창의성을 함양하는 교육과정을 강조하게 되고, 그 결과로 세계화와 교육과 외국어 교육을 강화하도록 제안하였다. 그리하여 세계화와 정보화를 주도할 자율적이고 창의적인 한국인 양성을 기본 방향으로 설정하고, ① 전인적 성장의 기반 위에 개성을 추구하는 사람, ② 기초능력을 토대로 창의적인 능력을 발휘하는 사람, ③ 폭넓은 교양을 바탕으로 진로를 개척하는 사람, ④ 우리 문화에 대한 이해의 토대 위에 새로운 가치를 창조하는 사람, ⑤ 민주시민 의식을 기초로 공동체의 발전에 공헌하는 사람 등을 제7차 교육과정이 추구하는 인간상으로 설정하여 교육과정의 개정을 추진하였었다.

제7차 교육과정은 종래의 교육과정에 비하여 상당히 큰 변화를 시도한 교육과정이라고 할 수 있다. 국민공통 기본 교육과정을 기본 편제로 하는 초·중등 교육과정의 체계화를 비롯하여 수준별 교육과정의 도입, 재량활동의 신설, 학생의 교과목 선택권 부여, 교육과정 의사결정의 지방분권 등 많은 변화를 시도한 교육과정이었다. 그러나 이러한 변화는 교육과정의 실제적인 운영에서 많은 문제점이 드러나게 된다. 우선 이러한 큰 변화가 학교현실을 감안하지 못하였다는 점, 수준별 교육과정의 운영상의 문제점, 그리고 재량활동의 운영에서 나타난 여러 가지 문제점 등이 제7차 교육과정의 개정을 불가피하게 만들었으며, 그 결과 수시 개정 체제에 의한 부분적인 개정을 단행하게 된다.

제7차 교육과정부터 국가수준 교육과정의 개정방식이 바뀌게 된다. 즉, 필요에 따라서 수시로 개정할 수 있는 수시 개정 체제가 도입된다. 그리하여 제7차 교육과정은 2004년, 2005년 그리고 2006년 세 차례에 걸쳐서 부분적인 개정이 이루어졌다. 그중에서 2004년과 2005년의 교육과정 개정은 고등학교 교육과정의 부분적인 개정이었고, 2006년의 개정은 초등학교 교육과정과 관련된 개정이었다. 이는 수준별 수업의 내실화를 위한 부분적인 개정으로 2006년 8월 교육부 고시 제2006-75호로 발표되었다.

9. 2007년 개정 교육과정(2007~2009)

2007년 개정 교육과정은 종전까지 전면 개정으로 이루어졌던 대한민국 교육과정 개정 체제를 수시 개정 체제로 바꾼 뒤 네 번째 개정된 교육과정으로 2007년 2월에 교육인적자원부 고시 제2007-79호로 발표된 교육과정이다. 그리고 1~2학년은 2009년부터, 3~4학년은 2010년부터, 5~6학년은 2011년부터 시행된 교육과정이다.

2007년 개정 교육과정의 기본 방향은 교육과정을 필요에 따라 수시로 개정할 수 있다는 기본적인 취지에 의해 제7차 교육과정 개정 이후의 변화된 사회적·문화적 변화를 반영하고, 특히 제7차 교육과정의 적용상에 나타난 문제점을 개선하는 것을 주요 내용으로 하고 있다. 그러나 큰 틀에서 보면, 제7차 교육과정이 표방한 이념에는 변화가 없다. 즉, 제7차 교육과정이 설정한 인간상인 개성을 추구하는 사람, 창의적인 능력을 발휘하는 사람, 진로를 개척하는 사람, 새로운 가치를 창조하는 사람, 그리고 공동체의 발전에 공헌하는 사람 등은 그대로 유지하였다.

2007년 개정 교육과정에서 제7차 교육과정의 문제점을 중심으로 설정한 개정의 주요한 사항은 다음과 같다. ① 단위 학교별 교육과정 편성과 운영의 자율권을 실질적으로 확대하기 위하여 학교 실정을 고려한 수준별 수업의 운영, 교과 집중이수제 도입, 재량활동과 특별활동의 편성과 운영의 자율성 확대, 교과 수업시수의 증감 운영을 도입, ② 수준별 교육과정을 수준별 수업으로 전환, ③ 주 5일 수업제의 월 2회 실시에 따른 수업시수의 조정 등을 그 내용으로 하고 있다. 2007년 개정 교육과정의 교육과정 편제와 시간 배당은 〈표 10-12〉와 같다.

2007년 개정 교육과정의 편제와 시간 배당에 나타난 특성은 다음과 같다. ① 배당된 시간은 34주를 기준으로 하여 연간 이수하여야 하는 최소 수업시간이다. 이는 공통필수로 반드시 이수하여야 하는 시간이다. ② 교과시간과

〈표 10-12〉 2007년 개정 교육과정의 편제 및 시간 배당

구분		1	2	3	4	5	6
교과	국어	국어 210 238		238	204	204	204
	도덕			34	34	34	34
	사회	수학 120 136		102	102	102	102
	수학			136	136	136	136
	과학	바른 생활 60 68		102	102	102	102
	실과	슬기로운 생활				68	68
	체육	90 102		102	102	102	102
	음악	즐거운 생활		68	68	68	68
	미술	180 204		68	68	68	68
	외국어 (영어)	우리들은 1학년 80		34	34	68	68
재량활동		60	68	68	68	68	68
특별활동		30	34	34	68	68	68
연간 수업시간 수		830	850	952	952	1,054	1,054

① 제시된 시간 수는 34주를 기준으로 한 연간 최소 수업시간 수임. 3~6학년의 시간은 주 5일 수업제로 감축된 것이니 학교에서는 교과 수업시간 중 34시간 범위 내에서 감축하여 운영함.

② 1학년에 배당된 시간 수는 30주를 기준으로 한 것이며, 우리들은 1학년은 3월 한 달 동안의 수업시간 수임.

③ 1시간의 수업은 40분으로 함. 다만, 계절과 기후, 학생의 요구, 학습내용에 따라 조정할 수 있음.

재량활동, 그리고 특별활동에 배당된 시간은 연간 이수하여야 하는 총 수업시수다. 연간 총 시수를 제시한 것은 학교의 사정에 따라 탄력적으로 운영할 수 있도록 하기 위한 것이다. ③ 전체적으로 교육과정의 편성과 시간 배당은 제7차 교육과정과 변화가 거의 없다. 그러나 월 2회 주 5일 수업제로 3~6학년의 경우 연간 34시간이 감축되어 있다. 이는 교과 수업시간 중에서 학교에서 자율적으로 감축하도록 하고 있다. ④ 학생의 체험활동을 강화하고 장려하기 위해서 교과수업 시수의 조정이 가능하도록 하고 있다. ⑤ 재량활동의 운영과 특별활동의 시간 운영에서 단위 학교의 실정을 반영할 수 있도록 시간 배정의 결정권을 단위학교에 부여하고 있다.

2007년 개정 교육과정은 종래의 교육과정과는 그 명칭부터 다르다는 것을 쉽게 알 수 있다. 즉, '제○차 교육과정'이라는 이름을 대신해서 개정 고시된 연도를 이용하여 '2007년 개정 교육과정'이라는 이름으로 불리게 되었다. 그리고 차기에 나타나게 되는 교육과정도 개정 연도를 사용하여 '2009 개정 교육과정'으로 불리게 된다.

이름이 이렇게 된 데에는 교육과정의 개정방식과 관련되는 것으로 짐작된다. 종래의 교육과정 개정 작업은 일정한 개정 주기로 연구 개발하여 개정하였는데, 금번 교육과정 개정은 앞에서 언급한 바와 같이 수시 개정 체제로 전환한 결과로 이루어진 개정이다. 이는 교육과정의 개정이 급변하는 사회문화적 여건과 교육적 여건을 신속하게 반영하도록 하겠다는 의지를 반영한 것으로 설명될 수 있다.

이런 결과로 교육과정의 개정 주기는 10년이나 6년이 아니라, 그보다 훨씬 짧아질 수 있음을 시사하고 있다. 그리고 이는 차후의 교육과정 개정을 정치적인 변화와는 무관하게 이루어지도록 하겠다는 의지의 표명으로 해석될 수도 있다. 과연 교육과정의 개정이 수시로 이루어지는 방식이어야 하는가 하는 문제는 논의의 대상이 될 수 있는 것도 사실이다.

제11장

2009 개정 교육과정

2009 개정 교육과정은 2009년 12월 23일에 교육과학기술부 고시 제 2009-41호로 발표되었다. 이 교육과정은 세계 환경과 국가 위상의 변화, 인재 육성 전략의 재조정, 종전 교육과정의 고질적인 문제 해소를 통한 유연하고 창의적인 학교교육 실현이라는 세 가지 사안을 배경으로 삼고 있다(김성렬, 2009: 3). 이들 세 가지 사안을 배경으로 하는 교육과정 개정 작업은 2007년 10월부터 2009년 2월까지 개최된 '국가 교육과정 포럼'으로 거슬러 올라간다. 교육과학기술부가 주도한 이 포럼은 교육과정 체제 개편, 학교교육과 대입의 연계, 교육과정에 대한 단위 학교의 자율권 확대를 주제로 하여 총 14차례 개최되었다. 그리고 한국교육과정평가원은 이 포럼과 병렬적으로 2008년에 교육과학기술부의 수탁에 의하여 '교육과정 선진화 연구'를 수행하였다.

이들 포럼과 연구의 결과에 기초한 교육과정 개정 작업은 국가교육과학기술자문회의에 의하여 본격적으로 추진되었다. 국가교육과학기술자문회의는 그 작업의 일환으로 2009년 2월부터 7월까지 총 여덟 차례의 '미래형 교육과정' 대토론회를 개최하는 동시에 대국민 여론조사를 실시하였다. '미래형 교육과정' 대토론회에서는 창의적인 인재 육성을 위하여 교육과정에 대한 단

위 학교의 자율성을 확대해야 한다는 주장, 국민공통 기본 교육과정의 기간
을 10년에서 9년으로 단축해야 한다는 주장, 교과군과 학년군 및 집중이수제
를 도입하여 학습의 부담을 경감시켜야 한다는 주장, 교육과정의 질 관리 체
제를 마련해야 한다는 주장 등이 제기되었다(김성렬, 2009: 5). 그리고 이들 주
장은 대국민 여론조사를 실시한 결과 상당한 정도의 지지를 받았다.[1]

국가교육과학기술자문회의는 이러한 결과를 교육과정 개정의 의제로 정
리하여 2009년 7월 24일에 개최된 제8차 마지막 대토론회에서 발표하였다.
국가교육과학기술자문회의의 이 의제를 교육과정 총론으로 구체화하는 작
업은 교육과정특별위원회 산하의 교육과정 개정 특별팀과 한국교육과정평
가원의 '2009 개정 교육과정 연구위원회'에 의하여 주도되었다. 교육과학기
술부는 그 의제의 변질을 우려하여 교육과정 총론의 초안을 작성하는 작업을
교육과정 개정 특별팀에 의뢰하였다(홍후조, 2009b: 48). 2009년 8월 11일부터
9월 12일까지 그 팀에서 작성된 교육과정 총론 초안은 2009 개정 교육과정 연
구위원회가 2009년 9월 29일에 개최한 제1차 공청회에서 2009 개정 교육과정
총론 제1차 시안으로 발표되었다. 그것은 다시 2009년 10월에 실시된 현장 적
합성 검토와 설문조사를 거쳐서 2009 개정 교육과정 총론 제2차 시안으로 수
정되어 2009년 11월 16일에 개최된 제2차 공청회에서 발표되었다. 교육과학
기술부 고시 제2009-41호로 발표된 '초·중등학교 교육과정 총론'은 바로
그 제2차 시안이 교육과정심의회를 거쳐서 수정되어 확정된 것이다.[2]

이 장은 이러한 과정을 거쳐서 탄생된 2009 개정 교육과정 총론의 방향과
체제 및 편성·운영 방법이 2007년 개정 교육과정의 그것과 어떤 차이를 나

---

1) 교사 500명과 학부모 500명(유효표본 총 1,000명)을 대상으로 한 대국민 여론조사에서 국민공통
기본 교육과정의 기간을 9년으로 단축시켜야 한다는 주장은 76.8%의 지지를, 국민공통 기본 교과
의 수를 10개에서 5~7개로 축소해야 한다는 주장은 72.7%의 지지를, 교과활동에 집중이수제도를
도입해야 한다는 주장은 58.7%의 지지를, 그리고 비교과활동의 시수를 확대해야 한다는 주장은
66.8%의 지지를 얻었다(김성렬, 2009: 5).

2) 이 장에서는 교육과학기술부 고시 제2009-41호로 발표된 '초·중등학교 교육과정 총론'(사회복
지법인 홍애원)을 'RC'(Revised Curriculum)로 표기한다.

타내는가를 초등학교에 거점을 두고 비판적으로 검토하는 데에 목적을 두고 있다. 2009 개정 교육과정이 어떤 현실적인 문제점을 안고 있는가는 그 과정에서 자연스럽게 확인될 것이다.

1. 교육과정 총론의 구성

교육 당국은 지난 2005년 2월 25일에 '교육과정 수시개정체제 운영 활성화 방안'을 발표하였다. 우리나라의 교육과정은 그 이후부터 개정이 필요할 때마다 수시로 개정하는 방식으로 개발되고 있다. 즉, 2007년 2월 28일에 고시된 2007년 개정 교육과정은 종전의 제7차 교육과정을 부분적으로 손질한 결과로 탄생되었으며, 2009년 2월 23일에 고시된 2009 개정 교육과정 또한 2007년 개정 교육과정의 부분적인 수정판으로 알려져 있다. 그렇기는 해도 2007년 개정 교육과정이 제7차 교육과정을 미세하게 손질한 형태를 띠고 있는 것과는 달리, 2009 개정 교육과정은 2007년 개정 교육과정과 적지 않은 차이를 나타내고 있다. 이들 두 가지 교육과정의 차이를 체계적으로 고찰하기 위해서는 예비적으로 그 각각의 총론이 어떻게 구성되어 있는가를 확인할 필요가 있다.

2007년 개정 교육과정 총론의 구성은 제7차 교육과정의 그것과 전혀 다르지 않다. 수준별 수업, 재량활동, 다문화 가정의 자녀 교육 등 2007년 개정 교육과정이 나타내는 특징 또한 제7차 교육과정의 총론에 나타난 주요 특징을 수정한 것에 지나지 않는다. 그래서 2007년 개정 교육과정은 '제7차 교육과정으로의 복귀' 혹은 '제7.5차 교육과정'이라는 꼬리표를 달고 다닌다(홍후조, 2009b: 47).

그러나 2009 개정 교육과정의 총론은, 〈표 11-1〉에서 확인할 수 있는 바와 같이, 고시문 및 머리말과 더불어 제I장의 교육과정 구성 방향을 제외한 이하의 항목이 2007년 개정 교육과정의 그것과 다르게 조직되어 있다. 즉,

〈표 11-1〉 2009년 개정 교육과정 총론 구성의 변화

2007년 개정 교육과정	2009 개정 교육과정
고시문 / 머리말	고시문 / 머리말
Ⅰ. 교육과정 구성의 방향	Ⅰ. 교육과정 구성의 방향
Ⅱ. 학교 급별 교육목표	Ⅱ. 학교 급별 교육과정 편성과 운영
Ⅲ. 편제 및 시간 배당 기준	1. 초등학교
Ⅳ. 교육과정 편성 · 운영 지침	2. 중학교
1. 기본 지침	3. 고등학교
2. 지역 및 학교에서 편성 · 운영	4. 학교 급별 공통 사항
3. 교육과정의 평가와 질 관리	Ⅲ. 학교 교육과정 지원
4. 특수학교의 교육과정 편성과 운영	1. 학교 교육과정 편성 · 운영 지원
	2. 특수학교의 교육과정 편성과 운영

2007년 개정 교육과정 총론의 경우에 제Ⅱ장의 '학교 급별 교육목표'에 이어서 제Ⅲ장의 '편제 및 시간 배당 기준'과 제Ⅳ장의 '교육과정 편성 · 운영 지침'이 등장한다면, 2009 개정 교육과정의 총론은 이들 세 개의 장이 제Ⅱ장의 '학교 급별 교육과정 편성과 운영'과 제Ⅲ장의 '학교 교육과정 지원'으로 재조직되어 있다.

2009 개정 교육과정 총론의 이러한 구성이 어떤 의도에서 비롯된 것인가는 그 각각의 항목에 포함된 세부적인 사항을 통해서 어렵지 않게 짐작할 수 있다. 먼저, 2007년 개정 교육과정 총론의 경우에는 교육목표가 학교 급에 따라 별도로 제시되어 있으며, 편제 및 시간 배당 기준은 초 · 중 · 고등학교를 가로질러 한 가지 항목으로 묶여 있다. 그리고 제Ⅳ장의 교육과정 편성 · 운영 지침은 국가 수준의 기본 지침에서 시작하여 지역 및 학교에서의 편성 · 운영, 교육과정의 평가와 질 관리, 특수한 학교에서의 교육과정 편성과 운영으로 이어지고 있다. 특히, 제Ⅳ장 제2절 제3항에 들어있는 학교의 교육과정 편성과 관련된 사항이 학교 급별로 구분되어 있는 것과는 달리, 학교의 교육과정 운영과 관련된 사항은 다시 한 항목으로 묶여 있다.

그런데 2009 개정 교육과정 총론에는 제Ⅱ장의 '학교 급별 교육과정 편성

과 운영'이라는 제목하에 학교 급별로 교육목표, 편제와 시간 배당, 교육과정 편성·운영 중점을 제시한 이후에, 마지막 제4절에서 초·중·고등학교 전체에 적용되는 교육과정 편성·운영에 관한 공통 사항과 평가활동을 배치해 놓고 있다. 그리고 제Ⅲ장의 학교 교육과정 지원에는 국가 수준의 지원 사항 및 교육청 수준의 지원 사항과 더불어 특수한 학교에서의 교육과정 편성과 운영에 관한 사항이 등장한다.

2007년 개정 교육과정 총론과 관련지어 말하면, 제Ⅱ장 제1~3절의 제1항과 제2항으로 등장하는 교육목표와 편제 및 시간 배당은 종전의 제Ⅱ장과 제Ⅲ장에 들어 있던 사항을 약간 수정하여 배치해 놓은 것에 지나지 않는다. 제Ⅱ장 제1~3절의 제3항에 들어 있는 학교 급별 교육과정 편성·운영 중점과 제Ⅱ장 제4절 제1항의 교육과정 편성·운영에 관한 공통 사항은 각각 종전의 제Ⅳ장 제2절의 제3항과 제Ⅳ장 제1절에 위치하던 사항을 옮겨 와서 수정한 것으로 파악될 수 있다. 제Ⅲ장의 지원 사항 또한 종전의 제Ⅳ장의 제1절과 제2절의 제1~2항에 대한 수정판이라고 말할 수 있다. 그리고 제Ⅱ장 제4절의 제2항인 평가활동과 제Ⅲ장 제2절의 특수학교의 교육과정 편성과 운영은 각각 종전의 제Ⅳ장 제3절과 제4절에 있던 것을 거의 그대로 옮겨 놓은 것이다.

2009 개정 교육과정 총론에는 이와 같이 종전의 경우에 여러 가지 항목에 분산되어 있던 학교 급별 사안이 한 가지 항목에 묶여 있으며, 초·중·고등학교 전체에 적용되는 공통 사항과 더불어 국가와 교육청 수준의 과업을 별도의 항목으로 정리해 놓고 있다. 2009 개정 교육과정 총론의 이러한 구성은 2007년 개정 교육과정을 대상으로 한 최근의 연구 보고서에 근거하여 취해진 조치로 알려져 있다. 최근의 그 보고서에 따르면, 교육과정 총론을 활용하는 교사의 비율은 전체 교사의 5.3%에 지나지 않으며(이병호, 홍후조, 2008: 42), 학교 급별 교육과정 지침이 여러 가지 항목에 분산되어 있어서 접근하기 어렵다는 것은 그러한 사태의 한 가지 주된 원인으로 확인되고 있다(홍후조, 2009a: 75). 2009 개정 교육과정 총론의 구성 방식은 그러한 사태를 극복하여 그것에 대한 접근성을 높이기 위하여 취해진 바람직한 조치로 평가되고 있다

(이병호, 2009: 22).

그런데 이왕 교육과정에 대한 접근성을 높이려는 의도라면, 2009 개정 교육과정 총론의 구성은 학교급이라는 기준을 보다 철저하게 따르는 방식으로 재조직될 필요가 있다. 특히, 제Ⅱ장 제4절의 학교급별 공통 사항에 포함되어 있는 두 가지 항목과 제Ⅲ장 제2절인 특수학교의 교육과정 편성·운영은 그 위치를 조정할 필요가 있다. 가령, 제Ⅱ장 제4절 제1항인 편성·운영은 학교급과 무관한 공통 사항이라는 점에서 제1~3절의 제3항에 반복적으로 이동시키고, 현재 제3항으로 포함되어 있는 학교급별 편성·운영 중점은 제4항으로 변경하는 것이 바람직하다.

제Ⅱ장에 포함된 앞의 세 절이 초등학교에서 시작하여 중학교를 거쳐서 고등학교로 이어지는 것을 감안하면, 제Ⅲ장 제2절에 포함된 특수학교의 교육과정 편성·운영은 접근성을 높이기 위하여 제Ⅱ장 제4절로 이동시키는 것이 타당하다. 그리고 제Ⅱ장 제4절의 제2항에 포함되어 있는 평가활동은 제Ⅱ장 제4절로 등장할 특수학교에 이어서 제Ⅱ장 제5절로 위치시킬 수 있다.

〈표 11-2〉 2009 개정 교육과정 총론의 재구성

2009 개정 교육과정 총론의 재구성			원래 위치
고시문 / 머리말			고시문 / 머리말
Ⅰ. 교육과정 구성의 방향	1. 추구하는 인간상		Ⅰ-1
	2. 교육과정의 구성 방침		Ⅰ-2
Ⅱ. 학교 급별 교육과정 편성과 운영	1. 초등학교 2. 중학교 3. 고등학교	(1) 교육목표	Ⅱ-1-(1)
		(2) 편제와 시간 배당	Ⅱ-1-(2)
		(3) 교육과정 편성 운영 공통 사항	Ⅱ-4-(1)
		(4) 교육과정 편성 운영 중점	Ⅱ-1-(3)
	4. 특수학교	(1) 교육과정 편성 운영 공통 사항	Ⅱ-4-(1)
		(2) 교육과정 편성 운영 중점	Ⅲ-2
	5. 평가활동		Ⅱ-4-(2)
Ⅲ. 학교 교육 과정 지원	1. 국가 수준의 지원		Ⅲ-1
	2. 교육청 수준의 지원		Ⅲ-1

끝으로, 제III장 제1절에 등장하는 학교 교육과정 편성·운영 지원은 내용상 국가 수준의 지원과 교육청 수준의 지원으로 구분하여 제시할 경우에 접근성이 높아질 수 있다. 〈표 11-2〉는 이상의 예시적 입장을 도식화한 것이다.

2. 교육과정의 방향과 체제

2009 개정 교육과정 총론의 구성에는 앞서 확인한 접근성의 제고 이외에 주목해야 할 또 다른 사실이 포함되어 있다. 그것은 '지원'이라는 용어가 제 III장의 제목에 등장한다는 사실이다. 2009 개정 교육과정의 총론에 등장하는 이 용어는 2007년 개정 교육과정 총론의 제IV장에서 사용되던 '지침 혹은 관리'라는 용어를 대신하고 있다. 이것은 단순한 단어의 교체로 파악되어서는 안 된다. 그것은 교육과정에 관한 사고의 전환을 상징적으로 보여 주고 있다. 지침 혹은 관리라는 용어가 국가 혹은 교육청을 교육과정 편성과 운영의 주체로 간주하는 시각을 반영한다면, 지원이라는 용어는 이들 기관의 위치를 교육과정 편성과 운영의 주변으로 돌려놓고 있다. 바꾸어 말하면, 지침 혹은 관리라는 용어를 대신하여 지원이라는 용어가 사용된다는 것은 단위 학교가 교육과정 편성과 운영의 실질적인 주체요, 교육과정 편성과 운영의 자율화가 2009 개정 교육과정의 한 가지 중요한 방향이라고 선언하는 것이나 다름이 없다.

2009 개정 교육과정은 실제로 학기당 이수과목 축소를 통한 학습의 효율성 제고, 고등학교 교과의 재구조화를 통한 학생의 핵심 역량 강화, 창의적 체험활동의 도입을 통한 폭넓은 인성교육 추구와 더불어 교육과정 자율화를 통한 학교의 다양화 유도를 한 가지 방향으로 삼고 있다(김성열, 2009: 8-11). 2009 개정 교육과정의 이러한 방향은 고시문에 이어지는 일종의 머리말인 '교육과정의 성격'에 구체화되어 있다. 제7차 교육과정부터 그대로 이어져 내려오는 이 머리말에는 2009 개정 교육과정의 성격이 "이 교육과정은 …국

가 수준의 교육과정이며, 초·중등학교에서 운영해야 할 학교 교육과정의 공통적 일반적 기준" 이라는 전문에 이어서 다섯 가지 하위 항목이 자리 잡고 있다. 2009 개정 교육과정은 ① 국가 수준의 공통성과 지역·학교·개인 수준의 다양성을 동시에 추구하는 이중적 성격의 교육과정이라는 것, ② 학습자의 자율성과 창의성을 신장하기 위한 학습자 중심 교육과정이라는 것, ③ 교육청과 학교 및 교원·학부모·학생이 함께 실현해 가는 교육과정이라는 것, ④ 학교 교육체제를 교육과정 중심으로 개선하기 위한 교육과정이라는 것, ⑤ 교육의 과정과 결과에 대한 질적 수준을 유지하고 관리하기 위한 교육과정이라는 것이 바로 그 하위 항목이다.

이들 다섯 가지 하위 항목 중에서 첫째 항목이 전문에 나타난 2009 개정 교육과정의 기본적인 성격을 '편성'에 초점을 두고 규정하는 방향이라면, 셋째 항목은 그것을 '운영'하는 다양한 주체가 견지해야 할 방향으로 해석될 수 있다. 그리고 나머지 세 가지 항목은 2009 개정 교육과정이 어떤 취지에서 그러한 편성과 운영의 방향을 지향하고 있는가를 상이한 수준에서 기술하고 있다. 구체적으로 말하면, 다섯째 항목이 국가 및 교육청에 거점을 두고 그 취지를 지적하고 있다면, 넷째 항목과 둘째 항목은 그것을 각각 교사와 학습자에 거점을 두고 번역한 것으로 간주될 수 있다.

2009 개정 교육과정에는 이러한 기본적인 방향과 취지를 보다 효율적으로 구현하기 위하여 종전과는 확연하게 구분되는 '교육과정 구성의 방침'과 '편제 및 시간 배당 기준'이 마련되어 있다. 총론 제I장 제2절에 등장하는 교육과정 구성의 방침은 편성, 운영, 평가라는 세 가지 측면에서 파악될 수 있다(RC: 2). 먼저, 편성의 측면에서 보면, 2009 개정 교육과정은 창의적인 인재의 육성이라는 구호 아래 초등학교 1학년부터 중학교 3학년까지 적용되는 '공통 교육과정'과 고등학교 1학년부터 3학년까지 적용되는 '선택 교육과정'으로 편성되어 있다. 공통 교육과정은 다시 7~8개의 교과군과 창의적 체험활동으로 양분되어 있으며,[3] 선택 교육과정 또한 4개의 교과영역과 창의적 체험활동으로 구분되어 있다.

2009 개정 교육과정의 이러한 체제는 2007년 개정 교육과정의 그것과 확연하게 구분된다. 2007년 개정 교육과정의 경우에 국민공통 기본 교육과정이 초등학교 1학년부터 고등학교 1학년까지 10년으로 규정되어 있었다면, 2009 개정 교육과정에서는 그것의 명칭을 공통 교육과정으로 변경하는 동시에 그 기한을 중학교 3학년까지 9년으로 축소하고 있다. 결과적으로 고등학교 선택중심 교육과정에서 개칭된 선택 교육과정은 3년으로 늘어난 셈이다. 2009 개정 교육과정의 이러한 변화는 공통 교육과정의 적용 기한을 의무교육 기간과 일치시키는 동시에 고등학교 학생들에게 진로에 따라 맞춤형 교육을 제공하는 데에 목적을 두고 있다(교육과학기술부, 2009b: 2).

2009 개정 교육과정에서는 또한 개성의 신장, 여가의 선용, 창의성의 개발, 공동체 의식의 함양 등 배려와 나눔의 실천을 위하여 종전의 재량활동과 특별활동을 창의적 체험활동으로 통합하고 있다(교육과학기술부, 2009b: 14). 사실상, 2007년 개정 교육과정에서 재량활동과 특별활동은 내용 혹은 활동의 중복과 지나친 세분화, 국가 혹은 교육청에서 이수해야 할 여러 가지 내용의 하달 등으로 말미암아 소기의 성과를 거두기 어려운 지경에 놓여 있었다(윤성한, 2009: 49; 한춘희, 2009: 30-31). 2009 개정 교육과정에서 내세우는 창의적 체험활동은 그러한 현실적인 난관을 해소하는 방안이 될 수 있을 것이라는 기대에서 환영을 받고 있다.

2009 개정 교육과정에서는 이러한 체제와 더불어 교육과정 운영에 유연성을 부여하기 위하여 '학년군' 제도를 새롭게 도입하고 있으며, 학습부담의 적정화를 위하여 '집중이수' 제도를 확대하고 있다. 2009 개정 교육과정에는 또한 교육과정의 질을 관리하기 위하여 학교 교육과정과 교과에 대한 평가방

---

3) 교과전문가들은 교과의 명칭을 마치 신생아의 호적처럼 여기는 경향이 있다. 그래서 2009 개정 교육과정에서는 과학/실과, 사회/도덕과 같이 두 가지 종류의 교과가 묶여진 교과를 지칭하는 데에 교과군이라는 용어를 잠정적으로 사용하고 있다. 그러나 교과군은 교과의 통합을 이상으로 삼는 만큼 최종적으로는 교과로 개칭되어야 마땅하다(홍후조, 2009b: 65). 단지, 교과군을 교과로 개칭할 경우에는 거기에 정확한 명칭을 부여하는 일이 새로운 문제로 부각될 수 있다.

법을 개선하고 국가 수준의 학업성취도 평가를 실시한다는 종전의 입장을 고수하고 있다. 〈표 11-3〉은 총론의 제I장 제2절에 나타난 이러한 2009 개정 교육과정의 체제를 정리한 것이다.

2007년 개정 교육과정에서 운영되던 재량활동과 특별활동이 창의적 체험활동으로 통합되었다는 사실을 고려하면, 적어도 초등학교의 경우에 교과군과 학년군의 도입은 2009 개정 교육과정의 체제가 띠고 있는 핵심적인 특징이라고 말해도 전혀 틀리지 않는다. 물론, 교과군과 학년군은 2009 개정 교육과정에서 처음으로 도입된 제도가 아니다. 학년군은 통합교과가 도입되기 시작한 제4차 교육과정부터 초등학교 1~2학년에 맹아적인 형태로 적용되고 있으며, 교과군 또한 제7차 교육과정부터 고등학교 보통교과의 편제에 등장하고 있다. 그렇기는 해도 초등학교 1~2학년에 적용되던 종전의 학년군은 여전히 별도의 학년으로 운영되었으며, 고등학교의 교과군은 임의적인 구분이라는 비판에 휩싸여 있다(홍후조, 2009b: 48).

그러나 2009 개정 교육과정에서는 사정이 다르다. 2009 개정 교육과정에서 학년군은 학년 간의 상호 연계와 협력을 통하여 교육과정 편성과 운영에 유연성을 부여한다는 뚜렷한 명분을 가지고 있다(RC: 2). 나아가 학년군을 도입할 경우에 학습자의 발달단계를 고려하여 시기별로 교육 중점을 설정할 수 있을 뿐만 아니라 그 중점을 실현하는 데에 시간적인 여유를 부여할 수 있다는 생각은 널리 공감대를 형성하고 있다(홍후조, 2009b: 58).[4] 교과군 또한 교육목표의 근접성과 더불어 탐구대상과 탐구방법의 인접성 및 생활양식에서

〈표 11-3〉 2009 개정 교육과정 총론의 체제

범주 구분	공통 교육과정 (초등학교 1학년~중학교 3학년)				선택 교육과정 (고등학교 1~3학년)			
학년군	1~2	3~4	5~6	7~9	10~12			
활동 영역	교과활동		창의적 체험활동		교과활동			창의적 체험활동
					보통교과	전문교과		
	7~8개 교과군		4개 영역		4개 영역	10개 영역		4개 영역

의 연관성이라는 명분을 부여받고 있다(RC: 2). 그리고 그것은 교과 간 혹은 교과 내의 학습위계를 재정립하는 데에 기여하는 동시에 분화된 교과에 대한 통합지도의 길을 열어 놓고 있다는 장점을 가지고 있다(홍후조, 2009b: 64-65). 특히, 2009 개정 교육과정의 경우에 교과군과 학년군은 학습부담의 경감과 학습의 효율성을 제고하기 위하여 도입된 '집중이수 제도'라는 막강한 방호벽을 공유하고 있다.

2009 개정 교육과정에서는 이러한 교과군과 학년군을 학교 급별 편제와 시간 배당 기준의 두 가지 축으로 삼고 있다. 초등학교에 국한시켜 말하면, 1~2학년의 교과는 국어, 수학, 바른생활, 슬기로운 생활, 즐거운 생활로 이루어져 있으며, 3~6학년의 교과(군)는 국어, 사회/도덕, 수학, 과학/실과, 체육, 예술(음악/미술), 영어로 이루어져 있다. 그리고 창의적 체험활동은 공히 동아리활동, 봉사활동, 진로활동, 자율활동으로 이루어져 있다(RC: 3). 2007년 개정 교육과정과 비교하여 말하면, 1~2학년의 경우에는 1학년의 입학 초기 학교 적응을 돕기 위하여 마련되어 있던 '우리들은 1학년'이 빠져 있으며, 3~6학년에서는 사회/도덕, 과학/실과가 교과군으로 묶여 있는 동시에 음악과 미술을 포괄하는 예술이라는 새로운 과목이 등장하고 있다. 그리고 종전의 경우에 창의적 재량활동과 특별활동으로 운영되던 비교과 활동은, 앞서 지적한 바와 같이, 창의적 체험활동으로 통합되어 있다. 총론의 제Ⅱ장 제1절 제2항에는 이들 교과 및 창의적 체험활동에 대한 수업시수 및 학년군별 총 수업시수가 다음과 같이 제시되어 있다(RC: 4).

〈표 11-4〉에 나타난 초등학교의 수업시수는, 2007년 개정 교육과정과 마찬가지로, 40분을 단위 수업시간으로 하여 산정된 것이다.[5] 그리고 학년군에

---

4) 우리나라에서는 초등학교 3학년을 대상으로 하여 국가 수준의 기초 학력 진단평가를 실시하고 있으며, 4학년과 6학년을 대상으로 하여 학업성취도 평가를 실시하고 있다. 평가를 둘러싼 오늘날의 이러한 관행은 학년을 몇 개의 군으로 묶는 것이 교육목표를 달성하는 데에 훨씬 더 효과적이라는 생각을 간접적으로 지지해 준다.

〈표 11-4〉 2009 개정 교육과정 총론의 체제

영역	학년군	1~2학년	3~4학년	5~6학년
교과(군)	국어	국어 448	408	408
	사회/도덕		272	272
	수학	수학 256	272	272
	과학/실과	바른생활 128	204	340
	체육	슬기로운 생활 192	204	204
	예술(음악/미술)		272	272
	영어	즐거운 생활 384	136	204
창의적 체험활동		272	204	204
학년군별 총 수업시수		1,680	1,972	2,176

따른 교과군의 수업시간 배당은 연간 34주를 기준으로 한 2년간의 '기준' 수업시수를 나타내며, 학년군의 총 수업시수는 '최소' 수업시수를 나타낸다(RC: 4). 그러므로 교과군의 수업시수는 증감이 가능하지만, 학년군의 총 수업시수는 감축이 허용되지 않는다.

2009 개정 교육과정에 나타난 초등학교의 수업시수는 기본적으로 2007년 개정 교육과정의 그것을 학년군과 교과군을 두 가지 축으로 하여 재조직한 형태를 띠고 있다. 가령, 3~4학년 영어에 배당된 136시간은 종전의 3학년과 4학년 영어에 배당되어 있던 68시간과 68시간을 합산한 시수이며,[6] 5~6학년 과학/실과에 배당된 340시간은 종전의 5학년과 6학년 과학에 배당되어 있던 시수(102+102=204)와 실과에 배당되어 있던 시수(68+68=136)를 합산한 것

---

5) 단위 수업시간은 기후 및 계절, 학생의 발달 정도, 학습내용의 성격, 학교 실정 등을 고려하여 탄력적으로 편성 · 운영할 수 있다(RC: 4).

6) 제7차 교육과정과 2007년 개정 교육과정에서 영어는 3~6학년에 편성되어 있었으며, 이들 학년에 배당된 연간 수업시수는 각각 34→34→68→68시간으로 규정되어 있었다. 그런데 영어과의 학년별 연간 수업시수는 2008년 12월 26일에 발표된 교육과학기술부 고시 제2008-160호에 의하여 68→68→102→102시간으로 늘어났다.

이다.[7] 그리고 1~2학년의 창의적 체험활동에 배당된 272시간은 우리들은 1학년에 배당되어 있던 80시간, 1학년의 재량활동과 특별활동에 배당되어 있던 90시간(60+30=90), 2학년의 재량활동과 특별활동에 배당되어 있던 102시간(68+34)을 합산한 결과로 도출되었다.

그러나 3~4학년 국어와 창의적 체험활동의 수업시수, 그리고 5~6학년 창의적 체험활동의 수업시수는 2007년 개정 교육과정의 그것과 차이를 나타내고 있다. 즉, 2007년 개정 교육과정에서 3~4학년의 국어에는 각각 238시간과 204시간이 배당되어 있었다. 사실상, 4학년의 시수에 비하여 3학년에 더 많은 시수가 배당되어 있는 기이한 현상은 끊임없이 논란이 되어 왔다(박순경 외, 2005: 17). 2009 개정 교육과정에서는 이러한 현상을 바로 잡기 위하여 주 5일 수업제를 명분으로 삼아 3~4학년 국어에서 34시간을 감축하여 408시간을 배당하고 있다. 단지, 3~4학년 국어에는 종전의 수업시수인 442시간(238+204)을 기준수업시수로 운영할 수 있다는 단서가 달려 있다.

2007년 개정 교육과정에서 3학년의 재량활동과 특별활동에는 각각 68시간과 34시간이 배당되어 있었으며, 4~6학년의 경우에는 공히 68시간과 68시간이 배당되어 있었다. 그러므로 3~4학년의 재량활동과 특별활동에 배당된 수업시수를 합할 경우에 238시간(34+68+68+68)으로 나타나며, 5~6학년의 경우에는 272시간(68+68+68+68)으로 계산된다. 그런데 2009 개정 교육과정에서 3~4학년 창의적 체험활동에는 34시간이 감축된 204시간이 배당되어 있으며, 5~6학년의 경우에도 68시간이 감축된 204시간이 배당되어 있다. 여기에 대한 해명은 현재 찾을 수 없는 형편이다.

---

7) 3~4학년 과학/실과의 수업시수(204)가 5~6학년의 그것(340)에 비하여 136시간이 적은 것은 2007년 개정 교육과정과 2009 개정 교육과정을 막론하고 3~4학년의 경우에 실과가 편성되어 있지 않은 데에서 비롯된 결과다.

3. 교육과정의 편성과 운영

2009 개정 교육과정의 편성과 운영은, 종전의 교육과정과 마찬가지로, 홍익인간을 궁극적인 이념으로 삼고 있다. 단지, 제7차 교육과정과 2007년 개정 교육과정에서는 그 이념을 구현하는 인간상이 다섯 가지 항목으로 제시되어 있다면, 2009 개정 교육과정에서는 그것이 네 가지 항목으로 압축되어 있다. 총론의 제I장 제1절을 장식하는 그 인간상은 창의성을 발휘하는 사람과 품격 있는 삶을 영위하는 사람으로 구분되는 개인적 차원의 인간상, 진로를 개척하는 사람과 공동체의 발전에 참여하는 사람으로 양분되는 사회적 차원의 인간상으로 대변되고 있다.

총론의 제II장 제1절 제1항에 등장하는 초등학교 교육목표는 앞서 확인한 추구하는 인간상을 초등학교 수준에 맞게 번역한 것이라고 말할 수 있다.[8] 즉, "초등학교 교육은 학생의 학습과 일상생활에 필요한 기초 능력과 기본 생활습관을 형성하는 데에 중점을 둔다"는 전문 아래 등장하는 네 가지 교육목표는 앞의 추구하는 인간상과 긴밀한 병렬을 이루고 있다. 구체적으로 말하면, 기초능력과 상상력을 기른다는 항목과 우리 문화를 이해하고 문화를 향유하는 올바른 태도를 기른다는 항목이 개인적 차원의 교육목표에 해당한다면, 다양한 일의 세계를 이해한다는 항목과 타인과 공감하고 협동하는 태도를 기른다는 항목은 사회적 차원의 교육목표로 파악될 수 있다.

---

8) 초등학교 교육목표는 원래 교육법 제94조에 표방되어 있었다. 그런데 1997년 12월 13일에 교육법이 초·중등교육법으로 변경됨에 따라 초등학교 교육목표는 교육과정으로 옮겨 왔다. 여기에는 교육목표를 둘러싸고 벌어지는 교육법규와 교육과정 사이의 혼선을 방지한다는 것, 변화하는 국가·사회적 요구와 필요에 탄력적으로 대응한다는 것, 교육과정의 적합성을 제고한다는 것이 그 이유로 작용했다(교육과학기술부, 2008: 106). 그리고 제7차 교육과정에 이어서 2007년 개정 교육과정에서는 학교 급이라는 개념에서 벗어나 학년 또는 단계라는 개념을 도입하고 있다. 그럼에도 불구하고 교육목표를 학교 급별로 제시하고 있는 것은 교육과정이 학교 급별로 운영되고 있는 현실을 감안한 데에서 비롯된 결과다(교육과학기술부, 2008: 106).

2009 개정 교육과정이 추구하는 이러한 인간상과 초등학교 교육목표는 현재 '창의적인 인재의 육성'이라는 한 가지 구호로 압축되어 통용되고 있다(RC: 2). 그렇기는 해도 창의적인 인재의 육성은 2009 개정 교육과정에서 처음으로 도입된 구호가 아니다. 제7차 교육과정과 2007년 개정 교육과정에서는 이미 '세계화 정보화 시대를 주도할 자율적이고 창의적인 한국인 육성'을 목표로 내세운 바 있다(교육과학기술부, 2008: 109). 그리고 그것의 기원은 다시 제5차 교육과정으로 거슬러 올라간다(문교부, 1987: 1).

창의적인 인재의 육성을 겨냥한 교육과정 편성과 운영의 방법은 총론의 제 II장 제4절 제1항 및 제1절 제3항에 제시되어 있다. 이들 두 항에 등장하는 교육과정 편성과 운영의 방법은 크게 네 가지 범주의 활동으로 나누어 확인하는 것이 편리하다. 행정적 활동, 교과활동, 창의적 체험활동, 기타 프로그램 활동이 바로 그것이다.

먼저, 단위 학교에서 이루어지는 행정적 활동은 학교교육과정위원회를 설치하고 운영하는 일로 요약될 수 있다. 학교교육과정위원회에는 교원, 교육과정 혹은 교과교육 전문가, 학부모 등 다양한 인사가 참여하도록 권고되어 있다(RC: 19). 그렇기는 해도 교직원회의, 부장회의, 동학년회의, 교과협의회 등 기존의 학교 조직이나 협의회가 학교교육과정위원회를 대신할 수도 있다(교육과학기술부, 2008: 145). 학교교육과정위원회가 수행하는 역할은 표면상 교육과정과 관련된 제반 사항을 자문하는 것으로 규정되어 있지만(RC: 19), 교육과정의 편성은 실제로 이 위원회에 의하여 주도된다. 즉, 학교교육과정위원회는 교육과정 편성에 영향을 미치는 기초자료—예컨대, 국가 수준의 교육과정, 교육과정에 관한 제반 법규와 방침, 교원과 학부모의 요구, 학생의 실태와 학교의 여건, 지역사회의 실정 등—를 수집하고 분석하여 잠정적인 교육과정을 편성하고 수정하는 역할을 담당하게 된다.[9]

---

9) 학교교육과정위원회가 개발한 잠정적인 학교 교육과정은 학교운영위원회에 제출되어 심의를 거치게 되며, 그 결과에 따라 수정되고 보완된 학교 교육과정은 최종적으로 학교장의 승인을 거쳐서 운영에 옮겨지고 평가된다(교육과학기술부, 2008: 148).

교과활동의 편성과 운영에 속하는 사안은 다시 기본 방향에 관한 사항, 교육내용에 관한 사항, 교육방법에 관한 사항으로 구분될 수 있다. 〈표 11-5〉는 교육활동에 포함되는 이들 사안별 세부적인 사항을 총론의 제Ⅱ장 제4절 제1항에 등장하는 초등학교의 중점 사항과 제1절 제3항에 제시된 공통 사항으로 구분하여 정리한 것이다.

〈표 11-5〉 교육활동의 편성 · 운영 방법

사안		세부 사항
기본 방향	공통	• 교과별 교육목표 → 모든 학생이 성취하도록 지도 • 기본적 학습요소 → 체계적으로 계획하여 일관성 있게 지도 • 학습기회와 방법 → 학습자의 능력에 따라 다양하게 제공 (학습결손 누적 방지 / 학습의욕 저하 예방)
	중점	-
교육 내용	공통	• 내용의 배열 → 예시적 성격 → 자율적 조정 가능 • 학습의 자료 → 학교, 교육청 → 교과용 도서 이외의 자료 개발
	중점	• 우리들은 1학년 → 내용: 단위 학교에서 자율적으로 편성 　　　　　　　　　→ 시수: 창의적 체험활동 시수를 활용 • 특별 프로그램 → 국어사용 능력, 수리력이 부족한 학생을 대상 • 예술교과 운영 → 음악과 미술을 중심으로 운영
교육 방법	공통	• 수준별 수업 → 영역: 국어, 수학, 사회, 과학, 영어 등의 개별화 　　　　　　　→ 집단: 학교 여건, 학생 특성에 따라 자율적 조직 　　　　　　　→ 기타: 학습결손 보충 위한 '특별 보충 수업' 운영 • 탐구적 활동 → 개념과 원리의 이해 및 적용의 기회 제공 • 소집단 활동 → 발표와 토의 통한 공동적 문제해결 경험 제공 • 체험적 활동 → 실험, 관찰, 조사, 실측, 수집, 노작, 견학 등 • 자원의 활용 → 지역 사회의 인적 · 물적 자원의 계획적 활용 • 기타 강조점 → 여러 자료를 활용한 정보처리능력의 획득 강조 　　　　　　　→ 교과 교실제 운영 　　　　　　　→ 실험 · 실습 및 실기 지도의 경우 안전에 유의
	중점	• 시수의 증감 → 교과군의 수업시수를 20% 내에서 자율적 증감 • 집중이수제 → 학기별 집중 이수 → 학기당 이수 과목 수 축소

교과활동의 편성과 운영에 관한 이들 사안 중에는 2009 개정 교육과정에서 새롭게 도입된 사항도 포함되어 있다. 우리들은 1학년의 자율적 운영, 예술교과, 교과군의 수업시수를 20% 범위 내에서 자율적으로 증감, 집중이수제도의 도입 등이 여기에 해당한다. 가령, 2007년 개정 교육과정의 경우에는 우리들은 1학년에 관한 기본적인 사항과 내용체계가 각각 총론과 더불어 각론의 '별책 15'에 명시되어 있었다. 그러나 2009 개정 교육과정에서는 그러한 기본적인 사항과 내용체계를 삭제하면서 단위 학교가 창의적 체험활동에 배당된 수업시수를 활용하여 자율적으로 우리들은 1학년을 편성하여 운영할 수 있도록 규정하고 있다(RC: 5).

교과군에 배당된 수업시수를 20% 범위 내에서 증감할 수 있다는 것은 원래 2009년 6월에 발표된 '학교 자율화 추진 방안'에 포함되어 있던 사항이며, 2009 개정 교육과정에서는 그것을 그대로 받아들이고 있다. 집중이수제도의 경우에, 제7차 교육과정과 2007년 개정 교육과정 및 '학교 자율화 추진 방안'에서는 그 적용의 범위가 중등학교에 국한되어 있었다. 그러나 2009 개정 교육과정에서는 집중이수제도가 학년군과 교과군의 토대가 된다는 점을 감안하여 그것을 초등학교까지 확대시키고 있다. 음악과 미술로 구성되는 예술교과 또한 교과군제도의 도입에 의하여 신설된 과목이라고 말할 수 있다.

창의적 체험활동의 편성과 운영에 속하는 사안은 교육내용의 측면과 교육방법의 측면으로 양분될 수 있다. 창의적 체험활동에 포함되는 이들 사안별 세부적인 사항은 〈표 11-6〉에서와 같이 오직 제Ⅱ장 제1절 제3항의 공통 사항에 제시되어 있다.

〈표 11-6〉 창의적 체험활동의 편성·운영 방법

사안	세부 사항
교육내용	• 내용의 배열 → 예시적 성격 → 자율적 조정 • 체험적 활동 → 사회 유관기관과 연계·협력 프로그램 개발
교육방법	• 시수의 조정 → 학교 실정 및 학생 요구 → 융통성 있게 배정 • 자원의 활용 → 지역사회의 인적 물적 자원의 계획적 활용

창의적 체험활동과 관련된 앞의 사안은 재량활동 및 특별활동과 관련된 종전의 사안을 그대로 옮겨 놓은 것이지만, 여기에는 종전의 경우에는 찾아볼 수 없는 새로운 사항이 묵시적으로 포함되어 있다는 점을 지적할 필요가 있다. 사실상, 창의적 체험활동에 배당된 수업시수는 오직 그것과 직접적으로 관련된 활동에 국한되는 것이 아니다. 이하에서 등장할 정보통신활용교육, 보건교육, 한자교육, 범교과학습, 계기교육 또한 창의적 체험활동에 배당된 수업시수를 활용하여 운영할 수 있도록 규정되어 있다(RC: 5, 21). 그렇기는 해도 창의적 체험활동에는 엄연히 배려와 나눔의 실천이 그것의 이념으로 부여되어 있다(RC: 2). 그럼에도 불구하고 거기에 배당된 수업시수를 그러한 여러 가지 활동에 활용할 경우에, 창의적 체험활동이 겨냥하는 소기의 목적은 그만큼 달성하기 어려워질 수밖에 없다. 그러므로 앞의 세부 사항에는 창의적 체험활동에 배당된 수업시수를 그것과 직접적으로 관련된 활동에 할애하는 것을 원칙으로 삼는다는 권고가 묵시적으로 포함되어 있다고 보아야 한다.

제7차 교육과정이나 2007년 개정 교육과정과 마찬가지로, 2009 개정 교육과정에서는 이들 두 가지 공식적인 활동 이외에 기타 프로그램이 포함되어 있다. 〈표 11-7〉은 이 활동에 포함된 세부적인 사항을 총론의 제Ⅱ장 제4절 제1항에 등장하는 초등학교의 중점 사항, 제1절 제3항에 제시된 공통 사항, 제Ⅲ장 제1절 제2항에 포함된 교육청 수준의 지원 사항을 중심으로 정리한 것이다.

〈표 11-7〉에 정리된 사안들 중에서 보충 학습과정은 2009 개정 교육과정에서 집중이수제도를 도입한 데에서 따라오는 필연적인 사안이다. 즉, 집중이수제도의 시행은 전입 학생들의 학습결손을 유발할 수 있으며, 보충 학습과정은 그러한 결손을 보충하기 위한 장치로 마련된 것이다.

2009 개정 교육과정에서 새롭게 도입된 한 가지 사안인 돌봄기능은 초등학교 저학년의 수업시수를 확대하려는 의도에서 시작된 것으로 알려져 있다. 사실상, 돌봄기능이 열악한 가정에서는 초등학교 저학년 학생들의 귀가시간

〈표 11-7〉 기타 프로그램 활동의 편성 · 운영 방법

사안	세부 사항
공통 사항	• 특수학급 설치 → 대상: 심신 장애아 　　　　　　　　→ 운영: 내용 조정 혹은 특수학교 자료 활용 • 학습부진아, 장애아, 귀국 학생, 다문화 가정 자녀 위한 지원 • 범교과학습: 통합지도 및 연계지도 • 계기교육: 사회 현안에 대한 이해 도모 (별도의 지침 준수) • 학과 후 학교 및 방학 중 프로그램 운영 (자발적 참여를 원칙)
중점 사항	• 보충 학습과정 → 전입 학생의 학습 결손 보충을 위한 장치 • 기타 통합지도 → 정보통신활용교육, 보건교육, 한자교육 • 복식학급 운영 → 교육내용의 학년별 순서 조정, 교재 재구성
지원 사항	• 돌봄기능 강화 → 초등학교 저학년 학생들을 위한 배려

을 고학년 학생들에 맞추어 줄 것을 요구해 왔으며, 귀가 수단이 여의치 않은 농어촌의 저학년 학생들은 그들의 의지와 무관하게 고학년 학생들이 수업을 마칠 때까지 기다려야 하는 형편에 놓여 있는 것으로 보고되고 있다. 초등학교 저학년을 둘러싼 이러한 요구와 형편은 전담교사의 확충을 통하여 수업시수를 확대하는 방향으로 그 해결책이 모색되었다.

그러나 교육과학기술부는 예산을 이유로 그 해결책에 대하여 난색을 표하였으며, 일부 학부모들은 초등학교 저학년의 발달 단계에 근거하여 그것에 반기를 들고 나섰다. 그리고 교사들은 전담교사가 확보되지 않을 경우에 나타나는 수업시수의 증가를 근거로 그것에 대한 부정적인 입장을 표방하였다(홍후조, 2009a: 60). 그리하여 초등학교 저학년의 수업시수를 확대하려고 했던 원래의 시도는 현재와 같이 돌봄기능의 강화라는 형태로 굳어지게 되었다.

앞서 확인한 이들 세 가지 활동은 기본적으로 학습자에게 인성과 생활습관을 형성시키는 동시에 남녀의 역할에 관한 편견을 품지 않는 방향에서 편성하고 운영하도록 명시되어 있다(RC: 5, 21). 초등학교에서는 그것과 더불어 수행하지 않으면 안 되는 또 한 가지 활동이 부과되어 있다. 그것은 다름 아닌

평가활동이다. 단위 학교에서 실시하는 학업성취도 평가에는 다양한 도구와 방법을 활용하여 가르친 내용 혹은 기능을 평가하되 교육목표를 성공적으로 달성시키기 위한 교육의 일환으로 수행하도록 규정되어 있다. 거기에는 또한 이 규정 이외에도 몇 가지 권고 사항이 덧붙여져 있다. 교과활동의 평가는 선택평 평가를 지양하고 서술형과 논술형 평가와 함께 수행평가의 비중을 높인다는 것, 교과활동과 창의적 체험활동을 가로질러 평가의 기준 혹은 주안점을 미리 작성하여 평가에 활용한다는 것이 바로 그 권고다(RC: 22).

2009 개정 교육과정에서는 이러한 학업성취도 평가 이외에 교육과정 평가라는 또 한 가지 종류의 평가를 단위 학교에 부과하고 있다. 제7차 교육과정부터 도입되기 시작한 교육과정 평가는 표면상 학교 교육과정 편성과 운영의 적합성, 타당성, 효과성을 자체적으로 평가하여 다음 학년도의 교육과정 편성과 운영을 개선하는 데에 목적을 두고 있지만(RC: 22-23), 그것은 근본적으로 학습자의 학업성취도에 관한 사고의 전환을 요구하는 것이나 다름이 없다.

사실상, 종전의 평가는 주로 학생들을 대상으로 하여 실시되는 경향이 있었다. 종전의 이러한 경향에는 학업성취도가 그것을 나타내는 학생들의 능력과 노력에 달려 있다는 사고방식이 반영되어 있다. 물론, 학생들의 능력과 노력이 학업성취도에 영향을 미친다는 사실은 부정할 수 없다. 그러나 그렇다고 해서 학업성취도가 오직 학생들의 능력과 노력에 달려 있다고 주장하는 것은 옳지 못하다. 그것은 또한 교육과정의 질을 비롯하여 수업에서 교사가 발휘하는 능력에 영향을 받기도 한다.

평가의 결과를 교육과정의 편성과 운영을 개선하는 데에 활용해야 한다는 2009 개정 교육과정의 주장에는 학업성취도를 학생들의 능력과 노력에 국한시켜 파악하는 종전의 시각을 교육과정과 수업의 질이 학업성취도를 결정하는 핵심적인 변인이라는 데에로 시각을 전환시키려는 의도가 깔려 있다. 학업성취도에 관한 이와 같은 시각의 전환은 '질 관리 중심의 교육과정'을 2009 개정 교육과정의 한 가지 방향으로 정착시켰다고 말할 수 있다.

4. 마무리하면서

2009 개정 교육과정은 교육과정 편성과 운영에 관한 단위 학교의 자율화라는 구호 아래 여러 가지 획기적인 특징을 담고 있다. 학년군과 교과군의 도입, 우리들은 1학년의 자율적 운영, 20% 범위 내에서 교과군에 배당된 수업시수의 증감, 집중이수제도의 도입, 특별활동과 재량활동을 창의적 체험활동으로 일원화 등은 그 대표적인 사안이라고 말할 수 있다. 그렇기는 해도 이들 사안을 둘러싼 교육과정 자율화에 관해서는 벌써부터 우려의 목소리를 자아내고 있다.

교육과정 자율화에 관한 우려의 목소리는 근본적으로 교육과정 자율화 그 자체가 교육과정의 목적일 수 없다는 생각에 뿌리를 두고 있다. 그것은 창의적인 인재의 육성이라는 구호로 요약되는 2009 개정 교육과정의 궁극적 목적을 효율적으로 달성하기 위하여 도입된 방법적 원리라고 말해야 한다(박상완, 2009: 124-125). 그러므로 단위 학교가 교육과정 자율화를 강요받거나 그것이 학교 교육과정을 평가하는 기준으로 간주되는 것은 2009 개정 교육과정의 원래 취지에 결코 부합될 수 없다(김재춘, 2009: 109). 그러나 그렇다고 해서 교육 당국이나 교육청의 개입을 완전히 차단시키는 것이 교육과정 자율화를 실현하는 현실적 방안이라고 말하는 것 또한 옳지 못하다. 학교는 엄연히 정부의 지원을 받아 운영되는 공공기관이며, 그런 만큼 교육은 정부의 영향력에서 완전히 벗어날 수 없다(김대현, 2009: 117).

초등학교에서 교육과정 자율화와 관련된 여러 가지 사안을 실천에 옮길 때에는 이러한 기본적인 시각을 깊이 염두에 둘 필요가 있다. 가령, 교과활동의 수업시수를 20% 범위 내에서 증감하는 사안의 경우에, 여기에 지나치게 집착하여 맹목적으로 수업시수를 증배시키거나 감축시키는 것은 바람직하지 못하다(한춘희, 2009: 32). 사실상, 초등학교 학생의 전학률은 전체 학생 수의 10%를 상회한다. 나아가 교육청이나 단위 학교가 전학생을 위하여 특별 보충

과정을 운영하는 것 또한 현실적으로 쉬운 일이 아니며, 결과적으로 교과활동의 자율적 운영은 그것에 대한 파행적인 운영으로 둔갑할 수 있다. 초등학교의 이러한 형편을 감안하면, 교과활동의 수업시수를 20% 범위 내에서 자율적으로 증감하는 것은 특별한 경우에 한정하여 시행할 수 있는 조치요, 보통의 경우에는 각 교과군에 배당되어 있는 2년간의 기준수업시수를 준수하는 것을 원칙으로 삼는 것이 옳다(김재춘, 2009: 109).

집중이수제도의 일환으로 도입된 학년군과 교과군은 이러한 현실적인 문제를 한층 더 첨예하게 부각시키고 있다. 2007년 개정 교육과정의 경우에 수업시수가 학년별로 배당되어 있는 것과는 달리, 2009 개정 교육과정에서는 학년군의 도입에 따라 2년간의 기준수업시수로 배당되어 있다. 그런데 2009 개정 교육과정에서 초등학교의 각론은, 고시문에 이어서 소개되는 책자를 통해서 확인할 수 있는 바와 같이, 분과교과를 기준으로 하여 개발되어 있다. 각론의 이러한 개발방식은 교과별로 나름의 교육목표와 성취기준이 정해져 있으며, 그런 만큼 각 교과에는 그것을 달성하는 데에 필요한 최소한의 수업시수가 배당되어야 한다는 뜻으로 읽을 수 있다. 그러므로 2009 개정 교육과정이 각 교과군에 배당해 놓고 있는 학년군별 기준수업시수는 현실적으로 2007년 개정 교육과정이 각 교과에 배당해 놓고 있는 연간 최소 수업시수로 돌려 놓고 운영하는 것이 바람직할 것이다(윤성한, 2009: 48). 특히, 담임교사 연임제가 시행되기 어려운 형편에서는 각 교과군에 배당되어 있는 학년군별 수업시수를 당분간 종전의 방식대로 운영할 필요가 있다.

창의적 체험활동의 편성과 운영에는, 교과활동의 경우와는 달리, 단위 학교의 자율성과 더불어 그것을 효율적으로 운영하는 데에 필요한 지원이 절실하게 요청된다. 2009 개정 교육과정에 따르면, 창의적 체험활동에 배당되어 있는 수업시수는 그것과 직접적으로 관련된 활동—동아리활동, 봉사활동, 진로활동, 자율활동—과 더불어 정보통신활용교육이나 보건교육 등의 기타 활동에도 활용할 수 있다. 더욱이 2009 개정 교육과정에는 이들 기타 활동에 한자교육이 추가되어 있다. 이와 같이 기타 활동을 창의적 체험활동과 묶어 놓

을 경우에는 필경 이들 기타 활동에 우선적으로 수업시간을 배당할 가능성이
있으며, 그런 만큼 창의적 체험활동이 추구하는 본래의 의도는 훼손될 수 있
다. 창의적 체험활동이 이와 같은 불행한 사태에서 벗어나기 위해서는 본래
의 활동과 기타 활동을 양분시키는 동시에 그것과 직접적으로 관련된 다양한
프로그램을 개발하여 보급하는 제도적인 노력이 필요하다(김재춘, 2009: 109-
110; 한춘희, 2009: 31). 2009 개정 교육과정은 이와 같이 단위 학교의 자율성
과 정부 기관의 지원 및 관여가 미묘한 균형을 이룰 때 비로소 그것에 부여된
소기의 성과를 거둘 수 있다는 사실을 되새길 필요가 있다.

제12장

2015 개정 교육과정과 교사의 시각

우리나라의 교육과정은 1954년에 처음으로 제정된 이후 크게 열 차례의 개정을 거쳤다. 여기에는 총론의 체제를 정비한다는 미명 하에 개정된 제3차 교육과정도 포함되어 있지만(유봉호, 1992: 355), 정작 총론의 체제 면에서 가장큰 변화를 보이는 것은 제6차 교육과정과 그 이후에 등장하는 네 개의 교육과정이다. 먼저, 제6차 교육과정은 종전까지 이어져 내려오던 중앙집권적 교육과정에서 지방분권적 교육과정으로 넘어가는 분수령으로 알려져 있다. 특히,이 교육과정의 서문에 처음으로 등장하는 '교육과정의 성격'은 당시부터 시작된 교육과정 분권화의 이정표로 여겨지고 있다. 제7차 교육과정과 2007 개정 교육과정에서는 제6차 교육과정의 이러한 특징을 유지하는 가운데 국민공통 기본 교육과정과 고등학교 선택중심 교육과정으로 이루어진 이원적 교육과정 체제가 새롭게 적용되었다. 그리고 2009 개정 교육과정에서는 종전까지 사용되는 '지침'이라는 용어가 '지원'이라는 용어로 변경되는 동시에 학년 군이나 교과(군)으로 지칭되는 새로운 제도가 도입되었다.

종전까지 운영되던 이러한 2009 개정 교육과정에 대한 개정은 2013년 10월 25일에 발표된 "2017년 대입제도"로 거슬러 올라간다. 이 발표문의 골자는 사회가 요구하는 문·이과의 융합에 발맞추어 교육과정 및 수능제도를 개편한다는 입장으로 요약될 수 있다. 그리고 그것은 다시 "문·이과 통합형 교육과정 기본 방향"이라는 제목의 문서로 정리되어 2014년 2월 13일에 대통령에게 보고되었다(교육부, 2014: 2). 2015 개정 교육과정은 바로 이 보고서에 기반을 두고 개발되었다.

그러나 2015 개정 교육과정을 개발하는 방식은 종전의 그것과 동일하지 않았다. 종전의 경우에는 교육과정을 개발하는 일이 외부의 기관에 위탁되었다면, 2015 개정 교육과정의 경우에는 교육부가 교육과정 개발에 관한 연구위원회와 자문위원회를 설치하여 그 일을 주도하는 방식을 취했다(교육부, 2014: 2). 즉, 국가교육과정정책자문위원회와 국가교육과정개정자문위원회가 교육과정 개정의 방향을 설정하는 동시에 다양한 분야의 사회적 요구와 합의를 이끌어내는 데에 노력을 경주했다면, 이 자문위원회와 소통하는 가운데 교육과정을 실지로 개발하는 일은 국가교육과정개정연구위원회에 맡겨졌다(교육부, 2014: 3).

국가교육과정개정연구위원회의 일차적인 활동은 2014년 2월 27일부터 교육과정 개정을 위한 정책연구[1]를 추진하는 데에서 시작하여 각종 포럼을 통해서 각계각층의 의견을 수집하는 과정을 거쳐서 2014년 9월 24일에 "2015 문·이과 통합형 교육과정 총론 주요 사항(시안)"을 발표하는 것으로 마무리 되었다(교육부, 2014: 4). 교육부는 여기에 대한 후속 조치로 시·도교육청의 전문가와 핵심교원으로부터 이 시안에 대한 의견을 지속적으로 수렴하였다. 그리고 2015년 7월과 8월에는 2015 개정 교육과정 시안에 대한 두 차례의 공청회가 열렸다(교육부, 2015a: 2). 2015 개정 교육과정은 이러한 과정을 거쳐서 2015년 9월 23일에 교육부 고시 제2015-74호로 발표되었다.[2]

이 글은 이러한 과정을 거쳐서 개발된 2015 개정 교육과정 중에서 총론의

---

1) 국가교육과정개정연구위원회에서 추진한 정책연구는 총론에 관한 6과제와 각론에 관한 6과제를 합하여 총 12개의 과제로 이루어져 있었다(교육부, 2014: 3).
2) 이하에서는 이 고시의 [별책1]로 포함된 "초·중등학교 교육과정 총론"을 'NC15'로 약칭한다.

체제와 내용을 초등학교에 국한시켜 교사 친화적으로 재편하는 데에 목적을 두고 있다. 여기에서 총론의 체제라는 것은 총론의 서문과 본문에 포함된 장과 절을 나열하는 방식을 가리키며, 총론의 내용이라는 것은 그 장과 절에 포함된 여러 가지 세부적인 항목을 가리킨다. 그리고 총론의 체제와 내용을 재편한다는 것은 그 장과 절의 제목을 합리적으로 수정하고 체계적으로 나열하는 동시에 각 장과 절의 제목에 적합한 방식으로 여러 가지 항목을 새롭게 배치하는 일을 가리킨다. 제2장에서는 먼저 이 일을 위하여 저자가 활용한 연구 방법을 자세하게 제시할 것이다. 그리고 제3장과 제4장에서는 총론의 체제와 총론의 내용으로 양분하여 2015 개정 교육과정 총론에 관한 초등학교 교사들의 견해를 들으면서 그것에 대한 저자의 해석을 덧붙일 것이다. 2015 개정 초등학교 교육과정 총론이 어떤 형태로 재편될 수 있는가는 그 과정에서 자연스럽게 확인될 것이다.

1. 연구 과정

이 글은 2015 개정 교육과정 총론의 체제와 내용을 초등학교에 국한시켜 교사 친화적으로 재편하는 데에 목적을 두고 있다. 저자는 이 목적을 달성하기 위하여 먼저 그 문서를 놓고 심층면담을 실시할 초등학교 부장교사를 섭외하였다. 여기에서 J교사는 초등학교에서 22년 동안 근무한 경력을 가지고 있을 뿐만 아니라 교육학 박사학위를 소지하고 있는 교무부장이다. C교사 또한 교육학 박사학위를 소지하고 있을 뿐만 아니라 초등학교에서 18년 동안 근무한 경력을 가지고 있는 연구부장이다. 그리고 H교사는 초등학교에서 24년 동안 근무한 경력을 가지고 있을 뿐만 아니라 교육학 석사학위를 가지고 있는 교육과정부장이다.

이 글에서는 이들 세 교사를 대상으로 하여 반구조적인 방식의 면대면 면담과 함께 e-mail을 통한 간접 면담을 동시에 실시하였다. 구체적으로 말하면,

면대면 면담은 2015 개정 교육과정이 고시된 직후인 2015년 9월 26일부터 10월 22일까지 세 차례에 걸쳐서 매번 2~3시간씩 집단적으로 실시하였다. 저자는 이 면담을 실시하기 이전에 2015 개정 교육과정 총론의 서문을 비롯하여 네 장의 본문에 포함된 절에 따라 2~4개의 질문을 작성하였다. 저자는 또한 면대면 면담을 실시하기 대략 5일 전에 e-mail을 통하여 이 질문을 면담자들에게 송부했을 뿐만 아니라 그들에게 전화를 걸어서 면담의 일시와 장소를 결정하였다. 면담은 그들과의 합의에 따라 그들의 교실 혹은 저자의 연구실에서 이루어졌다. 그리고 면담의 과정은 그들의 동의를 얻어 녹음한 이후에 그대로 전사하여 항목별로 정리하였다.

면대면 면담을 통해서 얻은 자료가 불완전할 경우에는 e-mail로 추가적인 질문을 보내어 그것을 보충할 답변을 요청하였다. e-mail을 통해서 이루어진 이러한 간접 면담은 2015년 12월부터 2016년 1월까지 면담자별로 각각 서너 차례 실시되었으며, 여기에서 얻은 자료는 면대면 면담에서 얻은 자료를 보완하는 데에 활용하였다. 본문에 인용할 자료는 일차적으로 이러한 과정을 거쳐서 신뢰성이 확인된 자료에 국한시켰다. 물론, 여기에 포함되었다고 해서 그대로 본문에 인용된 것은 아니다. 저자는 본문에 인용되는 자료가 면담자의 시각에 위배되지 않는가를 다시 한 번 확인하였다. 즉, 저자는 초고를 작성한 이후에 그것을 면담자들에게 보내어 자신의 시각에 부합되는지를 확인하도록 요청하였으며, 초고는 그들이 보내온 의견에 따라 수차례 수정되고 보완되었다. 제3장과 제4장에 등장하는 인용문은 그러한 수정과 보완을 거쳐서 확정된 최종적인 산물이다.

2. 총론의 체제: 접근성과 체계성을 생각하며

2015 개정 교육과정 총론은 서문과 본문으로 양분되어 있다. 이들 두 부분의 문서 중에서 서문의 체제는 2009 개정 교육과정 그것과 거의 다르지 않다.

그러나 본문의 체제는 종전의 그것과 상당한 차이를 보이고 있다. 여기에서는 초등학교에 초점을 두고 본문의 체제가 나타내는 그러한 차이를 확인하는 데에 이어서 2015 개정 교육과정 총론의 접근성과 체계성을 높이는 방향에서 그 체계를 잠정적으로 재편할 것이다.

(1) 총론 체제의 변화

2015 개정 교육과정 총론의 서문은 세 쪽으로 이루어져 있다. 여기에는, 2009 개정 교육과정 총론의 그것과 꼭 마찬가지로, 교육부의 고시문과 부칙을 비롯하여 이 교육과정의 성격을 규정하는 문건이 포함되어 있다. 여기에 비하여 본문의 체제는 제목이나 분량 면에서 종전의 그것과 상당한 차이를 보이고 있다. 〈표 12-1〉은 총론의 본문을 둘러싼 그 차이를 로마자로 표시된 장과 아라비아 숫자로 표시된 절에 국한시켜 비교한 것이다.

2015 개정 교육과정 총론의 체제는 당장 장의 제목에서 2009 개정 교육과정 총론의 그것과 차이를 보이고 있다. 즉, 새 교육과정에서 제2장의 제목은 종전의 제목에 '기준'이라는 용어를 덧붙인 형태를 띠고 있으며, 제3장은 표면상 신설된 것처럼 보인다. 그러나 제2장에 포함된 절의 종류는 종전의 그것과 약간의 차이를 보이고 있다. 즉, 새 교육과정의 제2장에는 종전의 '학교 급별 공통 사항'이 빠져있는 대신에 '기본 사항'과 '특수한 학교에서의 교육과정 편성·운영'이 추가되어 있다. 정확하게 말하면, '특수한 학교에서의 교육과정 편성·운영'은, 새롭게 만들어진 절이라 아니라, 종전까지 제3장에 동일한 제목으로 포함되어 있던 절을 거의 그대로 옮겨온 것이다. 결과적으로 새 교육과정의 제4장은 '학교 교육과정 지원'이라는 제목에 부합되는 형태로 수정되었다.

여기에 비하여 제1절의 '기본 사항'은 약간 복잡하다. 얼른 생각하면, 그것은 종전의 '학교 급별 공통 사항'이라는 절의 이름을 변경하여 옮겨놓은 것처럼 보일지 모르지만, 그것은 사실과 다르다. 이 '기본 사항'은, 제2장의 그

〈표 12-1〉 신·구 교육과정의 총론 체제 비교

2009 개정 교육과정 총론		2015 개정 교육과정 총론	
절	장	장	절
1. 추구하는 인간상 2. 교육과정 구성의 방침	I 교육과정 구성의 방향	I 교육과정 구성의 방향	1. 추구하는 인간상 2. 교육과정 구성의 중점 3. 학교 급별 교육목표
1. 초등학교 2. 중학교 3. 고등학교 4. 학교 급별 공통 사항	II 학교 급별 교육과정 편성과 운영 기준	II 학교 급별 교육과정 편성·운영의 기준	1. 기본 사항 2. 초등학교 3. 중학교 4. 고등학교 5. 특수한 학교에서의 교육 과정 편성·운영
		III 학교 교육과정 편성·운영	1. 기본 사항 2. 교수·학습 3. 평가 4. 모든 학생을 위한 교육기 회의 제공
1. 학교 교육과정 편성·운 영 지원 2. 특수한 학교에서의 교육 과정 편성과 운영	III 학교 교육과정 지원	IV 학교 교육과정 지원	1. 국가 수준의 지원 2. 교육청 수준의 지원

제4절이 아니라, 제1장의 제2절인 '교육과정 구성의 방침'에 약간의 수정을 가하여 옮겨놓은 것이다. 그런데 새 교육과정의 제1장에는 그것과 유사한 '교육과정 구성의 중점'이 등장한다. 그래서 독자들은 당장 "새 교육과정의 그 제2절은 어디에서 옮겨온 것인가" 하는 의문을 떠올릴지 모른다. 단도직입적으로 말하면, 제1장의 그 제2절은 제3장의 마지막 절로 포함된 '모든 학생을 위한 교육기회의 제공'과 마찬가지로 2015 개정 교육과정 총론에서 새롭게 신설된 것이다.

　2015 개정 교육과정 총론의 제2장에는 이들 두 절 이외에도 종전의 교육과정에 포함되어 있던 '초등학교', '중학교', '고등학교'라는 제목의 절이 그대

로 등장한다. 그렇기는 해도 이들 세 가지 절에 포함된 세부적인 항목은 동일하지 않다. 종전의 경우에 거기에는 학교 급별로 '교육목표', '편제와 시간 배당', '교육과정 편성·운영 중점'이 세목으로 포함되어 있었지만(교육과학기술부, 2009: 3-5). 새 교육과정의 경우에는 '편제와 시간 배당 기준'에 이어서 '교육과정 편성·운영 기준'이 세목으로 포함되어 있을 뿐이다(NC15: 9-10). 그리고 종전까지 제2장의 처음 세 절에서 확인되던 학교 급별 교육목표는 새 교육과정이 개발되면서 제1장의 제3절로 옮겨갔다(NC15: 4-6). 그래서 새 교육과정 총론의 제1장은 종전의 '추구하는 인간상'과 더불어 새롭게 신설된 '교육과정 구성의 중점'과 제2장에서 옮겨온 '학교 급별 교육목표'로 이루어지게 되었다.

2015 개정 교육과정 총론의 제3장은 표면상 2009 개정 교육과정 총론에서 찾아볼 수 없던 새로운 장처럼 보인다. 그러나 제4절인 '모든 학생을 위한 교육기회의 제공'을 제외한 나머지 세 절은 종전까지 여러 장이나 절에 흩어져 있던 항목을 수정하여 옮겨 놓은 것에 지나지 않는다. 가령, 제3장에서 확인되는 '기본 사항'은, 제2장에 포함된 '기본 사항'과는 달리, 종전의 제2장에 포함되어 있던 '학교 급별 공통 사항'의 일부를 옮겨 놓은 것이다. 정확하게 말하면, 종전의 교육과정에서 '학교 급별 공통 사항'은 '편성·운영'과 '평가 활동'이라는 두 가지 세목으로 구성되어 있었다. 새 교육과정의 제3장에 포함된 '기본 사항'은 이들 두 가지 세목 중에서 '편성·운영'에 포함되어 있던 교육과정 편성 및 운영에 관한 항목을 분리하여 별도의 장으로 만든 것이다. 그리고 그 '편성·운영'에 속해있던 나머지 항목은 현재 제3절인 '교수·학습'으로 옮겨갔으며, 종전의 '평가활동'이라는 세목은 제3절인 '평가'로 그 제목이 변경되었다.

이와 같이 2015 개정 교육과정 총론의 체계는 2009 개정 교육과정 총론에서 찾아볼 수 없던 새로운 장이나 절을 신설 혹은 변경시키는 방식과 함께 종전의 교육과정 총론에 포함되어 있던 절이나 세목 혹은 그 속에 포함된 여러 가지 항목을 이동시키거나 변경시키는 방식으로 구성되었다. 다음은 2015 개

〈표 12-2〉 2015 개정 교육과정 총론의 체제 변화

장	절	상황	종래 위치
I 교육과정 구성의 방향	1. 추구하는 인간상	유지	I-1
	2. 교육과정 구성의 중점	신설	
	3. 학교 급별 교육목표	이동	II-1〜3
II 학교 급별 교육과정 편성 · 운영의 기준	1. 기본 사항	이동	I-2
	2. 초등학교	변경	II-1
	3. 중학교	변경	II-2
	4. 고등학교	변경	II-3
	5. 특수한 학교에서의 교육과정 편성 · 운영	이동	III-2
III 학교 교육과정 편성 · 운영	1. 기본 사항	이동	II-4-(1)
	2. 교수 · 학습	이동	II-4-(1)
	3. 평가	이동	II-4-(2)
	4. 모든 학생을 위한 교육기회의 제공	신설	
IV 학교 교육과정 지원	1. 국가 수준의 지원	유지	III-1-(1)
	2. 교육청 수준의 지원	유지	III-1-(2)

정 교육과정 총론이 나타내는 이러한 체제의 변화를 정리한 것이다.

(2) 총론 체제의 재편

2009 개정 교육과정 총론의 서문은 고시문에서 시작하여 부칙을 거쳐서 교육과정 분권화와 더불어 제6차 교육과정부터 등장하기 시작한 '교육과정의 성격'으로 이어지고 있다. 당시에 구축된 이러한 서문의 체제는 아무런 수정의 요구도 받지 않은 채 2015 개정 교육과정까지 그대로 유지되고 있다. 그러나 본문의 체제는 형편이 다르다. 2015 개정 교육과정 총론에 등장하는 본문의 체제는 종전의 그것과 상당한 차이를 보이고 있을 뿐만 아니라 벌써부터 교사들의 부정적인 목소리에 직면하고 있다. 먼저, 총론의 체제에 관한 H교사의 현실적인 목소리를 들어보자.

　　교사라면 당연히 교육과정을 가까이 해야 하겠지만, 쉽게 손이 가지 않아요. 다른 책 같으면 그렇지 않은데 왜 그런지 굉장히 두껍게 느껴지거든요. 눈에 잘 들어오지도 않고요. 왜 그런 제목이 붙어 있는지 이해가 안 가는 것도 있고요. 그 속에 들어있는 항목도 그래요, 막 나열되어 있어서 끝까지 읽기에는 상당한 인내심이 필요한 것 같아요. 그래서 교육과정이 오면 그냥 제쳐두기 일수죠. 교육과정이 정말 중요하다면, 보고 싶지는 않더라도, 교사들이 그걸 멀리 하지 않도록 만들어야 하지 않을까요? 한 눈에 들어오는 교육과정 말입니다.

　　2015 개정 교육과정 총론은 41쪽으로 끝나는 비교적 얇은 문서이다. 그런데 2009 개정 교육과정 총론은 26쪽에 지나지 않는다. 여기에 익숙한 교사들에게는 새로운 교육과정 문서가 두껍게 느껴질 수 있다. 그리고 각급 학교의 교육목표가 종전과 달리 각급 학교에 관한 다른 사항과 떨어져 있다는 점이나 '기본 사항'이라는 동일한 제목의 절이 두 장에 동시에 등장한다는 점 등은 교사들에게 거부감을 알겨줄 수 있다. 더욱이 그 동일한 제목의 두 절에는 각각 10여개의 항목이 무작위로 나열되어 있는 것처럼 보인다. 제3장에 포함된 '교수·학습'이나 '평가'에도 교사들이 인내심을 발휘해야 할 정도로 많은 항목이 장황하게 나열되어 있다.

　　H교사는 자신과 동료들이 교육과정을 멀리하는 이유를 이러한 분량과 체제에서 찾으면서 교사 친화적인 방향에서 2015 개정 교육과정 총론의 체제를 재편하도록 촉구하고 있다. 여기에는 어떤 해법이 있을 수 있는가? 다음과 같은 C교사의 발언은 여기에 대한 한 가지 해법을 시사하고 있다.

　　H선생님의 말씀에 공감이 갑니다. 너무 두꺼워요. 초등만 있으면 되는데, 중등이 함께 들어있거든요. 연계를 말씀하실지 모르지만, 그럼 누리과정도 넣어야 하나요? 연계도 중요하지만, 초등을 꼼꼼하게 파악하는 것이 훨씬 더 중요하다고 생각합니다. 수업을 하는 데 유치나 중등은 별로 도움이 안 되기

도 하고요. 그래서 초등만 따로 떼어 내는 것이 어떨까 하는 생각도 해 봤어
요. 뺄 건 과감하게 빼고 체계적으로 정리하면서 말입니다.

C교사는 교육과정에 대한 교사들의 거부감을 약화시키는 한 가지 방안으
로 학교 급별로 교육과정을 재편하는 방식을 제안하고 있다. 그녀의 이러한
제안에 따라 초등학교 교육과정을 재편할 경우에, 중등학교와 관련된 절이나
세목은 교육과정에서 제외될 수 있다. 제1장의 제3절에 포함된 세목인 중학
교와 고등학교의 교육목표와 더불어 제2장에 포함된 중학교와 고등학교 및
특수학교에 관한 절이 여기에 해당한다. 그 이외에도 여러 절에 흩어져 있는
중등학교와 특수학교에 관한 7개의 항목이 교육과정에서 제외될 수 있다.[3]
그럴 경우에 초등학교 교사들에게 제공되는 교육과정 총론의 분량은 기존의
41쪽에서 20쪽 이하로 대폭 줄어든다.

그러나 교육과정의 분량이 감축되는 것에 비례하여 교육과정에 대한 교사
들의 거부감이 약화되는 것은 아니다. H교사의 발언에 시사되어 있는 바와
같이, 교사들이 교육과정을 멀리하는 데에는 분량의 과다 이외에 체제의 난
해성도 한 몫을 차지하기 때문이다. '뺄 건 과감하게 빼고 체계적으로 정리
한다'는 C교사의 마지막 발언은 그 체제의 난해성을 해소하는 한 가지 방안
으로 받아들일 수 있다. 사실상, 기존의 초·중등학교 교육과정 총론에서 초
등학교 교육과정 총론을 독립시킬 경우에, 초등학교 교육목표는 '초등학교'
라는 제목 아래 그것과 관련된 사항을 담고 있는 제2장의 제2절과 떨어져서
제1장의 제3절에 단독으로 고립되는 기이한 상황이 벌어진다. 교사들이 종전
의 교육과정에 익숙해 있다는 점을 존중하면, 이 기이한 상황은 초등학교의
교육목표를 종전처럼 제2장에 등장하는 '초등학교'라는 절로 복귀시키는 방
식으로 해결하는 것이 바람직해 보인다.

---

3) 여기에는 I-2의 여섯째 항목, II-1의 넷째 항목과 다섯째 항목, III-3의 셋째 항목의 일부, III-4의
다섯째 항목, IV-2의 다섯째 항목과 여섯째 항목이 포함된다.

C교사가 '초등학교 교육목표'와 함께 이해하기 어렵다고 지적하는 또 다른 제목인 '기본 사항' 또한 유사한 방식의 검토를 기다리고 있다. 먼저, 제2장의 제1절로 포함된 '기본 사항'은 제2절의 '편제와 시간 배당 기준'과 제3절의 '교육과정 편성·운영 기준'으로 이어지고 있다(NC15: 7-10). 그러므로 제1절은 제2절과 제3절의 기초에 해당하는 항목으로 구성되어 있다는 짐작이 가능하다. 실지로, 공통 교육과정과 선택 교육과정의 구분을 비롯하여 학년군의 설정이나 교과(군)의 재분류와 관련된 항목이 '편제와 시간 배당 기준'의 기초가 된다면, 나머지 항목은 교육과정 편성과 운영에 관한 내용으로 파악될 수 있다. 그래서 '기본 사항'이라는 절이 교사들의 거부감을 자아낸다면, 그 절을 제거하면서 그 속에 포함된 항목은 제2절과 제3절로 재편하는 것이 바람직해 보인다.

제2장의 제3절과 관련된 재편은 제3장으로 이어질 필요가 있다. 제3장 역시 교육과정의 편성과 운영에 관한 내용을 담고 있기 때문이다. 여기에 관한 구체적인 작업을 잠시 뒤로 미루고 말하면, 초등학교 교육과정 총론에는 이러한 형태로 이동시키는 것이 바람직한 절이나 항목과 더불어 삭제하는 것이 바람직한 절이나 항목도 있을 수 있다. 제1장의 제2절로 포함된 '교육과정 구성의 중점'에 관한 J교사의 견해를 들어보자.

> 여기에 있는 다섯 가지 항목을 보십시오. 기초소양을 균형 있게 함양한다든지, 핵심 개념을 중심으로 학습내용을 구조화한다든지, 학생 참여형 수업을 활성화한다든지, 과정을 중시하는 평가를 한다는 말을 왜 하는 거죠? 우리도 다 아는 거고 열심히 노력하고 있는 건데……. 이런 말을 들으면 기분이 묘합니다. 우리가 그렇게 안하고 있다는 뜻으로 들리거든요. 목표, 내용, 방법, 평가의 일관성을 강화한다는 말은 또 어떻고요? 교육과정은 교사들에게 도움을 주어야 하는데, 이건 눈에 잘 들어오지도 않고 마음만 상하게 합니다.

여기에 등장하는 5가지 항목은 새로운 정보나 특별한 지침을 담고 있다고 보기 어렵다. 이들 항목은, 어느 편인가 하면, 교사들에게 상당히 익숙한 정보요 그들이 이미 실천하고 있는 지침에 가깝다. 그리고 다섯 번째 항목에 착안하여 말하면, 앞의 네 가지 항목에는 각각 교육목표, 교육내용, 교육방법, 평가에 관한 입장을 담으려고 노력한 것처럼 보일 수 있지만, 거기에는 각각의 주제에 관한 입장과 함께 그것의 목적이 혼재해 있다. 가령, 교육내용과 관련된 항목에는 '학습의 질을 개선한다'는 말이 포함되어 있으며, 교육방법과 관련된 항목에는 '자기주도적 학습능력을 기른다'는 말이 포함되어 있다. 이와 같이 여러 가지 복잡하고 무의미한 항목이 무질서하게 나열되어 있다면, '교육과정 구성의 중점'은 교사들에게 도움이 되기보다는 도리어 방해가 된다. 마지막 부분에 등장하는 J교사의 격앙된 목소리는 이러한 이유에서 그 절을 초등학교 교육과정 총론에서 배제시켜야 한다고 주장하는 것으로 들을 수 있다.

마지막 장인 '학교 교육과정 지원' 역시 초등학교 교육과정 총론에서 배제시켜야 할 대상으로 지목될 수 있다. 이 장의 두 절에 포함된 항목은, 교사들의 활동을 안내하기보다는, 교육부나 교육청이 수행해야 할 행정적인 일에 해당하기 때문이다. 이와 같이 초등학교 교육과정 총론에 포함된 장이나 절 혹은 그 속에 포함된 항목을 배제시키거나 다른 장이나 절로 이동시킨다면, 남아있는 장이나 절은 그것이 포괄하는 항목의 성격에 적합한 형태로 수정될

〈표 12-3〉 2015 개정 초등학교 교육과정 총론의 잠정적 체제

장	절
I 교육과정의 기본 방향	1. 추구하는 인간상
II 초등학교 교육과정의 기준	1. 교육목표 2. 편제 3. 시간 배당 기준
III 초등학교 교육과정 편성 · 운영 방법	?

필요가 있다. 다음은 접근성과 체계성을 높이기 위하여 그러한 방식으로 초등학교 교육과정 총론의 체제를 잠정적으로 재편한 것이다.

3. 총론의 내용: 가독성과 실효성을 생각하며

2015 개정 교육과정 총론은 앞서 확인한 체제뿐만 아니라 내용에서도 2009 개정 교육과정 그것과 상당한 차이를 보이고 있다. 여기에서는 그 내용의 차이를 초등학교에 거점을 두고 개략적으로 확인하는 동시에 2015 개정 초등학교 교육과정 총론의 가독성과 실효성을 높이는 방향에서 그 내용을 재편할 것이다.

(1) 교육과정의 성격 및 방향

2015 개정 교육과정 총론에서 서문의 내용은 고시문의 번호나 부칙에 제시된 시행 연도를 제외할 경우에 크게 변경되지 않았다. 그렇기는 해도 고시문과 부칙에 이어지는 '교육과정의 성격'은 여전히 주목의 대상이 되고 있다. 제6차 교육과정부터 등장하기 시작한 이 문건은 2009 개정 교육과정의 그것과 거의 동일한 내용의 전문과 세목으로 구성되어 있다. 다음은 그 전문의 핵심적인 내용을 옮겨놓은 것이다.

> 이 교육과정은 초·중등교육법 제23조 제2항에 의거하여 고시한 것으로, 초·중등학교의 교육목적과 교육목표를 달성하기 위한 국가 수준의 교육과정이며, 초·중등학교에서 편·운영하여야 할 학교 교육과정의 공통적이고 일반적인 기준을 제시한 것이다(NC15: v).

이 전문에는 국가 수준 교육과정의 성격과 함께 단위 학교의 기본적인 임무가 명시되어 있다. 즉, 국가 수준 교육과정은 학교 수준 교육과정의 공통적이고 일반적인 기준이며, 단위 학교에서는 교육부가 고시로 제공하는 이 교육과정에 근거하여 학교 수준 교육과정을 편성하는 동시에 그것을 운영하여 주어진 교육목적과 교육목표를 달성해야 한다.

이 전문에 이어서 세목에서는 국가 수준 교육과정이 명실상부 학교 수준 교육과정의 기준으로 활약하기 위하여 부여받은 세부적인 성격을 5가지 항목으로 제시하고 있다. 국가 수준의 공통성과 지역이나 학교 수준의 다양성을 동시에 추구하는 교육과정이라는 것, 학생들의 능력 신장에 초점을 둔 교육과정이라는 것, 다양한 주체들이 함께 실현해 가는 교육과정이라는 것, 학교의 교육체제를 교육과정 중심으로 구현하기 위한 교육과정이라는 것, 교육의 질적 수준을 관리하고 개선하기 위한 교육과정이라는 것이 바로 그 항목이다(NC15: v).

물론, 국가 수준 교육과정에 부여된 이러한 성격은 오직 학교 수준 교육과정을 편성하고 운영하는 과정에서 실현될 수 있다. 바꾸어 말하면, 학교 수준 교육과정에서 국가 수준 교육과정의 그러한 성격을 구현하는 것은 단위 학교가 소기의 교육목적과 교육목표를 달성하는 근본적인 방안으로 받아들일 수 있다. 단위 학교가 추구하는 교육목적과 교육목표는 서문이 연출하는 이러한 우회적인 방식으로 2015 개정 교육과정의 총론에 초대되고 있다. 그리고 그것은 본문에서 각각 '추구하는 인간상'과 '학교 급별 교육목표'로 그 모습을 드러내고 있다.

2015 개정 교육과정 총론에서 '추구하는 인간상' 또한 전문과 세목으로 이루어져 있다. 구체적으로 말하면, 여기에서는 "우리나라의 교육은 홍익인간의 이념 아래……인류 공영의 이상을 실현하는 데에 이바지하게 함으로 목적으로 하고 있다"라는 전문에 이어서 이 교육과정이 추구하는 네 가지 인간상을 제시하고 있다. 자주적인 사람, 창의적인 사람, 교양 있는 사람, 더불어 사는 사람이 바로 그 인간상이다(NC15: 1).

'추구하는 인간상'에서 확인되는 이러한 전문과 세목은 제2장의 제1절에 배치된 초등학교 교육목표의 그것과 긴밀한 대응을 이루고 있다. 즉, "초등학교 교육은 학생의 일상생활과 학습에 필요한 기본 습관 및 기초 능력을 기르고 바른 인상을 함양하는 데에 중점을 둔다"는 전문은 '추구하는 인간상'에 제시된 교육이념과 교육목적을 초등학교 수준으로 번역한 것으로 읽을 수 있다. 그리고 초등학교 교육목표의 전문에 이어지는 네 가지 영역의 세부 목표 또한 '추구하는 인간상'의 세목으로 제시된 네 가지 인간상을 초등학교의 수준에서 번역한 것으로 읽을 수 있다.

2015 개정 교육과정 총론에는 초등학교 교육목표 이외에 추구하는 인간상과 관련된 또 한 가지 개념이 등장한다. '추구하는 인간상'의 일부로 신설되어 있는 핵심역량이 바로 그것이다. 그런데 추구하는 인간상이 4가지 세목으로 구성되어 있는 것과는 달리, 그것에 이어지는 핵심역량은 자기관리 역량, 창의적 사고 역량, 심미적 감성 역량, 공동체 역량, 의사소통 역량, 지식정보처리 역량이라는 6가지 항목으로 이루어져 있다(NC15: 2). 이들 항목 중에서 앞의 4가지 항목이 세부적인 교육목표와 마찬가지로 4가지 추구하는 인간상과 긴밀한 대응을 이루고 있으며, 마지막 2가지 항목은 그것과 무관하게 선정된 것으로 보인다.

교사들은 이상에서 확인한 서문의 '교육과정의 성격'과 함께 본문의 '추구하는 인간상'이나 '교육목표'에 대하여 다양한 의견을 보였다. 특히, J교사는 '교육과정 구성의 중점'에 적용했던 자신의 비판적인 시각을 서문의 '교육과정의 성격'에 그대로 적용하고 있다. 다시 그의 목소리를 들어보자.

이 교육과정은 국가에서 개발하는 거잖아요. 저희들은 이 교육과정과 기초조사의 결과를 가지고 학교 교육과정을 만들어 학생들에게 적용하거든요. 그러니 공통성과 다양성을 동시에 추구하는 교육과정이라는 건 하나마나 한 말 아닌가요? 여러 주체가 함께 실현해 가는 교육과정이라는 말도 그렇고요. 그리고 학습자를 중심에 두지 않는 교육과정도 있나요? 그러나 마지막 두 항목은 약간 다른 것 같습니다. 그 말 때문에 힘들어 하는 교사들도 있지만, 저

에게는 그 말이 무엇을 어떻게 가르쳤는지 반성하게 하고 앞으로 어떤 노력
을 기울여야 할지 고민하게 만들거든요.

지금까지 학교교육은 교과서를 중심으로 이루어지는 경향이 없지 않다.
즉, 교과서에 적혀있는 내용을 모조리 가르치는 것은 지금까지 학교교육의
한 가지 관행으로 이어져 내려오고 있다. 그러나 종전의 그러한 관행이 학교
교육의 유일한 형태는 아니다. 학교교육은 교육과정의 사례인 교과서가 아니
라 그것의 원형인 교육과정을 중심으로 이루어질 수도 있다. 즉, 학교에서 가
르쳐야 할 것은 다름 아닌 교육과정이며, 교과서는 교육과정을 가르치기 위
한 한 가지 자료에 지나지 않는다는 입장이 있을 수 있다. 학교교육의 체제를
교육과정 중심으로 구현한다는 말은 이러한 방식으로 교육과정과 교과서의
관계를 재편한다는 뜻으로 이해될 수 있다. '교육과정의 성격'의 마지막 항목
은 그러한 대안적인 학교교육을 통해서 교육의 질을 유지하고 개선해야 한다
는 뜻으로 해석될 수 있다.

그러나 앞의 세 가지 항목은 사정이 다르다. 첫째 항목과 셋째 항목은 국가
수준 교육과정과 학교 수준 교육과정의 관계가 담고 있는 실제적 함의를 드
러낸 것에 지나지 않으며, 둘째 항목은 교육과정의 궁극적인 수혜자가 학습
자라는 당연한 사실을 지적한 것에 지나지 않는다. J교사의 냉소적인 발언은
이러한 생각을 바탕에 깔고 있는 것으로 생각된다.

J교사의 이러한 비판적인 시각은 제3장으로 재편된 '초등학교 교육과정 편
성 · 운영 방법'에서도 다시 한 번 확인할 수 있다. 그러나 그것은 잠시 뒤로
미루고 추구하는 인간상과 핵심역량과 교육목표의 관계에 관한 C교사의 견
해를 들어보자.

잘은 모르지만, 4가지 초등학교 교육목표가 4가지 인간상과 연결된다는
느낌은 들어요. 하지만 이번에 새로 추가된 핵심역량과 인간상의 관계는 좀
이상합니다. 6가지 핵심역량 중에서 처음 4가지는 4가지 인간상에 역량이라

는 말을 붙인 것에 불과하지 않나요? 똑 같은 것을 왜 두 번 제시해서 복잡하
게 만드는지 모르겠어요. 나머지 2개의 핵심역량이 어디서 왜 나온 건지는
더 이해가 안되고요.

H교사는 C교사의 이러한 입장을 한층 더 극단적으로 몰고 나간다. 그녀의
이어지는 말을 들어보자.

저도 C선생님과 비슷한 생각을 했어요. 추구하는 인간상이나 교육목표는
법에 적혀있는 것으로 압니다. 그런데 또 교육과정 문서에 등장합니다. 거기
에 다시 핵심역량이 덧붙여져 있고요. J선생님도 말씀하셨지만, '교육과정
구성의 중점'에도 학교에서 추구해야 할 것이 적혀 있어요. 이것만 있는 것이
아니에요. 학년 목표도 있고, 교과 목표도 있어요. 단원 목표도 있고, 수업 목
표도 있고요. 도대체 교사가 단위 수업에서 달성해야 할 것이 몇 개입니까?
솔직히 그건 수업에 도움이 되는 게 아니라 도리어 방해가 되는 것 같다는 느
낌마저 들어요.

앞의 두 인용문에서 C교사와 H교사가 지적하는 것은 교육법규를 비롯하
여 추구하는 인간상과 핵심역량 및 초등학교 교육목표 사이에 중복이 존재한
다는 것, 그리고 그 중복은 교사들에게 혼란을 안겨준다는 것으로 요약될 수
있다. 사실상, 추구하는 인간상의 전문은 교육기본법 제2조에 수록된 교육이
념을 그대로 옮겨놓은 것이다. 그리고 초등학교 교육목표의 전문은 초·중등
교육법의 제38조에 명시된 초등학교의 교육목적을 구체화하여 제시한 것이
다.[4] 그런데 상위법규의 항목을 하위법규에 그대로 옮기거나 구체화시켜 놓
은 것은 법률적 상식에 부합되지 않는다(박창언, 2009: 13). 더욱이 그런 방식의

---

[4] 초·중등교육법의 제4장 제4절 제38조에는 초등학교의 목적이 "초등학교는 국민생활에 필요한
기초적인 초등교육을 하는 것을 목적으로 한다"라고 명시되어 있다. 그리고 2015 개정 교육과정
총론에는 초등학교 교육목표가 "초등학교 교육은 학생의 일상생활과 학습에 필요한 기본 습관
및 기초 능력을 기르고 바른 인성을 함양하는 데에 중점을 둔다"고 진술되어 있다(NC15: 4).

중복이 교사들에 도움을 주지 않는다면, 추구하는 인간상의 전문과 초등학교 교육목표의 전문은 교육과정 총론에서 제거하는 것이 바람직해 보인다.

중복의 문제는 추구하는 인간상의 세목과 핵심역량과 초등학교 교육목표의 세목 사이에서도 확인할 수 있다. 사실상 초등학교 교육목표의 세목은 추구하는 인간상의 그것을 초등학교에 초점을 두고 번역해 놓은 것이라는 점에서 중요성을 띤다. 그러나 핵심역량에 포함된 앞의 네 가지 항목은 추구하는 인간상의 세목을 상이한 용어로 나타낸 것에 지나지 않는다. 더욱이 교사들에게는, H교사가 마지막 부분에 지적하고 있는 바와 같이, 수업에 방해가 될 정도로 각종 교육목적 혹은 교육목표가 부과된다. 이 점에서 보면, 핵심역량은 교육과정 총론에서 제거하는 것이 바람직해 보일지 모른다.

그런데 새롭게 등장한 핵심역량은 2015 개정 교육과정의 구심점으로 알려져 있다(이광우, 2014: 32-33). 핵심역량의 이러한 위치를 종중하면, 그것은 교사들의 입장을 고려하여 제거하기보다는 그대로 유지시키는 것이 바람직해 보인다. 단지, 핵심역량을 교육과정 총론에 유지시킬 경우에, C교사가 지적하는 바와 같이, 핵심역량에 마지막 두 항목이 포함된 이유에 관한 해명이 제시될 필요가 있다. 나아가 각급 학교 교육목표가 추구하는 인간상과 별도의 절에 배치되는 것과 꼭 마찬가지로, 핵심역량은 추구하는 인간상과 별도의 장에 배치하는 것은 가독성을 높일 수 있는 한 가지 방안으로 수용될 필요가 있다.

(2) 교육과정 편성 · 운영의 기준 및 방법

'초등학교 교육과정의 기준'으로 재편된 제2장은 앞서 고찰한 '교육목표'와 함께 제2절의 '편제'와 제3절의 '시간 배당 기준'으로 이루어져 있다. 단지, 이 제2절과 제3절에는, 원래의 경우와는 달리, 종전의 '기본 사항'을 제거하면서 이동시킨 몇 가지 항목이 추가되어 있다. 예컨대, '편제'에는 종전까지 '기본 사항'에 포함되어 있던 공통 교육과정과 선택 교육과정의 구분을 비롯하여 학년군의 설정이나 교과(군)의 재분류와 관련된 항목이 추가되어 있다. '편제'에 포함한 이러한 항목의 변화는 다음과 같은 H교사의 솔직하고 지혜로운 발언에 바탕을 두고 있다.

> 무식하게 들릴지 모르지만, '편제'라는 말이 잘 들어오지 않아요. '편성 체제'의 약자인가요? 신문에 나오는 TV 프로그램 편성표처럼 말씀입니다. 그 편성표는 어떤 방송사가 어떤 영역에서 어떤 프로그램을 어떤 시간에 방영하는가를 알려주거든요. '편제'도 그런 건가요? 그렇다면 거기에는 교육과정의 영역, 그 속에 포함되는 활동, 그것을 배우는 학년과 시간 같은 것이 포함되어 있어야 하지 않나요? 최소한도로 다음에 나오는 '시간 배당 기준'을 파악하는 데 필요한 내용을 담고 있어야 하지 않을까요?

H교사의 마지막 발언에 나타나 있는 바와 같이, '편제'에 어떤 항목이 포함되어야 하는가를 결정하는 데에는 그 절에 이어지는 '시간 배당 기준'에 포함된 여러 가지 요소가 중요한 근거로 활용될 수 있다. 그러므로 '편제'에 포함될 항목을 결정하기 위해서는 그것에 앞서 '시간 배당 기준'에 포함된 내용을 확인할 필요가 있다.

2015 개정 교육과정 총론에서 '시간 배당 기준'은 크게 시간 배당 기준표와 그 표의 하단에 첨부된 간단한 설명으로 이루어져 있다. 이 표의 가로축에는 2년으로 구획된 3수준의 초등학교 학년 군이 등장하며, 세로축에는 각 학년군에서 수행해야 할 활동인 7가지 교과(군)과 창의적 체험활동이 등장한다. 그리고 가로축과 세로축이 만나는 24개의 셀에는 각 학년 군에서 이수해야 할 활동별 시수가 제시되어 있으며, 마지막 줄에는 학년 군별 총 수업시수가 표시되어 있다(NC15: 9).

이 표에 제시된 이러한 시수를 읽을 때에는 반드시 하단에 첨부된 4가지 규정을 따라야 한다. 특히, 각 교과(군)에 배당된 시수가 '기준수업시수'라는 규정과 더불어 학년 군별 총 수업시수가 '최소수업시수'라는 규정은 이 표를 읽

는 데에 결정적으로 중요하다. 여기에는 이들 시수에 관한 규정 이외에도 2가
지 규정이 더 포함되어 있지만,[5] 거기에 추구되어야 할 규정도 있다. 다음과
같은 C교사의 발언에는 이 점이 시사되어 있다.

> '최소수업시수'가 뭔지는 알겠는데, '기준수업시수'는 잘 이해가 안됐어
> 요. 여기에서 '기준'이라는 것이 무엇을 위한 기준인지 나와 있지 않거든
> 요. 물론, 뒤에 가면 20% 증감을 위한 기준이라는 것을 알게 되지만요. 그리고 창
> 의적 체험활동에 배당된 수업시수가 어떤 성격인지는 아예 빠져 있어요. 친
> 절하게 안내해 주면 좋겠어요.

　2015 개정 교육과정에서는 2009 개정 교육과정과 마찬가지로 교과(군)에
배당된 수업시수를 20%의 범위 내에서 증감할 수 있다(NC15: 10). '기준수업
시수'라는 용어에서 '기준'이라는 말은 이 증감을 위한 기준이라는 뜻으로 읽
어야 한다. 그런데 이 단서는, 시간 배당 기준표의 하단에 첨부되어 있는 것이
아니라, 이어지는 절의 한 가지 항목으로 포함되어 있다. 그래서 시간 배당 기
준표를 접하는 독자들은 C교사와 같은 불편을 겪게 된다. 독자들의 이러한 불
편을 해소하기 위해서는 창의적 체험활동에 배당된 시수가 성격상 최소수업
시수라는 규정과 함께 그 항목을 다른 4가지 규정과 함께 묶어두는 것이 바람
직해 보인다. "체육과 예술(음악/미술) 교과는 기준수업시수를 감축하여 편
성·운영할 수 없다"(NC15: 10)는 항목 또한 그 규정과 묶어두는 것이 독자들
의 수고를 해소하는 방법이 될 수 있다.

　이와 같이 '시간 배당 기준'에 시수의 성격과 증감에 관한 개략적인 설명
이외에 학년 군, 교과(군), 창의적 체험활동이라는 개념이 아무런 설명이 없이
사용되고 있다면, 이들 개념에 관한 설명은 그 앞에 등장하는 절인 '편제'에

---

5) 1시간 수업은 40분을 원칙으로 하되 기후 및 계절, 학생의 발달 정도, 학습내용이 성격, 학교 실정
　등을 고려하여 탄력적으로 편성·운영할 수 있다는 것, 그리고 실과의 수업시간은 오직 5/6학년
　과학/실과의 수업시수에 포함된다는 것이 바로 그 규정이다(NC15: 9).

서 제시되어야 마땅하다. 종전의 '기본 사항'에 포함되어 있던 3가지 항목을 '편제'로 이동시킨 이유는 바로 여기에서 찾을 수 있다.

종전의 '기본 사항'에는 '편제'로 이동시킨 앞의 3가지 항목 이외에도 초등학교 교육과정과 관련된 4가지 항목이 더 포함되어 있었다. 이 나머지 항목은 그것의 성격에 맞게 제3장으로 재편된 '초등학교 교육과정 편성·운영 방법'으로 이동시켰다. '초등학교'의 둘째 세목으로 포함되어 있던 '교육과정 편성·운영 기준' 또한 동일한 이유에서 그 제3장으로 이동시켰다. 그리하여 제3장은 기존의 제3장에 이들 일부 항목을 합친 것으로 파악될 수 있다.

만일, J교사의 발언처럼 교사들에게 무의미한 항목을 제거해야 한다면, 여기에도 제거해야 할 항목을 발견할 수 있다. 다시 J교사의 비판적 발언을 들어보자.

> 하나마나한 말은 다른 데도 있습니다. '교수·학습'에 들어 있는 항목을 보십시오. 핵심 개념, 일반적 지식과 기능, 체험활동, 협동학습, 토의·토론학습, 자기주도적 학습, 적용기회 제공……, 여기에 뭐 새로운 것이 있나요? 신뢰와 협력의 환경을 제공한다, 내용과 방법을 다양화한다, 학습집단을 다양화하고 학생 맞춤형 수업을 실시한다, 교과교실제를 활성화한다, 다양한 자료를 활용한다, 안전에 만전을 기한다……, 신선하게 들리는가요? 다음 절인가요, 제가 볼 때는 '평가'에 들어있는 평가의 내용과 방법도 그런 식으로밖에 보이지 않습니다.

사실상, 제3장 제2절의 '교수·학습'과 제3절의 '평가'에 포함된 대부분의 항목은 제6차 교육과정부터 '교육과정의 자율화'라는 구호 아래 충분히 강조되어 왔다. 그래서 그것은 교육과정에서 배제시켜야 할 진부한 항목으로 보일 수 있다. 제2장 제2절의 제2세목에 포함된 초등교육의 초점이나 제3장 제1절에 제시된 단위 학교의 임무도 그러한 시선에서 자유로울 수 없다. 그것은 이미 초등학교의 교육목표에 표방되어 있으며, 단위 학교가 국가 수준 교육과정에 근거하여 학교 수준 교육과정을 편성·운영해야 한다는 것 또한 서문의 '교육과정의 성격'에 이미 명시되어 있기 때문이다. 학교 수준 교육과정은 학년별 교육과정과 교과별 교육과정의 근거가 된다는 항목이나 학교는 지역이나 가정과 연계하여 교육과정을 운영하는 것이 바람직하다는 한다는 항목 또한 지극히 당연한 사실을 지적하고 있다는 점에서 배제의 대상으로 지목될 수 있다.

   이들 항목 이외에도 현실적으로 삭제하는 것이 바람직해 보이는 항목도 있다. 2009 개정 교육과정부터 학기당 이수과목의 수를 조정하기 위하여 도입된 '집중이수제'가 바로 그것이다. C교사는 이 제도에 대하여 다음과 같이 말하고 있다.

   집중이수제의 취지는 정말 좋더라고요. "학습부담을 적정화하고 의미 있는 학습활동이 이루어지도록 학기당 이수과목의 수를 조정한다"라고 말입니다. 하지만 현실적으로는 시행하기 어려워요. 전입 때문에 학습결손이 생길 수 있거든요. '보충학습과정'을 통해서 그걸 해결한다고 하지만, 현실성이 없는 조치예요. 초등학교를 잘 모르는 말씀이에요.

   적어도 한국교육과정평가원의 집계자료에 따르면, 2014년까지 초등학교에서 집중이수제가 적용된 사례는 찾아볼 수 없다. 집중이수제를 실시해야 할 특별한 이유가 없을 뿐만 아니라 거기에서 비롯되는 후속조치 또한 현실성이 없기 때문이다(박채형, 2015: 342). 교육부는 이러한 현실을 감안하여 집중이수제를 유연하게 적용하는 방안을 마련하겠다고 공언했지만(교육부, 2014: 6), 2015 개정 교육과정에서는 집중이수제나 그것과 관련된 항목이 그대로 유지되고 있다(NC15: 7, 10). 그래서 새 교육과정을 초등학교에 거점을 두고 재편한다면, 제2장 제1절과 제2절에 포함되어 있는 집중이수제나 보충학습과정과 관련된 항목은 거기에서 제거하는 것이 현실성 있게 보인다.

   이와 같이 무의미한 항목을 제거할 경우에 제3장으로 재편된 '초등학교 교육과정 편성·운영 방법'에는 20여개의 항목이 남는다. 이 항목은 어떤 영역으로 구분되어야 하는가? 다음과 같은 H교사의 발언은 여기에 대한 한 가지 단서를 제공하고 있다.

> J선생님이 '교육과정 구성의 중점'이 체계가 없다고 말씀하셨는데, 그건 아무 것도 아니에요. '기본 사항'에는 12개의 항목이 막 나열되어 있고요, '교수·학습'에는 14개나 들어 있어요. 읽다가 숨넘어가는 줄 알았어요. 우리에게 좀 익숙한 방식으로 구분해서 보여주면 좋겠어요. 교과와 창체로 구분해서 항목을 나열한다든지, 다른 제목을 사용하더라도 딱 보면 거기에 어떤 것이 포함될지 짐작할 수 있는 제목이면 더 좋고요.

사실상, 제3장의 제1절인 '기본 사항'은 그 속에 어떤 항목이 포함되어 있는지 짐작하기 어려운 제목이다. 여기에 비하면, '교수·학습'은 교사들에게 익숙한 제목이지만, 그 속에는 14개의 항목이 포함될 정도로 포괄적인 제목이다. 그래서 H교사는 교육과정 편제의 두 축을 이루는 '교과활동'과 '창의적 체험활동'을 제3장에 포함될 두 절의 제목으로 제안하고 있다.

그런데 제3장에는 편제 내 활동인 교과활동과 창의적 체험활동에 관한 항목만 포함되어 있는 것이 아니다. 거기에는 편제 밖의 활동이나 행정적인 사항도 포함되어 있다(박채형, 2009: 38-39). 범교과 학습, 계기교육, 특별 보충 수업, 방과 후 학교 및 방학 중 프로그램, 돌봄 기능 등에 관한 사항이 전자에 해당한다면, 학교 교육과정 위원회의 구성, 학교 교육과정 개발 및 운영, 교사 연수나 연구 등에 관한 항목은 후자에 해당한다. 제3장의 제4절에서 확인되는 편견금지에 관한 항목이나 특수학급 및 특별학급에 관한 항목 등도 여기에 포함시킬 수 있을 것이다. 여기에 학생들의 성취도 평가와 교육과정 평가를 별도의 절로 추가한다면, 제3장 '초등학교 교육과정 편성·운영 방법'은 결국 행정사항, 편제 내 활동, 편제 외 활동, 평가라는 4가지 절로 구성될 수 있다.

4. 마무리하면서

2015 개정 교육과정 총론은 체제와 내용에서 2009 개정 교육과정 총론과 적지 않은 차이를 보이고 있다. 즉, 2015 개정 교육과정 총론에서는 장의 분화에서 시작하여 절의 신설이나 이동뿐만 아니라 거기에서 비롯되는 세부적인 항목의 신설이나 이동 및 삭제 등 다양한 변화를 접할 수 있다. 물론, 이들 변화에서 비롯된 교육과정의 새로운 모습은, '학교교육의 체제를 교육과정 중심으로 구현하기 위한 교육과정'이라는 구호가 보여주는 바와 같이, 오직 학교교육 혹은 그 활동을 주도하는 교사에 의하여 온전하게 실현될 수 있다. 교사들이 이 새로운 교육과정을 어떻게 평가하는가는 이 점에서 중요성을 띤다.

이 글에서는 2015 개정 교육과정 총론에 대한 교사들의 평가를 확인하기 위하여 초등학교에 근무하는 세 부장교사와 면담을 실시하였다. 이들 세 부장교사는 그들이 근무하는 초등학교에 거점을 두고 2015 개정 교육과정 총론에 대한 여러 가지 부정적인 견해와 더불어 그것에 대한 대안적인 입장을 제시하였다. 이 글은 그들의 그러한 부정적인 견해와 대안적인 입장에 근거하여 접근성, 체계성, 가독성, 실효성을 높이는 방향에서 2015 개정 교육과정 총론의 체제와 내용을 현장 친화적으로 재편하는 데에 목적을 두고 있다.

이 목적과 관련하여 가장 우선적으로 선정된 과제는 교육과정에 대한 초등학교 교사들의 접근성을 높이는 일이었다. 여기에 대한 방안은 그들이 교육과정을 멀리하는 이유에 이미 함의되어 있었다. 그들에게는 교육과정의 분량이 적지 않게 느껴지고 있을 뿐만 아니라 그 속에 들어있는 내용은 자신들의 과업에 직접적으로 도움을 주지 않는다는 것이 바로 그 이유였다. 그래서 그들의 과업과 직결되는 내용을 정선하는 것은 교육과정에 대한 그들의 접근성과 함께 교유과정의 실효성을 높이는 가장 현실적인 방안으로 채택되었다. 구체적으로 말하면, 초등학교와 무관한 내용은 물론이고 비록 초등학교와 관런된 내용이라 하더라도 지나치게 일반적인 성격을 띠는 것이어서 초등학교 교사들에게 특별한 의미를 갖지 못하는 내용은 교육과정에 대한 그들의 접근성을 제고하기 위하여 거기에서 배제시켰다.

교육과정의 접근성과 실효성을 제고하는 이러한 방안은 그것의 체계성을 도모하는 데에로 이어졌다. 마지막 장을 배제시킨 가운데 나머지 세 가지 장의 제목을 체계적으로 수정하는 동시에 그것과 일관되게 절이나 그 속에 포함된 항목을 이동시키는 일은 체계성을 도모하기 위하여 수행된 일차적인 작업이었다.

그런데 제1장에서 추구하는 인간상과 핵심역량을 두 개의 절로 분리하는 것은 그다지 어렵지 않았지만, 제3장의 '교육과정 편성·운영 방법'에 들어 있던 항목이나 거기로 이동된 항목을 체계적으로 분류할 절을 신설하는 것은 쉬운 일이 아니었다. 여기에서 활용된 키워드는 다름 아닌 가독성이었다. 즉, 교사들에게 친숙하면서도 합리적인 형태로 절을 구성하는 것은 당연한 과제로 대두되었다. 여기에 대한 최종적인 방안으로는 기존의 편제를 부각시키는 가운데 거기에 포함된 여러 가지 항목을 포괄하는 제목으로 절을 재편하는 것이었다. 다음은 이러한 방식으로 내용을 재편한 2015 개정 초등학교 교육

〈표 12-4〉 2015 개정 초등학교 교육과정 총론의 대안적 체제

서문	고시문 / 부칙 / 교육과정의 성격	
본문	장	절
	I 교육과정의 기본 방향	1. 추구하는 인간상 2. 핵심역량
	II 초등학교 교육과정의 기준	1. 교육목표 2. 편제 3. 시간 배당 기준
	III 초등학교 교육과정 편성·운영 방법	1. 행정사항 2. 편제 내 활동 3. 편제 외 활동 4. 평가

과정 총론의 대안적 체제를 정리한 것이다.

물론, 〈표 12-4〉가 보여 주는 재편된 초등학교 교육과정은 고정된 것이 아니다. 그것은 오직 세 부장교사의 견해에 바탕을 두고 있을 뿐만 아니라 시론적인 성격을 띤다. 그래서 본 논문에 의하여 재편된 교육과정은 초등학교 교사들이 보편적으로 받아들일 것이라고 확신하기 어려울 뿐만 아니라 그들의 관심과 노력에 의하여 지속적으로 개선될 필요가 있다. 초등학교 교사들의 그러한 관심과 노력에 의하여 시론적으로 재편된 이 교육과정이 보다 발전된 모습을 띠는 동시에 그것에 바탕을 둔 초등교육이 보다 체계적인 형태로 이루어지기를 기대한다.

제13장

교사와 교육과정의 자율화

다양성이 현대와 미래의 사회를 떠받치는 한 가지 중요한 기반이라는 생각은 대다수의 학문 분야에서 널리 받아들여지고 있으며, 그러한 시대적 조류는 여러 가지 학문 분야를 다양한 방향으로 변화시키고 있다. 교육학 또한 그러한 시대적 조류에서 벗어날 수 없다는 입장은 이미 광범위한 공감대를 형성하고 있다. 교육학의 영역에서 그 공감대가 어떤 형태로 나타나고 있는가는 최근에 교육의 선진국으로 지목되는 국가들이 보여 주는 교육개혁의 동향을 통해서 어렵지 않게 확인할 수 있다.

영국은 최근에 통과된 교육개혁법을 '선택과 다양성: 학교교육을 위한 새로운 기본계획'이라는 백서로 구체화했으며, 미국의 경우에 부시 행정부는 '2000년대 미국: 교육의 전략'을 통해서 교육에 대한 개혁의 의지를 분명하게 표방한 바 있다. 영국과 미국에서 진행된 그러한 교육개혁의 물결은 종전과 같이 국가의 경쟁력이 교육에 원천을 두고 있다는 발전교육론의 이념으로부터 비롯된 것이기는 하지만, 그것은 개혁의 방향에서 종전의 그것과 확연한 차이를 나타낸다. 즉, 종전의 교육개혁이 학교를 둘러싸고 있는 외부적인 환경이나 제도에 초점을 두는 거시적인 방식을 취하는 것과는 달리, 최근에 진행되고 있는 서구의 교육개혁은 그 실마리를 교육과정과 그것을 가르치는 교사에서 찾는 미시적인 방식을 취하고 있다(김인식 외, 1998: 212).

서구에서 활발하게 진행되고 있는 이러한 미시적인 교육개혁이 어떤 사고 방식을 반영하는가는 비교적 명백하다. 교육에 대한 개혁은, 그것이 어떤 형태를 띠든지 간에, 교육과정과 교사의 역할에 대한 인식의 변화가 없는 한 성공을 거두기 어렵다는 것이 바로 그 사고방식이다(조용기, 2004: 12). 최근에 들어 교육과정의 영역에서 주목을 받고 있는 교육과정의 자율화라는 아이디어는 교육개혁에 대한 미시적 접근이 딛고 있는 그 사고방식을 실현하기 위하여 마련된 제도적 방안이라고 말할 수 있다(Elbaz, 1991: 365). 현재 우리나라에서 실시되고 있는 교육과정의 자율화는 성격상 서구의 그것과 동일한 맥락에서 이해될 수 있다.

사실상 우리나라의 교육계는 그동안 다양한 교육이론에 근거하여 교육과정을 끊임없이 발전시켜 왔다. 그렇기는 해도 제5차 교육과정까지 중앙집권적 교육과정이 교육과정의 지배적인 형태라는 데에 대해서는 이견이 있을 수 없다. 즉, 교육과정을 편성하는 데에 지역적 특성이나 학교의 여건이 전혀 반영되지 않았다고는 말할 수는 없지만, 제5차 교육과정까지는 그러한 여러 가지 사정과는 거의 무관하게 정부의 수준에서 교육과정을 편성하여 보급했다고 말해도 과언이 아니다. 교육과정이 이와 같이 중앙집권적인 형태를 띠는 한 교육과정을 개발하고 그것에 근거하여 교과를 편찬하는 일은 전문가의 역할로 간주되며, 교사의 주된 역할은 이미 주어져 있는 교과를 통해서 전문가에 의하여 만들어진 교육과정의 이념을 실현하는 일에 국한될 수밖에 없다(최호성, 1995: 93).

제6차 교육과정에서 시작되어 현행 교육과정에서 실효를 거두고 있는 교육과정의 자율화는 교사의 역할에 대한 일대 변화를 요구하고 있다. 교과를 통해서 교육과정의 이념을 실현하는 일은 여전히 교사가 수행해야 할 중요한 과업으로 간주되고 있지만, 교사는 그 이상으로 지역의 특성이나 학교의 여건 등을 고려하여 교육과정을 편성하고 그것에 근거하여 교과를 편찬하는 일에 참여하지 않으면 안 되는 형편에 놓여 있다. 한마디로 말하면 교사는 교육과정을 편성하는 일뿐만 아니라 교과를 통해서 그 이념을 실현하는 일의 전문가로 거듭 태어나지 않으면 안 된다(Zais, 1976: 448).

현행 교육과정은 이와 같이 교육과정의 자율화라는 개념을 통해서 교사의 역할에 관한 새로운 입장을 표방하고 있다. 이 점을 존중하면, 교사의 역할에 관한 종전의 견해에는 모종의 난점이 도사리고 있다고 보지 않으면 안 된다. 교육과정의 자율화가 표방하는 교사의 역할은 바로 그 난점을 극복하는 일과 관련하여 중요성을 띠며, 그런 만큼 그 난점이 무엇인가를 확인하는 것은 그러한 교사의 역할을 온전하게 이해하는 데에 필요한 선결과제라고 말할 수 있다. 물론, 이 선결과제 속에는 이미 교육과정의 자율화가 요구하는 교사의 역할이 어떻게 그 난점을 극복하는 방안이 될 수 있는가 하는 질문이 붙박여 있다. 교육과정의 자율화로부터 야기되는 이 질문은 그것에 의하여 요구되는 교사의 역할이 정확하게 어떤 성격의 것인가를 드러내는 과정에서 자연스럽게 대답될 것이다.

1. 교사의 역할에 관한 통념

교사가 학교에서 수행하는 역할은 학교교육을 바라보는 관점의 종류만큼 다양하게 파악될 수 있다. 그렇기는 해도 학교교육이 교육과정에 의하여 안내된다는 엄연한 사실을 존중하면, 교과를 통해서 교육과정의 이념을 실현하는 일은 학교에서 교사가 수행하는 역할의 핵심을 이룬다는 점을 받아들이지 않을 수 없다(이홍우, 1981: 132). 아닌 게 아니라, 이미 주어져 있는 교과를 수단으로 삼아 교육과정에 표방된 목적을 달성하는 것이 교사의 주된 과업이라는 생각은 마치 상식처럼 사람들의 마음속에서 한자리를 차지하고 있다. 수업에 관한 타일러의 고전적인 모형은 다름 아닌 교사의 역할에 관한 그러한 통념에 이론의 옷을 입힌 결과로 탄생되었다(이홍우, 1992: 67-68). 타일러의 모형은 이 점에서 교사의 역할에 관한 앞의 통념이 거의 아무런 의심도 받지 않은 채 당연한 것으로 받아들여지도록 조장하는 데에 일조했다고 말해야 하겠지만, 그것이 오늘날까지 광범한 호소력을 갖는 이유 또한 바로 거기에서 찾을 수 있다. 그러므로 수업에 관한 타일러의 고전적인 모형은 교사의 역할에 관한 앞의 통념이 정확하게 어떤 생각을 반영하는가를 확인하는 시금석이될 수 있다.

타일러는 『교육과정과 수업의 기본원리』라는 책에서 수업을 교육목표의 설정에서 시작하여 학습경험의 선정과 조직을 거쳐서 수업의 결과를 평가하는 네 가지 단계의 순차적인 과정으로 체계화하고 있다. 타일러의 이 모형에서 네 번째 단계인 평가를 제외하면, 그것은 교과교육의 목표를 먼저 설정하고, 그것에 기초하여 교과를 조직하며, 교사가 이미 주어져 있는 교과를 통해서 사전에 정해진 목표를 달성한다는 식의 통념을 정확하게 반영하는 것으로 파악될 수 있다.

그런데 수업에서 교사가 수행하는 일을 체계화하려고 했던 타일러의 노력은, 블룸과 메이거로 대표되는 그의 추종자들의 시도가 보여 주는 바와 같이, 오직 은총만을 가져다주었다고는 보기 어렵다. 블룸과 메이거는 상이한 방식으로 타일러의 모형에서 첫 번째 단계인 수업의 목표에 천착한 것으로 알려져 있다. 타일러에 의하면, 수업의 목표는 '어떤 내용에 관한 어떤 행동'이라는 식으로 내용과 행동을 2차원적으로 진술하는 것이어야 한다(Tyler, 1949: 43-47). 블룸은 그의 동료들과 함께 타일러가 지적하는 그러한 2차원 중에서 '행동'에 해당하는 부분을 우선 지적 영역과 정의적 영역으로 나누고, 그것을 다시 세분화하는 방식으로 수업의 목표를 체계화했다. 그들이 이와 같이 수업의 목표를 분류학적으로 체계화하면서 가지고 있었던 관심사는 그것을 포괄적으로 열거함으로써 수업의 성과를 정확하게 측정할 수 있도록 하는 데에 있었다(Bloom et al., 1956: 4-6).

블룸과 그의 동료들이 이와 같이 수업의 목표를 분류했다면, 메이거는 수업의 목표를 명시적으로 진술하는 방법을 마련하는 데에 노력을 경주했다(Mager, 1962: 10). 그가 이와 같이 명시적인 방식으로 수업의 목표를 진술해야 한다고 주장하면서 품고 있었던 생각이 무엇인가는 단도직입적으로 명백하다. 만일, 수업의 목표가 여러 가지 대안적인 해석을 허용한다면, 평가의 단계에 와서 그 목표의 달성 여부를 확인하기 위하여 어떤 증거를 찾아야 할지 불분명할 수밖에 없으며, 그런 만큼 수업의 성공 여부는 임의적인 준거에 의하여 그릇되게 파악될 수 있다는 것이 바로 그 생각이다.

평가를 위하여 수업의 목표를 명시적으로 진술해야 한다는 이러한 메이거의 주장에서는 평가가 수업의 목표를 규제하며, 이 점에서 그의 주장은 수업의 목표가 평가를 규제한다는 타일러나 블룸의 주장과 확연히 다른 것처럼 보일지 모른다(이홍우, 1992: 64). 그러나 타일러가 어째서 수업의 목표를 내용과 행동이라는 두 가지 요소의 결합으로 규정하게 되는가를 파고들어 간다면, 메이거의 주장이 타일러나 블룸의 입장에서 우연적으로 이탈한 결과가 아니라는 사실을 알게 된다. 단도직입적으로 말하면, 블룸의 교육목표 분류학은 평가단계에 가서 확인해야 할 것이 행동의 변화라는 타일러의 생각을 표면적으로 노출시키는 일을 했으며, 평가에 초점을 둔 메이거의 시도는 그들의 생각을 한걸음 더 밀고 나가서 절정에 이르게 했다고 말할 수 있다.

타일러의 모형이 수업의 과정을 기술하고 있다는 명백한 사실에 시사되어 있는 바와 같이, 수업의 목표와 평가를 이와 같이 긴밀하게 관련짓는다는 것은 다름 아닌 수업의 과정을 이들 양자의 관계로 규정한다는 뜻으로 해석될 수 있다. 나아가 수업의 과정에 관한 그러한 규정방식은 거의 그대로 수업에서 교사가 무슨 일을 수행해야 하는가에 관한 타일러의 생각을 보여 주는 것으로 받아들일 수 있다. 차라리 타일러는 수업에서의 교사의 역할을 염두에 두고 수업의 과정을 그러한 방식으로 규정했다고 말하는 편이 옳을지 모른다. 교사가 수업을 진행하는 동안에 무슨 일을 해야 하는가를 자세하게 밝히기 위해서는, 그 일이 어떤 것으로 드러나든지 간에, 최종적으로 평가될 학생의 행동을 자세하게 규정해야 한다는 것이 타일러의 입장인 셈이다. 그리하여 타일러의 모형 내에서 수업의 목표를 상세하게 밝히기 위해서는 평가의 내용을 상세하게 밝히지 않으면 안 되며, 그것은 궁극적으로 수업에서 교사가 수행하는 일의 성격을 상세하게 규정하는 것으로 귀착된다.

　교사의 역할을 규정하는 타일러의 이러한 방식을 따르면, 수업에서의 교사의 역할은, 그것이 교과의 세부적인 항목에 따라 어떻게 구체화되든지 간에, 평가의 대상이 되는 외부적인 결과를 이끌어 내는 데에 초점이 맞추어질 수밖에 없다. 수업에 관한 타일러의 모형은, 비록 그가 의도한 것은 아니라 하더라도, 수업에서의 교사의 역할이 평가에 의하여 규제되는 기이한 결과를 초래하게 된다는 것이다. 그럴 경우에 외부적인 결과를 효율적으로 이끌어 내는 데에 활용될 수 있는 교육방법을 찾아내는 것은 모든 교사에게 긴박한 요구로 다가오게 되며, 교사는 그 방법을 동원하여 평가의 효율성을 도모하는 것을 지상과제로 삼지 않을 수 없게 된다(조용기, 2004: 16).

　교사의 역할에 관한 이와 같은 입장은, 앞서 고찰한 타일러의 모형에 들어 있는 네 가지 단계가 시사하는 바와 같이, 궁극적으로 교사와 교과가 따로 떨어져서 별도로 존재하는 두 개의 실체라는 생각에서 비롯된다. 시간적인 선후관계로 말하면, 교과는 교사가 있기 이전에 문서의 형태로 이미 주어져 있는 것으로 간주되며, 그런 만큼 교사는 교과 그 자체에 대하여 전혀 영향을 미치지 못하는 것으로 생각될 수밖에 없다(유한구, 2001: 233). 차라리 교사는 교과를 창안하는 일에 대하여 관심을 기울일 필요가 없다고 생각하면서, 자신과는 무관하게 주어지는 교과를 학습자에게 전달하는 일이 그에게 주어진 과제로 받아들인다고 말하는 편이 옳다. 교사가 교과를 가르치는 방법에 주목한다는 앞의 주장은 이러한 맥락에서 이해될 수 있다.

　타일러의 모형에 들어 있는 교사의 역할이 그것에 관한 통념에 뿌리를 두고 있다는 점을 받아들이면, 교사의 역할에 관한 통념 또한 타일러의 모형과 마찬가지로 교사와 교과의 분리를 가정하고 있다고 말해야 한다. 이와 같이 교과는 교사와 분리될 경우에 오직 문자로 이루어진 문서로 간주될 수밖에 없으며, 교과가 일종의 문서에 지나지 않는다는 생각은 그것이 문자에 의존하지 않는 한 존재할 수 없다는 사실과 결부되어 당연한 것으로 받아들여진다. 그리하여 교과를 수단으로 삼아 수업의 목적을 달성하는 것이 교과교육에서의 교사의 주된 역할이라는 통념은 학습자에게 교과의 표면을 이루는 문자를 전달함으로써 그들로 하여금 그것을 활용하여 모종의 외적 결과를 나타내도록 하는 것이 교사의 역할이라는 뜻으로 해석될 수 있다.

언뜻 생각하면, 학습자로 하여금 교과의 표면을 이루는 문자를 활용하여 외적 결과를 획득하도록 하는 것이 교과교육에서의 교사의 역할이라고 말하는 데에는 하등 이상할 것이 없는 것처럼 보인다. 그런데 학습자가 교과를 통해서 외적 결과를 획득하는 일은 교과 속에 들어 있는 지식을 머릿속에 기억해 두었다가 적절한 상황에서 재생하여 활용하는 일과 크게 다르지 않으며, 그것은 다시 삶의 현실이 끊임없이 요구하는 이익을 추구하는 일과 그다지 멀리 떨어져 있지 않다. 그리하여 교과교육에서의 교사의 역할은 학습자로 하여금 이익을 추구하도록 조장하는 일로 전락하게 되며, 급기야 학습자로 하여금 교과 속에 들어 있는 심오한 의미를 내면화하도록 이끈다는 교과교육의 전통은 한가한 사람들의 지적 호기심을 충족시키는 데에나 필요한 말장난에 지나지 않는 것으로 간주된다.

교과교육에서의 교사의 역할에 관한 통념을 그대로 받아들이는 것은 이와 같이 교사의 숭고한 역할과 교과교육의 심오한 전통을 그것에 관한 가장 현실적인 것으로 교환하는 것과 다르지 않다. 이들 양자가 봉착하게 되는 그러한 불행한 사태가 궁극적으로 교사와 교과를 분리하는 데에서 비롯되는 현상이라면, 이들 양자를 긴밀하게 관련짓는 것은 그것을 극복하는 근본적인 방안이 될 수 있다. 이하에서 다루게 될 교육과정의 자율화라는 아이디어는 그러한 방안과 관련하여 중요성을 띤다.

2. 교육과정 자율화의 이념

제7차 교육과정 이후 우리나라 교육과정의 한 가지 중요한 특징으로 되어 있는 '교육과정의 자율화'라는 아이디어가 문서상 처음으로 등장하는 것은

1963년에 개정된 제2차 교육과정이다. 그러나 제2차 교육과정은 교육과정의 자율화를 구호의 수준에서 표방했을 뿐이며, 당시에는 전혀 실천되지 않았다. 제2차 교육과정에 처음으로 등장한 이 아이디어가 부분적으로나마 실천된 것은 그로부터 24년이 지난 뒤에 등장한 제5차 교육과정에서였다. 1987년에 개정되고 고시된 제5차 교육과정은, "교육과정과 교과용 도서는 지역사회 및 각급 학교의 실정과 학생의 수준에 알맞게 재구성하여 활용할 수 있다" 는 운영지침이 명시적으로 보여 주는 바와 같이(문교부, 1988: 6-7), 교육과정의 다양성을 학교교육의 한 가지 이념으로 삼고 있다. 시·도에 따라 부분적으로 상이한 내용을 담고 있는 초등학교 4학년 사회과 교재는 바로 그 이념을 실현하기 위하여 마련된 최초의 구체적인 산물로 간주되고 있다.

제5차 교육과정의 그러한 획기적인 시도는 1992년에 개정되고 고시된 제6차 교육과정에서 개정중점의 한 가지 항목으로 자리 잡게 되었다. "중앙집권형 교육과정을 지방분권형 교육과정으로 전환하여 시·도 교육청과 학교의 재량권을 확대한다" 는 항목이 바로 그것이다(교육부, 1992: 6). 1997년에 개정되고 고시된 제7차 교육과정은 제6차 교육과정의 그 항목을 다시 '교육과정의 편성·운영에 대한 지역 및 학교의 자율성 확대' 라는 기본 방향과 '교육과정 편성·운영에 관한 교육청과 학교의 자율성 확대' 라는 구성방침으로 세분화함으로써 한층 더 발전시켰다(교육부, 1999: 1-11). 제7차 교육과정에 명시된 이 기본 방향과 구성방침은 종전까지 시·도 교육청에 머물러 있던 교육과정의 편성·운영 권한이 지역 교육청과 각급 학교로 이양되었다는 뜻으로 해석해도 무방하다. 제7차 교육과정은 이 점을 보다 분명히 하기 위하여 교육과정의 편성과 운영과 관련하여 교육부와 교육청과 각급 학교의 역할을 분담하여 다음과 같이 '교육과정 편성·운영 지침' 으로 제시하고 있다(교육부, 1999: 12-25).

① 교육부: 국가 수준에서 교육과정의 기본 방향을 제시한다.
② 시·도 교육청: 교육과정의 기본 방향에 의거하여 각급 학교 교육과정

의 편성·운영 지침을 작성하고, 이를 관내의 지역 교육청과 각급 학교
에 제시한다.

③ 지역 교육청: 교육부가 제시하는 교육과정의 기본 방향과 시·도 교육
청이 제시하는 각급 학교 교육과정의 편성·운영 지침을 기초로 하여
학교 교육과정의 편성·운영에 관한 실천 중심의 장학자료를 작성하여
각급 학교에 제시한다.

④ 각급 학교: 교육부에서 제시하는 교육과정의 기본 방향, 시·도 교육청
이 제시하는 교육과정의 편성·운영 지침, 지역 교육청이 제시하는 학
교 교육과정의 편성·운영에 관한 장학 자료를 바탕으로 하여 학교의
실정에 알맞은 학교 교육과정을 편성하고 운영한다.

제7차 교육과정의 경우에 교육부는 국가의 수준에서 교육과정의 기본 방
향을 제시하게 되어 있다. 교육부가 제시하는 그 기본 방향에는 교육과정을
구성하는 기본적인 방침을 비롯하여 그것과 관련된 세부적인 기준이 포함되
어 있다. 시·도 교육청은 교육부가 제시하는 교육과정에 관한 그 기준에 기
초하여 각급 학교 교육과정을 편성하고 운영하는 지침을 작성하여 관내의 지
역 교육청과 각급 학교에 전달하며, 지역 교육청은 다시 시·도 교육청이 마
련한 교육과정의 편성·운영 지침을 기초로 하여 학교 교육과정의 편성·운
영에 관한 실천 중심의 장학 자료를 작성하여 각급 학교에 내려 보내게 되어
있다. 2009 개정 교육과정에서 교육과정을 편성하고 운영하는 일과 관련된
일체의 기준은 이 수준에 이르러 완성된다. 각급 학교는 교육부로부터 시작
되어 시·도 교육청을 거쳐서 지역 교육청에 의하여 구체화된 교육과정에 관
한 기본 지침을 학교의 실정에 알맞게 편성하고 운영함으로써 교육과정을 완
성하게 된다.

2009 개정 교육과정이 이와 같이 교육과정의 자율화라는 아이디어하에서
교육과정을 편성하고 운영하는 일과 관련된 교육부의 권한을 축소하고 교육
청과 각급 학교의 권한을 확대하는 이유는 다음과 같이 두 가지로 요약될 수

있다. 교사를 비롯하여 교육과정과 관련된 사람들에게 능동적인 참여의 기회를 제공함으로써 그들로 하여금 전문성을 획득하도록 한다는 것이 한 가지 이유라면, 다른 한 가지 이유는 학교의 둘러싼 여러 가지 특수한 여건이나 실정을 존중함으로써 교육의 질적 향상을 도모할 수 있다는 것이다(곽병선, 1983: 55-57; Lewy, 1987: 312). 교육과정을 편성하고 운영하는 최종적인 주체인 교사에 국한시켜 말하면, 교육과정의 자율화는 결국 교육과정을 편성하고 운영하는 일과 관련하여 교사의 전문성을 신장시키는 동시에 교과교육의 효율성을 도모하기 위하여 각급 학교가 지역사회의 여건이나 학교의 실정을 고려하여 교육과정을 편성하고 운영하는 일로 규정될 수 있다(인정옥, 1988: 16).

교사의 입장에서 파악되는 교육과정의 자율화가 이와 같이 교사의 전문성을 방법상의 원리로 하여 교육의 질적 향상 혹은 교과교육의 효율성 도모를 목적으로 삼는다고 하면, 그 각각이 정확하게 어떤 것인가 하는 것은 교사에게 중요한 관심사가 되지 않을 수 없다. 특히, 교육과정의 자율화와 관련된 교사의 전문성이 어떤 것인가를 확인하는 일은 그것으로 지칭되는 능력이 교사에 의하여 당장 발휘되어야 한다는 점에서 그에게 긴박한 과제로 파악되지 않을 수 없다. 앞서 인용한 교육과정 편성 · 운영 지침의 네 번째 항목에는 그 일이 다음과 같이 각급 학교의 역할에 초점을 두고 개략적으로 지적되어 있다. "교육부에서 제시하는 교육과정의 기본 방향, 시 · 도 교육청이 제시하는 교육과정의 편성 · 운영 지침, 지역 교육청이 제시하는 학교 교육과정의 편성 · 운영에 관한 장학 자료를 바탕으로 하여 학교의 실정에 알맞은 학교 교육과정을 편성하고 운영한다"(교육부, 1997: 18). 물론, 상위 기관의 기준에 근거하여 학교의 실정에 맞게 학교 교육과정을 편성하고 운영하는 데에는 학교 교육과 관련된 모든 사람이 관여한다고 말해야 정확하겠지만, 그 일의 주축이 되는 사람은 역시 교사라고 말해도 크게 틀리지 않는다. 그리하여 교육과정의 자율화와 관련된 교사의 전문성은 상위 기관이 제시하는 기준과 학교의 실정에 따라 교육과정을 편성하고 운영하는 일로 요약될 수 있다.

제7차 교육과정이 요구하는 이러한 교사의 전문성은 당시의 교육과정에 국한되는 것이 아니다. 그것은 2007년 개정 교육과정과 2009 개정 교육과정에도 그대로 적용될 수 있다. 제7차 교육과정 이후에 등장하는 이들 두 가지 교육과정은 수시-부분 개정이라는 방침에 근거하여 그것을 부분적으로 개정하는 방식으로 개발된 교육과정이기 때문이다. 실지로 제6차 교육과정에 들어오면서 처음으로 교육과정 편성·운영 권한이 시·도 교육청과 단위 학교에 이양되었다면(교육부, 1992: 6), 제7차 교육과정과 2007년 개정 교육과정에서는 종전까지 시·도 교육청과 단위 학교에 머물러 있던 교육과정의 편성·운영 권한을 지역 교육청까지 확대시켜 놓고 있으며(교육부, 1998: 14-23), 2007년 개정 교육과정과 2009 개정 교육과정에서는 제7차 교육과정의 그러한 시도를 그대로 이어받고 있다(교육인적자원부, 2007: 15-24).

교육과정 편성·운영 지침에 근거하여 파악되는 교사의 전문성이 구체적으로 어떤 형태를 띠는가는 교사가 실제로 학교 교육과정위원회의 일원으로 활동하는 장면을 통해서 확인할 수 있다. 교사가 이하에서 드러날 전문성을 어떻게 갖추게 되는가는 별도의 지면을 빌려 자세히 고찰해 보아야 하겠지만, 학교 교육과정위원회 속에서 교사는 제일 먼저 교육부에서 제시하는 교육과정의 기본 방향, 시·도 교육청이 제시하는 교육과정의 편성·운영 지침, 지역 교육청이 제시하는 학교 교육과정의 편성·운영에 관한 장학 자료를 검토하는 일에 참여하게 된다. 교사는 상위 기관의 교육과정을 검토하여 학교 교육과정의 기준을 마련하는 데에 머물지 않고 지역사회의 실태나 학교의 여건을 비롯하여 학부모와 학생들의 특성과 요구를 추출하여 학교 교육과정에 반영하는 데에도 관여하게 된다(김대현, 이은화, 1999: 68). 교사는 또한 이미 확인된 학교 교육과정의 기준과 학교의 실태에 근거하여 학교 교육과정의 시안을 작성하고 그것을 평가하여 보완하는 활동도 수행하게 된다(김용찬, 2000: 235). 교사는 이러한 일련의 과정을 거쳐서 완성된 학교 교육과정을 최종적으로 수업을 통해서 운영하고 실현하는 임무를 담당하게 된다.

교사가 교육과정의 자율화 또는 학교 교육과정의 편성이나 운영과 관련하여 담당하는 이러한 역할은 단순히 수업에 관한 타일러의 모형이나 글레이저의 체제 모형을 비롯하여 그것을 수정하고 보완한 현대 교육과정 개발 모형을 그대로 적용하는 것이라고는 말할 수 없다. 교사가 그 일을 수행하는 데에 그러한 이론이 활용되지 않는 것은 아니지만, 그 일에서는 교사의 창의성과 그것을 발휘하는 자세가 무엇보다도 중요하다(Schwab, 1969: 277-278). 즉, 교사가 교육과정을 자율화하는 데에는 한편으로 학교 교육과정과 관련된 다양한 기준과 요인을 창의적으로 분석하고 정리하는 능력이 요구되는가 하면(Tanner & Tanner, 1980: 636-650), 다른 한편으로는 참여자 간에 정보를 공유하고 교환하는 허용적인 자세가 요구된다(인정옥, 1988: 98). 교육과정의 자율화와 관련된 교사의 전문성은 바로 이 두 측면으로 파악될 수 있으며, 그러한 교사의 전문성은 그것을 발휘하는 장면을 통해서 점점 더 깊어지고 넓어지게 된다(Unruh & Unruh, 1984: 86).

교과를 가르치는 것이 학교에서 교사가 수행해야 할 주된 임무로 간주되던 종전의 시각과 비교해 보면, 교사로 하여금 그러한 역할을 담당하도록 한다는 것은 분명히 파격적인 발상임에 틀림이 없다. 제7차 교육과정과 2007년 개정 교육과정 및 2009 개정 교육과정에서 교육과정의 자율화라는 구호 아래 교사에게 이러한 획기적인 역할 또는 전문성을 요구하는 이유는 궁극적으로 교육의 질적 향상 혹은 교과교육의 효율성을 도모하는 데에서 찾을 수 있다. 교사가 자신이 몸소 편성한 교육과정에 근거하여 수업을 이끌어 나가도록 하는 것은 그로 하여금 교과교육에 열정적으로 참여하도록 함으로써 교과교육의 성과를 극대화하는 근본적인 방안이 된다는 것이다(Tankard, 1974: 85).

교육과정의 자율화가 교과교육의 성과를 극대화한다는 생각은 앞에서 지적한 불행한 사태와 관련하여 구체성을 띤다. 교사로 하여금 교육과정을 편성하는 데에 참여하도록 만든다는 것은 교육과정의 최종적인 산물로서의 교과와 그것을 가르치는 교사를 분리시키지 않는다는 뜻으로 해석할 수 있으며, 그런 만큼 교육과정의 자율화라는 아이디어는 이들 양자의 분리에서 비롯되는 그러한 불행한 사태를 극복하는 방안이 될 수 있다는 것이다. 이하에서는 교육과정의 자율화가 어떻게 교사와 교과의 비분리를 유지하는 동시에 교과교육과 그 속에서의 교사의 역할을 본래의 궤도로 올려놓는 방안이 되는 가를 밝히기 위하여 교사가 교육과정을 편성하고 교과를 통해서 그것을 실현 하는 일이 정확하게 어떤 성격의 것인가를 고찰하게 될 것이다.

3. 교육과정 개발과 교과교육

교육과정은 흔히 학생들이 학습해야 할 교육내용을 종적으로 혹은 횡적으로 체계화시켜 놓은 문서를 가리키는 것으로 생각된다. 교육과정의 자율화를 표방하는 제7차 교육과정과 그 이후의 교육과정은 비록 그것을 편성하는 실질적인 권한이 각급 학교에 위임되어 있다는 점에서 국가에 의하여 주도되던 종전의 교육과정과 현격한 차이를 나타내지만, 이들 양자는 문서의 형태를 띠고 있다는 점에서는 하등 다를 것이 없다. 사실상, 우리 눈에 확인되는 교육 과정은 그러한 문서뿐이며, 문서 또는 그것을 이루는 문자에 의존하지 않는 한 교육과정은 도대체 존재할 수 없다. 이 점에서 보면, 교육과정이 모종의 기준에 따라 교육내용을 유목화시켜 놓은 일종의 문서라는 통념은 그다지 그릇 되지 않다.

그러나 교육과정을 문서에 국한시켜 파악하는 것은, 이하에서 드러날 바와 같이, 교육과정에 관한 온전한 생각일 수 없다. 지식의 성격에 관한 오우크쇼트의 견해는 이 점을 확인하는 좋은 단서를 제공한다. 그에 의하면, 지식은 그것의 표면에 드러나 있는 명시적인 요소로서의 '정보'와 그것의 밑바닥에 숨겨져 있는 묵시적 요소로서의 '판단'이 결합된 형태를 띠고 있다(Oakeshott, 1965: 228-237). 오우크쇼트의 이러한 주장은 지식에 이면이라는 공간이 실제로 있다든지, 그 공간에 판단이라는 요소가 정보와 동일한 방식으로 위치한다는 뜻으로 해석될 가능성이 있다. 그러나 판단은 정보와 같이 눈으로 확인할 수 있는 것이 아니며, 지식에 이면이라는 물리적 공간이 존재한다는 것 또한 난센스다. 그러므로 그러한 해석은 결코 오우크쇼트의 견해에 부합될 수 없다. 오우크쇼트는 마치 그러한 그릇된 해석이 나타날 가능성을 예견이라도 했다는 듯이, 지식을 가르치는 장면으로부터 그것에 정보라는 명시적 측면 이외에 판단이라는 묵시적 측면이 있다는 것을 추론해 냈다고 지적하고 있다 (Oakeshott, 1965: 238).

사실상, 지식을 배운다는 것은 단순히 그것의 표면에 드러난 문자를 전달받는다는 뜻이라기보다는, 지식의 안 또는 문자의 이면에 위치하는 것으로 생각되는 깊은 의미를 전수받는다는 뜻으로 파악되고 있다. 지식을 배우는 일에 대한 이러한 일반화된 생각은 지식의 표면을 이루는 문자와 그 이면에 위치하는 의미가 각각 서로의 표현과 원천에 해당한다는 점을 받아들이지 않는 한 도저히 성립할 수 없다. 바꾸어 말하면, 문자가 의미의 외부적인 표현이요 의미가 문자의 원천에 해당한다는 것은 그러한 일반화된 생각을 성립시키는 조건이 된다.

오우크쇼트가 제시하는 정보와 판단이 각각 이러한 일반화된 생각에서의 문자와 그것의 의미에 상응하는가는 별도의 지면을 빌려 고찰해 보아야 하겠지만, 정보와 판단의 관계는 그 양상에서 앞서 지적한 문자와 그 의미의 관계와 결코 다르지 않다(Oakeshott, 1965: 238). 정보와 판단이라는 개념으로 기술되는 지식에 관한 그의 견해는 이 점에서 문자와 그 의미가 나타내는 그러한 관계 양상에 뿌리를 두고 있다고 말해도 좋다. 그러므로 지식에 관한 오우크쇼트의 견해는 보편성을 띤다고 말할 수 있으며, 그런 만큼 정보와 판단의 관계에 근거하여 문서로서의 교육과정을 해석하는 것은 그것의 성격을 온전하게 파악하는 한 가지 방안이 될 수 있다.

정보와 판단의 관계에 관한 오우크쇼트의 견해에 따르면, 교육과정은 비록 문자에 의존하여 존재할 수밖에 없지만, 그것이 오직 문자로만 존재한다고 생각하는 것은 결코 온전한 생각일 수 없다. 교육과정에는 문자로 기술되는 정보의 측면과 더불어 언제나 판단의 측면에 대응되는 그것의 의미가 붙박여 있기 때문이다. 교육과정은 이 점에서 각각 '표현으로서의 교육과정'과 '개념으로서의 교육과정'이라고 부를 만한 문자와 그것의 의미를 두 측면으로 삼고 있다고 말해야 한다. 그리고 교육과정의 두 측면을 이루는 이들 양자는 정보와 판단의 관계가 보여 주는 바와 같이, 표현과 원천의 관계로 연결되어 있다고 말할 수 있다. 그리하여 교육과정은 표현으로서의 교육과정과 개념으로서의 교육과정이 표현과 원천의 관계로 맞붙어 있는 구조를 나타내는 것으로 파악될 수 있다(김광민, 2001b: 76).

교육과정을 파악하는 이러한 관점은 교육과정을 자율화하기 위하여 교사가 수행하는 일이 어떤 성격의 것인가를 밝히는 데에 필요한 개념적 도구로 활용될 수 있다. 교육과정을 개발하는 사람은 누구이든지 간에 기존의 이론이나 지침을 참고하여 그것을 편성하는 기준을 마련하고, 그것에 근거하여 여러 가지 자료를 수집하고 문서의 형태로 체계화하는 작업을 수행하지 않을 수 없다. 정확하게 말하면, 교육과정을 개발하는 일은 가장 일반적인 수준에서 지적한 그러한 작업을 가장 세부적인 수준의 활동으로 번역하는 과정 이외에 다른 것일 수 없다. 그렇기는 해도 교육과정의 개발자가 수행하는 그 활동이 단순히 외부에 주어져 있는 이론의 안내나 실제적 지침을 기계적으로 적용하는 일에 지나지 않는다고 생각하는 것은 옳지 못하다. 그 활동은 그것을 수행하는 당사자 자신도 불완전한 형태로 파악할 수밖에 없는 고도로 복잡한 정신적 과정이라고 말하는 편이 옳다.

교육과정의 개발과 관련된 그러한 정신적 과정은 개발자의 마음과 그 표현으로 단순화될 수 있다. 비록 교육과정을 개발하는 일과 관련된 이론이나 지침이 주어져 있다 하더라도, 교육과정 개발자가 자신의 마음속에 그 일에 관한 아이디어를 전혀 갖추고 있지 않은 상태에서 그것을 활용한다는 것은 원칙상 불가능하다. 교육과정 개발자가 그것을 활용하고 있다는 사실은 이 점에서 그의 마음속에 자신이 개발할 교육과정에 관한 아이디어가 들어 있다는 뜻으로 받아들일 수 있다. 교육과정 개발자의 마음속에 갖추어져 있는 그 아이디어 또는 마음은 그가 그때까지의 교육—당시의 교육과정에 기초하여 이루어진 교육—을 통해서 획득된 교육과정의 의미 또는 개념으로서의 교육과

정 이외에 다른 것일 수 없다. 요컨대, 교육과정 개발자는 표현으로서의 교육
과정에 장착되어 면면히 이어져 내려오는 개념으로서의 교육과정을 마음의
형태로 이미 갖추고 있다(김광민, 2001a: 26).

교육과정을 개발하는 일이 바로 이 개념으로서의 교육과정에 근거하여 이
루어진다는 점을 존중하면, 교육과정 개발의 기준을 마련하는 일은 필경 개
발자의 마음속에 갖추어져 있는 개념으로서의 교육과정을 기존의 이론이나
지침을 분석하는 데에 적용하는 일로 해석될 수 있으며, 그 기준에 근거하여
자료를 수집하고 체계화하는 일 또한 그것을 활용함으로써 가능하다고 말해
야 한다. 한마디로 말하면, 교육과정 개발에 포함되는 일체의 행위는 개발자
의 마음속에 갖추어져 있는 바로 그 개념으로서의 교육과정의 작용에 의하여
가능하다. 그리하여 교육과정을 자율화하기 위하여 교사가 수행하는 활동은
자신의 마음속에 이미 갖추어져 있는 개념으로서의 교육과정을 외부적으로
표현하는 일로 규정될 수 있으며, 표현으로서의 교육과정은 그러한 마음의
표현에 의하여 개발된다고 말할 수 있다.

제7차 교육과정과 그것에 바탕을 두고 있는 그 이후의 교육과정이 표방하
는 교육과정의 자율화라는 개념은 교사로 하여금 이와 같은 방식으로 교육과
정을 개발하도록 요구하는 동시에, 교과를 통해서 그것을 실현하도록 요구한
다. 표면상으로 보면, 교사에게 요구되는 이러한 두 가지 과제는 완전히 다른
두 가지 종류의 과업인 것처럼 보인다. 사실상, 교과를 가르치는 일은 교육과
정을 개발하는 일이 끝난 이후에 실행될 수밖에 없으며, 그런 만큼 이들 양자
사이에는 시간상의 거리가 없을 수 없다. 더욱이 교육과정을 개발하는 일이
마음을 외부적으로 표현하는 일이라는 점을 받아들인다 하더라도, 교과를 가
르치는 일은 여전히 교사가 그의 마음과는 무관하게 이미 주어져 있는 교과
를 학생들에게 전달하는 일로 간주되는 경향이 있다. 이들 양자 사이에 존재
하는 시간상의 거리나 교과를 가르치는 일에 대한 그러한 통념에 집착하게
되면, 그것이 종류가 다른 두 가지 상이한 과업이라는 생각은 그다지 틀리지
않은 것으로 여겨진다.

그러나 가르치는 일에 종사하는 사람은 그 영역을 막론하고 자신이 가르칠 대상을 이미 알고 있다고 보아야 하며, 자신이 가르칠 대상을 알지 못하는 경우에는 가르친다는 것 그 자체가 논리적으로 불가능하다. 교과를 가르치는 일에 헌신하는 사람으로서의 교사는 이 점에서 자신이 가르칠 교과를 이미 마음속에 갖추고 있다고 보지 않으면 안 된다. 그러므로 마음의 바깥에 주어져 있는 교과를 교과가 아니라고는 말할 수 없지만, 교사에게 교과는 이미 그의 마음속에 갖추어져 있어야 한다고 말해야 한다. 그리고 교사의 마음속에 들어 있는 교과는 그가 그때까지 참여한 교과교육 속에서 각고의 노력을 기울여 내면화한 것 이외에 다른 것일 수 없다. 그리하여 교사는 자신이 이미 내면화한 교과를 학습자에게 전수하는 일을 평생의 업으로 삼으면서 그 일에 헌신하는 사람이라고 말할 수 있다.

물론, 교과를 배우는 일에는 원칙상 종착점이라는 것이 있을 수 없으며, 그런 만큼 교과교육을 통해서 갖추게 되는 교과는 언제나 불완전한 형태를 띨 수밖에 없다. 현상적으로는 교사 역시 교과를 배우는 과정에 있는 사람이라고 보아야 하며, 이 점에서 교사가 갖추고 있는 교과는 언제나 불완전하다고 말해야 한다. 그렇기는 해도 교사는 자신이 이미 내면화한 교과를 학습자에게 전수하는 존재라는 바로 그 점에서 수업을 시작하는 순간에 누구보다도 교과를 완벽하게 갖추고 있는 존재로 거듭 태어난다고 말해도 틀리지 않는다. 적어도 수업에 참여하는 학습자에게는 교사가 그러한 이상적인 존재로 파악된다고 보아야 한다. 그리하여 교사는 마음이 바로 교과요 교과가 바로 마음인 살아 있는 교과의 구현체라고 말할 수 있다(유한구, 2001a: 262).

교사가 살아 있는 교과의 구현체라는 말은, 교사의 역할이 마음의 바깥에 있는 교과를 학습자에게 전달하는 존재가 아니라 그의 마음속에 이미 갖추어져 있는 교과를 외부적으로 표현하는 일로 이해되어야 마땅하다는 점을 보여 준다. 그러므로 교육과정을 개발하는 일과 교과를 가르치는 일은, 별도의 시간대에서 일어나는 두 가지 상이한 활동이라기보다는 마음의 표현이라는 한 가지 동일한 활동이 상이한 시간을 통해서 구현되는 것에 지나지 않으며, 교과교육에서 중요시되는 일체의 교육방법은 교사가 수행하는 그러한 표현활동으로 수렴된다고 말해야 한다. 그리하여 교육과정의 자율화는 교육과정을 개발하는 일과 그것의 최종적인 산물인 교과를 가르치는 일이 근본적으로 교사가 자신의 마음을 외부적으로 표현하는 일로 귀착된다는 점을 일깨워 주기 위한 개념적 방안으로 파악된다. 교사와 교과의 분리로부터 비롯되는 교과교육의 난점은 궁극적으로 그러한 개념적 방안에 의존하여 극복될 수 있다.

4. 마무리하면서

학교에서 교사가 수행하는 역할은 교과를 가르치는 일 이외에도 행정적인 업무나 학급의 관리 및 운영을 비롯하여 생활지도에 이르기까지 다양하다. 교사가 수행하는 그러한 수업 외적 역할이 중요하지 않은 것은 아니지만, 교사의 주된 역할은 역시 학습자에게 교과를 가르치는 데에서 찾을 수 있다. 교육의 역사를 염두에 두고 말하면, 교사는 그 일에 헌신하는 것을 전통으로 삼는 집단이라고 말해도 전혀 어색하지 않다. 물론, 교과를 가르치는 일이 교사집단의 한 가지 전통으로 면면히 이어져 내려오고 있다고 해서, 그 일에 대한 평가가 언제나 긍정적인 방향에서 이루어져 왔다고는 말할 수 없다. 오히려 교사집단의 전통은 언제부터인가 교사가 수행하는 일 중에서 그다지 중요하지 않은 것으로 간주되는 경향과 병렬적으로 이어져 내려오고 있다. 오늘날에는 심지어 교과를 가르치는 일이 해롭다고 생각하는 데에까지 이르고 있다. '단편적인 지식을 전달하는 교육' 이라는 말이나 '지식 위주의 교육' 이라는 말에 장착된 부정적인 분위기는 교과를 가르치는 일이 처해 있는 그러한 형편을 단적으로 확인시켜 준다. 교과를 가르치는 교사의 역할이 개혁의 대상으로 간주되는 오늘날의 세태는 이 점에서 오히려 당연하다 (유한구, 2001: 234).

현행 교육과정이 표방하는 교육과정의 자율화라는 아이디어는 수세에 몰려 있는 그러한 교사의 역할을 원래의 궤도로 되돌려 놓을 수 있는 훌륭한 단서를 제공한다. 교육과정의 자율화는, 비록 그 아이디어를 내세우는 사람들이 품고 있었던 원래의 의도가 무엇이든지 간에, 교육과정과 교사의 긴밀한 관련을 표방하고 있다. 언뜻 생각하면, 이들 양자의 긴밀한 관련이라는 것은 교사가 여러 가지 이론이나 지침을 활용하여 교육과정을 개발하는 일을 뜻하는 것으로 해석될지 모르지만, 그러한 해석은 교사가 수행하는 그 일의 성격을 온전하게 드러내는 것과는 거리가 멀다. 교사가 교육과정을 개발하는 일은 자신의 마음을 외부적으로 표현하는 일 이외에 다른 것일 수 없다.

교과가 교육과정의 최종적인 산물이라는 사실을 염두에 두면, 교육과정과 교사의 그러한 긴밀한 관련은 그대로 교과와 교사의 긴밀한 관련을 지적하는 것으로 받아들일 수 있다. 교사의 마음은 교과의 원천이요, 교과는 그 마음의 외부적인 표현에 해당한다는 것이다. 교사의 마음과 교과를 이와 같이 원천과 표현의 관계로 파악할 경우에, 교과를 가르치는 교사의 역할은 마음의 바깥에 주어져 있는 교과를 학생들에게 전달함으로써 사전에 결정되어 있는 소기의 목적을 달성하는 일로 파악되기보다는, 자신의 마음을 바깥에 있는 교과를 계기로 하여 외부적으로 표현하는 일로 파악된다.

교사가 현재 마음의 표현을 통해서 교육과정을 개발하고 교과를 가르치는 일에 종사하고 있는 이상, 그는 교육과정 혹은 교과를 원형의 형태로 자신의 마음속에 갖추고 있는 그것의 구현체요, 그가 살아온 그때까지의 삶은 교육과정 또는 교과 속에 녹아 있는 모든 좋은 것을 내면화하기 위한 교육적인 삶이라고 보지 않으면 안 된다. 교육과정의 자율화는 교사로 하여금 한편으로 자신의 마음속에 내면화되어 있는 바로 그 모든 좋은 것의 원형을 교육과정으로 표현하도록 요구하면서, 다른 한편으로 그것을 학생들의 눈앞에서 전신체적으로 드러내도록 요구한다. 만일 학생들이 교과교육을 통해서 훌륭한 생각과 말과 행동을 배우게 된다면, 그것은 거의 전적으로 그러한 교사의 전신체적 표현활동에 의하여 가능하다고 말해도 과언이 아니다.

교사가 교과를 가르치는 일에 관한 이상의 입장을 받아들이면, 학교에서 활용되는 교육방법이라는 것은 교사와 무관하게 이미 교육방법으로 주어져 있는 것이 아니라, 교사에 의하여 활용됨으로써 비로소 교육방법으로 태어난다고 말해야 한다. 교사와 교육방법의 이러한 관련은 아무리 세련된 교육방법이 등장한다 하더라도 교과교육이 온전하게 이루어지기 위해서는 교과를 가르치는 교사의 활동이 필수적으로 요청된다는 엄연한 사실을 강하게 부각시켜 준다. 즉, 교과교육은 결코 교육방법의 원천으로서의 교사가 교과를 전달하는 것 이외의 다른 방식으로 이루어질 수 없으며, 그런 만큼 교과를 가르치는 교사의 역할을 개혁의 대상으로 삼고 있는 오늘날의 세태는 결코 타당한 것이 될 수 없다. 만일 개혁의 대상이 되어야 하는 것이 있다면, 그것은 그러한 교사의 역할이 아니라 그것을 개혁의 대상으로 간주하는 바로 그 사고방식이다.

교사가 부득이하게 개혁의 대상으로 간주되더라도, 교사에 대한 개혁은 교과를 가르치는 일이 교사에게 주어진 하늘의 명령이라는 사실을 주지시키면서 교사로 하여금 교과를 더욱 철저하게 가르치도록 독려하는 것으로 나타나야 한다. 교과교육의 이상은 오직 교사가 교과를 가르치는 일을 하늘이 자신에게 내린 소임으로 받아들이고 자신이 수행해 왔던 바로 그 일에 만전을 기할 때 온전하게 실현될 수 있기 때문이다. 교육과정의 자율화라는 아이디어는 교사의 그러한 의식과 노력이 교과교육을 그나마 온전한 방향으로 이끌어 온 세력이라는 진부한 지혜를 우리에게 새삼 일깨워 준다.

보충 자료

[자료 1]
듀이와 교과교육

진보주의 교육론자들은 듀이의 경험이론을 교육의 장면에서 실현한다는 미명하에 전통적 교육을 비판하면서 그것에 대한 대안적인 교육관을 제시하였다. 그들이 내세운 대안적 교육은 전통적 교과를 경험으로 대치하고, 아동의 흥미를 교육의 방법적 원리로 내세우는 것으로 나타났다. 그러나 듀이는 결코 전통적 교과를 부정한 것이 아니었으며, 아동의 흥미 그 자체를 방법적 원리로 내세우는 것도 아니었다. 그들의 시도는 이 점에서 듀이의 비판을 받았다.

듀이가 진보주의 교육사조를 비판했다는 점에서 보면, 그는 전통적 교육에 한 걸음 다가서 있다고 말할 수 있다. 그러나 그렇다고 해서 그가 전통적 교육을 그대로 받아들였다고 생각하는 것은 잘못이다. 듀이가 전통적 교육을 대변하는 이론인 형식도야이론을 비판하고 있다는 것은 이 점을 단적으로 보여준다. 듀이가 보기에 진보주의 교육이 아동을 지나치게 강조한 나머지 교과의 중요성을 도외시했다면, 전통적 교육은 교과를 지나치게 중요시한 나머지 교육에서 아동의 위치를 과소평가하는 결과를 초래하였다. 말하자면, 전통적 교육과 진보주의 교육은 비록 교육에 관한 상이한 입장을 견지하고 있기는 하지만, 이들 양자는 아동과 교과를 동등하게 존중하지 않는다는 점에서 동일한 잘못을 저지르고 있다는 것이 듀이의 입장이다.

듀이가 전통적 교육과 진보주의 교육을 이와 같이 동일한 근거에서 비판하고 있다는 것은 교육에서 아동과 교과가 차지하는 위치를 동등하게 존중하는 것이 교과교육에 관한 그의 입장이라는 것을 간접적으로 보여 주고 있다. 이하에서는 듀이의 이러한 입장을 세부적인 수준에서 고찰한 이후에 교과교육에 관한 그의 종합적인 입장과 더불어 장차의 과제를 확인하게 될 것이다.

1. 전통적 교육

듀이의 철학 체계 내에서 교육은 '경험의 끊임없는 재조직 또는 재구성'으로 정의된다(DE: 89-90).[1]

듀이의 경험이론이 그 자체로 교육이론의 성격을 띤다는 통설은 바로 여기서 비롯된 것이다. 지난 20세기 초반부터 중반까지 전 세계의 교육에 적지 않은 영향을 미쳤던 진보주의 교육사조는 표면상 그러한 통설에 근거하여 대두된 것으로 알려져 있다. 진보주의 교육사조가 교과교육을 어떤 방향으로 이끌어 갔는지를 한눈에 볼 수 있는 지금의 입장에서 할 수 있는 말이겠지만, 진보주의 교육론자들은 듀이의 경험이론—정확하게 말하면, 그들에 의하여 재단된 경험이론—에 입각하여 전통적으로 이루어져 왔던 교과교육을 비판하면서, 그 비판에 함의되어 있는 대안적 아이디어를 통해서 새로운 교육이론을 정립하려고 하였다.

---

1) 이 장에서는 듀이의 교육이론을 담고 있는 대표적인 저서를 다음과 같이 약식으로 표기한다.

   ① CC: *The Child and the Curriculum* (1902)

   ② IE: *Interest and Effort in Education* (1913)

   ③ DE: *Democracy and Education* (1916)

   ④ EE: *Experience and Education* (1938)

진보주의 교육론자들은 그들이 비판하려고 했던 전통적 교육을 나름대로 체계화하고, 그것에 형식도야이론이라는 이름을 부여했다. 형식도야이론은 이 점에서 오직 죽음을 당하기 위하여 세상에 태어났다고 말할 수 있다. 이와 같은 기구한 운명을 타고난 형식도야이론은 대체로 다음과 같이 요약될 수 있다(Wynne, 1963: ch.1). 인간의 마음은 서로 뚜렷이 구분되는 몇 가지 부소능력(部所能力)—지각, 기억, 상상, 추리, 감정, 의지 등 여섯 가지 능력—으로 이루어져 있으며, 그 능력은 신체의 근육에 비유된다는 뜻에서 심근(心筋)으로 지칭되고 있다. 교육의 목적은 마치 신체적인 운동을 통하여 근육을 단련하듯이 교과를 통해서 그러한 심근을 도야하는 데에 있다.

형식도야이론이 나타내는 이러한 견해는 교과의 구조에 관한 특별한 아이디어에 근거하고 있다. 교과는 일반적으로 인간을 둘러싼 사물이나 현상에 관한 언어적 기술의 체계로 간주된다. 사실상, 우리 눈에 확인되는 교과는 언어적 기술로 이루어져 있으며, 언어적 기술에 의존하지 않는 한 교과는 존재할 수 없다. 이 점에서 보면, 교과가 바로 언어적 기술이라는 통념은 그다지 그릇되지 않은 것처럼 보인다.

그런데 그 통념을 따를 경우에, 교과를 통해서 심근을 도야한다는 것은 원칙상 불가능하다. 논리적으로 말하여 교과는 오직 그 속에 들어 있는 어떤 것에 의해서 마음을 도야시킬 수 있기 때문이다. 형식도야이론은 이 점에서 언어적 기술—교육학의 용어로 말하면, 교과의 내용—을 배우는 동안에 도야되는 것으로 생각되는 심근—내용과 대비하여 말하면, 교과의 형식—이, 비록 우리 눈에 확인되지는 않지만, 교과의 한 부분으로 들어 있다는 점을 가정한다고 말할 수 있다. 우리 눈에 확인되는 내용이 차지하는 공간을 교과의 '표면'이라고 부를 수 있다면, 형식도야이론은 교과에 '이면'이라는 것이 있을 수 있으며 그곳에 교과의 내용을 배우는 가운데 도야되는 형식이 자리 잡고 있다는 점을 가정하고 있다. 그리하여 교과의 구조는 우리 눈에 확인되는 내용과 눈으로 확인할 수 없는 형식이 표면과 이면으로 결합되어 있는 것으로 파악될 수 있다.

　　형식도야이론이 표방하는 이러한 교과의 구조에 근거하여 말하면, 그것의
표면을 이루는 교과의 내용은 교과교육에 참여하는 사람들이 의존해야 할
외부적 기준을 제공하며, 그것의 이면에 위치하는 교과의 형식은 교과의 내
용을 배우는 일이 지향해야 할 내부적 기준을 제공하는 것으로 파악될 수 있
다. 그러나 이러한 생각과는 달리, 형식도야이론에서 중요시되는 것은 '어떤
내용을 배우는가' 하는 것이 아니라 그 내용이 무엇이든지 간에 '그것을 통
해서 형식을 도야한다'는 사실이다. 말하자면, 형식도야이론에서 교과의 가
치는 그것의 표면을 이루는 세부적인 '내용' 때문이 아니라 그 내용을 통해
서 도야되는 '형식'으로 말미암아 인정되는 셈이다.[2] 듀이의 『아동과 교육과
정』에서는 형식도야이론으로 대표되는 전통적 교육을 다음과 같이 묘사하고
있다.

　　어떤 학파는 교과의 중요성을 극도로 강조하면서, 아동의 경험내용이나
그것의 성격에는 거의 주의를 기울이지 않습니다. 이러한 학파는 다음과 같
은 생각을 가지고 있는 듯합니다. 아동의 삶은 보잘 것 없고 세련되지 못하
며 좁은 범위에서만 한정된 것이지 않습니까? 이에 반해, 교과는 크고 넓은
우주를 매우 충실하게 기술해 주며, 그것도 복잡한 우주를 아주 잘 이해할
수 있도록 해 줍니다. 아동의 삶은 이기적이며, 자기중심적이고 충동적이지
않습니까? 아동들은 교과를 배움으로써 진리와 법칙과 질서가 충만한 객관
적인 세계를 발견할 수 있습니다. 아동의 경험은 불분명하고 불확실하며 혼
란되어 있고 순간적인 충동이나 주변의 분위기에 의해 왔다 갔다 하지 않습
니까? 그렇지만 교과는 영원불변하는 진리에 기초를 두고 있으며, 잘 정리
된 질서 있는 세계, 모든 것이 자세히 검토되고 분명하게 밝혀진 세계로 인

---

[2] 전통적 교육에서는 특정한 교과가 특정한 부소능력을 도야하는 것으로 생각되었다. 가령, 수
학이나 고전어는 기억이나 추리력을 기르는 데에 적합하며, 음악은 감정, 종교와 도덕과 정치
는 의지를 도야하는 데에 주로 관계되는 것으로 생각되었다. 중세의 대표적인 교과였던 7자유
과―문법, 수사학, 논리학, 대수, 기하, 음악, 천문학―는 특히 도야적 가치가 큰 것으로 인정
되어 왔다.

도해 줍니다. 도덕적인 측면에서 볼 때에도 마찬가지입니다. 도덕적으로 올바른 것은 대개의 경우 버릇없는 행동이나 변덕스러운 행동들로 가득 찬 아동의 경험과는 대비됩니다. 그러므로 도덕적인 품성을 기르기 위해서는 이러한 아동들의 잘못된 행동들을 최소화하거나 무시해야 합니다. 우리는 그러한 버릇이나 변덕을 가능한 한 멀리 해야 하며, 나아가 그러한 것들을 없애도록 노력해야 합니다. 교육자로서의 우리의 임무는 다름이 아니라 아동들을 피상적이며 우연적인 것들에 주의를 두지 못하도록 하고, 그 대신에 잘 정리된 실재, 즉 참된 세계로 아동들을 이끌어 가는 것입니다. 이러한 참된 세계는 바로 교과 속에서 발견할 수 있습니다. …교육내용이 바로 교육의 목적이 되며 동시에 교육방법을 결정합니다. 아동들은 아직은 주어진 교육내용을 충실히 배워야 할 미성숙한 존재일 뿐입니다. 학습자는 어느 수준에 이를 때까지는 교육내용을 배움으로써 더 도야되어야 합니다. 그의 경험은 범위와 정도에서 넓고 깊지 못하기 때문에 교육을 통하여 더욱 넓어지고 깊어져야 합니다. 아동들은 아직 혼자서 교육내용을 결정할 수 있는 자격이 없으며, 다만 어른들에 의해 주어진 교육내용을 받아들이고 수용해야 합니다. 아동들은 어른들의 지시에 순종하며, 어른들이 인도하는 대로 따라갈 때에 그의 할 일을 다 하는 것입니다(CC: 40-41).

앞의 인용문에 나타난 바와 같이, 전통적 교육에서 아동의 생활은 성격상 자기중심적이고 이기적이며 충동적인 것으로 간주되며, 그런 만큼 아동의 경험은 혼란되고 막연하며 불확실한 것으로 간주될 수밖에 없다. 전통적 교육은 다름 아닌 아동으로 하여금 그러한 옹졸하고 편협되며 조잡한 생활 혹은 경험에서 벗어나 이루 헤아릴 수 없는 넓이와 깊이를 지닌 의미의 세계를 탐구함으로써 영원불변하는 진리의 세계로 나아가도록 이끄는 데에 그 목적이 있다.

교육이 지향하는 그러한 의미의 세계 또는 영원불변하는 진리의 세계는 전통적으로 실재(實在)라는 이름으로 이어져 내려오고 있으며, 교과는 바로 그 실재를 구현하고 있는 전형적인 대상에 해당한다. 형식도야이론과 관련해서 말하면, 교과의 이면에는 실재가 형식의 형태로 갖추어져 있으며, 교과는 아동으로 하여금 그것의 표면을 이루는 내용을 배우는 과정에서 그 이면에 존재하는 실재를 획득하도록 이끌기 위하여 특별히 고안된 제도적 장치라고 말할 수 있다. 적어도 전통적 교육의 입장에서 보면, 교과를 통해서 그 속에 들어 있는 바로 그 실재를 받아들이는 것은 아동의 숙명에 해당하며, 아동은 오직 그것을 받아들임으로써 성숙한 존재가 될 수 있다.

2. 진보주의 교육

전통적 교육에서는 생활이나 경험이 아니라 교과가 핵심적인 위치를 차지하고 있다. 그리고 교과는 개인의 생활에 이익이 된다거나 사회적 유용성이 있다고 해서 중요시된다기보다는, 실재를 획득하거나 형식을 도야하는 기회를 제공해 준다는 점에서 중요시된다. 물론, 교과의 가치에 관한 그러한 전통적인 견해는 그것에 관한 일반적인 생각과는 상당한 거리가 있다. 보통의 경우에 교과의 가치는, 어느 편인가 하면, 그것이 생활에 유용하다는 데에서 비롯된다. 사실상, 교과의 가치에 관한 이러한 통념은 실제로 동서고금을 막론하고 광범위한 호소력을 지니고 있었다. 진보주의 교육사조가 당시에 널리 호응을 얻을 수 있었던 것은 그것이 근본적으로 그러한 통념에 근거하고 있었기 때문이다.

진보주의 교육자들의 사상적 기반이 되었던 교과의 가치에 관한 그러한 통념 속에는 그들이 교과교육에 관한 전통적 견해를 어떤 방식으로 비판하였는가 하는 것과 더불어 진보주의 교육사조가 어떤 방향으로 나아갔는가 하는 것이 시사되어 있다. 앞의 인용문에 이어지는 다음의 내용은 그것을 비교적 명시적으로 드러내고 있다.

여기에 반하여 아동의 경험을 중시하는 다른 학파에서는 전혀 다른 방식으로 다음과 같이 이야기할 것입니다. 아동은 출발점이고 중심이며 목적입니다. 우리가 추구하는 이상은 아동의 발달이요, 아동의 성장입니다. 교육의 모든 기준은 아동에게서 찾아야 합니다. 모든 교과는 궁극적으로 아동의 성장을 돕기 위한 수단입니다. 따라서 교과는 아동의 성장에 공헌할 때에 비로소 가치 있는 것이 됩니다. 개성과 인격은 아주 중요한 교재가 됩니다. 교육의 목표는 지식이나 정보가 아니라, 자아실현입니다. 모든 지식을 얻고도 자기 자신을 잃을 경우에, 종교에서뿐만 아니라 교육에서도 아주 비참한 운명을 맞이하게 됩니다. 더욱 중요한 점은 교과는 외부로부터 아동의 내부로 집어넣을 수 있는 것이 아니라는 것입니다. 학습은 학습자의 능동적인 활동입니다. 그것은 무엇인가 파악하기 위하여 마음이 밖으로 향하는 작용과 마음 내부에서 새로운 내용을 소화하는 작용으로 이루어집니다. 문자 그대로 우리는 아동과 마주쳐야 하며, 아동으로부터 출발해야 합니다. 학습의 질과 양을 결정하는 것은 교과가 아니라 아동 자신입니다. …학교에서 가르치고 배우는 교과가 아동에게는 죽은 것이고 기계적이며 형식적인 것이 되는 중요한 원인은 아동의 경험과 삶을 교육과정에 예속시키는 데에서 찾을 수 있습니다. 학습자의 생생한 경험과 삶을 무시하고 교과에 짜맞추려 할 때에 공부는 지겨운 것이 되고, 수업은 의무감으로 해야 하는 고된 일이 되고 맙니다(CC: 40-41).

진보주의 교육자들은 전통적인 교과교육의 병폐를 지적하면서 그 대안으로 다른 종류의 교육을 제안한 것으로 알려져 있다. 먼저, 그들에 의하여 파악된 전통적인 교과교육의 병폐가 어떤 것인가는 그들이 교육의 목적으로 내세우는 자아실현의 성격을 통해서 확인할 수 있다. 그들은 전통적 교육에서 중요시되는 실재를 부정한다는 점에서 듀이와 상이한 입장을 나타내며, 그런 만큼 그들이 교육의 목적으로 상정하는 자아실현—또는 그것과 동일한 의미를 나타내는 인격함양—은 듀이가 교변작용의 궁극적 목적으로 내세우는 자아실현과 동일한 것일 수 없다. 교과가 아동의 경험이나 생활과 긴밀하게 관련되어 있다는 점에 근거하여 말하면, 그들이 내세우는 자아실현은, 이하에

서 드러날 진보주의 교육사조에 대한 듀이의 비판에서 확인할 수 있는 바와
같이, 필연적으로 학습자가 생활에서 당면하는 여러 가지 문제를 효과적으로
해결함으로써 심리적 만족이나 모종의 이익을 얻는 것과 크게 다르지 않다.
그리하여 전통적 교육을 겨냥한 진보주의 교육자들의 비판은 교과교육을 핵
심적인 활동으로 하는 전통적 교육이 아동의 생활과 유리되어 있다는 것으로
요약될 수 있다.

물론, 전통적 교육을 옹호하는 사람이 있다면, 그들은 틀림없이 진보주의
교육자들의 이러한 비판에 대하여 반론을 제기할 것이다. 전통적 교육의 목
적은 교과를 통해서 일반적인 정신능력―형식도야이론의 용어로 '심근' 또
는 교과의 '형식'―을 도야하는 데에 있으며, 그것은 일반성을 띤다는 점에서
우리가 당면하는 여러 가지 문제에 공통적으로 적용될 수 있다는 것이 그 반
론의 골자다. 그러나 그러한 반론 역시 진보주의 교육자들의 비판을 무효화
시키지 못한다. 전통적 교육론자들의 그러한 반론을 받아들인다 하더라도,
그들이 내세우는 교과와 생활의 관련은 우회적인 것으로 보일 수 있으며, 진
보주의 교육론자들은 이들 양자를 직접적으로 관련지으려고 할 것이기 때문
이다. 진보주의 교육론자들의 대안적 교육은 그들의 이러한 입장에서 비롯된
것이라고 말할 수 있다.

진보주의 교육론자들이 내세우는 대안적 교육이 어떤 것인가는 "개성과
인격은 아주 중요한 교재가 됩니다"라는 말이나 "모든 지식을 얻고도 자기
자신을 잃는다는 것은… 아주 비참한 운명에 처하게 되는 것입니다"라는 말
을 단서로 하여 확인할 수 있다. 그들이 보기에 전통적 교과는 지식이나 정보
로 이루어져 있으며, 그것을 배우는 일은 인격을 함양하거나 자아를 실현하
는 것과는 다른 종류의 일이다. 직접적으로 말하면, 전통적 교육에서 중요시
되는 교과는 '죽은 것, 기계적인 것, 형식적인 것'에 지나지 않으며, 그런 만큼
그것은 인격의 함양이나 자아의 실현을 도모할 수 없다. 어느 정도인가 하면,
전통적 교과는 해치워야 할 일종의 '일거리'에 해당하며, 교과를 배우는 일은
'귀찮은 것'으로 여겨진다. 그러므로 인격함양이나 자아실현을 위해서는 전

통적 교과와는 다른 별도의 도구에 의존하지 않으면 안 된다.

　"교육의 양과 질을 결정하는 것은 교과가 아니라 아동이다"는 말이나 "아동은 출발점이요 구심점이요 종착점이다"는 말이 보여 주는 바와 같이, 그 도구는 아동의 생활이나 경험 이외에 다른 곳에서 찾을 수 없다. 아동의 생활이나 경험으로부터 도출된 것만이 그들의 인격을 함양시키고 자아를 실현시킬 수 있으며, 교과는 그런 것으로 대치되어야 한다는 것이다. 그리하여 교과는 아동에게 주입시켜야 할 외부적인 대상이 아니라 아동의 경험이나 생활을 담고 있는 것이며, 그만큼 아동은 그것을 배우는 데에 흥미를 가지고 능동적으로 참여할 수 있게 된다. 진보주의 교육론자들이 보기에 인격함양이나 자아실현은 오직 그러한 대안적 교과에 의하여 실현될 수 있다.

3. 듀이의 종합적 입장

　오늘날 우리에게 알려져 있는 '경험을 통한 교육'은 진보주의 교육론자들이 내세우는 대안에 해당하며, 그들은 그러한 대안적 교육의 근거를 듀이의 경험이론에서 찾고 있다. 정확하게 말하면, 그들은 듀이의 경험이론을 나름의 방식으로 해석하고, 그와 같이 재단된 경험이론에 근거하여 새로운 교육이론을 만들어 냈다.[3] 그럼에도 불구하고 그들은 듀이의 경험이론을 교육의 장면에서 실천한다고 천명하였다. 그러나 그들이 참으로 그렇게 생각했다면, 그들은 시드니 후크가 지적한 바와 같이 '듀이의 배신자들'이다(Hook, 1971). 듀이가 "교과는 경험의 내용으로서의 경험 속에 들어 있다"라고 말했을 때(EE: 93-106), 그가 염두에 두고 있는 경험은 아동이 시시각각 겪는 일상사나

---

3) 진보주의 교육은 종종 생활적응 교육이나 아동중심 교육과 상호 교환적으로 사용되기도 한다. 이러한 사태는 진보주의 교육이 목적과 내용의 측면에서 생활적응 교육의 형태를 띠고 있으며, 아동의 흥미 존중을 그것의 중요한 방법적 원리로 삼고 있다는 데서 비롯된 우연적인 현상으로 생각된다.

그들이 재미를 가지는 어떤 활동을 가리키는 것이 아니다. 오히려 그것은 아동 개개인의 경험이 아니라 세대와 세대를 거치면서 끊임없이 축적되는 인류의 경험을 가리킨다(CC: 34).

전통적으로 교과는 그러한 인류의 경험이 나름의 사고방식으로 체계화된 것이다. 그러므로 듀이의 경험이론이 나타내는 교과는 결코 진보주의 교육론자들이 내세우는 교과와 동일한 것일 수 없다. 차라리 듀이는 그들이 비판의 대상으로 삼았던 바로 그 전통적 교과를 그대로 받아들였다고 말하는 편이 옳다. 진보주의 교육론자들이 중요시하는 방법적 원리로서의 흥미 또한 듀이의 그것과 동일한 것일 수 없다. 진보주의 교육론자들을 겨냥한 듀이의 다음과 같은 비판은 교과와 흥미에 관한 그들의 견해에 대한 그의 불편한 심기를 노골적으로 보여 주고 있다.

> 새교육은 학습자의 자유를 강조한다는 점을 지적한 바 있습니다. 새교육이 학습자의 자유를 강조한다는 사실 그 자체는 아무런 문제될 것이 없습니다. 그러나 그러한 주장을 명확히 하려면 해결되어야 할 문제가 있습니다. 도대체 여기서 말하는 자유란 무슨 뜻이며, 그 자유가 실현될 수 있으려면 어떤 조건이 갖추어져야 합니까? 또한 새교육을 주장하는 사람들은 전통적인 학교에서 널리 행해지고 있는 외적인 강제가 학생들의 지적·도덕적 발달을 촉진시키기보다는 오히려 위축시키고 있다고 지적합니다. 일단 이러한 지적이 옳다고 합시다. 전통적 교육이 가지고 있는 이러한 중대한 결함을 인식하게 되면 새로운 문제가 생깁니다. 그러한 지적이 옳다고 하면 미성숙한 학생들을 교육시키고 능력을 개발하는 데에 교사와 교과서는 도대체 어떤 역할을 하는 것입니까?
>
> 또한 교과서에 들어 있는 사실이나 지식을 공부해야 할 내용으로 채택하고 있는 전통적 교육은 너무나 과거 지향적이며, 따라서 현재나 미래의 문제를 다루는 데에 아무런 도움을 주지 못한다는 새교육 옹호자들의 비판을 일단 수용해 봅시다. 그렇다면 과거에 이룩한 지식과 현재 부딪히고 있는 문제가 경험 '내에서' 어떤 관련을 맺고 있는가 하는 것이 밝혀야 할 과제

로 대두되게 됩니다. 우리는 과거를 아는 것이 어떤 점에서 미래의 문제를 효과적으로 해결하는 강력한 수단이 될 수 있는가 하는 점을 밝혀야 합니다. 우리는 지식이나 문화유산이 삶을 위한 수단으로서 중요한 역할을 한다는 것을 인정한다고 하더라도 과거에 이룩된 지식이나 문화유산의 습득을 교육의 절대적인 목적으로 삼는 데에 반대할 수 있습니다. 이런 경우에 교육학적으로 검토해 보아야 할 또 다른 문제가 제기됩니다. 즉, 우리는 도대체 아동들이 과거의 지식과 문화를 어떤 방식으로 학습해야 하는가, 그러한 학습이 현재의 삶을 이해하는 강력한 수단이 될 수 있는가 하는 문제에 직면하게 됩니다(EE: 105-106).

　　앞서 지적한 바와 같이, 진보주의 교육론자들은 전통적 교과 혹은 그것을 가르치는 교과교육이 현재와 미래의 문제를 해결하는 데에 도움이 되지 않는 것으로 생각한다. 전통적 교과를 아동의 생활 혹은 경험으로 대치하려는 그들의 시도는 바로 여기서 비롯되었다. 그러나 듀이가 보기에 그들의 시도는 결코 타당한 것일 수 없다. 왜냐하면, 전통적인 교과교육이 외부로부터의 강제를 일삼음으로써 학습자의 지적ㆍ도덕적 성장을 제한했다는 점을 인정한다 하더라도, 그 점이 교과의 가치를 부정하거나 그것을 다른 것으로 대치해야 하는 근거는 되지 못하기 때문이다. 아동으로 하여금 현재와 미래의 문제를 효과적으로 해결할 수 있도록 하기 위해서는, 교과를 그들의 생활이나 경험으로 대치할 것이 아니라, 바로 그 교과가 어떻게 그 문제를 효과적으로 처리하는 데에 강력한 도구로 활용될 수 있는지를 찾아내야 한다는 것이 듀이의 입장이다. 한마디로 말하면, 듀이는 바로 그 전통적 교과를 가르치되 그것을 온전한 방법으로 가르쳐야 한다고 주장하는 셈이다. 앞의 인용문의 마지막 문장은 이 점을 강조하는 것으로 받아들일 수 있다.

　　듀이는 진보주의 교육론자들이 내세우는 아동의 자유—즉, 앞의 인용문에 나타난 아동의 능동적 참여 또는 그것을 가능하게 하는 아동의 흥미—에 대해서도 마찬가지로 비판적인 입장을 드러낸다. 사실상, 그들은 아동의 흥미

를 존중해야 한다든가 그들이 교육에 능동적으로 참여할 수 있도록 해야 한
다고 주장하고 있지만, 그것이 정확하게 어떻게 하는 것인가는 분명하지 않
다. 그럴 경우에 그것은 듣는 사람의 심리에 호소함으로써 그들의 호응을 얻
는 하나의 슬로건에 지나지 않는 것으로 된다. 아닌게 아니라, 그들은 그러한
방법으로 전통적 교육을 비판하고 있으며, 그들이 내세우는 새로운 교육은
그러한 방법에 의하여 설득력 있는 것으로 여겨졌다.

그러나 듀이가 보기에 그들이 내세우는 그러한 방법상의 원리가 온전한 것
으로 되기 위해서는 그것이 정확하게 무엇인지를 밝혀야 할 뿐만 아니라, 그
것이 힘을 발휘하기 위해서는 어떻게 해야 하는지를 드러내지 않으면 안 된
다. 듀이가 이와 같이 진보주의 교육사조를 비판한다는 것은 교육에 관한 그
의 견해가 그만큼 전통적 교육에 다가서 있다는 것을 뜻한다. 그러나 그렇다
고 해서 그가 전통적 교육을 전적으로 받아들인 것은 아니다. 전통적 교육을
대표하는 형식도야이론에 대한 다음과 같은 듀이의 비판은 당장 이 점을 명
시적으로 증거하는 것으로 받아들일 수 있다.

> 관찰이나 기억 등 능력의 발달을 비록 궁극적인 단계에서나마 교육의 목
> 적으로 삼는 것은 먼저 학생들이 어떤 주제를 관찰하거나 기억해야 하며,
> 무슨 목적으로 그 일을 해야 하는지를 결정해 두지 않는 한 부질없는 일이
> 다. 우리가 바라기에, 학생들이 주시하고 기억하며 판단해야 할 일이 있다
> 면, 그것은 학생들로 하여금 그들이 속해 있는 집단의 유능하고 효과적인
> 구성원이 될 수 있도록 하는 그러한 일이다. 만약 그렇지 않다면, 우리는 학
> 생들에게 벽의 갈라진 틈을 세밀히 관찰하도록 하거나, 어느 나라의 말도
> 아닌 무의미 단어들을 기억하도록 해도 좋을 것이다. 아닌 게 아니라, 만약
> 우리가 형식도야이론에서 주장하는 대로 한다면, 바로 이런 식의 교육을 해
> 야 할 판이다(DE: 77-78).

듀이에 따르면, 형식도야이론은 "학생들로 하여금 벽의 갈라진 틈을 세밀
히 관찰하도록 하거나, 어느 나라의 말도 아닌 무의미한 단어들을 기억하도

록 해도 좋다"는 식의 우스꽝스러운 논리적 귀결에 도달하게 된다. 누가 보더라도 불합리한 이러한 결론은, 첫 문장에 명백히 지적되어 있는 바와 같이, 근본적으로 마음의 능력을 교육의 목적으로 삼는 데에서 비롯된다. 사실상, 마음의 능력을 교육의 목적으로 삼는 경우에, 그 능력은 비록 도야되지 않은 형태로나마 사람의 마음속에 이미 존재한다는 것을 가정하지 않으면 안 된다(DE: 71). 그러한 능력이 마음속에 이미 존재하는 것으로 보지 않으면, 그것의 도야를 직접적이고 의식적인 수업의 목적으로 삼는 것이 의미를 가질 수 없기 때문이다.[4] 형식도야이론은 이 점에서 마음의 능력이 그것의 적용 대상인 교과로부터 따로 떨어져서 별도로 존재하는 것으로 간주하는 것이나 다름이 없다. 그리하여 듀이는 형식도야이론이 한편으로 마음과 다른 한편으로 그것이 적용되는 대상인 교과를 분리시키는 이원론적 성격을 띤다고 비판하게 되었다(DE: 76).

　형식도야이론에 대한 듀이의 이러한 비판을 토대로 하여 진보주의 교육사조에 대한 그의 비판을 다시 규정한다면, 아동을 중요시하는 진보주의 교육사조는, 교과에 거점을 두고 학습자의 마음과 교과를 분리하는 형식도야이론과는 달리, 학습자에 거점을 두고 그의 마음과 교과를 분리하는 오류를 저지르는 것으로 파악될 수 있다. 한마디로 말하면, 듀이는 전통적 교육과 진보주의 교육이 교과와 학습자라는 상이한 거점에서 이들 양자를 분리하는 이원론의 오류를 범하고 있다고 비판하는 셈이다. 듀이의 이러한 비판은 그가 자신의 교과교육이론을 정립하는 데에 필연적으로 요청되는 것이었지만, 그 속에는 또한 듀이의 교과교육이론에 대한 오해의 불씨가 감추어져 있다. 듀이의 교과교육이론이 직면하게 되는 다음과 같은 두 가지 상반된 평가는 바로 그 불씨가 모습을 드러낸 것이라고 말할 수 있다.

---

4) "마음의 능력이 비록 조잡한 형태로나마 이미 있기 때문에, 남은 일이라고는 그것을 끊임없이 점점 세련된 형태로 반복적으로 연습하도록 함으로써 마침내 세련되게 완성되도록 하는 것뿐이다. 이러한 교육관에 붙여진 '형식도야'라는 이름에서 '형식'이라는 말은 훈련된 '결과', 즉 능력이 생기는 것과 훈련의 '방법', 즉 반복적인 연습을 동시에 가리킨다"(DE: 70-71).

먼저 브루너는 '지식의 구조'라는 자신의 아이디어에 입각하여 듀이의 '나의 교육학적 신조'를 검토하는 장면에서 그가 교과의 성격에 관한 그릇된 견해를 표방하고 있다고 비판한다(Bruner, 1969). 사실상, 듀이의 그 글에는 교과의 가치가 사회적 유용성에 의하여 정당화된다는 식의 생각이 들어 있다. 그래서 그의 교과교육이론은 진보주의 교육론자들의 그것과 동일한 입장을 표명하는 것으로 오해될 가능성이 있다. 적어도 브루너가 보기에 듀이는 교과교육에 관한 한 그러한 입장을 견지하고 있다. 말할 필요도 없지만, 그러한 입장이 나타내는 교과의 가치는 지식의 구조에 의하여 부각되는 지적 안목이나 현상의 이해 등과는 성격을 달리한다. 그러므로 듀이의 교과교육이론이 진보주의 교육사조와 동일한 것으로 오해될 경우에 브루너와 같은 비판은 언제나 제기될 수밖에 없다.

그러나 미국의 저명한 교육사학자인 크레민은 지식의 구조라는 아이디어로 대표되는 브루너의 교과교육이론은 듀이의 교과교육이론을 부연한 것에 지나지 않는다고 평가한다(Cremin, 1965: 47ff). 브루너가 전통적인 교육을 재현했다는 통설을 감안하면, 크레민의 그러한 주장은 듀이가 전통적 교육을 그대로 받아들인 것으로 파악될 수 있다. 크레민의 그 주장은 실지로 이와 같은 맥락에서 해석되는 경향이 없지 않다. 듀이의 교과교육이론에 대한 후대의 이러한 상반된 평가는 표면상 양립 불가능한 것처럼 보인다. 그러므로 그러한 상반된 평가는 그것을 접하는 대부분의 사람들로 하여금 순간적으로 혼란에 빠져들게 만드는 동시에, 그중의 어느 하나를 부정함으로써 그 혼란에서 벗어나려는 충동을 불러일으키게 만든다.

그러나 듀이의 교과교육이론에 대한 상반된 평가 중에서 어느 하나를 부정하고 다른 하나를 취하는 것은 그러한 혼란에서 벗어나는 온전한 방안이 되지 못한다. 왜냐하면, 교과교육에 관한 듀이의 견해 속에는 그러한 두 진영의 비판이 적극적으로 내세우는 생각이 모두 포함되어 있으며, 이들 두 진영의 비판은 각각 그러한 듀이의 포괄적인 견해를 특정한 관점에서 비판하고 있기 때문이다. 그러므로 그 혼란에서 벗어나기 위해서는 어느 한 진영의 비판을 부정하기보다는 양 진영의 견해를 종합하지 않으면 안 된다. 적극적으로 말하면, 이들 양 진영의 견해를 종합하는 것 이외에 교과교육에 관한 듀이의 견해를 온전하게 파악하는 별도의 방안은 있을 수 없다.

4. 교과교육의 조건

듀이의 교과교육이론은 그 이전에 있었던 전통적 교육을 비판하는 과정에서 탄생했으며, 진보주의 교육은 듀이의 그러한 이론을 특정한 관점에서 이어받은 것이라고 말해야 한다. 그러나 논리적 순서로 보면, 듀이의 교과교육이론은 앞 절에서 지적한 바와 같이 교과를 위주로 하는 전통적 교육과 학습자를 중시하는 진보주의 교육을 특정한 관점에서 종합하는 형태를 띤다. 전통적 교육과 진보주의 교육이 각각 교과와 학습자라는 상이한 거점에서 이들 양자를 분리시키는 잘못을 저지르고 있다는 점에서 보면, 듀이의 교과교육이론은 필연적으로 이들 양자가 따로 떨어져서 별도로 존재하는 것이 아니라 하나로 연결되어 있다는 아이디어를 핵심으로 삼을 수밖에 없다. 그의 경험이론에 나타난 용어를 빌려 말하면, 듀이의 교과교육이론은 학습자의 마음과 교과의 연속성을 핵심적인 개념으로 삼고 있으며, 그 개념은 그의 경험이론에 명백히 나타나 있는 바와 같이 학습자의 마음과 교과 사이의 교변작용을 설명하는 근거가 된다는 점에서 중요성을 띤다.

듀이의 교과교육이론이 학습자의 마음과 교과의 연속성과 그것에 근거한 양자 간의 교변작용에 관한 설명으로 이루어져 있다는 것은 경험이론과 교과교육이론의 관계에 관한 통설을 통해서 확인할 수 있다. 그 통설에 따르면, 듀이의 교과교육이론은 그의 경험이론이 교과교육이라는 구체적인 장면에 적용된 것 이외에 다른 것일 수 없다. 아닌 게 아니라, 교과교육은 인간이 의도적으로 영위해 온 전통적인 활동 중에서 가장 체계적인 형태의 경험에 해당하며, 그런 만큼 듀이가 경험이론을 교과교육이론으로 구체화하는 것은 하등 이상할 것이 없다. 그러므로 교과교육에 관한 듀이의 이론 속에는 경험이론을 설명하는 데에 동원되는 연속성과 교변작용이라는 개념이 그대로 녹아들어 있을 수밖에 없다.

듀이는 학습자의 마음과 교과가 따로 떨어져서 별도로 존재하는 것이 아니라 하나로 연결되어 있다는 점을 보이기 위하여 '흥미'라는 개념을 새롭게 규정하게 된다. 그가 흥미라는 개념을 어떻게 규정하는가는 통념상의 흥미에 대한 그의 비판을 통해서 충분히 짐작할 수 있다. 사실상, 진보주의 교육론자들은 심리적 취향으로서의 흥미를 방법의 측면에서 수용하는 것 이상으로 그것에 거의 전적으로 의존하여 교과를 새롭게 구성하려고 했다. 물론, 그들의 그러한 시도는 듀이의 생각과는 거리가 멀다. 듀이가 보기에 그들의 그러한 그릇된 시도는 근본적으로 흥미를 교과와 무관한 것으로 규정하는 데에서 비롯된 것이다.

듀이가 이 점을 시정하기 위하여 새롭게 규정한 흥미는 우리가 시시각각 나타내는 감정 중의 하나일 수 없다. 보통의 경우에 감정이라는 것은 우리의 마음속에 선천적으로 갖추어져 있는 실체를 가리킨다. 그리고 그것과 관련된 대상이 주어질 경우에 감정은 그것을 계기로 하여 외부적으로 표현된다. 그러나 적어도 듀이가 염두에 두고 있는 흥미는 그런 것이 아니다. 그것은, 어느 편인가 하면, 바깥에 있는 대상 속에 들어 있는 것으로서 그 대상과의 관계를 통해서 획득되는 것이다.

흥미에 관한 듀이의 이러한 견해에 따르면, 대상과 무관한 흥미는 도대체 있을 수 없다. 교과교육에서 학습자가 나타내는 흥미 역시 마찬가지다. 교과와 무관한 흥미가 있다면, 그것은 도대체 공허한 것일 수밖에 없다. 그래서 흥미는 오직 교과와의 관련을 통해서 획득되는 것이다. 흥미에 관한 듀이의 이러한 새로운 견해는 수학에 관한 다음과 같은 널리 인용되는 말을 통해서 보다 구체적으로 확인할 수 있다.

사실이나 진리가 공부—즉, 탐구와 사고—의 내용이 되는 것은 우리가 관

여하고 있는 사건, 또 그 결과가 우리에게 영향을 미치는 사건의 진행을 종
결짓는 데에 그 사실이나 진리가 고려해야 할 요인으로 등장할 때다. 수가
공부거리인 것은, 그것이 이미 수학이라는 학문 분야를 이루고 있기 때문이
아니라, 그것이 우리의 행위가 이루어지는 세상의 성질과 관계를 나타내기
때문이며, 우리의 목적 달성 여부를 결정하는 요인이 되기 때문이다. …학습
이나 공부는 단순히 학생들이 공부해야 할 과목으로 제시되는 한, 인위적이
고 비효과적인 것이 된다고 말할 수 있다. 그와 마찬가지로 공부가 효과적인
것으로 되려면, 학생이 다루는 수학적 지식이 자기에게 관심이 있는 활동의
결실을 얻는 데에 중요한 역할을 한다는 것을 알아야 한다. 사물이나 주제,
그리고 유목적적인 활동의 성공적 수행 사이의 이러한 관련이야말로 교육
에서의 흥미에 관한 진정한 이론의 알파요 오메가다(DE: 134-135).

　　교육에 관한 전통적 견해에 따르면, 교과 속에 들어 있는 사실이나 진리는
공부거리로서 이미 주어져 있다. 예컨대, 수는 학습자가 지금까지 어떤 삶을
살아오고 있으며 앞으로 어떤 삶을 살아가게 되는가와는 상관없이 이미 공부
거리로 자리 잡고 있으며, 그것이 공부거리가 된다는 것은 하등 의심의 대상
이 되지 않는다. 말하자면, 수를 비롯하여 교과 속에 들어 있는 지식은 그것이
각각의 학문을 이루고 있다는 바로 그 점에서 공부거리로 받아들여졌다.
　　그러나 교과에 관한 이러한 전통적 견해는 듀이의 등장으로 말미암아 비판
의 대상이 되었다. 즉, 교과를 이루고 있는 지식이 공부의 대상이 되는 것은,
그것이 교과를 이루고 있기 때문이 아니라, 학습자가 당면하는 사태를 종결
짓거나 그가 염두에 두고 있는 목적을 달성하는 데에 결정적인 요인이 되기
때문이다. 듀이가 보기에 교과 그 자체를 공부거리로 제시하는 것은 그 공부
를 비효과적으로 만들 뿐이다. 그래서 교과공부가 효과적으로 이루어지기 위
해서는 학습자로 하여금 교과가 자신이 도모하는 결실을 얻는 데에 중요한
역할을 한다는 점을 일깨워 주어야 한다.
　　듀이가 염두에 두고 있는 흥미는 이와 같이 학습자의 마음과 교과가 하나
로 연결된 상태를 가리킨다. 듀이가 흥미를 그것의 어원인 '사이에 있는 것

(inter-esse)'이라는 뜻에 근거하여 '거리가 있는 두 사물을 관련짓는 것'으로 규정하려고 한 것은 이 점에서 중요성을 띤다(DE: 149). 사실상 학습자의 마음이 그와 같이 교과에 집중되지 않는 만큼 교과교육은 온전하게 이루어질 수 없다고 말해도 전혀 틀리지 않는다. 그러므로 "교과공부가 효과적으로 이루어지기 위해서는 학습자로 하여금 교과가 자신이 도모하는 결실을 얻는 데에 중요한 역할을 한다는 점을 일깨워 주어야 한다"는 듀이의 주장은 다름 아닌 오직 그로 하여금 자신의 마음을 교과에 집중하도록 함으로써 이들 양자가 하나로 연결될 경우에 교과교육이 온전하게 이루어질 수 있다는 뜻으로 해석될 수 있다. 그리하여 듀이는 학습자의 마음과 교과를 하나로 연결시키는 것이 "교육에서의 흥미에 관한 진정한 이론의 알파요 오메가다"라는 주장에 이르게 된다.

물론, 흥미라는 개념을 통해서 이들 양자가 하나로 연결되어 있다는 견해는 표면상 학습자의 마음과 교과가 따로 떨어져 있다는 통념과 양립 불가능한 것처럼 보인다. 그렇기는 해도 듀이는 표면상 양립 불가능한 것처럼 보이는 그러한 두 가지 생각을 동시에 받아들일 수밖에 없는 불가피한 형편에 놓여 있었던 모양이다. 듀이가 어째서 그러한 두 가지 상반된 생각을 동시에 받아들이지 않으면 안 되었는가 하는 것은 이미 지적한 것이나 다름없다.

학습자의 마음과 교과가 따로 떨어져 있다는 통념은 엄연한 사실을 지적하는 것 이상으로 교과교육이 필요한 이유가 된다. 학습자의 마음과 교과가 따로 떨어져 있지 않다는 것은 이미 그의 마음속에 교과가 완벽한 형태로 들어 있다는 뜻으로 해석될 수 있으며, 그럴 경우에 교과교육은 더 이상 불필요한 것으로 되기 때문이다. 그러나 그렇다고 해서 이들 양자가 오직 따로 떨어져 있기만 해서는 안 된다. 그럴 경우에 교과교육은 도대체 불가능하거나 우연적인 것으로 되기 때문이다. 바꾸어 말하면, 주체와 대상의 연속성은 그들 사이의 교변작용이 일어나기 위한 조건이 된다. 그리하여 듀이는 교과교육의 필요성과 가능성을 지적하기 위하여 학습자의 마음과 교과 사이에 간극이 있다는 점과 더불어 이들 양자가 연속성을 나타낸다는 점을 부각시킨 것으로 생각된다.

5. 교과교육의 과정

듀이의 예술이론은 교변작용이라는 평면의 좌우에 횡적으로 위치하는 주체와 대상이 하나로 연결되어 있다는 점, 그리고 주체와 대상의 교변작용은 그러한 연속성에 근거하여 일어난다는 점을 가장 세부적인 수준에서 보여 주기 위해서 마련된 것이다. 듀이의 흥미이론은 그러한 예술이론을 구축하면서 내내 품고 있었던 주체와 대상의 연속성을 명시적으로 지적하는 것에 지나지 않는다. 그러므로 듀이가 흥미라는 개념을 통해서 지적하는 학습자의 마음과 교과의 연속성은 이들 양자가 관계를 맺을 수 있는 근거에 해당한다고 말해야 한다. 교과교육 속에서 이들 양자가 관계를 맺는 과정—듀이의 용어를 빌려 말하면, 학습자의 마음과 교과 사이에 일어나는 교변작용의 과정—은 이 점에서 연속성에 근거하여 설명될 수밖에 없다.[5] 듀이의 다음과 같은 말은 교과교육이 학습자의 마음과 교과의 연속성을 기반으로 하여 일어나는 교변작용으로 설명될 수 있다는 점을 보여 주는 것으로 받아들일 수 있다.

> 아동과 교과 사이의 차이를 정도의 차이로 이해하려면 우선 아동들의 현재 경험을 완전히 성장한 것 또는 완성된 것으로 보는 생각을 버려야 합니다. 아동의 경험은 살아 움직이는 것이며, 흐르는 물처럼 끊임없이 변화하는 것이고, 새싹처럼 앞으로 성장할 가능성을 내포하고 있는 것입니다. 그리고 아동과 교육과정은 서로 대립되는 것이 아니라 단지 교육이라는 활동

---

5) 격물치지론과 관련된 왕양명의 다음과 같은 일화는 듀이의 연속성을 이해하는 데에 좋은 단서를 제공한다. 그는 어느 봄날 동료들과 소풍을 갔다가 산에 붉게 핀 진달래를 보고 다음과 같은 질문을 했다고 한다. "저 산에 붉게 핀 진달래와 나의 마음 사이에 하등 닮은 점이 없는데도 어떻게 그 사이에 교섭이 있을 수 있는가?" 왕양명은 이 질문과 목숨을 건 한판 대결을 강행한 결과로 "마음 바깥에 사물이 없다(心外無物)"는 기본적인 명제를 얻게 되었다고 한다. 왕양명의 질문과 관련하여 해석하면, 마음이 곧 진달래요 진달래가 곧 마음인 그런 상태가 있다는 것이 왕양명의 생각이며, 그는 그 생각에 근거하여 마음과 세계의 교섭과정을 설명하게 된다(전습록, 하75).

을 명확하게 규정지어 주는 양 끝일 뿐입니다. 두 점이 하나의 직선을 규정해 주는 것과 마찬가지로 아동의 현재 상태와 교과를 구성하는 사실과 지식은 가르치는 활동을 규정해 줍니다. 교수활동은 아동의 현재 경험으로부터 교과라고 부르는 조직된 지식의 체계로 움직여 가는 계속적인 재구성 과정을 가리킵니다. 그러므로 아동과 교과 사이의 차이를 정도의 차이로 받아들이려면 우리는 무엇보다도 교과를 아동의 경험 밖에 있는 것으로 보거나 원래부터 주어진 것이며 불변하는 것으로 보는 종전의 생각을 과감히 내던져야 합니다(CC: 44).

앞의 인용문에 나타난 마지막 문장은 교과교육에 관한 상식적인 견해를 겨냥한 듀이의 비판을 담고 있는 것으로 생각된다. 보통의 경우에 학습자의 마음은 그릇과 같은 물리적 공간으로 생각되며, 교과 또한 학습자의 마음 바깥에 있는 하나의 실체로 간주된다. 물론, 학습자의 마음과 교과에 관한 그러한 상식적인 생각이 완전히 그릇된 것이라고는 말할 수 없을지 모른다. 그렇기는 해도 그러한 생각은 결코 온전한 생각일 수 없다. 듀이의 입장에서 말하면, 그러한 상식적인 생각에서는 학습자의 마음과 교과 사이에 엄연히 일어나는 교변작용이 도저히 설명되지 않는다. 그럴 경우에 교과교육은 우연히 일어나는 것에 지나지 않는 것으로 되며, 급기야 교과교육의 목적은 어떤 것으로 되어도 좋다는 생각이 득세하게 된다. 교과교육에 관한 상식적인 생각은 이 점에서 결정적인 난점을 드러낸다. 그리고 듀이는 그 난점을 경계하기 위하여 그러한 상식적인 생각을 강하게 부정한다.

듀이가 교과교육에 관한 상식적인 생각을 부정하면서 제시하는 대안이 어떤 것인가 하는 것은 다음과 같은 문장에 나타나 있다. 교과에 대한 아동의 경험은 "살아 움직이는 것이며 흐르는 물처럼 끊임없이 변화하는 것이며", 학습자의 마음은 언제나 "새싹처럼 앞으로 성장할 가능성을 내포하고 있다"는 것이 바로 그 대안이다. 교과교육을 통해서 학습자의 마음이 성장한다는 것은 어렵지 않게 받아들일 수 있겠지만, 교과가 유동적이고 생동적인 것이라는 생각은 쉽게 납득되지 않을지 모른다. 교과에 관한 듀이의 그 생각이 쉽게 납득되지 않는 것은 그 말을 문자 그대로 받아들이기 때문이다. 사실상, 교과가 교육의 과정 속으로 들어온다고 해서 그 자체에 무엇인가 덧붙여지거나 그 속에 들어 있던 어떤 것이 밖으로 빠져나가는 식의 물리적인 변화를 겪게 되는 것은 아니다. 그럼에도 불구하고 교과가 유동적인 것이나 생동적인 것으로 된다고 말한다면, 그 말은 그러한 물리적 변화를 가리키는 것이 아니라 교과를 바라보는 우리의 시각의 변화 또는 논리적 분석을 통해서 드러나는 교과의 성격의 변화를 가리킨다고 볼 수밖에 없다. 교과의 성격은 학습자와 무관하게 그 자체로 규정될 수 있다는 상식적인 생각과는 달리, 오직 학습자와의 관련 속에서 혹은 이들 양자의 교변작용 속에서 규정될 수 있다는 것이 듀이의 입장인 셈이다(CC: 46).

　교과의 성격을 규정하는 방식에 관한 듀이의 이러한 생각은 학습자의 마음을 규정하는 데에도 그대로 적용될 수 있다. 교과교육을 통해서 학습자의 마음이 성장한다는 듀이의 말은 하등 특이할 것이 없는 상투적인 말로 보일지 모른다. 그러나 그것을 그저 평범한 말로 받아들일 경우에 그 말은, 교과교육에 관한 통념이 보여 주는 바와 같이, 바깥에 있는 교과가 학습자의 마음속으로 들어와서 그 내용물이 양적으로 늘어난다는 뜻으로 파악될 수밖에 없다. 그리하여 학습자의 마음이 교과교육을 통하여 계속적으로 재구성된다는 마지막 문장은 마치 컴퓨터의 디스크에 데이터를 저장하듯이 교과의 표면을 이루고 있는 문자를 그대로 학습자의 마음속에 옮겨 놓는다는 뜻을 나타내는 것으로 전락하게 된다.

　그러나 듀이를 옹호하는 사람이든 비판하는 사람이든지 간에 교과교육을 그와 같이 학습자로 하여금 교과 속에 들어 있는 문자를 그대로 기억하도록 하는 일로 간주하는 사람은 아무도 없을 것이다. 오늘날 주입식 교육이라는 부정적 용어로 지칭되는 그런 종류의 일은 교과교육에서 척결해야 할 대상으로 간주되고 있다. 듀이는 그런 종류의 교육을 비판하는 사람의 선두주자라고 말해도 전혀 틀리지 않을 것이다. 셋째 문장에 나타난 "아동과 교육과정은 단일한 과정의 양 끝에 불과하다"는 말은 교과교육에 관한 통념 속에 들어 있는 그러한 불행한 사태를 경계하고, 교과교육이 학습자의 마음과 교과의 교변작용으로 파악되어야 한다는 점을 지적하기 위한 예비적인 작업으로 생각된다.

듀이의 이 말을 이어지는 문장과 관련지어 말하면, 먼저 이 말에 나타난 '한 가지 과정'이라는 것은 확실히 교과교육을 가리킨다고 보아야 하며, 아동과 교육과정을 각각 학습자의 마음과 교과로 바꾸어 읽어도 무방하다. 그러므로 이 말은 학습자의 마음과 교과가 비록 교과교육이라는 한 가지 과정의 '양 끝'에 해당하는 만큼 다르다고 보아야 하겠지만, 바로 그 '한 가지 과정'의 양 끝에 해당한다는 점에서 하나로 연결되어 있다는 뜻으로 읽을 수 있다. 이러한 점에서 학습자의 마음과 교과의 연속성을 지적하는 것으로 받아들일 수 있다. 앞의 인용문에서 직접적으로 지적하고 있지는 않지만, 셋째 문장이 보여 주는 학습자의 마음과 교과의 연속성은 이들 양자 사이의 교변작용을 설명하는 개념적 도구가 된다. 그리고 학습자의 마음이 교과 그 자체가 되는 계속적인 재구성의 과정은, 마지막 문장이 보여 주는 바와 같이, 바로 그 연속성을 기반으로 하여 일어나는 교변작용으로 설명될 수 있다.

듀이의 이론체계 내에서 교과교육에 관한 설명은 이와 같이 학습자의 마음과 교과의 교변작용을 드러내는 일로 귀착된다. 그러나 학습자의 마음과 교과 사이의 교변작용의 세부적인 과정에 관한 듀이의 직접적인 설명은 어디에서도 찾아볼 수 없다. 그러므로 교변작용이 일어나는 세부적인 과정을 드러내기 위해서는 그의 이론 밖으로 시선을 옮길 수밖에 없다. 듀이의 교과교육이론은 이러한 방식으로 보완될 필요가 있다. 장차 이 방면의 연구가 기대된다.

[자료 2]

지식의 구조와 발생적 인식론

    브루너의 '지식의 구조'라는 개념은 거의 모든 교육학도에게 매우 익숙한 개념 중 하나다. 주지하다시피 그것은 1950년대 미국교육에서 선풍을 일으키고 있던 진보주의 운동과 이 운동의 핵심적인 위치에 있었던 생활적응교육 운동의 열풍을 잠재우고 학문중심 교육과정 운동의 키워드가 되었던 개념이다. 지식의 구조를 핵심 개념으로 하는 학문중심 교육과정 운동은 미국을 넘어서 세계로 퍼져 나갔을 뿐만 아니라, 우리나라의 교육에도 큰 영향력을 발휘하였다. 그러나 이렇게 선풍을 일으킨 학문중심 교육과정 운동은 기대와는 달리 그다지 성공을 거두지 못하고 얼마 가지 않아서 식어 버린 실패한 운동으로 여겨지고 있다.

    일반적으로 교육개혁이 성공하지 못하고 실패로 끝나는 데는 여러 가지 이유가 작용한다. 학문중심 교육과정 운동의 실패에도 여러 가지 이유가 작용한 것으로 보인다. 브루너는 지식의 구조라는 개념을 등장시킨 『교육의 과정』이 출판된 시점으로부터 10년이 지난 후에 자신의 생각을 토로하는 글에서 학문중심 교육과정 운동이 실패한 이유를 이렇게 적고 있다.

    우리는 교육과정 개발사업에 미처 예상하지 못했던 몇 가지 측면이 있었

다는 것을 알게 되었다. 이들 측면은 주로 교육과정이 개발된 뒤부터 문제
시되는 것이다. 첫 번째 문제는 교육에서의 관료주의 문제, 교육자료의 채
택과 배포 등에 관한 문제다. 이것은 최근에 출판된 ASCD(장학 및 교육과
정 개발협회)의 연감[1] 한 권이 몽땅 이 문제를 다루고 있을 정도로 중요한
문제다. 두 번째 문제는 이보다 더 심각한 문제로서 교육과정을 사용할 교
사를 훈련하는 문제다. 이들 두 가지 문제는 아직 해결되지 않고 있다. 첫
번째 문제는 재정적 곤란 때문이며, 두 번째 문제는 교사의 채용과 훈련 및
지도가 원래 정말로 까다로운 문제이기 때문이다. 나는 이 분야에 대하여
잘 안다고 자처할 수 없다(Bruner, 1971).

　브루너가 지적하고 있듯이, 교육과정의 개정과 개혁에는 후속적인 작업이
필요하며, 이를 위해서는 행정적 지원과 함께 재정적 지원이 필요하다. 그는
이 점을 간과하여 학문중심 교육과정 운동이 원래의 의도대로 성공하지 못하
였다고 회고하고 있다.
　교육과정의 개정이나 개혁의 성공이나 새로 마련한 교육과정의 원활한 시
행을 위해서는 행정적 조처와 재정적 지원이 필요한 것은 사실이지만, 거기
에는 그것 못지않게 중요한 것이 있다. 그것은 새롭게 마련된 교육과정의 의
미와 취지를 충분히 이해하는 것이다. 특히, 교육과정을 운영할 교사들이 새
로운 교육과정에 들어 있는 아이디어를 제대로 이해하는 것은 그 무엇보다도
중요하다. 그렇지 못할 경우에 새로운 교육과정이 제대로 운영될 가능성은
거의 없다. 특히, 새로운 교육과정의 아이디어가 종래의 교육과정의 아이디
어에 비하여 혁신적일 경우에 이 문제는 더욱 심각성을 띤다. 실지로 지식의
구조에 함의되어 있는 교육적인 아이디어는 상식적인 것이 아니다. 지식의
구조는 교육과정에 관한 한 혁신적인 아이디어로 평가되고 있다. 지식의

---

1) Vernon F. Haubrich (Ed.) (1971). *Freedom, Bureaucracy, and Schooling* (ASCD Year-
　book). Washington D. C.: Association for Supervision and Curriculum Development.

구조는 교육내용에 관한 아이디어를 넘어서 교육방법과 그것을 왜 그런 방법으로 가르쳐야 하는지에 관해서 설명하는 일종의 교육관에 관한 혁신적인 아이디어인 것이다(이홍우, 2006b: 이홍우 외, 2003).

지식의 구조라는 아이디어가 혁신적인 아이디어로 평가될 정도로 새로운 아이디어인 까닭에, '지식의 구조를 가르친다'는 것이 정확하게 무엇을 어떻게 가르치는 일을 뜻하는가는 일반인들이 쉽게 이해하기 어려울 것이다. 이와 같은 짐작은 현실로 나타나 학문중심 교육과정 운동을 실패하게 만드는 중요한 원인이 되었다. (브루너가 강조하고 있는 행정적 지원과 재정적 지원은 교육과정 운동에 참여하고 있는 사람들로 하여금 새로운 교육과정에 관한 충분한 이해를 촉구하기 위한 사전적인 조처로 이해하여도 무방할 것이다.) 학문중심 교육과정 운동의 실패를 초래한 지식의 구조에 관한 오해와 이해의 부족은 정확하게 어떤 것인가? 이 질문에 대한 대답은 다음의 내용을 통해서 확인할 수 있다.

> 학문중심 교육과정에서 교과의 의미로 내세운 지식의 구조—학문을 이루고 있는 일반적인 개념과 원리들이 각각 그 학문의 구조적 특징을 나타내면서 서로 일사불란한 관계를 맺고 있는 상태—는 일차적으로 해당 교과에서의 교육의 내용 전체를 하나의 고정된 시점에서 요약해 놓은 교육내용의 청사진에 해당한다. 그것은 교육과정이 당연히 거쳐야 할 시간계열을 초월한, 교육내용의 '무시간적 차원'을 나타낸다. 이것을 '시간적 차원'에서 또는 교육의 시간계열과 관련지어 해석한다면, 지식의 구조는 교육의 완성된 단계에서 나타나는 교육내용의 모습을 가리킨다고 말할 수 있다. 그러나 지식의 구조라는 아이디어에 의하면, 교육내용의 무시간적 차원은 시간계열의 고리 하나하나에 그대로 반영되어야 한다. 그 아이디어에 충실하게 교육하자면 마치 한 시간 한 시간의 수업이 교육의 완성단계인 것처럼 하지 않으면 안 된다. 이것은, 교육은 한꺼번에 완성될 수 있는 것이 아니요, 오랜 시간을 두고 조금씩 조금씩 점진적으로 눈에 띄지 않게 이루어질 수밖에 없다는 교육의 불가피한 여건을 올바르게 존중하지 않는 처사다(이홍우, 2003: 271).

　지식의 구조가 지니고 있는 무시간적 차원을 존중하지 못한 탓으로 교사도 학생들도 지식의 구조에 대한 이해가 부족하였다는 것이 지식의 구조와 관련된 교육혁신 운동이 실패한 이유라는 것이다. 지식의 구조의 '무시간적 차원'이 어떤 것인지에 관한 구체적인 논의는 다음에서 다루겠지만, 앞의 인용문이 담고 있는 요지는 지식의 구조에 대한 정확한 이해가 부족하다는 것이다. 그리고 그 요지는 오직 학문중심 교육과정 운동이 활발하게 전개되고 있었던 그 당시의 상황만을 지적한 것으로 보이지는 않는다. 왜냐하면, 지식의 구조가 지니고 있는 그러한 성격을 이해하는 일은 오늘날 우리에게도 용이한 것이 아니기 때문이다. 지식의 구조에 관한 많은 연구가 이루어진 지금의 시점에서도 그것에 관한 이해는 제대로 이루어지고 있지 않은 것으로 보인다.

　언뜻 보기에, 지식의 구조에 대한 이해가 제대로 이루어지지 않고 있을지도 모른다는 연구자의 추측은 쉽게 납득되지 않을지 모른다. 사실상, 브루너의 지식의 구조는 많은 학위논문의 주요 주제로 다루어져 왔다. 그리고 이홍우(1979, 2006b)와 박재문(2003)은 지식의 구조를 주제로 한 단행본을 발간하기까지 하였다. 그럼에도 불구하고 지식의 구조에 대한 연구와 이해가 미진하다고 할 수 있는가? 그렇지 않다고 보아야 할 것이다. 단지, 연구자가 보기에 지식의 구조의 생성과 발달에 관한 설명이 미진한 것이다. 앞서 지적한 무시간적 차원의 성격도 이 부분과 관련되어 있는 내용이다. 이하의 논의에서 지식의 구조에서의 '구조'는 발생론으로 설명되어야 하는 개념이며, 그렇게 이해되어야만 지식의 구조에 관한 이해가 완성될 수 있다는 점을 밝히려고 한다.

1. 지식의 구조

　브루너는 지식의 구조라는 개념을 자신이 의장으로 참여한 우즈호올 회의의 보고서인 '교육의 과정'에서 등장시키고 있다. 그렇지만 그가 그 보고서

속에서 말하는 지식의 구조가 무엇을 의미하는지를 알아보고자 하는 사람은 틀림없이 실망하게 될 것이다. 왜냐하면 그 책의 어디에서도 지식의 구조에 관한 직접적인 규정을 찾아볼 수 없기 때문이다. 뿐만 아니라 '지식의 구조'라는 개념의 핵심적인 부분인 '구조'에 관한 친절한 설명도 찾을 수 없다. 다만 곳곳에서 지식의 구조와 더불어 구조의 의미를 짐작해 볼 수 있는 언급이 등장할 뿐이다. 특히, 브루너는 '구조의 중요성'이라는 제목이 붙어 있는 그 책의 두 번째 장에서 지식의 구조라는 개념을 '일반적 아이디어'(개념이나 원리)와 상호 교환적으로 사용하고 있다(Bruner, 1960: 66).

그리고 그 의미를 짐작할 수 있는 가장 중요한 단서는 '지식의 구조'가 지식의 첨단에 있는 학자들과 학교에서 공부하는 학생들 사이, 다시 말하여 고등지식과 초등지식 사이의 간극을 좁혀 준다는 발언이다. 이는 학교에서 배우는 교과를 '지식의 구조'가 아닌 다른 것으로 규정할 경우에, 고등지식과 초등지식 간의 간극은 커지고, 그 결과로 학교에서 배우는 지식은 학자들이 공부하는 지식과는 전혀 다른 것이 될 수 있다는 점을 보여 주고 있다. 브루너는 이 부분에 관하여 다음과 같이 말하고 있다.

　　여러 학문 분야에서 지식이 크게 진보하였음에도 불구하고, 이 진보가 학교교육의 내용에 전혀 반영되지 않고 있다. 그 결과로 학문의 위계상으로 보아 '머리'라고 할 만한 전문 분야와 '꼬리'라고 할 만한 교육 사이에 커다란 간극이 생기게 되었다. 또한 특별히 과학자와 기술자를 충분히 배출하지 못하고 있다는 두려움이 사람들의 마음을 크게 사로잡고 있다(Bruner, 1971: 375).

예컨대, 물리학자가 공부하는 물리학과 초등학생이 공부하는 물리학 사이에 간격이 벌어질 경우에, 그만큼 초등학생이 공부하는 물리학은 물리학이 아닌 것이 되는 셈이고, 그것은 물리학을 잘못 가르치는 결과를 초래하게 될 것이다. 이러한 불행한 사태를 방지하기 위해서는 초등학교에서의 물리학과

학자들의 물리학은 동일한 것이 되어야 하고, 그것이 동일한 것이 되기 위해서는 학생들이 물리학의 '지식의 구조'를 공부하여야 한다는 것이다. 브루너는 이러한 입장을 "물리학을 공부하는 초등학교 3학년 학생은 물리학자와 동일한 일을 한다"는 말로 대신하고 있다.

물리학을 공부한 초등학생이 물리학자와 동일한 일을 한다면 그것은 다름이 아니라 물리학이다. 브루너는 이것을 '물리학의 구조'라고 말하고 있다. '물리학의 구조'라는 것은 이 점에서 다른 것이 아니라 바로 물리학자들이 공부할 때 하는 물리학을 가리킨다고 말할 수 있다. 그런데 왜 물리학을 대신하여 '물리학의 구조'라는 용어를 사용하는가? 당연히 제기될 수 있는 질문이다. 단순히 물리학이라고 해도 무방한 것을 거기에 '구조'라는 말을 덧붙여서 '물리학의 구조'라고 한 것은 교육내용으로서의 물리학을 특별한 것으로 만들기 위한 한 가지 조처로 여겨진다. 그렇다고 하면 '구조'라는 말을 덧붙임으로써 드러내고자 하는 교육내용으로서의 물리학은 도대체 어떤 것인가?

박재문(1998)은 지식의 구조를 구조주의와 관련지어서 설명하고 있다. 그는 '학문의 기저를 이루는(underlying)'이라는 표현을 단서로 하여 지식의 구조를 구조주의에서의 구조와 동일한 성격을 지닌 것으로 해석하고 있다. 첫째, 구조주의에서의 구조는 표면상에 나타나 눈으로 관찰할 수 있는 것이 아니라 대상의 저변에 숨어 있다는 특징이 있다. 구조란 현상이 아니라 그 모든 것의 이면에서 그것을 조정하는 규칙이나 원리다. 둘째, 구조의 성격은 변형에 있다. 구조는 다양하게 변형되어 나타나지만, 그 원형은 변하지 않는다. 셋째, 구조는 전체성(wholeness)을 지닌다. 구조에 전체성이 있다는 말은, 요소들이 모여서 구조를 이루고 있는 것이 아니라, 먼저 전체적인 구조가 있고 요소는 그 전체적인 구조에 비추어 의미를 가진다. 구조는 이 점에서 요소의 단순한 총합이 아니라 그 이상인 것이다. 넷째, 구조는 현상을 보는 개념적 도구가 된다. 구조의 성격을 이렇게 설명한 박재문은 이를 종합하여 다음과 같이 주장하고 있다.

지금까지의 '구조의 성격'을 종합하여 말한다면, 다음과 같이 말할 수 있을 것이다. 즉, 구조는 요소와 요소 간의 관계이며, 이것은 변형의 규칙에 따라 관계망(전체)를 이루고 있는 추상적인 구안이며, 동시에 이 추상적인 구안을 통하여 사물이나 현상의 저변에 스며 있는 원리나 법칙을 찾아내는 또는 볼 수 있는 수단이라고 말할 수 있다(박재문, 1998: 43).

박재문은 구조주의의 이러한 성격이 '지식의 구조'에서의 구조의 성격에 해당하는 것으로 해석하고 지식의 구조를 이러한 특성으로 설명하고 있다. 구조주의에서 설명되는 구조의 특징이 교과에도 그대로 적용될 수 있다는 것이다. 그는 구조의 특성인 요소와 요소 간의 관계나 변형규칙 등이 교과에서도 확인될 수 있다는 점을 '지식의 구조: 재해석'이라는 제목의 장에서 설명하고 있다.

이홍우(1998)는 브루너의 지식의 구조와 피터즈의 지식의 형식을 비교하여 설명하는 글에서 구조의 성격을 '총체로서의 지식'이라고 주장하고 있다.

물리학이 구조를 이루고 있다는 것은 우선 물리학이 하나의 총체로서의 지식을 이루고 있다는 뜻입니다. 여기서 '총체'라는 것은 매우 특별한 의미를 가지고 있습니다. 총체라는 것은 구성 요소와 그 상호 관련으로 이루어져 있습니다마는, 예컨대 물리학의 경우라면, 물리학이라는 총체를 이루고 있는 구성 요소는 모두 물리학 안에 있고, 또 오직 그 구성 요소끼리만 상호 관련을 맺고 있습니다. 이 말은 곧 물리학의 성격은 물리학 안에 있는 구성 요소 간의 관계에 의하여 특징지어질 뿐, 그 성격을 파악하는 데에 어떤 외적 요소의 힘도 필요 없다는 뜻입니다. 물리학의 그 특이한 성격을 부여하는 것, 또는 달리 표현해서, 물리학을 물리학답게 하는 것은 그 구성 요소끼리의 상호 관련입니다. 이것을 물리학의 '구조적 특징'이라고 부를 수 있을 것입니다(이홍우, 1998: 381).

그는 그 이후에 초등학교 3학년 학생이든 고등학교 3학년 학생이든 간에

학생이 물리학을 공부할 때 배워야 하는 것은 물리학의 단편적인 지식이 아
니라 이 구조적 특징을 배워야 한다고 주장하고 있다. 그럴 경우에 학생들이
배우는 물리학은 물리학자가 공부하는 물리학과, 비록 그 수준에서는 차이가
있다고 하더라도, 그 종류에서는 완전히 동일한 것이 된다는 것이다.

지식의 구조에서 구조의 성격에 관한 이러한 설명은 브루너가 제기한 문제
의식, 즉 초등학교나 중등학교에서 배우는 물리학에 학자들이 하는 물리학이
반영되어 있지 않다는 문제의식을 제대로 반영하고 있는 것으로 보인다. 즉,
거기에는 초등학생의 물리학과 물리학자의 물리학이 동일한 것이어야 한다
는 문제의식을 제대로 반영하고 있으며, 그래서 잘못되고 있는 물리학 교육
을 바로잡을 수 있다는 확신을 가질 수 있을 것으로 보인다. 그러나 이러한 우
리의 확신이 성공을 거두지 못하고, 학교교육에서는 지식의 구조를 제대로
가르치지 못하는 결과를 초래하고 말았다. 여기에서는 그 원인을 자세하게
논의하는 대신에 상식적인 수준에서 그 원인을 짐작해 보겠다.

예컨대, 우리가 1960년경의 미국 초등학교 교사라고 가정하자. 그리고 아
이들에게 브루너의 주장대로 물리학의 구조를 교육내용으로 하는 수업을 계
획하고 있다고 상상하자. 그렇다면 반드시 "초등학교 3학년의 물리학이나 고
등학교 3학년의 물리학이, 심지어는 물리학자의 물리학이 동일하여야 한다"
는 지식의 구조에 관한 언급을 검토할 수밖에 없을 것이다. 지금 이 시점에 있
는 우리에게도 이 명제의 진위가 의심스럽게 느껴진다는 것을 감안하면,
1960년경에는 말할 필요도 없이 그것은 도저히 믿을 수 없는 사실이었을 것
이다. 아마도 이런 어려움은 브루너가 지적한 대로 충분한 교사들의 연수가
있었더라도 극복하기 어려웠을 것으로 짐작된다. 앞서 확인한 '무시간적 차
원'을 무시한 것은 이러한 맥락에서 극복하기 어려운 것으로 보인다.

초등학생의 물리학과 물리학자의 물리학이 동일한 구조를 지녀야 한다는
브루너의 주장을 제대로 이해하기 위해서는 초등학생의 물리학과 물리학자
의 물리학이 동일하다는 점에서 검토되어야 하는 것이 아니라, 그들 간의 차
이가 무엇인지를 중심으로 검토되어야 한다. 흔히 지적되고 있는 '수준의 차

이'가 그 차이의 전부인가? 그리고 그것은 무엇을 뜻하는가? 최소한 이런 관점에서라도 검토되어야 할 것이다. 나아가 무시간적 차원의 지식의 구조가 시간 계열을 따라 완성되어 간다면, 초등학생의 물리학은 물리학자의 물리학에 비해 조잡한 것이며, 그런 만큼 이들 양자는 다른 것이다. 그럼에도 불구하고 이들 양자가 동일하다고 말할 수 있는 근거는 무엇인가?

연구자는 이 문제를 지식의 구조의 발달과 관련하여 설명하려 한다. 지식의 구조가 발달한다는 것은 구조가 변화한다는 뜻이다. 이와 같이 구조가 변화함에도 불구하고 여전히 동일한 구조를 지닌다는 것은 어떻게 설명될 수 있는가? 연구자는 이 질문을 중점적으로 논의하려고 한다. 연구자는 이를 위해 발생적 인식론에서의 구조의 변화, 즉 인지구조의 변화의 아이디어를 도입할 것이다.

2. 발생적 인식론

발생적 인식론은 어떤 이론인가? 그것은 간단히 말해서 인식의 근원과 발달에 관한 피아제의 주장이다. 인식론을 공부하는 사람들에게 '인식은 어떻게 생겨나서 발달하는가' 하는 질문은 가장 근본적인 질문이며, 이 질문을 해결하는 일은 인식론과 철학의 중요 과제로 여겨졌다. 철학의 영역에서는 이 질문에 대한 답으로 상반된 두 가지 대답을 제시해 왔다. 그중의 하나는 데카르트로 대표되는 '선천설(apriorism)'로, 수와 논리의 개념은 선천적으로 주어진 본유관념이며, 그것을 활용하는 능력은 경험 없이 연습만으로 획득할 수 있다는 주장이다. 다른 하나는 로크로 대표되는 '경험설'로, 인간은 아무런 관념이 없는 백지상태로 태어나지만, 감각기관을 통해서 들어오는 정보를 축적함으로써 지식의 생성과 발달이 이루어진다고 설명한다.

인식론에 관한 이들 양극단적인 주장은 칸트에 의해서 종합된 것으로 알려져 있다. 칸트는 감각기관을 통해서 들어오는 감각적 자료들이 지식을 형성하는 요소가 되기는 하지만, 그것만으로는 지식이 형성되고 발달하는 것이 아니라고 주장했다. 바꾸어 말하면, 이 감각 자료들은 시간과 공간, 그리고 인과개념과 같은 선험적인 범주에 의해서 재구성됨으로써 비로소 지식으로 형성된다는 것이다. 칸트의 이런 주장은 경험론의 주장과 선천설의 주장을 종합한 것으로 평가되고 있다.

철학의 입장에서 보면, 발생적 인식론은 칸트의 입장과 동일한 입장을 취하고 있다. 함린은 『경험과 이해의 성장』이라는 책에서 이들 세 입장을 '구조'와 '발생'이라는 용어를 사용하여 규정하고 있다. 즉, 그는 경험론을 '구조 없는 발생', 선천설을 '발생 없는 구조', 그리고 종합설을 '구조 있는 발생'이라고 명명하면서 이들 이론을 설명하고 있다. 함린이 설명하고 있는 '구조 있는 발생'은 다름이 아니라 바로 피아제의 발생적 인식론을 가리키는 것이다. 피아제가 인식의 출발과 발달에 '발생'이라는 생물학적 개념을 도입한 것은 인식의 문제에 대한 철학적인 설명만으로는 부족하다고 생각하면서, 그 대안으로 과학적인 설명을 시도하기 위한 방편으로 이해될 수 있다(장상호, 1999: 16). 피아제는 이러한 자신의 입장을 다음과 같이 설명한다.

우리는 철학과 과학 간의 경계가 항상 유동적으로 변한다는 점을 기억할 필요가 있다. 왜냐하면, 그 경계는 당면한 문제 그 자체에 의해서 결정되는 것이 아니기 때문이다. 분명하게 과학적이라거나 분명하게 형이상학적이라고 말할 수 있는 문제는 결코 있을 수 없다. 다만, 철학과 과학의 경계는 그 문제의 가능한 한계와 우리로 하여금 이처럼 한정된 질문을 실험, 논리-수학적인 공식, 혹은 그 모두에 의존하여 처리할 수 있게 하는 방법상의 선택에 의해서 결정된다. 따라서 나는 '발생적 인식론'을 꿈꾸어 왔다. 이는 지식의 문제들을 '지식이 어떻게 형성되는가'라는 질문을 취급하는 것으로 한정시킨다. 이 질문은 모두 지식의 형성과 역사적인 발전에 관심을 갖는다. 그러나 과학적인 학문의 성공을 판정하는 기준은 협동이다. 그리고 철학의 환상에서 깨어난 이래, 나는 점차 어떤 개인의 작업도 그것이 가지는 잠재적인 결함에 의해서 그 가치가 떨어지게 마련이며, 또한 어떤 사람이

피아제의 체제를 논의한다면 이는 그만큼 나 자신의 실패를 결론적으로 입
증하는 것이라는 견해를 갖게 되었다(Piaget, 1971: 28-29).

피아제는 '지식은 어떻게 형성되는가' 하는 문제를 과학적으로 해명할 수
있다고 하면서 이를 위한 한 방편으로 인식에 대한 발생론적 설명을 시도한
다. 그에 의하면, 발생적 인식론의 과제는 지식이 성장하고 발달하는 기제와
하등 지식이 고등 지식으로 발달하는 경로를 밝히는 것이었다.

피아제가 지식과 관련된 질문들—지식이 성장하는 기제는 무엇인가, 그리
고 지식이 발달하는 경로는 무엇인가—에 대답하기 위해서 구안한 개념은
'구조'이며, 그 구조의 생성과 발달을 설명하기 위해서 도입한 개념이 바로
'발생'이다. 피아제는 생물학적 적응기제가 인간의 지적인 적응행동을 설명
하는 데에 동원될 수 있다는 기본적인 입장을 지니고 있었다. 그래서 그는 아
동의 지적 발달이 애초에 생물학적인 적응에서부터 시작된다고 믿었다. 다시
말하면, 그는 인지적 적응을 생물학적 적응의 확장으로 보았다(Piaget, 1971:
185). 피아제는 이런 생각을 바탕으로 하여 지능을 생물학적 적응의 한 가지
특수한 사례로 정의한다(Piaget, 1952: 4). 여기에서 특수한 사례라는 것은 지
적 적응이 단순히 물질적인 것을 뛰어넘는 좀 더 고차원적인 성격을 띤다는
점을 지적하는 것이다(장상호, 1999: 27). 피아제는 지능을 다음과 같이 규정
하고 있다.

지능이라는 것은 인지적 구조가 지향하는 조직화와 평형화의 우월한 형
태를 나타내는 발생적 용어일 뿐이다. 그것은 가장 고도로 발달된 형태의
정신적인 적응, 다시 말해서 인식의 주체와 우주 간의 상호작용이 보다 원
격적이고 안정된 관계를 이룩하기 위해서 직접적이고 순간적인 접촉을 극
복하는 데에 필수불가결한 도구다. …그러나 그것의 근원은 일반적으로 감
각동작적인 것, 혹은 심지어 생물적 적응 자체와도 구분될 수 없다(Piaget,
1972: 7).

이와 같은 피아제의 진술은 지능이라는 것이 성격상 고차원적인 성격을 띠지만, 거기에 도달하기까지는 저차원적인 것일 수밖에 없다는 점을 지적하는 동시에, 지적 적응을 위한 구조가 발달한다는 점을 시사하고 있다. 피아제의 인지발달은 한마디로 표현하면 인지구조의 변화로 요약될 수 있다. 피아제는 지능의 발달을 설명하기 위하여 '기능'과 '구조'라는 개념을 도입한다. 기능이란 유기체에게 불변으로 작용하는 기제로서 적응과 조직화라는 두 측면으로 이루어져 있다. 적응은 동화(assimilation)와 조절(accommodation) 사이의 평형(equilibrium)을 유지하려는 타고난 경향을 말한다. 유기체는 새로운 환경에 접하면 그것을 그대로 수용하는 것이 아니라 유기체가 지니고 있는 기존의 구조에 부합되도록 변형시킨다. 이것이 바로 동화다. 그리고 조절은 기존의 인지구조를 새로운 환경에 부합되도록 변형시키는 것이다. 유기체는 이러한 상보적인 자율조정 과정을 통해서 평형화를 성취하는 적응기능을 수행한다. 유기체는 또한 조직화라는 불변의 기능을 수행한다. 조직화는 여러 가지 분리된 구조를 좀 더 응결력 있는 구조로 통합시키려는 경향을 뜻한다. 유기체는 적응과 조직화를 통해서 이전보다 더욱 발달된 구조를 획득하게 된다.

피아제는 이렇게 획득되는 구조가 전체성, 변형, 그리고 자율조정의 세 가지 요건을 지닌 것으로 설명한다. 즉, 유기체가 하나의 전형적인 구조가 되기 위해서는 '하나의 구조가 자율조정의 방식을 띠는 변형을 추구하는 체계적인 전체로 형성되어야 한다'는 것이다(Piaget, 1970a: 44). 그리고 유기체는 구조를 가지고 있기 때문에 적응이 가능하다는 것이 그의 설명이다. 우선 전체성은 구조의 가장 중요한 특성이다(박재문, 2003: 32). 구조는 그것을 이루고 있는 요소들로 되어 있지만, 요소들의 총합은 아니다. 즉, 구조는 요소들로 환원될 수 없는 전체성이라는 특성을 지니고 있다.

그런데 구조가 지닌 전체성은 어떻게 생겨나는가 하는 질문이 제기될 수 있다. 전체를 이루고 있는 요소들의 결합으로 이루어지는 전체가 아니라면, 구조의 전체성 역시 그런 것이 아니라고 보아야 한다. 전체에 두루 퍼져 있는 특성으로서의 전체성은 요소들 모두에 공통적으로 들어 있다고 보아야 한다. 두 번째 특징인 변형은 구조가 외형적으로 어떤 모습으로 변형된다 해도 그 속에 들어 있는 특성으로서의 구조는 여전히 불변한다는 것이다. 불변하는 구조는 자기조정성이라는 특성을 가진다. 외부의 그 어떤 요소도 끌어들이지 않고 구조 속에 있는 요소들만으로 변형을 이루어 나간다.

전체성을 지닌 구조가 자기조정력에 의존하여 변형의 과정을 거치게 된다는 것이 그 유명한 피아제의 인지구조의 발달론이다. 인지구조의 발달은 인식주체와 인식대상 간의 관계가 더욱 완벽하게 평형한 상태를 유지하도록 하는 방향으로 전개된다(장상호, 1999: 34). 피아제의 인지발달론에서의 발달은 4단계로 이루어진다. 감각운동기, 전조작기, 구체적 조작기 그리고 형식적 조작기다. 피아제는 그의 이론에서, 각 단계는 구조화된 전체로서의 고유한 속성을 지니고 있으며, 개인은 일생 동안 정해진 순서대로 발달한다고 주장한다. 그리고 어떤 특정한 시점에서의 구조는 한 단계의 완료와 동시에 다음 단계의 시작이라는 점을 기본 가정으로 상정하고 있다.

이런 가정 속에서 설명되고 있는 인지구조의 발달은 유기체의 발달과정으로 알려져 있는 발생의 과정으로 이루어진다. 피아제 인지구조의 발달에 '발생론적'이라는 수식어가 붙어 있는 것은 이 까닭으로 여겨진다. 인지구조의 발달을 '발생'이라는 아이디어로 설명할 때 앞에서 제기되었던 질문, 즉 초등학생의 물리학과 물리학자의 물리학은 동일한 것이 될 수 있는가, 초등학생의 물리학이 발달을 겪음에도 이들 양자는 동일한 구조라고 말할 수 있는가 등의 질문에 대한 해답을 구할 수 있다. 이하에서는 이 점을 설명하겠다.

3. 지식의 구조의 발생적 의미

초등학생의 물리학과 고등학생의 물리학, 그리고 물리학자의 물리학의 구조가 동일한 것이라는 아이디어를 믿기 어려운 이유는 초등학생의 물리학보다는 고등학생의 물리학이, 그리고 고등학생의 물리학보다는 물리학자의 물리학이 한층 더 발달된 것임에 틀림이 없기 때문이다. 예컨대, 초등학생의 과학시간에 배우는 '관성의 법칙'에 관한 물리학적 지식과 고등학교 물리시간에 배우는 관성의 법칙에 관한 물리학적 지식이 동일한 것이 아닌 것은 틀림이 없다. 확실히 고등학생이 배우는 관성의 법칙은 초등학생이 배우는 관성의 법칙보다는 훨씬 복잡하고 어려운 것이다. 그런데도 '지식의 구조'라는 관점에서 보면 그들이 배우는 내용은 동일하다는 것이다. 즉, 두 개의 물리학적 지식 속에 포함되어 있는 구조가 동일하다는 것이다. 얼마나 믿기 어려운 주장인가?

이 믿기 어려운 것을 믿을 수 있는 것으로 만드는 열쇠는 '구조'라는 개념과 그 구조가 생성하고 발달하는 과정을 뜻하는 '발생'이다. 결론부터 말하면, 지식의 구조는 발생이라는 과정을 거쳐서 생성되고 발달한다는 것이다. 즉, 학습자가 공부를 통하여 획득하게 되는 지식의 구조는 공부가 깊어짐에 따라 발달하게 되는데, 그 발달의 과정은 유기체가 발달하는 과정인 발생의 과정으로 설명될 수 있다는 것이다. 이하에서는 이를 보다 자세하게 설명하는 동시에 지식의 발생이 지니는 의미를 검토하게 될 것이다.

'발생(development)'이라는 개념은 생물학에서 사용되는 개념이다. 생식세포(난자와 정자)가 수정의 과정을 거쳐 수정란이 되고 수정란이 세포분열을 통하여 성체로 나아가는 발달과정을 발생이라 한다. 즉, 수정란은 그 속에 들어 있는 능력에 따라 규칙적으로 정해진 순서를 밟으면서 복잡한 체제를 만들어 간다. 이와 같은 현상을 '개체발생'이라 한다. 발생에는 개체발생과 함께 계통발생이라는 것도 있다. 개체가 발생하는 과정은 그 조상이 진화해 온 모습을 반영한다. 이것을 '계통발생'이라고 부른다. 헤켈의 "개체발생은 계통발생을 되풀이한다"라는 진화재연설은 잘 알려진 발생에 관련된 상식이다.

개체발생은 분화와 생장의 두 가지 생물학적 현상이 복합적으로 합쳐진 것이며, 이들 양자는 따로 떼어서 생각할 수 없다. 즉, 수정란은 세포분열을 계

속하여 초기의 배아를 형성하여 세포의 수를 늘려 가면서 생장하지만, 그것
은 배아기를 지나면서 복잡한 모양의 낭배를 만든다. 낭배가 되면 세포들은
분화를 보이기 시작하면서 배아의 분화된 형태가 나타나기 시작한다. 즉, 낭
배는 외배엽, 중배엽, 내배엽을 만들고 각각의 배엽은 여러 조직과 기관에로
의 분화를 계속하면서 체제가 더욱 복잡해지고 성장이 계속된다. 외배엽은
표피와 이로부터 분화하여 만들어지는 비늘, 각질층, 깃털 등과 뇌, 척수 및
신경과 여러 가지 감각기관을 만든다. 중배엽은 근육, 골격, 혈액과 순환기관,
배설기관 그리고 생식기관을 만들며, 내배엽은 소화기관과 그 내상피층, 간,
이자 등을 만든다. 이렇게 유기체의 구조가 형성되어 가는 과정은 뚜렷하게
구분되는 단계가 있는 경우도 있다. 예컨대, 곤충은 알, 애벌레, 번데기 성충
의 발달단계가 뚜렷하게 구분되고, 개구리는 알에서 올챙이로 그리고 개구리
로 발달한다. 그러나 인간의 경우는 수정란에서 태아로 발달하는 단계가 뚜
렷하게 구분되지 않는다.

　인간의 앎이 유기체가 발달하는 것과 같이 발생의 과정을 통하여 발달한다
는 아이디어는 피아제의 발생적 인식론으로 설명되고 있다. 그가 설명하고
있는 인지구조의 생성과 변화는 유기체 구조의 생성과 변화와 동일하게 이루
어진다. 인지구조의 발달에서 언급되고 있는 구조의 특성, 즉 전체성, 변형 그
리고 자기조정성은 유기체가 지니고 있는 특성이다. 앞에서 언급한 바와 같
이, 유기체는 수정란 속에 배태되어 있는 요소들만으로, 즉 외부로부터 그 어
떤 요소의 도입이 없이 그 자체만으로 완성된 구조로 발달해 간다. 피아제가
설명하고 있는 인지구조의 발달도 이와 같은 방식으로 발달한다. 인간의 앎
이 그런 식으로 발달한다면, 앎의 결과로 획득하게 되는 지식의 구조도 그런
식으로 발달된다고 보아야 한다.

　유기체가 발달하는 과정에서 나타나는 개체의 탈바꿈 현상은 인지구조의
발달에서도 그대로 나타난다. 피아제는 인지발달을 인지구조의 변형으로 설
명한다. 감각운동기에서 전조작기로의 이행은 일종의 탈바꿈이라고 말할 수
있다. 곤충의 경우에 애벌레에서 번데기로의 이행이 탈바꿈(변태)으로 불리

는 것은 그 외형적인 모습이 완전히 다른 것으로 변형되기 때문이다. 인지구조의 탈바꿈은 이 전조작기의 사고유형과 감각동작기의 사고유형이 질적으로 전혀 다른 유형이기 때문이다. 피아제의 인지발달이 나타내는 단계적 발달은 한 단계에서 다음 단계로의 이행이 질적인 도약으로 그 모습이 탈바꿈한다는 것을 의미한다. (이는 경험론에서 설명하는 양적 발달과는 확연하게 구별되는 설명이다.) 공부의 결과로 획득하게 되는 지식도 이런 식으로 발달한다고 말할 수 있는가?

지식의 구조가 교육내용으로 되어야 한다는 브루너의 주장 속에는 학생들이 배우는 지식이 지식의 구조의 형태를 띠지 못하고 있다는 우려와 더불어 물리학자들의 물리학 지식과 학생들이 배우는 물리학 지식이 전혀 다른 것이 된다는 우려가 붙박여 있다(Bruner, 1971). 그래서 지식의 구조가 교육내용이 된다면 물리학자의 물리학 지식이 바로 학교 교실에서 교육내용으로 다루는 물리학 지식으로 된다는 것이다. 브루너의 이러한 주장 속에는, 초등학교 교실에서 다루는 물리학의 지식이 지식의 구조가 될 경우에, 발달의 수준은 상이하지만 그 본질은 동일한 내용 혹은 그 구조는 동일한 것이라는 생각이 들어 있다. 초등학교 교실에서 가르치는 물리학의 구조와 물리학자들의 물리학의 구조가 동일한가 하는 질문은 곤충의 발생과정에서 나타나는 애벌레와 번데기가 그 구조에서 동일한가 하는 질문으로 바꿀 수 있는가? 적어도 피아제의 발생적 인식론의 입장에서는 이렇게 바꾸어 질문할 수 있을 뿐만 아니라, 그 대답도 동일한 것이 될 수 있는 것으로 보인다. 브루너의 지식의 구조도 동일한 방식으로 해석될 수 있는가?

브루너의 대담한 가설—어떤 교과목이든지 간에 어느 발달단계에 있는 어느 아동에게도 모종의 지적으로 정직한 형태로 효과적으로 가르칠 수 있다 (Bruner, 1960: 33)—은 아동의 지적 발달과 지식의 구조에 대한 학습의 관련을 설명하는 장면, 즉 '학습의 준비성'이라는 제목이 붙어 있는 세 번째 장의 첫머리에 제시되어 있다. 그는 그 이후에서 피아제의 인지발달단계와 이에 상응하는 지식의 구조의 번역의 문제를 설명하고 있다. 그의 설명은 학생들이 공부하는 지식의 구조를 학생들의 발달단계에 맞도록 번역하면 어떤 발달단계의 아동이라도 제대로 배울 수 있다는 뜻을 담고 있다. 사실 브루너는 『교육의 과정』 이후에 지식의 구조를 중심으로 하는 교수이론을 제시하는 글에서 동일한 지식의 구조를 표현하는 세 가지 표현양식을 제시하였다(Bruner, 1966).

브루너가 제시하는 세 가지 표현양식은 '작동적 표현(enactive representation)', '영상적 표현(iconic representation)', '상징적 표현(symbolic representation)'이다. 어떤 지식이든지 모종의 결과에 도달하는 데에 필요한 일련의 동작으로 표현될 수 있다(작동적 표현). 그리고 그것은 개념을 완벽하게 언어로 정의하는 것이 아니라 대략적으로 전달하는 영상이나 도해로 표현될 수도 있으며(영상적 표현), 명제를 형성하고 변형하는 논리적 규칙에 지배되는 상징적 체제로서의 상징적 혹은 논리적 명제로 표현될 수도 있다(상징적 표현)는 것이다. 그는 그 예로서 천칭의 원리를 들고 있다. 즉, 어린아이들은 시소를 탈 때 상대방의 무게를 고려하여 자리를 잡아 균형을 맞출 줄 안다. 보다 나이가 든 아이들은 천칭의 모형이나 그림을 통하여 천칭의 원리를 영상적으로 파악하고, 가장 나이 든 아이들은 일상적인 수학적 언어나 공식으로 표현된 천칭의 원리를 공부하게 된다(Bruner, 1966: 39-72).

브루너의 지식의 구조와 발달단계의 관계에 관한 이 설명에서 확인할 수 있는 중요한 점은 지식의 구조는 여러 가지 표현양식으로 번역될 수 있으며, 그렇게 달리 표현되는 지식의 구조는 근본적으로 동일한 지식의 구조라는 것이다. 이렇게 다양하게 표현되는 지식이 동일한 구조를 지니고 있다고 볼 수 있는 것은 다양한 모습으로 탈바꿈하여 변형된 곤충은 근본적으로 동일한 구조를 지니고 있다는 점에서 시사받은 것이다. 그들이 동일한 구조를 지니고 있다는 점은 그들의 발생과정에 외부로부터 그 어떤 요소도 부가됨이 없이 그 자체의 요소만으로 구조가 형성되었다는 점을 그 증거로 삼을 수 있다. 유기체의 경우 애벌레와 번데기, 나아가 성충이 된 곤충은 서로 다른 것이라고 말할 수 없는 것이다.

　학교에서 배우는 지식의 구조도 그런 것인가? 브루너는 지식의 구조와 관련하여 나선형 교육과정을 제시하고 있다(Bruner, 1960: 119-23). 나선형 교육과정은 학교에서 아동들이 배우는 교육내용이 학년이 높아짐에 따라 어떻게 달라지는가를 설명하는 교육과정 모형이다. 종래의 교육과정에서는 학년이 높아짐에 따라 새로운 교육내용, 그리고 보다 고등지식이 그 내용으로 첨가되면서 점차로 완성된 지식체계로 나아가는 모습을 보이고 있다. 여기에 비하여 나선형 교육과정은 마치 달팽이 껍질과 같이 어느 학년을 막론하고 동일한 핵심적인 아이디어, 즉 지식의 구조가 제시되며, 그것은 학년이 높아짐에 따라 점차 그 폭과 깊이가 넓어지고 깊어지는 모습으로 제시된다는 아이디어를 가리킨다.

　보다 넓고 보다 깊은 아이디어로 발달하는 데에는 새로운 지식이 부가되는 것이 아니다. 동일한 지식의 구조가 현상을 설명하는 범위가 넓어지고 깊어지는 것이다. 이렇게 보면 저학년의 교실에서 다루어지는 지식의 구조가 비유적으로 표현하여 수정란에 해당하는 지식이라면, 고학년의 교실에서 다루어지는 것은 애벌레나 번데기의 모습을 하고 있는 지식이며, 학자들이 다루고 있는 지식의 구조는 성충의 모습을 하고 있는 지식의 구조라고 말할 수 있다. 각각의 지식의 구조는 초보적인 수준의 아이디어에서 점차로 보다 고등적인 수준의 아이디어로 발생적으로 발달해 나가는 것으로 설명될 수 있는 것이다. 그래서 그들의 구조는 각기 다른 모습으로 변형되어 있다 하더라도, 그래서 애벌레와 번데기를 도저히 동일한 실체를 가진 것으로 믿어지지 않는다 하더라도, 그들이 동일한 실체라는 것은 부정할 수 없는 것이다. 애벌레의 지식의 구조와 번데기 혹은 성충의 지식의 구조는 동일한 것임을 부인할 수 없는 사실이다.

　"개체발생은 계통발생을 되풀이한다"라는 발생에 관한 주장은 한 종족의 발달과 진화는 개체의 발생 속에 드러난다는 주장이다. 즉, 한 개체가 발생하는 과정을 자세히 들여다보면, 그 종족이 진화해 온 모습을 알 수 있다는 것이다. 지식의 구조의 발달에 관한 발생적 설명에도 개체발생과 계통발생의 관계를 발견할 수 있다. 예컨대, 한 아동이 물리학의 지식을 배우고 공부하여 물리학자로 나아가는 과정은 물리학의 지식에 관한 아동의 개체발생 과정이 되는 셈이며, 그 과정은 고전적 물리학 이론에서부터 점차 현대적인 물리학으로 발전하게 된 계통적인 발생과정을 반영한다는 것이다. 만약 한 아동이 배우는 물리학의 지식이 이런 과정과는 동떨어진 것이라면, 그는 분명히 물리학을 물리학으로, 즉 지식의 구조로 공부하지 못하는 결과를 가져올 것이다. 물리학이라고 부를 수도 없는 물리현상에 대한 원시적인 생각에서부터 시작하여 점차적으로 물리적인 현상을 과학적으로 볼 수 있는 단계로 나아가 현대 물리학의 이론에까지 이르는 것은 물리학이 발달해 온 과정이기도 하지만, 아동이 물리적 현상을 점차적으로 과학적인 안목으로 보게 되는 과정이기도 하다는 것이다. 지식을 이러한 방식으로 배워야 한다는 생각은 원천적으로 브루너의 '지식의 구조'라는 아이디어에 들어 있었던 것이며, 지식의 구조에 대한 발생적 설명은 이 점을 여실히 보여 주고 있다.

[자료 3]
지식의 형식과 사회적 실제

피터즈와 더불어 지난 세기 최고의 교육과정 철학자로 지목되는 허스트는 교육철학의 최근 50년을 회고하는 자리에서 종전의 교육에 대한 진단과 더불어 장차 교육이 나아가야 할 방향에 대한 저방을 내린 바 있다. 이론적 이성을 개발하기 위하여 이론적 지식을 가르치던 종전의 교육은 현재 심각한 도전을 받고 있으며, 장차의 교육은 그 도전을 극복하기 위하여 실제적 지식을 통한 실제적 이성의 개발을 지향하지 않으면 안 된다는 주장이 바로 그것이다(PE: 18).[1] 교육에 관한 허스트의 이러한 주장은 표면상 자신과 상이한 노선을 걸고 있는 기존의 입장에 대한 비판이자 대안으로 제시된 것처럼 보일지 모른

---

1) 이 장에서는 허스트의 교육과정이론이 집약되어 있는 것으로 알려져 있는 대표적인 논문을 다음과 같이 시기별로 구분하여 약식으로 표기한다.
  ① 전기- • LE: Liberal Education and the Nature of Knowledge (1965)
      • ET1: Educational Theory (1966)
      • CO: The Nature and Structure of Curriculum Objectives (1974)
      • FN: The Forms of Knowledge Re-visited (1974)
  ② 후기- • ET2: Educational Theory (1983)
      • EP: Education, Knowledge and Practices (1993)
      • PE: Philosophy of Education: The Evolution of a Discipline (1998)
      • EA: The Nature Educational Aims (1999)

다. 그러나 그의 주장은 다른 어떤 것이기 이전에 그가 자신의 교육과정이론
에 대하여 내린 진단과 처방을 일반적인 수준에서 지적한 것으로 받아들이는
편이 옳다. 허스트의 전·후기 교육과정이론이 연출하는 다음의 대비는 이
점을 단적으로 확인시켜 준다.

허스트는 「자유교육과 지식의 성격」이라는 논문이 발표된 1965년을 전후
로 약 20년 동안에 자유교육을 현대적으로 해석하는 데에 노력을 경주한 학
자로 널리 알려져 있다. 지식의 형식과 마음―이하에서 등장할 실제적 이성
과 대비되는 이론적 이성―의 개념적 관련을 확립하는 일은 당시에 그가 수
행했던 그러한 노력의 핵심부를 이루고 있었으며, 그의 전기 교육과정이론은
그 핵심부에 살을 붙이고 옷을 입힌 결과물로 알려져 있다(노철현, 1998: 21).
그런데 허스트는 1980년대에 접어들면서 자신의 전기 교육과정이론을 반성
의 대상으로 취급하기 시작한다. 사회적 실제를 교과로 삼아야 한다는 주장
과 더불어 그것에 의하여 개발되는 실제적 이성이 삶을 올바른 방향으로 이
끈다는 주장은 그러한 반성의 최종적인 산물에 해당한다(유재봉, 2005: 307).
그리하여 사회적 실제를 통해서 실제적 이성을 개발해야 한다는 말로 요약되
는 허스트의 후기 교육과정이론이 등장하게 된다.

교육과정이론에 관한 허스트의 견해가 이와 같이 선회할 수밖에 없었던 나
름의 이유는, 후기 교육과정이론의 등장 배경에 관한 그의 언급에 시사되어
있는 바와 같이, 올바른 삶에 관한 관점의 전환에서 찾을 수 있다(PE: 19). 즉,
종전의 경우에는 합리주의적 관점에서 파악되는 삶이 올바른 삶의 전형으로
간주되었지만, 그것은 이제 사회적 실제에 의하여 안내되는 삶으로 파악되지
않으면 안 된다는 것이다(EP: 387-388). 교과와 그것이 겨냥하는 마음의 성격
에 관한 그의 새로운 시각은 올바른 삶에 관한 바로 이 관점의 전환에 뿌리를
두고 있는 셈이다. 그러므로 사회적 실제와 실제적 이성의 관련으로 성립하
는 그의 후기 교육과정이론은 교과와 삶의 관련을 새롭게 확립하기 위하여
구축된 방안으로 받아들일 수 있다.

허스트가 이와 같이 자신의 후기 교육과정이론을 통해서 교과와 삶의 관련

을 확립하려고 했다는 것은 그의 전기 교육과정이론의 경우에는 그 관련을 왜곡시킨다는 뜻으로 여겨질 수 있으며, 그런 만큼 그것은 그가 비판의 대상으로 삼는 합리주의적 관점에 뿌리를 두고 있는 것으로 보일 수 있다(유재봉, 2004: 6). 허스트의 전기 교육과정이론과 합리주의적 관점의 이 불행한 만남은 다음 순간에 교과와 그것에 의하여 형성되는 마음에 관한 그의 새로운 시각을 종전의 그것과 범주적으로 갈라놓게 된다. 즉, 사회적 실제와 지식의 형식은 완전히 다른 영역에 속하는 교과이며, 그 각각에 의하여 형성되는 실제적 이성과 이론적 이성 또한 따로 떨어져서 별도로 존재하는 실체로 간주되는 사태가 벌어진다(연재흠, 2004: 40). 이 점에서 보면, 허스트가 교과와 삶의 관련을 온전하게 확립하기 위하여 자신의 전기 교육과정이론을 철회하면서 후기 교육과정이론을 대안으로 내세웠다는 오늘날의 주장은 하등 이상할 것이 없다(유재봉, 2002: 178; 한기철, 2004: 41; 홍은숙, 2004: 220).

사실상, 허스트는 자신의 후기 교육과정이론을 구축하는 과정에서 전기 교육과정이론에 대하여 심각하게 반성하는 장면을 누차 보여 주고 있으며(EA: 132; EP: 393), 그의 전·후기 교육과정이론을 대안적 관계로 파악하는 입장은 그러한 장면에 의하여 폭넓은 공감대를 형성하고 있다. 그러나 그렇다고 해서 그것이 그의 전·후기 교육과정이론의 관계를 파악하는 유일한 방식이라고 생각하는 것은 잘못이다. 지식의 형식이나 이론적 이성에 관한 그의 긍정적인 발언이 후기 교육과정이론에서도 적지 않게 목격된다는 사실에서 비롯된 현상이겠지만(EA: 129-130; EP: 390-391), 그가 지식의 형식과 그것에 의하여 형성되는 이론적 이성의 중요성을 결코 부정하지 않는다는 주장 또한 어렵지 않게 접할 수 있기 때문이다(황규호, 1997: 210). 허스트의 견해를 이러한 주장에 근거해서 바라보면, 그가 자신의 전·후기 교육과정이론을 대안적 관계로 파악하고 있다는 주장은 결코 용납되지 않는다.

허스트의 전·후기 교육과정이론의 관계를 둘러싼 이러한 대립은 그의 교육과정이론에 들어 있는 상이한 입장에 뿌리를 두고 있지만, 그 대립을 해소하기 위해서는 그러한 상이한 입장을 한 부분으로 포함하고 있는 그의 교육과정이론에 의존하지 않을 수 없다. 특히, 지식의 형식과 사회적 실제는 그와 같은 상이한 입장을 야기하는 주된 대상이라는 점에서, 그것이 정확하게 어떤 성격의 개념인가를 확인하는 일은 그 대립을 해소하는 데에 요청되는 선결과제라고 말할 수 있다. 그리고 허스트가 자신의 후기 교육과정이론을 구축하기 위하여 동원하는 폴라니와 오우크쇼트의 인식론적 견해는, 그의 의도와는 무관하게, 이 선결과제를 해결하는 데에 이론적 도구로 활용될 수 있다. 허스트가 자신의 교육과정이론을 통해서 확립하려고 했던 교과와 삶의 관련이 원칙상 어떤 것이어야 하는가는 그러한 선결과제에 근거하여 지식의 형식과 사회적 실제의 관계를 비롯하여 그 각각에 의하여 형성되는 이론적 이성과 실제적 이성의 관계를 규명하는 과정에서 자연스럽게 드러날 것으로 기대된다.

1. 자유교육과 지식의 형식

교과가 마음을 형성한다는 사고방식은 서양의 경우에 중세까지 교과교육의 기본적인 가정으로 존중되어 왔다. 그런데 교과교육을 지탱해 오던 그 가정은 르네상스를 역사적 분기점으로 하여 심각한 도전을 받기 시작한다. 교과는 일상생활에서 당면하는 문제를 효과적으로 해결하는 데에 활용되는 한 가지 도구에 지나지 않는다는 사고방식이 그 당시에 생겨난 것이다. 그 이후로 교과에 관한 전통적인 사고방식은 그러한 실용적인 사고방식의 열도에 떠밀려 점차 위축의 길을 걷는 가운데 현대로 이어지고 있다. 허스트는 교과에 관한 전통적인 사고방식이 직면한 이 불행한 사태를 극복하기 위하여 희랍의 자유교육을 현대적인 관점에서 조명하는 데에 헌신하게 된다.

희랍의 자유교육에는 서로 긴밀하게 관련되어 있는 두 가지 철학적 원리가 붙박여 있다. 지식을 추구하는 일은 마음의 고유한 기능이요 마음은 지식을 획득한 결과로 형성된다는 것이 첫 번째 원리라면, 지식은 가시적이고 가변

적인 외양을 대상으로 하는 '의견'과는 달리 비가시적이고 불변하는 '실재'
를 대상으로 삼는다는 것이 두 번째 원리다(LE: 113). 희랍인들이 어떤 방식으
로 교육을 규정하고 정당화했는가는 희랍의 자유교육이 이와 같이 마음과 지
식의 관련을 비롯하여 지식과 실재의 관련이라는 말로 요약되는 두 개의 축
에 의하여 지탱되고 있었다는 사실 속에 이미 시사되어 있다. 즉, 그들의 눈에
비친 교육은 학습자로 하여금 마음의 고유한 기능에 따라 지식을 추구하도록
안내함으로써 그들의 마음이 그것을 통해서 대면하는 실재로 충만하도록 이
끄는 활동 이외에 다른 것일 수 없었다(LE: 114). 그들은 또한 마음에 안착되
는 바로 그 실재가 당사자의 삶을 불확실하고 덧없는 현상의 세계에서 벗어
나 온전하고 영원한 초월적 세계로 안내한다고 굳게 믿었다. 당시에 교육은
궁극적으로 실재의 역할에 관한 이와 같은 믿음에 의하여 가치 있는 활동으
로 받아들여졌다(LE: 114).

그런데 현대인의 마음을 지배하는 것은 희랍에서 통용되던 형이상학적 사
고방식이 아니라 과학적 사고방식이다. 눈에 보이지 않는 것을 더 이상 믿으
려고 하지 않는 현대적 경향은 이러한 사고방식의 전환에서 비롯된 것이라고
말할 수 있다. 현대인이 나타내는 이러한 새로운 사고방식으로 보면, 희랍의
자유교육은 형이상학적 개념으로서의 실재에 뿌리를 두고 있다는 바로 그 점
에서 더 이상 당연한 것으로 수용될 수 없다. 그럼에도 불구하고 허스트에게
는 희랍의 자유교육이 이미 마음의 고향으로 자리 잡고 있었다. 그는 이러한
딜레마의 상황에서 벗어나는 방안으로 형이상학적 개념으로서의 실재와 무
관하게 희랍으로부터 면면히 이어져 내려오는 자유교육의 전통을 새롭게 조
명하기에 이른다(FN: 92).

희랍의 자유교육을 새롭게 조명하려는 허스트의 시도는 그것과 유사한 의
도에서 비롯된 '하버드 보고서'와 '피터슨 보고서'를 비판적으로 검토하는
데에서 시작된다. 먼저, 하버드 보고서에 대한 그의 비판은 크게 세 가지 항목
으로 이루어져 있다.[2] 자유교육을 지식과 무관하게 일반적 정신능력으로 규
정한다는 것이 첫째 항목이라면(LE: 118), 둘째 항목은 정신능력을 일반적 용

어로 표현함으로써 그러한 용어로 표현되는 지적 작용의 이질성을 간과한다
는 것이며(LE: 119), 셋째 항목은 단일한 일반적 정신능력을 발달시키는 일이
가능한 것처럼 기술하고 있다는 것이다(LE: 120). 그가 제시하는 이러한 세 가
지 항목은 별개의 것으로 떨어져 있다기보다는 상당히 엄밀한 계열을 따라
연결되어 있다. 즉, 일반적 정신능력이 나타내는 작용상의 이질성을 간과한
다는 둘째 항목은 그러한 정신능력이 별도의 실체로 존재한다는 오해에서 빚
어진 결과이지만, 그러한 오해의 소지는 근본적으로 마음을 일반적 정신능력
으로 규정한다는 첫째 항목에서 찾을 수 있다. 그리고 일반적 정신능력 그 자
체를 별도로 발달시키는 일이 가능하다는 셋째 항목은 둘째 항목이 근거하고
있는 그 오해를 처방의 관점에서 한층 더 비약시킨 것에 지나지 않는다. 둘째
항목과 셋째 항목은 이 점에서 첫째 항목에 함의되어 있는 내용을 교육의 실
제에 가까운 순서로 이끌어 낸 것으로 간주될 수 있다(이홍우, 1992: 370). 그
러므로 하버드 보고서에 대한 허스트의 세 가지 비판은 궁극적으로 지식과
무관하게 정신능력 또는 마음을 규정하려고 했다는 한 가지 비판으로 환원될
수 있다.[3]

하버드 보고서가 마음에 초점을 두고 자유교육을 규정하는 것과는 달리,
피터슨 보고서는 지식에 근거하여 자유교육을 규정하는 방식을 취하고 있다.
즉, 자유교육은 지식의 추구 그 자체를 직접적 관심사로 삼는 활동으로 규정
되어야 한다는 것이 이 보고서의 기본적인 입장이다. 피터슨 보고서의 이러

---

2) 하버드 보고서에 대한 허스트의 비판은 원래 네 가지 항목으로 이루어져 있다(LE: 117-121).
   그러나 '자유교육의 개념을 지나치게 확대하여 해석한다'는 말로 요약되는 넷째 항목은 마음
   과 지식의 관계에 관한 비판으로 보기 어려우며, 따라서 그것은 허스트의 직접적인 관심사가
   아니었다고 보는 편이 옳다(이홍우, 1992: 368).

3) 물론, 하버드 보고서에는 자유교육에서 다루어야 할 지식이 탐구방법에 따라 자연과학, 인문
   학, 사회과학으로 구분되어 있을 뿐만 아니라, 그것을 통해서 개발해야 할 마음으로 효과적인
   사고능력, 의사소통능력, 적합한 판단능력, 가치판별능력 등 네 가지 능력이 지목되어 있다
   (Buck et al., 1945: 58, 65). 그러나 이 네 가지 정신능력이 모든 교과를 통해서 개발되어야 할
   마음이라는 식의 막연한 진술을 제외하면, 그 보고서가 온전한 모양새를 갖추는 데에 반드시
   필요한 이들 양자의 관련에 관한 설명은 전혀 찾아볼 수 없다.

한 기본적인 입장은 지식에 관한 특이한 발상에 의하여 구체성을 띤다. 지식은 정보와는 달리 마음—그 보고서의 용어로 '지성'—을 한 부분으로 포함하고 있으며, 이 점에서 그것은 마음을 개발하는 데에 동원될 수 있는 중요한 매체라는 것이 바로 그 발상이다(LE: 122). 피터슨은 지식의 이러한 성격을 부각시키기 위하여 그것을 대신하여 '사고의 주된 양상'이라는 용어를 사용하면서, 그것을 논리적 양상, 경험적 양상, 도덕적 양상, 심미적 양상이라는 네 가지 유형으로 구분하고 있다(Peterson, 1960: 15). 하버드 보고서가 자유교육을 지식과 무관하게 규정했다는 점에서 비판되고 있다는 사실을 상기하면, 허스트는 지식에 관한 이와 같은 발상에 근거하여 자유교육을 규정하는 피터슨 보고서에 대하여 수용적인 태도를 취할 수밖에 없었을 것이다. 그렇기는 해도 피터슨 보고서는 지식이 독특한 개념과 표현방식, 그리고 진위와 선악을 판별하는 공적 기준 등 공적 전통에 의해서 구분된다는 사실을 명백하게 밝히고 있지 못하다는 점에서 허스트에게 아쉬움을 남긴다(LE: 123).

하버드 보고서와 피터슨 보고서에 대한 허스트의 이러한 비판적 고찰 속에는 자유교육의 두 축을 이루게 될 마음과 지식의 성격에 관한 그의 견해가 반영되어 있다. 마음은 오직 그것을 형성하는 지식에 의하여 올바르게 규정될 수 있으며, 마음을 규정하는 지식은 공적 전통으로 면면히 이어져 내려오고 있다는 것이 바로 그 견해다. 사실상, 경험의 상이한 측면을 표현하고 이해하는 데에 필요한 독특한 개념과 논리적 구조 및 진위의 판별기준을 분화시키는 일은 인류의 어떤 세대도 회피할 수 없었던 숙명적인 과제였다(ET1: 45; FN: 91). 인류는 한순간도 빠짐없이 그들에게 부과된 그 공동의 과제를 해결하는 데에 노력을 경주하고 있으며, 그들이 이룩한 노력의 산물은 우리가 공동으로 사용하는 공적 언어 속에 담겨져 한 세대에서 다음 세대로 전수되고 있다(LE: 123). 오늘날 우리에게 주어져 있는 다양한 범주의 지식은 장구한 세월을 거치면서 축적되고 전수된 그러한 노력의 최종적인 업적 이외에 다른 것일 수 없다. 이러한 점에서 지식은 공적 요소에 의하여 분화되어 전수되는 공적 전통이라고 말해도 전혀 틀리지 않는다. 허스트는 지식의 이러한 성격을 부각시키기 위하여 특별히 '지식의 형식'이라는 용어를 등장시키고 있다 (LE: 128).

허스트가 염두에 두고 있는 마음은 이러한 지식의 형식을 떠나서 존재할 수 없다. 그가 보기에, 마음은 바깥에 있는 대상을 받아들이는 물리적 공간이 아니요, 모종의 훈련에 의하여 개발되는 부소능력도 아니며, 선천적으로 주어지는 절대적인 능력도 아니다(CO: 23-25). 그것은 오직 공적 언어 속에 담겨진 공적 전통으로서의 지식의 형식을 획득함으로써 비로소 형성되고 발달되는 그런 것이다(LE: 123-124). 그러므로 지식의 형식은 마음이 원천을 두고 있는 공적 전통이요, 마음은 그러한 공적 전통으로서의 지식의 형식이 인간의 내면에 구조화되어 있는 상태라고 말해야 한다. 지식의 형식을 획득했음에도 마음이 형성되지 않았다고 말하는 것은 이러한 점에서 모순이 된다. 자유교육을 새롭게 조명하려고 했던 허스트의 숭고한 시도는 지식의 형식과 마음이 나타내는 이러한 개념적 관련에 근거하고 있다. 요컨대, 그의 현대적 자유교육은 학습자를 지식의 형식에 입문시킴으로써 그들의 마음이 공적 전통 그 자체가 되도록 이끄는 활동으로 규정될 수 있다.

허스트가 이와 같이 형이상학적 개념으로서의 실재와 무관하게 자유교육을 규정하는 이상, 그의 이론체계 내에서 실재는 더 이상 자유교육을 정당화하는 개념으로 활용될 수 없다. 바꾸어 말하면, 지식의 형식과 마음의 개념적 관련으로 자유교육을 규정하는 순간, 희랍에서와는 다른 새로운 방식으로 자유교육을 정당화하는 일은 그가 해결하지 않으면 안 되는 필연적인 과제로 등장하게 된다. 허스트는 지식의 형식을 배우는 일이 어째서 가치 있는가를 보이라는 그 요구에 부응하기 위하여 '선험적 정당화 논의'라는 특이한 논의 방식을 도입하게 된다.

허스트는 지식의 형식을 배우는 일의 가치를 드러내기에 앞서 정당화라는 것이 두 가지 원리에 기반을 두고 있다는 사실을 먼저 지적한다. 정당화의 대상이 공적으로 확립된 개념에 의하여 이해될 수 있다는 것이 첫 번째 원리라면, 두 번째 원리는 그것이 공적으로 받아들여지는 기준에 근거하여 평가될 수 있다는 것이다(LE: 126). 모종의 활동을 정당화한다는 것은 그 활동이 이러한 두 가지 원리를 따르고 있다는 점을 분명하게 보이는 일로 구체화된다는 것이 그의 생각인 셈이다. 그런데 정당화의 원리에 포함되어 있는 두 가지 요소로서의 공적 개념과 공적 기준은, 이미 드러난 바와 같이, 지식의 형식을 성립시키는 요소로서 그 속에 이미 구현되어 있다. 지식의 형식이 보여 주는 이러한 속성에 거점을 두고 보면, 정당화는 그것이 어떤 활동을 대상으로 삼든지 간에, 지식의 형식 속에 구현되어 있는 그러한 두 가지 요소를 모종의 대상에 적용하는 일이라고 말할 수 있다. 지식의 형식에 대한 정당화 요구는 이 점에서 정당화가 성립하기 위한 원리 그 자체에 대한 정당화 요구로 귀착된다. 그러므로 지식의 형식의 가치에 대하여 의심을 품는 것은 그러한 정당화의 요구가 의미 있는 것으로 되기 위한 근거 자체를 스스로 말살하는 것으로 된다(LE: 127). 그리하여 지식의 형식 속에는 그것에 대한 정당화가 그 의미의 한 부분으로 붙박여 있으며, 지식의 형식을 추구하는 사태는 정당화 논의가 의미 있게 적용될 수 없는 궁극적 사태에 해당한다고 말할 수 있다.

허스트의 이러한 선험적 정당화 논의는 여러 가지 관점에서 비판을 받고 있지만,[4] 그것은 지식의 형식이 삶에서 어떤 위치를 차지하는가를 보여 준다는 점에서 중요성을 띤다. 이미 확인한 바와 같이, 선험적 정당화 논의는 지식의 형식이 공적 개념과 공적 기준을 자신의 속성으로 포함하고 있는 공적 전통이라는 사실에 근거하고 있다. 인류가 장구한 세월을 두고 공동의 노력으로 축적하고 전수하는 이 공적 전통은 경험의 다양한 측면 혹은 그것으로 이루어진 삶을 표현하고 이해하는 데에 활용되는 유일한 개념적 도구다.

지식의 형식이 이러한 공적 전통을 내용으로 삼고 있다는 점을 존중하면,

---

4) 선험적 정당화 논의에 대한 비판은 세 가지 종류로 대별될 수 있다. 선험적 정당화 논의는 지식의 형식이 어째서 가치 있는가에 관하여 전혀 말해 주는 바가 없는 공허한 논의라는 비판(Kleinig, 1982: 87), 개인의 경험이나 욕구와 무관하다는 점에서 그릇된 논의라는 비판(Wilson, 1969: 313), 형이상학적 개념으로서의 실재를 배제하고 있는 만큼 불완전하다는 비판(Elliott, 1977: 13) 등이 그것이다.

삶을 살아간다는 것은 지식의 형식을 활용하고 그것의 의미를 탐색하는 것 이외에 다른 것일 수 없으며, 그런 만큼 지식의 형식을 벗어난 삶이라는 것은 상상조차 할 수 없다. 이러한 점에서 지식의 형식을 배우는 일은 삶을 살아가는 한 누구도 회피할 수 없는 인간적인 의무라고 말할 수 있다. 선험적 정당화 논의는 지식의 형식에 대한 정당화 요구가 그것을 배우는 일로 되돌아가도록 명령함으로써 그러한 인간적 의무에 논리적 필연성을 부여하는 데에 초점을 두고 있다. 그리하여 자유교육이라는 말로 압축되는 허스트의 전기 교육과정 이론은 일체의 회의와 불신을 차단하고 지식의 형식에 입문하는 데에 전념하는 것이 인간으로서 자유로운 삶을 영위하는 근본적인 방안이라는 주장으로 귀착된다.

2. 올바른 삶과 사회적 실제

허스트의 후기 교육과정이론은 합리주의적 관점이 보여 주는 올바른 삶에 대한 비판에서 시작된다. 그의 눈에 포착된 합리주의적 관점에서는 올바른 삶이 오직 이성—실제적 이성과 대비되는 이론적 이성—의 안내를 받아 영위되는 합리적인 삶으로 규정된다(EA: 125). 올바른 삶에 관한 이와 같은 합리주의적 관점에는 인간의 본성에 관한 특이한 생각이 가정되어 있다. 인간은 누구나 필요, 욕구, 관심, 감정 등과 같은 본능적 경향성 이외에, 그것을 전체적으로 통제하고 조절하면서 우리의 행위를 합리적인 방향으로 이끌어 가는 이성적 능력을 맹아적인 형태로 타고난다는 것이 바로 그 가정이다(EA: 125). 그러므로 인간이 맹아적인 형태로 타고나는 이성적 능력을 개발시키는 일은 합리주의적 관점을 취하는 진영의 경우에 지상과제로 받아들일 수밖에 없다.

허스트는 이러한 합리주의적 관점을 겨냥하여 두 가지 방향의 비판을 제기한다. 앞서 지적한 바와 같이, 합리주의적 관점은 인간에게 본성으로 갖추고 있는 것으로 가정되는 이성을 삶의 원천으로 삼고 있다. 이성과 삶의 관계를 이러한 방식으로 파악한다는 것은 이성이 사회 속에 스며들어 있는 전통이나 제도를 비롯하여 그것의 안내를 받는 사회적 관계에 우선한다는 뜻을 나타내며, 그런 만큼 사회는 이성 혹은 그것을 갖추고 있는 개인에 비하여 부차적인 지위를 갖는 우연적인 산물로 전락할 수밖에 없다(EA: 126-127). 그러나 사회 속에 태어나서 그것과 더불어 삶을 영위하는 것은 누구도 벗어날 수 없는 인간의 존재방식에 해당한다. 허스트의 입을 빌려 말하면, 개인은 차라리 그러한 전통이나 제도를 비롯하여 사회적 관계를 공유하는 과정에서 인간으로 거듭 태어난다고 말하는 편이 옳다(EA: 127). 그러므로 이성을 삶의 원천으로 삼는 합리주의적 관점은 지나친 개인주의적 경향으로 말미암아 인간의 삶에서 사회가 차지하는 이러한 위치를 부당하게 축소시키거나 왜곡시킨다는 비판을 결코 피할 수 없다.

　허스트는 이러한 첫 번째 비판이 드러내는 사회의 중요성을 보다 적극적으로 부각시키는 또 하나의 비판을 제기한다. 합리주의적 관점은 이성의 역할을 지나치게 강조하는 나머지 필요와 욕구와 같은 인간의 본능적 경향성이 그것과 더불어 마음의 한 부분을 이루고 있다는 사실을 정당하게 존중하지 않는다는 것이 바로 그 비판이다(EA: 127). 사실상, 필요와 욕구를 충족시키는 일은 삶에서 빼놓을 수 없는 중요한 과업으로 엄연히 수행되고 있다. 그럼에도 불구하고 합리주의적 관점은 이성을 앞세워 그것을 금기시하거나 위축하고 있다. 적어도 허스트의 눈에는 이러한 사태가 인간의 총체적인 삶을 왜곡하는 것으로 보였던 모양이다. 올바른 삶에 관한 그의 새로운 시각은, 이하에서 드러날 바와 같이, 필요와 욕구 혹은 그것을 충족시키는 일에 대한 그의 이러한 적극적인 관심을 한 부분으로 포함하고 있다.

　언뜻 생각하면, 올바른 삶에 관한 허스트의 이러한 관점의 변화는, 그도 염려하고 있는 바와 같이, 당장 그의 후기 교육과정이론이 공리주의적 관점을 취할 것이라는 추측을 자아낼 수 있다. 그러나 허스트는 공리주의적 관점에 대한 비판을 통해서 그 추측이 자신의 생각과 거리가 멀다는 점을 분명하게 지적하고 있다. 공리주의적 관점에 대한 그의 비판은 두 가지 사실에 바탕을 두고 있다. 이성은 우리가 삶에서 직면하게 되는 필요와 욕구를 충족시키기 위한 여러 가지 수단을 강구하는 데에 기여하는 것은 물론이고 새로운 필요와 욕구를 만들어 내는 데에도 적지 않게 기여한다는 것이 한 가지 사실이라면(EP: 390), 욕구와 필요를 충족시키는 데에는 반드시 사회에서 통용되는 공적 질서가 개입된다는 것이 다른 한 가지 사실이다(EP: 389). 적어도 허스트의 눈에 비친 공리주의적 관점은 이러한 경험적인 사실을 외면하고 있다. 그리하여 공리주의적 관점은 필요나 욕구를 충족시키는 데에 개입되는 이성의 역할을 과소평가할 뿐만 아니라, 그 일이 성격상 사회적 성격을 띤다는 사실을 정당하게 존중하지 않는다는 허스트의 비판이 대두된다(EP: 389).

공리주의적 관점에 대한 이 비판이 어떤 방식으로 허스트의 후기 교육과정이론에 스며들어 가는가를 확인하기 위해서는 그것을 합리주의적 관점에 대한 비판과 관련지어 고찰해 볼 필요가 있다. 특히, 공리주의적 관점에 대한 전자의 비판을 올바르게 파악하기 위해서는 이 작업이 반드시 필요하다. 사실상, 허스트가 내세우는 전자의 비판은 필요와 욕구를 충족시키는 데에 이성이 개입된다는 사실을 강조하고 있으며, 그런 만큼 그것은 공리주의적 관점의 기본적인 이념을 합리주의적 관점에 들어 있는 방법을 통해서 실현하려는 시도로 보일 수 있다. 아닌 게 아니라, 허스트의 후기 교육과정이론을 다루는 최근의 몇몇 논문에서는 실제로 그러한 해석에서 그다지 멀리 떨어져 있지 않은 주장을 내세우고 있다. 허스트의 후기 교육과정이론이 합리주의적 관점과 공리주의적 관점의 통합으로 이루어져 있다는 식의 진술은 그러한 주장의 대표적인 사례로 받아들을 수 있다(연재흠, 2004: 26; 유재봉, 2002: 205).

그러나 허스트의 후기 교육과정이론이 합리주의적 관점에 대한 비판에서 시작된다는 사실을 상기하면, 그의 비판을 둘러싼 이러한 주장은 그가 품고 있었던 원래의 생각에 부합되는 것으로 받아들이기 어렵다. 그러므로 이성의 역할을 과소평가한다는 전자의 비판은, 이성을 역할을 존중하는 합리주의적 관점으로 복귀하자는 강한 주장으로 받아들이기보다는, 이성이 필요와 욕구를 충족시키는 데에 개입되는 한 가지 요소라는 정도로 약하게 해석하는 편이 타당하다. 그리고 전자의 비판에 관한 이와 같은 해석은 공리주의적 관점에 대한 허스트의 비판이 후자의 비판에 초점을 두고 있다는 점을 시사하고 있다. 즉, 공리주의적 관점이 안고 있는 근본적인 난점은 필요와 욕구를 충족시키는 일이 사회적 성격을 띤다는 사실을 정당하게 존중하지 않는다는 점에서 찾아야 한다는 것이 그의 생각으로 추측된다.

허스트의 생각에 대한 이 추측이 그릇되지 않다는 것은 그의 발언을 통해서 당장 확인할 수 있다. 그는 합리주의적 관점과 공리주의적 관점을 순차적으로 비판한 이후에 이들 양자가 한 가지 동일한 잘못을 상이한 맥락에서 저지르고 있다고 지적한다. 이들 양자는 개인주의적 입장을 극단적으로 신봉하고 있다는 것이 바로 그 동일한 잘못이다(EP: 391). 그는 이 지적에 이어서 그러한 두 가지 관점 속에 공통적으로 녹아 있는 그 잘못을 극복하기 위하여 삶이 영위되는 사회적 맥락으로 시선을 돌려야 한다고 선언한다(EP: 392). 사회적 질서에 따라 필요와 욕구를 충족시키면서 살아가는 삶이 올바른 삶이라는 허스트의 새로운 견해는 그러한 시선의 이동에서 도출된 필연적인 산물이라고 말할 수 있다(EA: 128).

올바른 삶에 관한 이와 같은 새로운 시각은 허스트로 하여금 그것을 실현하는 데에 적합한 교육내용에 관하여 고민하도록 만들었다. 허스트는 그에게 안겨진 이 고민을 해결하기 위하여 자신이 지식의 형식을 교육내용으로 간주했던 당시부터 그것과 병렬적으로 관심을 끌어 왔던 사회적 실제에 주목하게 된다(EP: 384). 그러므로 교육내용으로서의 사회적 실제가 어떤 성격의 것인가를 확인하는 일은 그의 후기 교육과정이론을 이해하는 데에 결정적으로 중요하다.

허스트는 사회적 실제를 두 가지 방식으로 규정하고 있다. "사회적 실제는 인간이 집단적 삶을 영위하는 가운데 사회적 전통으로 구축되고 발달되어 온 행위의 양식을 가리킨다"(EP: 392)는 것이 한 가지 규정이라면, 다른 한 가지는 "사회적 실제는 인간이 자신의 필요와 욕구를 충족시키기 위하여 의식적으로 노력하는 가운데 관례로 확립되어 이어져 내려오는 행위의 양식을 가리킨다"(EA: 127)는 규정이다. 사회적 실제에 관한 그의 견해를 이해하기 위해서는 이 규정에 나타난 모든 문구에 관심을 기울여야 마땅하지만, 그중에서도 특히 주목해야 할 것은 사회적 실제가 일관되게 '전통' 혹은 '관례'로 정착된 행위의 양식으로 기술되어 있다는 사실이다. 그는 사회적 실제가 전통 혹은 관례로 파악되어야 한다는 주장을 그것에 관한 자신의 기본적인 입장으로 내세우고 있다(PE: 19).

허스트가 어떤 의도에서 사회적 실제에 관한 그 주장을 자신의 기본적인 입장으로 내세우는가는 행위의 양식이라는 용어가 불러일으키는 통념을 통해서 짐작할 수 있다. 행위라는 것은 그것이 어떤 것이든지 간에 개인에 의하여 수행될 수밖에 없다. 이 점에서 보면, 행위의 양식이라는 말은 장기간에 걸쳐서 형성된 개인의 취향이나 습관을 뜻하는 것으로 여겨질 수 있으며, 그런만큼 그 말에 의하여 수식되는 사회적 실제는 개인적인 수준으로 추락하는 사태가 벌어질 수 있다. 그러나 사회적 실제는, 공리주의적 관점에 대한 허스트의 비판에 시사되어 있는 바와 같이, 결코 개인적인 차원에서 규정되는 성격의 것일 수 없다. 비록 개인에 의하여 구축되고 발전된다 하더라도, 그것은 성격상 개인의 의식과는 무관하게 누적적으로 구축되고 발전되는 공적 유산이라고 보아야 한다(연재흠, 2004: 31). 허스트가 사회적 실제를 전통 혹은 관례로 간주하는 이유는 바로 여기에 있다.

공적 유산으로 규정되는 이 사회적 실제가 개인의 삶과 관련하여 어떤 위치를 차지하는가를 확인하기 위해서는 사회적 실제의 존재방식을 검토할 필요가 있다. 그에 따르면, 사회적 실제 속에는 지식, 신념, 판단, 성패의 기준, 가치, 기술, 성향, 덕목, 감정 등 그야말로 인간의 능력이 연출할 수 있는 일체의 요소가 복잡하게 얽혀 있다(EA: 127; EP: 392-393). 허스트의 이 발언이 사회적 실제에 관한 규정에 이어서 등장한다는 사실에 시사되어 있는 바와 같이, 그는 사회적 실제가 공적 유산에 해당한다는 주장으로부터 이 생각을 이끌어 낸 것으로 짐작된다. 아닌 게 아니라, 사회적 실제가 개인에게 갖추어져 있는 모종의 소유물이라면, 그것은 결코 인간의 능력이 연출하는 일체의 요소를 한꺼번에 갖추고 있을 수 없다. 차라리 사회적 실제는 그러한 일체의 요소를 한꺼번에 갖추고 있기 때문에 공적 유산으로 간주될 수 있다고 말하는 편이 옳을지 모른다.

사회적 실제가 이와 같이 인간의 능력이 연출하는 일체의 요소를 한꺼번에 갖추고 있다는 사실을 존중하면, 개인의 삶은 사회적 실제 속에서 영위될 수 밖에 없다고 말해야 한다(EA: 127-128). 바꾸어 말하면, 사회적 실제는 개인이 한순간도 벗어날 수 없는 삶의 굴레요, 사회적 실제 속에 태어나서 그것의 영향을 받으면서 살아가는 것은 개인의 숙명이다. 사회적 실제는 이 점에서 개인의 삶에 의미를 부여하는 유일한 맥락이요, 그것이 따라야 할 궁극적인 기준이라고 말할 수 있다(홍은숙, 2004: 232). 그러므로 개인이 자신의 필요와 욕구를 올바르게 충족시키기 위해서는 사회적 실제에 기반을 두지 않으면 안 된다. 학습자를 사회적 실제에 입문시켜 실제적 이성을 개발하도록 이끄는 일이 교육의 주된 과업이라는 주장을 골자로 삼고 있는 허스트의 후기 교육과정이론은 이러한 맥락에서 등장하게 된다.

허스트의 이러한 후기 교육과정이론은 그것을 접하는 독자로 하여금 당장 교육에 부과된 그 과업을 실현하기 위하여 세부적으로 어떤 것을 교육내용으로 삼아야 하는가 하는 질문을 떠올리게 만들지만, 그것에 대한 그의 직접적인 대답은 찾아보기 어렵다. 물론, 그는 사회적 실제를 세 가지 범주로 분류하고 있다. 개인이 자신에게 주어진 환경에 적응하는 데에 공통적으로 필요한 기본적인 실제, 학문적 도야와 같이 특정한 개인이 선택적으로 추구하는 선택적 실제, 그러한 두 가지 실제의 의미를 탐색하는 이차적 실제가 바로 그것이다(EP: 393). 그러나 이들 세 가지 범주에 대해서도 그것에 포함될 세부적인 교육내용을 묻는 질문은 여전히 제기될 수 있다. 물론, 실제적 이성을 개발하는 데에 동원될 사회적 실제를 구체적으로 나열하는 일은 결코 간단하게 이루어질 수 있는 과제가 아니요 자신이 품고 있는 관심사도 아니라는 입장을 표방하고 있다(EA: 131-132). 이 점에서 보면, 허스트는 그 질문을 분명하게 의식하고 있었던 것으로 짐작된다. 그럼에도 불구하고 그는 적어도 표면상으로는 그러한 입장을 표방할 뿐 그 질문에 대한 대답을 회피하고 있다. 허스트는 이러한 회피를 통해서 자신의 전기 교육과정이론과 후기 교육과정이론을 연결시키려고 했을지도 모른다.

3. 교과와 삶의 이상

지식의 형식과 이론적 이성의 관련으로 성립하는 허스트의 전기 교육과정이론은 그에게 자유교육의 수호자라는 영광된 칭호를 안겨 주었지만, 그는 1980년대에 접어들면서 사회적 실제와 실제적 이성의 관계에 근거하여 종전의 그것과 표면상 상이한 교육과정이론을 구축하는 데에 노력을 경주하게 된다. 그의 그러한 노력이 자신의 후기 교육과정이론으로 결실을 맺는 데에는 합리주의적 관점에서 파악되는 올바른 삶에 대한 비판이 추진력으로 작용했다는 사실은 그의 발언을 통해서 어렵지 않게 확인할 수 있다(EA: 125; EP: 393; PE: 19). 허스트의 후기 교육과정이론은 이 점에서 올바른 삶에 관한 대안적인 관점을 모색하는 방안으로 구축되었다고 해석되고 있다. 그러나 그가 비판의 대상으로 삼는 합리주의적 관점이 그의 전기 교육과정이론이 딛고 있는 사고방식인가는, 그러한 일반적인 해석에서 당연시되는 것과는 달리, 그다지 분명하지 않다.

허스트의 전기 교육과정이론과 합리주의적 관점의 관련이 안고 있는 이러한 모호성은 그의 교육과정이론 전체로 퍼져 나간다. 즉, 이들 양자의 관련이 의심을 받을 경우에, 사회적 실제와 실제적 이성이 각각 지식의 형식과 이론적 이성에 대비된다는 식의 발언은 결코 액면 그대로 수용될 수 없으며, 그런 만큼 그의 후기 교육과정이론이 전기 교육과정이론에 대한 대안에 해당한다는 통념 또한 수용이 유보되지 않으면 안 된다. 그러므로 허스트의 교육과정이론은 합리주의적 관점에 관한 그의 비판이 시작되는 지점에서 전·후기 교육과정이론의 관련에 관한 전면적인 검토를 기다리고 있다고 말해도 좋다.

합리주의적 관점에 대한 허스트의 비판은 1983년에 발표된 「교육이론」이라는 제목의 논문에서 시작된다. 이 논문에 등장하는 합리주의적 관점에 따르면, 이성 혹은 그것이 제시하는 합리적 원리는 인간의 행위에 앞서 존재하며, 올바른 삶이라는 것은 바로 그 이성 혹은 합리적 원리의 안내를 받아 영위되는 삶 이외에 다른 것일 수 없다(ET2: 10-11). 그는 이러한 합리주의적 관점을 비판하기 위하여 라일과 오우크쇼트와 폴라니의 인식론적 견해를 순차적으로 고찰하게 된다. 먼저, 라일은 '아는 것'을 주로 '이론적 명제'에 국한시키거나 그것에 우월한 지위를 부여하는 종래의 경향을 비판하면서, 그것이 '실제적 방법'과 관련하여 규정되어야 한다는 주장을 내세우고 있다(Ryle, 1949: 25-61). 허스트의 고찰은 라일의 이러한 생각을 필두로 삼고 있지만, 그가 사회적 실제에 관한 자신의 생각을 굳히는 데에는 이하에서 등장할 오우크쇼트와 폴라니의 인식론적 견해가 결정적인 단서로 작용한다.

오우크쇼트는 인간의 행위를 설명하기 위하여 이하에서 규정될 '기법적 지식'과 '실제적 지식'이라는 용어를 등장시킨다(Oakeshott, 1947: 12). 기법적 지식은 자동차 운전의 기법, 요리의 기법 등과 같이 명제의 형태로 명문화할 수 있는 지식을 가리킨다. 그런데 지식에는 원칙상 명문화가 불가능한 지식, 오직 사용되는 과정 또는 실제를 통해서 그 존재가 드러나는 지식도 있다. 그는 이러한 지식을 실제적 지식이라고 부른다. 기법적 지식과 실제적 지식이 나타내는 이러한 성격상의 차이에 집착하면, 이들 양자는 따로 떨어져서 별도로 존재하는 두 가지 종류의 지식인 것처럼 여겨질 가능성이 있다. 그러나 요리책에 적혀 있는 기법이 요리사의 활동에 의하여 드러나는 실제적 요소와 분리될 경우에 결코 요리를 안내할 수 없는 것과 꼭 마찬가지로, 실제적 지식과 분리된 기법적 지식은 죽은 지식에 지나지 않는다. 바꾸어 말하면, 기법적 지식은 오직 실제적 지식과 연결될 경우에 살아서 움직일 수 있으며, 이 점에서 실제적 지식은 기법적 지식에 생명을 부여하는 그것의 자양분이라고 말할 수 있다(Oakeshott, 1947: 16-17). 그러므로 이들 양자는 인간의 행위에 붙박여 있는 그것의 두 가지 측면으로서 오직 개념상으로 구분될 뿐이라고 말해야 한다(Oakeshott, 1947: 12-13).

　　허스트는 오우크쇼트의 이러한 견해를 검토한 이후에, 슬며시 폴라니의 인식론으로 시선을 돌린다. 폴라니의 인식론은 "우리는 우리가 말할 수 있는 것 이상을 알고 있으며, 말할 수 없는 것에 대한 우리의 앎에 의존하지 않고는 아무것도 말할 수 없다"는 말로 요약될 수 있다(Polanyi, 1966: 4). 그는 우리가 말할 수 없는 형태로 이미 갖추고 있는 앎을 '묵시적 지식'이라고 부르면서, 그것이 앎 또는 지식의 원천에 해당한다는 점을 대단히 강조하는 것으로 알려져 있다. 그러나 묵시적 지식이 우리에게 이미 갖추어져 있다고 해서, 그것이 순전히 주관적 성격을 띤다고 생각하는 것은 잘못이다. 그것은 주관과 객관의 구분이 애당초 적용되지 않는 성격의 것이다(Polanyi, 1958: viii-ix). 일체의 구분이 주관과 객관의 구분에서 비롯된다는 점을 감안하면, 묵시적 지식이 그러한 원초적 구분을 벗어나 있다는 말은 그것이 일체의 대상을 아무런 구분이 없는 형태로 한꺼번에 압축하고 있다는 뜻으로 읽을 수 있다. 지식이 묵시적 성격을 띨 수 있는 것은 그것이 이와 같이 무형태로 압축되어 있기 때문이다. 묵시적 지식이라는 용어에서 '묵시적'이라는 형용사는 이 점에서 그 뒤에 이어지는 '지식'이라는 명사를 정의하는 단어라고 말할 수 있다. 차라리 '지식'이라는 명사가 '묵시적'이라는 형용사에 의하여 정의되기 때문에 묵시적 지식은 앎 또는 지식의 원천으로 될 수 있다고 말하는 편이 옳을지 모른다.

　　허스트가 이와 같이 오우크쇼트의 견해에 이어서 폴라니의 견해를 등장시킨다는 것은 이들 양자 사이에 존재하는 모종의 유사성이 그에게 감지되었기 때문일 것이다. 오우크쇼트의 실제적 지식은 폴라니의 묵시적 지식과 그 실체에 있어서 다르지 않은 것으로 알려져 있다(Brownhill, 1983: 37). 허스트는 이러한 통설에 근거하여 묵시적 지식이 나타내는 특징을 그대로 실제적 지식의 특징으로 옮겨 오려고 시도했던 것으로 짐작된다. 그럴 경우에 실제적 지식은 기법적 지식 전체를 묵시적인 형태로 압축하고 있는 그것의 공적 원천이요, 기법적 지식은 실제적 지식의 외부적인 표현으로 파악될 수 있다. 실제적 지식이 기법적 지식의 자양분으로 작용할 수 있는 것은 이와 같이 이들 양자가 원천과 표현의 관계로 연결되어 있기 때문이며, 기법적 지식이 인간의 행위를 안내할 수 있는 것 또한 그것이 실제적 지식에 원천을 두고 있기 때문이다. 그리하여 인간의 행위는 기법적 지식에 의하여 정당화되기보다는 궁극적으로 그것의 원천인 실제적 지식에 의하여 규정되고 정당화된다는 결론에 도달하게 된다(Oakeshott, 1950: 122).

허스트는 오우크쇼트의 견해에 폴라니의 견해를 접목시켜 만들어 낸 이러한 실제적 지식의 성격과 역할을 고스란히 사회적 실제라는 개념에 불어넣어 자신의 후기 교육과정이론을 구축하기 위한 토대로 삼는다(ET2: 25-26). 그의 후기 교육과정이론이 이와 같이 오우크쇼트의 인식론적 견해에 이론적 젖줄을 대고 있다는 사실은 그의 문제의식이 근본적으로 오우크쇼트의 그것과 다르지 않다는 점을 시사한다. 사실상, 오우크쇼트는 허스트가 합리주의적 관점에 대한 비판을 제기하기에 앞서 르네상스 이후에 등장한 근대적 합리주의를 겨냥하여 그것과 내용상 다르지 않은 비판을 제기한 바 있다(Oakeshott, 1947: 7). 그리고 그는 근대적 합리주의가 그러한 비판을 받는 궁극적인 이유를 그 사조의 경우에 일체의 지식을 오직 기법적 지식으로 환원시킨다는 데에서 찾고 있다(Oakeshott, 1947: 15-16). 합리주의적 관점에 대한 허스트의 비판이 내용상 근대적 합리주의에 대한 오우크쇼트의 비판과 다르지 않다는 사실을 존중하면, 그가 자신의 전기 교육과정이론에 대하여 취한 비판적 태도는 결국 지식의 형식이 기법적 지식과 동일한 것으로 간주되는 사태를 우려한 데에서 비롯된 것으로 해석될 수 있다.

지식은, 그것이 어떤 것이든지 간에, 기법적 지식 혹은 그것을 대표하는 문자에 의존하지 않는 한 존재할 수 없다. 이 점에서 보면, 일체의 지식을 책 속에 적혀 있는 문자로 환원시키는 것도 그다지 그릇되지 않은 것처럼 보인다. 그러나 문자 속에는 그것이 가리키는 의미가 붙박여 있기 마련이며, 그 의미는 개인의 의도와 무관하게 문자에 담겨져 공적 전통으로 면면히 이어져 내려오고 있다. 오우크쇼트의 실제적 지식이 기법적 지식과의 대비를 통해서 지식의 이러한 공적 성격을 부각시키고 있다면, 허스트의 전기 교육과정이론에 등장하는 지식의 형식은 일체의 지식 속에 공적 전통으로서의 의미가 붙박여 있다는 점을 부각시키기 위하여 특별히 고안된 개념이라고 말해도 틀리지 않는다(연재룡, 2004: 35). 그러므로 허스트의 사회적 실제는 오우크쇼트의 실제적 지식에 기원을 두고 있다는 점에서 결코 지식의 형식과 대립되는 것으로 간주될 수 없다(한혜정, 2001: 174; 황규호, 1997: 211). 지식의 형식에 포함되는 다양한 학문 영역이 세 가지 범주의 사회적 실제에 배당될 수 있다는 허스트의 발언(EA: 131)은 이들 양자 사이에 존재하는 이러한 관련에 근거한 것으로 생각된다.

지식의 형식과 사회적 실제가 대립되는 개념일 수 없다는 것은 이론적 이성과 사회적 실제의 관계에 관한 그의 견해를 통해서도 확인할 수 있다. 그의 교육과정이론에서 실제적 이성이 사회적 실제에 의하여 개발되는 마음의 능력이라면, 이론적 이성은 지식의 형식에 의하여 형성되는 마음의 능력을 가리킨다. 그러므로 이론적 이성과 실제적 이성은 지식의 형식과 사회적 실제가 나타내는 용어상의 차이만큼 상이한 것처럼 보일 수 있다. 그럼에도 불구하고 그는 이론적 이성이 사회적 실제를 발전시키는 데에 원동력으로 작용한다는 점을 누차 지적한다(EA: 129; EP: 390). 그의 이러한 지적은 이들 양자가 개념적으로 관련되어 있다는 점을 보여 주는 것이나 다름이 없다. 만일 이들 양자가 개념적으로 무관하다면, 이론적 이성이 그러한 역할을 수행한다는 것은 원칙상 불가능하며, 설령 그 일이 실제로 일어났다 하더라도 그것은 우연적인 현상에 지나지 않는 것으로 간주되기 때문이다. 허스트는 이론적 이성이 사회적 실제에 기원을 두고 있다는 상반된 방향의 발언도 들려주고 있지만(ET2: 10-11), 그것은 도리어 앞의 지적에 이어서 이론적 이성과 사회적 실제가 개념적으로 관련되어 있다는 바로 그 사실을 부언하는 것으로 해석될 수 있다.

이론적 이성과 사회적 실제가 나타내는 이러한 개념적 관련은 이론적 이성이 지식의 형식에 의하여 형성되는 마음이라는 바로 그 점에서 그대로 지식의 형식과 사회적 실제의 관계로 이양될 수 있다. 그리고 실제적 이성이 사회적 실제에 의하여 형성되는 마음이라는 사실을 상기하면, 그 관련은 또한 이론적 이성과 실제적 이성의 관계를 나타내는 것으로 받아들여도 무방하다. 즉, 지식의 형식과 사회적 실제가 상반된 영역에 속하는 교과로 여겨질 수 없는 것과 마찬가지로, 이론적 이성과 실제적 이성은 따로 떨어져서 별도로 존재하는 상이한 실체로 간주될 수 없다(유재봉, 2005: 310). 그러므로 허스트의 후기 교육과정이론이 전기 교육과정이론에 대한 대안으로 마련된 것이라는 통념은 그다지 타당한 생각으로 간주될 수 없으며, 그런 만큼 합리주의적 관점을 그의 전기 교육과정이론이 담고 있는 기본적인 사고방식으로 간주하는 것은 올바른 해석이 되지 못한다.

　허스트의 후기 교육과정이론이 전기 교육과정이론에 대한 대안이 아니요 합리주의적 관점이 전기 교육과정이론의 근본적인 사고방식도 아니라고 하면, 그의 전·후기 교육과정이론의 관계는 어떤 구도로 파악되어야 하는가? 최근의 한 연구에 포함된 다음과 같은 주장은 이 질문에 대한 대답을 제시하는 데에 좋은 실마리를 제공한다. 그의 후기 교육과정이론이 표방하는 관심사는 교과를 선정하는 올바른 방식에 있다기보다는, 교과의 성격을 온전하게 드러내는 데에 있다는 주장이 바로 그것이다(홍은숙, 2004: 218). 그의 후기 교육과정이론에 관한 이 주장은 성격상 사회적 실제가 지식의 형식이 담고 있는 원래의 성격을 드러내기 위하여 마련된 개념이라는 뜻으로 구체화될 수 있다. 전기 교육과정이론에 관한 그 반성은 지식의 형식이 삶에서 차지하는 위치와 관련되어 있다는 자신의 발언에 시사되어 있는 바와 같이(EP: 394), 지식의 형식이 담고 있는 원래의 성격은 그것이 우리의 삶을 안내하는 그것의 형식이라는 말로 수렴된다(진영석, 1991: 14).

　아닌 게 아니라, 허스트는 지식의 형식과 사회적 실제를 우리의 삶이 의존하고 있는 오직 하나의 공적 전통으로 규정하고 있다. 다시 말하면, 이들 양자는 우리의 삶이 뿌리를 두고 있는 공적 전통이라는 점에서 다르지 않다. 단지, 지식의 형식은 공적 전통이 구현되어 있는 매체에 거점을 두고 기술하는 그것의 내용적 측면이요, 사회적 실제는 그것이 삶에서 차지하는 위치에 거점을 두고 기술하는 그것의 활동적 측면이라는 점에서 구분될 뿐이다(연재흠, 2004: 35). 그러므로 이들 양자는 우리의 삶이 공적 전통으로부터 분리될 수 없는 만큼 정의상 삶과 무관한 것일 수 없다. 합리주의적 관점에 관한 허스트의 비판은 교과와 삶의 이러한 불가분의 관련을 소극적인 방식으로 보여 주고 있다. 결국, 허스트의 후기 교육과정이론은 교과와 삶의 관련을 강조하기 위하여 교과에 초점을 두고 전개되는 전기 교육과정이론을 삶으로 거점을 옮겨 와서 진술한 것으로 파악될 수 있다.

4. 마무리하면서

교육의 역사가 학습자로 하여금 올바른 삶을 영위하도록 이끌려는 노력의 여정이라면, 교육과정이론의 역사는 교육의 그 숭고한 노력을 교과와 마음의 관계로 설명하려는 관심의 행보라고 말할 수 있다. 교육과정이론의 그러한 관심은 형식도야이론에 의하여 최초로 표방된다. 형식도야이론에서 파악되는 교과는 언어로 진술되어 있는 '내용'과 그것이 지향하는 마음으로서의 '형식'이 표면과 이면으로 맞붙어 있는 구조를 나타낸다(박채형, 2003: 4-5). 인간의 행위가 마음의 미세한 진동에서 시작된다는 일반화된 생각에 비추어 보면, 교과의 이면을 이루는 마음이 일반성을 띤다는 말은 일체의 행위가 그 마음의 외부적인 표현이라는 뜻으로 해석될 수 있다. 교과의 내용을 매체로 삼아 그 형식을 획득하는 일은 이 점에서 인간의 행위와 그것으로 이루어진 생활을 바람직한 방향으로 이끌기 위한 근본적인 과제로 간주될 수밖에 없다(장성모, 1998: 239-240). 교과의 구조에 관한 형식도야이론의 입장은 이와 같이 그것에 의하여 형성되는 마음과 그 마음이 적용될 생활의 관련을 통해서 교과를 정당화할 수 있다는 발생에 뿌리를 두고 있다.

그런데 생활을 처방하는 데에 집착하는 사람들의 눈에는 형식도야이론의 그러한 설명이 지나치게 우회적인 방식으로 교과와 생활의 관련을 확립하는 시도로 보일 수 있다. 사실상, 일반적인 마음이 생활의 장면에 두루 적용된다는 주장은 받아들인다 하더라도, 교과를 통해서 마음을 형성하는 일 그 자체는 결코 순조롭게 이루어질 수 있는 것이 아니요 단시간의 노력으로 가능한 것도 아니다. 교과교육이 안고 있는 이 불가피한 난점은 교육의 궁극적인 관심이 학습자로 하여금 올바르게 생활하도록 이끄는 데에 있다는 생각과 결부되어 그들의 조바심을 발동시킬 수 있다. 그리고 그들의 그러한 조바심은 필경 보다 손쉬운 방식으로 교과와 생활의 관련을 확립하려는 시도로 나아갈 수밖에 없다. 교과를 생활로 대치시킴으로써 이들 양자의 관련을 직접적으로 확립했던 생활적응교육은 그러한 조바심에서 비롯되는 시도의 역사적 유물이라고 말할 수 있다(이홍우, 1992: 118-119).

　형식도야이론과 생활적응교육의 이러한 관계는 그 양상에 있어서 허스트의 전·후기 교육과정이론이 나타내는 통념상의 관계와 다르지 않다. 지식의 형식과 이론적 이성의 개념적 관련으로 성립하는 그의 전기 교육과정이론은 형식도야이론과 마찬가지로 교과와 마음의 관련에 근거하여 교과교육의 성격과 가치를 설명하기 위하여 마련된 것이다. 그런데 그는 최근에 사회적 실제를 통해서 실제적 이성을 개발해야 한다는 주장에 바탕을 둔 후기 교육과정이론을 정면에 내세우고 있다.

　허스트의 이러한 후기 교육과정이론이 전기 교육과정이론에 대한 대안이라는 통념은 지식의 형식과 이론적 이성이 각각 사회적 실제와 실제적 이성에 의하여 대치된다는 뜻으로 받아들일 수 있다. 사회적 실제와 실제적 이성이 이와 같이 지식의 형식과 이론적 이성을 대치한다는 것은 이들 양 진영을 연결하는 공적 전통의 존재 그 자체를 부당하게 묵살하는 것이나 다름이 없다. 그럴 경우에 그의 후기 교육과정이론이 표방하는 올바른 삶은 사욕으로 얼룩진 일상의 생활로 전락하게 되며, 그런 만큼 그것은 생활적응교육과 기본적인 생각을 공유하는 것으로 여겨질 수밖에 없다(황규호, 1997: 206). 그리하여 그의 교육과정이론에 관한 통념은 그 이론 속에 형식도야이론에서 생활적응교육으로의 이행을 한꺼번에 담고 있다는 주장으로 귀착된다.

그런데 허스트의 교육과정이론에 의하여 부각되는 공적 전통은 인간의 삶을 올바른 방향으로 안내하는 그것의 형식이다. 공적 전통은 이 점에서 인간의 삶과 운명을 함께한다고 말해도 결코 틀리지 않는다. 그럼에도 불구하고 그의 교육과정이론에 관한 통념은 바로 그 공적 전통을 도외시하는 잘못을 저지르고 있으며, 그런 만큼 그것은 삶을 뿌리째 뒤흔들게 된다. 그의 후기 교육과정이론과 일견 대응을 이루는 생활적응교육은 그 통념에 의하여 야기되는 이러한 불행이 궁극적으로 교과를 삶 혹은 생활과 직접적으로 연결시키려는 조바심에서 비롯된 사태라는 점을 확인시켜 준다. 바꾸어 말하면, 교과의 가치에 관한 형식도야이론의 설명을 생활적응교육에서와 같이 처방의 관점에서 해석할 경우에는 필경 그 통념이 야기하는 그러한 불행을 초래할 수밖에 없다.

허스트의 교육과정이론에 관한 통념이 야기하는 그러한 재앙은 그의 전·후기 교육과정이론의 관계에 관한 대안적인 해석을 요청한다. 지식의 형식과 사회적 실제가 공적 전통이라는 한 가지 동일한 실체를 각각 교육과 삶의 맥락에서 기술하는 개념이라는 주장은 그 대안적 해석을 만들어 내는 데에 결정적으로 중요하다. 이들 양자의 관계에 관한 이와 같은 주장은 그의 후기 교육과정이론이 전기 교육과정이론을 삶의 맥락에서 번역한 것에 지나지 않는다는 뜻으로 읽을 수 있다. 허스트의 전·후기 교육과정이론의 관계에 관한 이와 같은 대안적 해석은 교과와 삶의 확고한 관련을 통해서 우리에게 교과를 배우는 일에 참여하는 것 이외에 삶을 올바르게 살아가는 별도의 방법은 있을 수 없다는 진부한 진리를 새삼 일깨워 준다.

| 참고문헌 |

곽병선(1983). 교육과정 운영의 정상화. 초·중등교육의 질 개선을 위한 세미나. 한국교육개발원.

곽병선(1987). 제5차 교육과정 총론 개정 시안의 연구 개발. 한국교육개발원.

곽진숙(2000). 타일러와 아이스너의 교육평가론 비교 연구. 서울대학교 대학원 석사학위논문.

교육과학기술부(2008). 초등학교 교육과정 해설 (1): 총론, 재량활동. 서울: 한솔사.

교육과학기술부(2009). 초·중등학교 교육과정 총론(교육과학기술부 고시 제2013-7호). 교육부.

교육과학기술부(2009a). 초·중등학교 교육과정 총론(교육과학기술부 고시 제2009-41호). 사회복지법인 홍애원.

교육과학기술부(2009b). 2009 개정 교육과정 문답자료. 교육과학기술부 교육과정기획과.

교육기본법(법률 제13003호)

교육부(1992). 초등학교 교육과정 해설. 서울: 대한교과서주식회사.

교육부(1997). 초·중등학교 교육과정: 국민공통교육과정. 서울: 대한교과서주식회사.

교육부(1998). 초등학교 교육과정(교육부 고시 제1997-15호). 서울: 대한교과서주식회사.

교육부(1999). 제7차 교육과정에 의거한 2종 교과용도서 집필상의 유의점. 서울: 대한교과서주식회사.

교육부(2015a). 2015 개정 교육과정 총론 및 각론 확정·발표(보도자료). 교육부 홍보담당관실.

교육부(2015b). 초·중등학교 교육과정 총론(교육부 고시 제2015-80호). 교육부.

교육인적자원부(2007). 초・중등학교 교육과정(교육인적자원부 고시 제2007-79호). 서울: 대한교과서주식회사.

권선태(1993). 교과의 정당화 개념으로서의 전통. 서울대학교 대학원 석사학위논문.

김아영, 김대현(2006). Schwab의 숙의이론의 쟁점에 관한 연구. 교육사상연구, 20. 한국교육사상연구회.

김 인(1993). 블룸과 오우크쇼트의 교육내용 범주화 방식 비교. 서울대학교 대학원 석사학위논문.

김경자(2000). 학교교육과정론. 서울: 교육과학사.

김광민(2001a). 교과교육에서의 교사의 위치. 도덕교육연구, 13(2). 한국도덕교육학회.

김광민(2001b). 교과서 제도와 교육과정의 이상. 초등교육연구, 14(3). 한국초등교육학회.

김대현(2009). 미래형 교육과정 구조 및 실효성 방안에 대한 논의. 교육혁신연구, 19(1). 교육혁신학술위원회.

김대현, 이은화(1999). 교육과정 지역화의 과제와 전망. 사대논문집, 37. 부산대학교 사범대학.

김민환(1990). 교육과정 연구에 있어서 J. Schwab의 실제적 양식의 위상과 의의. 김억환, 김민환(1991). 새로운 교육과정 탐구: 재개념주의적 접근. 서울: 성원사.

김성렬(2009). 2009 개정 교육과정: 개정의 방향과 총론 시안(2차). 2009개정교육과정연구위원회.

김수천(2004). 교육과정학의 성격: 주요 문제와 탐구방법. 교육과정연구, 22(2). 한국교육과정학회.

김승배(1987). 발견학습의 인식론적 고찰. 서울대학교 대학원 석사학위논문.

김승호(1998). 교육과정평가 모형 탐색. 김승호(2005). 초등학교교육의 이해. 서울: 교육과학사.

김안중(1985). 도덕교육에서의 전통과 합리성의 문제. 정신문화연구 통권 24호. 한국정신문화연구원.

김안중(1987). 잠재적 교육과정에 대한 비판적 검토. 윤팔중 외 (편). 교육과정 이론의 쟁점. 서울: 교육과학사.

김안중(1988). 학교학습의 철학적 기초: 오우크쇼트의 "학습과 교수" 리뷰. 율산 이용걸 교수 정년기념저서. 학교학습탐구. 서울: 교육과학사.

김용찬(2000). 21세기와 교육과정의 지역화: 제7차 교육과정을 중심으로. 사회과 교육, 33. 한국사회과교육학회.

김인식, 최호성, 최병욱(1998). 학교중심 교육과정의 탐구. 경남대학교 출판부.

김재춘 외(2005). 교육과정과 교육평가. 서울: 교육과학사.

김재춘(2009). 2009 개정 교육과정의 운영 방안(2009년 한국교육과정학회 추계 학술대회 자료집). 한국교육과정학회.

김종서(1987). 잠재적 교육과정의 이론과 실제. 서울: 교육과학사.

김종서 외(1995). 교육과정이론. 서울: 한국방송통신대학교출판부.

김호권(1974). 잠재적 교육과정. 김종서 외 (편). 교육과정의 발전적 지향. 서울특별 시 교육위원회.

나동진(1998). 발견식－탐구식 수업. 서울대학교 교육연구소 (편). 교육학 대백과사 전. 서울: 하우동설.

노철현(1998). 지식의 형식의 정당화: 인식론적 관점. 서울대학교 대학원 석사학 위논문.

노철현(2012). 칸트와 듀이 예술이론의 메타프락시스적 해석. 한국초등교육연구, 23(2). 서울교육대학교 교육연구원.

문교부(1987). 국민학교 교육과정(문교부 고시 제87-9호). 서울: 대한교과서주식회사.

문교부(1988). 초등학교 교육과정 해설. 서울: 대한교과서주식회사.

문교부(2014). 2015 문·이과 통합형 교육과정 총론 주요 사항(시안). 교육부 교 육과정정책과.

박상완(2009). 학교 교육과정 자율화의 쟁점과 과제. 초등교육연구, 24. 부산교육 대학교 교육연구원.

박상철(2006). 목표모형과 심성함양. 도덕교육연구, 18(1). 한국도덕교육학회.

박순경(1991). 교육과정 문제의 성격과 교육과정 '숙의'의 한계성 검토. 이화여자 대학교 대학원 박사학위논문.

박순경 외(2005). 국가 수준 교육과정 총론 개선 연구(연구보고 RRC 2005-1). 한국교육과정평가원.

박승배(2006). 교육비평: 엘리어트 아이즈너의 질적연구방법론. 서울: 교육과학사.

박승배(2007). 교육과정학의 이해: 역사적 접근. 서울: 학지사.

박재문(2003). 지식의 구조와 구조주의. 서울: 성경재.

박종덕(2011). 마음과 내러티브와 교과. 도덕교육연구, 23(1). 한국도덕교육학회.

박창언(2009). 국가수준 교육과정의 교육목표에 대한 고찰. 교육과정연구, 27(4). 1-20.

박채형(2003). 주역의 교육과정이론. 서울: 성경재.

박채형(2010). 2009 개정 교육과정 총론에 대한 비판적 고찰: 초등학교 교육과정을 중심으로. 초등교육연구, 23(3). 25-44.

박채형(2015). 2015 개정 교육과정 개발 방향의 현실성 분석: 초등학교를 중심으로. 학습자중심교과교육연구, 15(4). 335-354.

박천환(2005). 교육과정의 성격과 최근 동향. 초등교육연구, 18(1). 한국초등교육학회.

박현주(1991). 교육과정의 특성에서 본 '실제성' 이론의 타당성. 이화여자대학교 대학원 박사학위논문.

서미혜(1986). 타일러 교육과정이론의 비판에 관한 고찰: 브루너 이론을 근거로 한 비판을 중심으로. 성균관대학교 대학원 박사학위논문.

소경희(1996). 현대 교육과정이론에 나타난 지식관의 문제. 이화여자대학교 대학원 박사학위논문.

손민호(1995). 브루너 탐구학습의 비판적 재검토: 새로운 과학철학을 중심으로. 서울대학교 대학원 석사학위논문.

연재룡(2004). Paul H. Hirst의 지식의 형식과 사회적 실제의 관련. 한국교원대학교 대학원 석사학위논문.

유봉호(1992). 한국 교육과정사 연구. 서울: 교육과학사.

유재봉(2002). 현대교육철학 탐구자유교육에 대한 비판 및 대안 탐색. 서울: 교육과학사.

유재봉(2004). 허스트의 자유교육론에 대한 대안적 논의 탐색. 교육과정평가연구, 7(2). 한국교육과정평가원.

유재봉(2005). 허스트의 실천적 이성의 개념과 교육. 고등교육 개혁쟁점과 토론 (2005년 춘계학술대회 자료집). 한국교육학회.

유한구(2001a). 교과와 교사. 유한구(2002). 교과이론과 교과정책. 서울: 성경재.

유한구(2001b). 교사의 수업전문성. 유한구(2002). 교과이론과 교과정책. 서울: 성경재.

유한구(2007). 교육이론으로서의 교육인식론. 한국도덕교육학회, 19(1). 한국도덕교육학회.

윤성한(2009). 2009 개정 교육과정(초등)에 대한 몇 가지 대안적 검토. 2009 개정 교육과정: 개정의 방향과 총론 시안(제2차 공청회 자료집). 2009개정교육과정 연구위원회.

이경섭(1997). 한국 현대 교육과정사 연구(상). 서울: 교육과학사.

이광우(2014). 교과 교육과정 개발의 방향. 2015 문·이과 통합형 교육과정 개정을 위한 교과 교육과정 개발 정책연구진 합동 워크숍 자료집. 교육부·한국교육과정평가원·한국과학창의재단·서울특별시교육청.

이돈희 편역·해설(1992). 존 듀이 교육론. 서울: 서울대학교 출판부.

이병호(2009). 국가 교육과정 기준 문서 체제 개선 방안. 교육과정연구, 27(4). 한국교육과정학회.

이병호, 홍후조(2008). 우리나라 교과교육과정 기준 문서 체제의 개선에 관한 연구. 교육과정연구, 26(1). 한국교육과정학회.

이종승(1987). 타일러의 학문적 생애와 교육평가관. 교육평가연구, 2(1). 교육평가연구회.

이차숙(2001). Bruner의 발견적 교수-학습이론. 전성연 (편). 교수-학습의 이론적 탐색. 서울: 원미사.

이홍우(1979a). 원리를 가르칠 수 있는가: 발견학습의 논리. 이홍우(1992). 교육과정탐구. 서울: 박영사.

이홍우(1979b). 지식의 구조와 교과. 서울: 교육과학사.

이홍우(1981). 교과교육자로서의 교사. 이홍우 외 (편). 교육학 개론. 서울: 교육과학사.

이홍우(1984a). 교육평가의 타당도: 재해석. 이홍우(1992). 증보 교육과정탐구. 서울: 박영사.

이홍우(1984b). 두 가지 도덕과 두 가지 교육. 교육의 목적과 난점. 서울: 교육과학사.

이홍우(1988). Bruner 지식의 구조. 서울: 교육과학사.

이홍우(1998). 교육의 목적과 난점. 서울: 교육과학사.

이홍우(2000). 성리학의 교육이론. 서울: 성경재.

이홍우(2006a). 주희와 듀이: 교육이론의 메타프락시스적 성격. 도덕교육연구, 18(1). 한국도덕교육학회.

이홍우(2006b). 증보 지식의 구조와 교과. 서울: 교육과학사.

이홍우(2010). 증보 교육과정 탐구. 서울: 박영사.

이홍우, 유한구, 장성모(2003). 교육과정이론. 서울: 교육과학사.

인정옥(1988). 교육과정의 지역화에 관한 연구. 한양대학교 대학원 박사학위논문.

임병덕(1998). 초등학교 도덕과교육론. 서울: 교육과학사.

임병덕(2001). 브루너의 지식의 구조. 서울: 문학과 교육사.

임병덕(2003). 키에르케고르의 간접전달. 서울: 성경재.

장상호(1999). 피아제 발생적 인식론과 교육. 서울: 교육과학사.

장성모(1998). 교과의 내용과 형식. 교육학 대백과사전. 서울: 하우동설.

정범모(1956). 교육과정. 서울: 풍국학원.

정혜진(1994). 에로스의 교육적 의미: 향연과 파이드로스의 한 해석. 서울대학교 대학원 석사학위논문.

조영태(1998). 교육과정 개발의 논리: 워커의 교육과정 모형 검토. 비교교육연구, 8(2), 한국비교교육학회.

조용기(2004). 교사와 교육자. 길병희 외 (편). 교사교육: 반성과 설계. 서울: 교육과학사.

진영석(1991). 교육의 선험적 정당화의 형이상학적 측면. 서울대학교 대학원 석사학위논문.

차미란(1996). 오우크쇼트의 교육론 소고. 교육이론, 10(1), 83-114. 서울대학교 사범대학 교육학과.

초 · 중등교육법(법률 제13227호)

최호성(1995). 세계화와 교사혁신: 연구자로서의 교사. 교육이론과 실천, 5. 경남대학교 교육문제연구소.

한기철(2004). Alasdair MacIntyre의 '행위전통' 개념과 그것의 교육학적 활용에 대한 재검토. 아시아교육연구, 5(3). 서울대학교 교육연구소.

한춘희(2009). 2009 개정 교육과정: 초등학교 관련. 2009 개정 교육과정: 개정의 방향과 총론 시안(제1차 공청회 자료집). 2009개정교육과정연구위원회.

한혜정(2001). 허스트의 '사회적 실제'의 개념이 교육과정 연구에 주는 시사. 한국교육, 28(2). 한국교육개발원.

함종규(2003). 한국 교육과정 변천사 연구. 서울: 교육과학사.

홍은숙(1999). 지식과 교육. 서울: 교육과학사.

홍은숙(2004). 교육의 준거점으로서의 '사회적 실제' 개념의 재음미. 교육철학, 32. 교육철학회.

홍후조(2009a). 2009 교육과정 개정에서 핵심 쟁점 분석. 2009 개정 교육과정의 적용과 진단(2009년 학국교육과정학회 추계학술대회 자료집). 한국교육과정학회.

홍후조(2009b). 2009 개정 교육과정 총론 시안에서 학년군, 교과군 개념의 교육과정적 의의 분석. 교육과정연구, 27(4). 한국교육과정학회.

황규호(1997). 자유교육 이념의 교육적 인간상에 대한 비판적 검토. 도덕교육연구, 9. 한국도덕교육학회.

王陽明. 傳習錄.

Apple, M. W. (1979). *Ideology and Curriculum*. RKP.

Bloom, B. S. (1963). Testing Cognitive Ability and Achievement. IN N. L. Gage (Ed.), *Handbook of Research on Teaching*. Rand McNally.

Bloom, B. S. et al. (1956). *Taxonomy of Educational Objectives[I]: Cognitive Domain*. 임의도 외 역(1966). 교육목표분류학(I): 지적 영역. 서울: 배영사.

Bloom, B. S. et al. (1964). *Taxonomy of Educational Objectives: The Classification of Education Goals (Handbook II : Affective Domain)*. David Mckay Company.

Bobbitt, F. (1918). *The Curriculum*. Houghton Mifflin.

Bobbitt, F. (1924). *How to Make a Curriculum*. Houghton Mifflin.

Bowles, S., & Gintis, H . (1976). *Schooling and Capitalist America*. Basic Books.

Brownhill, R. J. (1983). *Education and the Nature of Knowledge*. Croom Helm.

Bruner, J. S. (1960). *The Process of Education*. 이홍우 역(1992). 브루너 교육의 과정. 서울: 배영사.

Bruner, J. S. (1966). *Toward a Theory of Instruction*. Harvard Univ. Press.

Bruner, J. S. (1969). After John Dewey, What? In his *On Knowing*. Harvard Univ. Press.

Bruner, J. S. (1971). "The Process of Education". Reconsidered. R. R. Leeper (Ed.), *Dare to Care/Dare to Act*. ASCD Annual Conference Report. 이홍우 역(1992). '교육의 과정'의 재음미. 브루너 교육의 과정. 서울: 배영사.

Bruner, J. S. (1972). *The Relevance of Education*. George Allen and Unwin.

Bruner, J. S. (1985). Paradigmatic and Narrative Modes of Knowing. E. S. Eisner (Ed.), *Teaching and Learning the Ways of Knowing*. *84th Yearbook of the National Society for the Study of Education*. Chicago: Univ. of Chicago Press.

Buber, M. (1983). *Ich und Du*. Wissenschaftliche Buchgesellschaft.

Buck, H. P. et al. (1945). *General Education in a Free Society: Report of the Harvard Committee*. Harvard Univ. Press.

Coleman, J. S. (1960). The Adolescent Subcultures and Academic Achievement. *American Journal of Sociology, 65*, 337-347.

Collingwood, R. G. (1938). *The Principles of Art*. Oxford Univ. Press.

Cremin, L. A. (1965). *The Genius of American Education*. Random House.

Dearden, R. F. (1967). Instruction and Learning by Discovery. In R. S. Peters (Ed.), *The Concept of Education*. RKP.

Dewey, J. (1902). *The Child and the Curriculum*. The Univ. of Chicago.

Dewey, J. (1913). *Interest and Effort in Education*. Hought on Mifflin.

Dewey, J. (1916). *Democracy and Education*. 이홍우 역(1987). 민주주의와 교육. 서울: 교육과학사.

Dewey, J. (1934). *Art as Experience*. New York: Capricorn Books.

Dewey, J. (1938). *Experience and Education*. 박철홍 역(2002). 경험과 교육. 서울: 문음사.

Dreeben, R. (1970). Schooling and Authority: Comments on the Unstudied Curriculum. In N. V. Overly (Ed.), *The Unstudied Curriculum: Its Impact on Children*. ASCD, NEA.

Eisner, E. W. (1967). Educational Objectives: Help or Hindrance? *School Review, 75*, 250-260. 이해명 편역(2000). 교육목적: 도움이 되는가 방해가 되는가. 교육과정이론(pp. 452-461). 서울: 교육과학사.

Eisner, E. W. (1979). *The Educational Imagination: On the Design and Evaluation of School Programs*. New York: Macmillan. 이해명 역(1983). 교육적 상상력: 교육과정의 구성과 평가. 용인: 단국대학교 출판부.

Eisner, E. W. (1984). No Easy Answers: Joseph Schwab's Contribution to Curriculum. *Curriculum Inquiry, 14*(2).

Eisner, E. W. (1985). The Role of Arts in Cognition and Curriculum. In E. Eisner (1985), *The Art of Educational Evaluation: A Personal View* (pp. 201-213). London: The Falmer Press. 이해명 편역(2000). 인지와 교육과정에서의 예술의 역할. 교육과정이론. 서울: 교육과학사.

Eisner, E. W. (1994a). *Cognition and Curriculum Reconsidered* (2nd ed.). 박승배 역(2003). 인지와 교육과정. 서울: 교육과학사.

Eisner, E. W. (1994b). *The Educational Imagination: On the Design and Evaluation of School Program* (3rd ed.). Macmillan.

Eisner, E. W. (1998a). Rethinking literacy. In E. Eisner (1985), *The Kind of Schools We Need: Personal Essays* (pp. 9-20). Portsmouth: Heinemann.

Eisner, E. W. (1998b). *The Enlightened Eye: Qualitative Inquiry and the Enhancement of Educational Practice*. NJ: Prentice-Hall.

Elbaz, F. (1991). Teacher's Participation in Curriculum Development. In A. Lewy (Ed.), *The International Encyclopedia of Curriculum*. Pergamon Press.

Elliott, R. K. (1977). Education and Justification. *Proceedings of the Philosophy of Education Society of Great Britain Supplementary Issue*, Vol. XI, July. 7-27.

Fox, S. (1985). The Vitality of Theory in Schwab's Conception of Practical. *Curriculum Inquiry, 15*(1).

Grube, G. M. A. (1997). Meno. In J. M. Cooper (Ed.), *Plato: Complete Works*. Hackett Publishing Company.

Hamlyn, D. W. (1978). *Experience and the Growth of Understanding*. 이홍우 외 역(1990). 경험과 이해의 성장. 서울: 교육과학사.

Hamlyn, D. W. (1978). *Experience and the Growth of Understanding*. RKP. 이홍우 역(2010), 교육인식론: 경험과 이해의 성장(증보판). 서울: 교육과학사.

Hargreaves, D. (1967). *Social Relations in a Secondary School*. RKP.

Harrow, A. J. (1972). *A Taxonomy of the Psychomotor Domain: A Guide for Developing Behavioral Objectives*. David McKay.

Haubrich, V. F. (Ed.) (1971). *Freedom, Bureaucracy and Schooling*(ASCD Yearbook). Association for Supervision and Curriculum Development.

Hirst, P. H. (1965). Liberal Education and the Nature of Knowledge. In R. D. Archambault (Ed.), *Philosophical Analysis and Education*. RKP.

Hirst, P. H. (1966). Educational Theory. In J. W. Tibble (Ed.), *The Study of Education*. RKP.

Hirst, P. H. (1974a). *Knowledge and the Curriculum*. London: RKP.

Hirst, P. H. (1974b). The Forms of Knowledge Re-visited. Knowledge and the Curriculum: A Collection of Philosophical Papers. Routledge.

Hirst, P. H. (1974c). The Nature and Structure of Curriculum Objectives. Knowledge and the Curriculum: A Collection of Philosophical Papers. Routledge.

Hirst, P. H. (1993). Education, Knowledge and Practices. In H. Hirst & P. White (Eds.) (1998), *Philosophy of Education: Major Themes in the Analytic Tradition*, Vol.1. RKP.

Hirst, P. H. (1998). Philosophy of Education: The Evolution of Discipline. In G. Haydon (Ed.), *50 Years of Philosophy of Education: Progress and Prospects*. Institute of Education in Univ. of London.

Hirst, P. H. (1999). The Nature of Educational Aims. In R. Marples (Ed.), *The Aims of Education*. Routledge.

Hirst, P. H., & Peters, R. S. (1970). *The Logic of Education*. London: RKP.

Hook, S. (1971). John Dewey and His Betrayers. *Change* (Nov.).

Illich, I. (1970). *Deschooling Society*. Harper and Row.

Jackson, P. W. (1968). *Life in Classroom*. Holt, Rinehart, & Winston.

Jackson, P. W. (1970). The Consequences of Schooling. In N. V. Overly (Ed.), *The Unstudied Curriculum: Its Impact on Children*. ASCD, NEA.

Kasulis, T. P. (1992). Philosophy as Metapraxis. In F. Reynolds & D. Tracy (Eds.), *Discourse and Practice*. State Univ. of New York.

Kleinig, J. (1982). *Philosophical Issues in Education*. St. Martin's Press.

Knitter, W. (1988). The Informing Vision of the Practical: The Concepts of Character, Virtue, Vice and Privation. *Journal of Curriculum Studies, 20*(6).

Langer, S. K. (1956). *Philosophy in a New Key: A Study in the Symbolism of Reason, Rite, and Art* (3rd ed.). Cambridge Mass.: Harvard Univ. Press.

Lewy, A. (1987). Centralistic and School-Based Curriculum Decision in Israeli Education System. 교육과정연구, 6. 한국교육과정학회.

MacIntyre, A. (1981). *After Virtue*. Duckworth.

MacIntyre, A. (1984). *After Virtue: A Study in Moral Theory*. University of Notre Dame Press.

Mager, R. F. (1962). *Preparing Instructional Objectives*. Fearon.

Nettleship, R. L. (1925). *Lectures on the republic of Plato*. London: Macmillan. 김안중, 홍윤경 역(2010). 플라톤의 국가론 강의. 경기: 교육과학사.

Oakeshott, M. (1947). Rationalism and Politics. In M. Oakeshott (Ed.) (1991), *Rationalism and Politics and Other Essays*. Liberty Press.

Oakeshott, M. (1950). Rational Conduct. In M. Oakeshott (Ed.) (1991), *Rationalism and Politics and Other Essays*. Liberty Press.

Oakeshott, M. (1965). *Learning and Teaching*. 차미란 역(1992). 학습과 교수. 유한구, 김승호(1998). 초등학교 통합교과교육론. 서울: 교육과학사.

Oakeshott, M. (1962a). Rationalism in Politics. *Rationalism in Politics and Other Essays*. London: Methuen & Co. Ltd.

Oakeshott, M. (1962b). The Tower of Babel. *Rationalism in Politics and Other*

Essays. London: Methuen & Co. Ltd.

Oakeshott, M. (1989a). A Place of Learning. In T. Fuller (Ed.), *The Voice of Liberal Learning.* Yale Univ. Press. 차미란 역(1992). 학습의 장(상, 하). 교육진흥. 중앙교육연구소.

Oakeshott, M. (1989b). Education: The Engagement and its Frustration. In T. Fuller (Ed.), *The Voice of Liberal Learning.* Yale Univ. Press. 차미란 역(1993-1994). 교육: 영위와 그 좌절. 교육진흥. 중앙교육연구소.

Oakeshott, M. (1989c). Learning and Teaching. In T. Fuller (Ed.). *The Voice of Liberal Learning.* Yale Univ. Press. 차미란 역(1992). 학습과 교수. 교육진흥. 중앙교육연구소.

Overly, N. V. (Ed.) (1970). *The Unstudied Curriculum: Its Impact on Children.* ASCD.

Pereira (1984). Deliberation and the Arts of Perception. *Journal of Curriculum Studies, 16*(4).

Peters, R. S. (1965). Education as Initiation. In R. D. Archambault (Ed.), *Philosophical Analysis and Education.* London: RKP.

Peters, R. S. (1966). *Ethics and Education.* 이홍우 외 역(1980). 윤리학과 교육. 서울: 교육과학사.

Peters, R. S. (1970). Concrete Principles and the Rational Passions. In F. Nancy & T. R. Sizer (Eds.), *Moral Education: Five Lectures.* Harvard Univ. Press.

Peters, R. S. (1973). The Justification of Education. In R. S. Peters (Ed.), *The Philosophy of Education.* Oxford Univ. Press.

Peters, R. S. (1981). Michael Oakeshott's Philosophy of Education. *Essays on Educators.* London: George Allen and Unwin.

Peters, R. S., & Hirst, H. (1970). *The Logic of Education.* RKP.

Peterson, A. D. C. (1960). *Arts and Science Sides in the Sixth Form: Gulbenkian Foundation Report.* Oxford Univ. Press.

Piaget, J. (1952). *The Origins of Intelligence in Children.* International Univ. Press.

Piaget, J. (1970a). *Genetic Epistemology.* W. W. Norton.

Piaget, J. (1970b). *Structuralism*. Basic Books.

Piaget, J. (1971). *Biology and Knowing: An Essay on the Relations between Organics and Cognitive Precess*. The Univ. of Chicago Press.

Piaget, J. (1972). *The Psychology of Intelligence*. Grossman.

Pinar, W. F., Reynolds, W. M., & Taubman, M. (Eds.) (1995). *Understanding Curriculum: An Introduction to the Study of Historical and Contemporary Curriculum Discourses*. Peter Lang.

Pinar, W. F., Reynolds, W. M., Slattery, P., & Taubman, P. M. (Eds.) (1995). *Understanding Curriculum*. New York: Peter Lang. 김복영, 박순경, 조덕주, 석용준, 명지원, 박현주, 소경희, 김진숙 역(2001). 교육과정 담론의 새 지평. 서울: 원미사.

Polanyi, M. (1958). *Personal Knowledge: Toward a Post-Critical Philosophy*. Harper Torchbooks.

Polanyi, M. (1966). *The Tacit Dimension*. Doubleday & Company.

Polanyi, M., & Prosch, H. (1975). *Meaning*. Univ. of Chicago Press.

Reid, W. A. (1979). Practical Reasoning and Curriculum Theory: In Search of a New Paradigm. *Curriculum Inquiry, 9*(3).

Reid, W. A. (1981). The Deliberative Approach to Critical Pluralism. In M. Lawn & L. Barton (Eds.), *Rethinking Curriculum Studies*. Croom Helm.

Reimer, E. (1971). *School Is Dead*. Penguin.

Roby, T. W. (1985). Habits Impeding Deliberation. *Journal of Curriculum Studies, 17*(1).

Ryle, G. (1949). *The Concept of Mind*. Hutchinson.

Scheffler, I. (1960). *The Language of Education*. Springfield, Illinois: Charles C. Thomas Publisher.

Schroeder, J. W. (2001). *Skillful Means: The Heart of Buddhist Compassion*. Univ. of Hawaii.

Schubert, W. H. (1986). *Curriculum: Perspective, Paradigm and Possibility*. Macmillan Publishing Company.

Schwab, J. J. (1969). The Practical: A Language for Curriculum. In I. Westbury & N. J. Wilkof (Eds.) (1978), *Science, Curriculum, and Liberal Education: Selected Essays*. The Univ. of Chicago Press.

Schwab, J. J. (1971). The Practical 2: Arts of Eclectic. In I. Westbury & N. J. Wilkof (Eds.) (1978), *Science, Curriculum, and Liberal Education: Selected Essays*. The Univ. of Chicago Press.

Schwab, J. J. (1973). The Practical 3: Translation into Curriculum. In I. Westbury & N. J. Wilkof (Eds.) (1978), *Science, Curriculum, and Liberal Education: Selected Essays*. The Univ. of Chicago Press.

Schwab. J. J. (1983). The Practical 4: Something for Curriculum Professors to Do. *Curriculum Inquiry, 13*(3).

Silberman, C. E. (1970). *Crisis in the Classroom*. Random House.

Skilbeck, M. (1984). *School-based Curriculum Development*. Harper & Row Publishers.

Spencer, H. (1861). *Education: Intellectual, Moral, and Physical*. Appleton & Co.

Tankard, G. G. (1974). Curriculum Improvement: An Administrator's Guide. Parker Publishing Co.

Tanner, D., & Tanner, L. N. (1980). *Curriculum Development: Theory into Practice*. Macmillan Co.

Tyler, R. W. (1949). *Basic Principles of Curriculum and Instruction*. Univ. of Chicago Press.

Unruh, G. G., & Unruh, A. (1984). *Curriculum Development: Problems, Process and Progress*. McCuthan Publishing Co.

Walker, D. F. (1971). A Naturalistic Model for Curriculum Development. In P. H. Tayler & K. A. Tye (Eds.) (1975), *Curriculum, School and Society: An Introduction to Curriculum Studies*. NFER.

Walker, D. F. (1973). What Curriculum Research? In P. H. Tayler & K. A. Tye (Eds.) (1975), *Curriculum, School and Society*. NFER.

Walker, D. F., & Soltis, J. F. (1986). *Curriculum and Aims*. Teacher College Press.

Westbury, I., & Wilkof, N. J. (1978). Introduction. In I. Westbury & N. J. Wilkof (Eds.) (1978), *Science, Curriculum, and Liberal Education: Selected Essays.* The Univ. of Chicago Press.

Wiggins, G., & McTighe, J. (2005). *Understanding by Design.* 강현석 외 역(2008). 거꾸로 생각하는 교육과정 개발: 교과에 대한 진정한 이해를 목적으로. 서울: 학지사.

Wiles, J., & Bondi, J. (1993). *Curriculum Development: A Guide to Practice.* Macmillan Publishing Company.

Wilson, P. S. (1969). In Defence of Bingo. B. Bandman & R. S. Guttchen (Eds.), *Philosophical Essays on Teaching.* New York: J. B. Lippincott Company.

Wynne, J. P. (1963). *Theories of Education.* Harper and Row.

Young, M. (Ed.) (1971). *Knowledge and Control: New Directions for the Sociology of Education.* Collier-Macmillan.

Zais, R. S. (1976). The Multiple Forces Affecting Curriculum Change. In W. Van Til (Ed.), *Curriculum: Question for Relevance.* Houghton Mifflin Co.

|찾아보기|

인 명

내 용

저자 소개

■ 박천환(Cheon Hoan Park)
　서울대학교 교육학과 학사
　서울대학교 대학원 교육학석사
　영남대학교 대학원 교육학박사
　현) 부산교육대학교 교육학과 교수

　〈저서 및 역서〉
　듀이의 경험이론과 교육인식론(학지사, 2012)
　교육과정(공저, 교육과학사, 2010)
　교육심리학의 통계적 방법(편역, 원미사, 2000)

■ 박채형(Chae Hyeong Park)
　부산교육대학교 교육학과 학사
　한국교원대학교 대학원 교육학석사
　서울대학교 대학원 교육학박사
　현) 부산교육대학교 교육학과 교수

　〈저서〉
　교육과정: 이해와 개발(공저, 교육과학사, 2010)
　주역의 교육과정이론(성경재, 2003)

■ 노철현(Cheol Hyeon Roh)
　성균관대학교 교육학과 학사
　서울대학교 대학원 교육학석사
　서울대학교 대학원 교육학박사
　현) 서울교육대학교 초등교육과 교수

　〈저서〉
　칸트와 교육인식론(교육과학사, 2010)

교육과정 담론(3판)
CURRICULUM DISCOURSE (3rd ed.)

2013년 3월 11일 1판 1쇄 발행
2015년 2월 25일 2판 1쇄 발행
2015년 7월 15일 2판 2쇄 발행
2017년 2월 20일 3판 1쇄 발행

지은이 • 박천환 · 박채형 · 노철현
펴낸이 • 김진환
펴낸곳 • (주) 학지사

04031 서울특별시 마포구 양화로 15길 20 마인드월드빌딩
대표전화 • 02-330-5114   팩스 • 02-324-2345
등록번호 • 제313-2006-000265호

홈페이지 • http://www.hakjisa.co.kr
페이스북 • https://www.facebook.com/hakjisa

ISBN 978-89-997 1177-0 93370

정가 19,000원

이 도서의 국립중앙도서관 출판시도서목록(CIP)은 서지정보유통지원
시스템 홈페이지(http://seoji.nl.go.kr)와 국가자료공동목록시스템
(http://www.nl.go.kr/kolisnet)에서 이용하실 수 있습니다.
(CIP 제어번호: CIP2017003542)

••••••••••••••• 교육문화출판미디어그룹 **학지사** •••••••••••••••

심리검사연구소 **인싸이트** www.inpsyt.co.kr
원격교육연수원 **카운피아** www.counpia.com
학술논문서비스 **뉴논문** www.newnonmun.com